Johann Welsch

Innovationspolitik

Johann Welsch

Innovationspolitik

Eine problemorientierte Einführung

GABLER

Bibliografische Information Der Deutschen Bibliothek
Die Deutsche Bibliothek verzeichnet diese Publikation in der Deutschen Nationalbibliografie;
detaillierte bibliografische Daten sind im Internet über <http://dnb.ddb.de> abrufbar.

Prof. Dr. Johann Welsch lehrt Wirtschaftswissenschaften an der Fachhochschule Wiesbaden. Er ist Autor zahlreicher Veröffentlichungen in den Bereichen Innovations-, Struktur-, Arbeits- und Beschäftigungspolitik.

1. Auflage September 2005

Alle Rechte vorbehalten
© Betriebswirtschaftlicher Verlag Dr. Th. Gabler/GWV Fachverlage GmbH, Wiesbaden 2005

Lektorat: Susanne Kramer / Annegret Eckert

Der Gabler Verlag ist ein Unternehmen von Springer Science+Business Media.
www.gabler.de

Umschlaggestaltung: Ulrike Weigel, www.CorporateDesignGroup.de

Gedruckt auf säurefreiem und chlorfrei gebleichtem Papier

ISBN 978-3-409-12632-8   ISBN 978-3-322-90865-0 (eBook)
DOI 10.1007/978-3-322-90865-0

Vorwort

Die vorliegende Einführung in die Innovationspolitik wendet sich gleichermaßen an Studierende und Lehrende der Wirtschafts- und Ingenieurwissenschaften an Universitäten und Fachhochschulen, an Lehrerinnen und Lehrer der Gemeinschafts-, Wirtschafts- und Sozialkundefächer an Gymnasien, Gesamtschulen und Fachoberschulen sowie an alle Gruppen außerhalb des engeren Fachgebiets, welche am Themengebiet „Innovation und Innovationspolitik" interessiert sind.

Das Thema "Innovation" rückt seit einiger Zeit zunehmend in den Mittelpunkt der wissenschaftlichen und öffentlichen Debatte, da immer mehr Menschen erkennen, dass Innovationen Grundlage und Motor unseres gesellschaftlichen Wohlstands bilden. Hinzu kommt die Befürchtung, dass die seit 2001 in Deutschland anhaltende Wachstumsschwäche durch Innovationsdefizite bedingt ist, die zu dauerhaften Wohlstandsverlusten in der Zukunft führen könnten. Die Europäische Union hat sich auf ihrem Lissabonner Gipfel im Jahre 2000 zum Ziel gesetzt, mit Hilfe von mehr Innovationen bis 2010 zum dynamischsten wissensbasierten Wirtschaftsraum der Welt zu werden. In Deutschland hat die parlamentarische Opposition den Bundestagswahlkampf 1998 mit der Parole „Innovation und Gerechtigkeit" bestritten und damit eine Mehrheit errungen. Die rot-grüne Bundesregierung versucht seitdem, die Bedeutung und Dringlichkeit von mehr Innovationen im Bewusstsein der Bevölkerung zu verankern. Mittels der Initiative „Partner für Innovation" sollen Impulse für die Modernisierung des Forschungssystems gesetzt werden. Die Bundesregierung hat mit den großen Forschungsorganisationen im Land einen „Pakt für Forschung und Innovation" geschlossen. Das Jahr 2004 wurde offiziell zum „Jahr der Innovation" ausgerufen. Davor gab es bereits im Rahmen der vom Bundesforschungsministerium und den großen Wissenschaftsorganisationen getragenen Initiative „Wissenschaft im Dialog" Jahre der „Physik" (2000), der „Lebenswissenschaften" (2001), der „Geowissenschaften" (2002) und der „Chemie" (2003). Der Bundeskanzler hat Wirtschaftsführer und Spitzenforscher 2004 zu einem „Innovationsgipfel" eingeladen. Und das Jahr 2005 wurde zum „Einsteinjahr" erklärt, nicht nur um der Öffentlichkeit ins Gedächtnis zu rufen, dass Deutschland das Land der Ideen und der Denker ist, sondern auch um der Welt ein Zeichen zu setzen, dass Deutschland als Forschungs- und Innovationsstandort eine exzellente Tradition und hohe Attraktivität besitzt.

Will man sich als Studierender, Lehrender oder interessierter Laie dem Thema „Innovation" nähern, stößt man schnell an Grenzen. Zwischen der wachsenden Bedeutung des Themengebietes und seiner systematischen wissenschaftlichen Aufarbeitung für die Lehre klafft eine deutliche Lücke. In der „Lehrbuch-Landschaft" findet man zum Thema „Innovation und Innovationspolitik" keinen einzigen geeigneten Buchtitel.

Vorhandene Lehrbücher sind entweder auf Teile der staatlichen Innovationspolitik beschränkt (vor allem auf die Forschungs- und Technologiepolitik), das heißt, sie klammern wichtige Handlungsfelder wie die Wissenschaftspolitik oder die Bildungs- und Ausbildungspolitik gänzlich aus, oder sie beziehen sich auf unternehmerische Innovationspolitik („Betriebliches Innovationsmanagement") und beschränken sich damit auf die Mikroebene der Gesamtwirtschaft.

Die vorliegende Einführung versucht, die skizzierte „Lücke" ein Stück weit zu schließen. Sie ordnet sich in den Kontext volkswirtschaftlicher Lehrbücher ein, geht dabei aber nicht im Sinne klassischer Lehrbücher vor, die zunächst versuchen, die abstrakten theoretischen „Bausteine" des Fachgebietes zu vermitteln, bevor sie sich der Realität allmählich annähern. Das vorliegende Buch bietet demgegenüber eine „problemorientierte" Einführung, was bedeutet: Ich wähle als Ausgangspunkt die wichtigsten Probleme von Wirtschaft und Gesellschaft und versuche von hier aus, die jeweilige Bedeutung von Innovationen herauszuarbeiten. Zudem stelle ich das Problem der Steuerung des gesamtwirtschaftlichen Innovationsprozesses durch staatliches Handeln in den Mittelpunkt meiner Darlegungen. Das Buch ist auch für Anfänger verständlich geschrieben und vermeidet deshalb weitgehend formal-mathematische Darstellungen. Es soll dem Interessierten die Möglichkeit eröffnen, sich einen Zugang zum Themengebiet zu erarbeiten, nicht nur um sich das für ein erfolgreiches wirtschaftswissenschaftliches Studium erforderliche Wissen anzueignen, sondern auch um wichtige Zusammenhänge der gesellschaftlichen Innovationsdebatte erkennen zu können.

Um ein „anfängerverträgliches" und nicht zu umfangreiches Buch zu schreiben, musste ich den Stoff in bestimmter Weise ordnen. Dabei habe ich die mir für die Erfassung des Themengebietes wesentlich erscheinenden Einzelthemen ausgewählt und wie folgt organisiert:

In Kapitel 1 geht es um die systematische Herausarbeitung der Bezüge zwischen gesellschaftlichen Problemlagen einerseits und dem Phänomen der Innovation und des technischen Fortschritts andererseits. Ich orientiere mich hierbei vor allem an den Problemlagen, die durch Abweichungen vom gesamtwirtschaftlichen Gleichgewicht entstehen. Letzteres ist definiert durch das „magische Vieleck" der Wirtschaftspolitik – hoher Beschäftigungsgrad, Geldwertstabilität, außenwirtschaftliches Gleichgewicht und angemessenes Wirtschaftswachstum – und wird ergänzt durch Aspekte des ökologischen Gleichgewichts.

Die bei Darlegung dieser Zusammenhänge auftauchenden Begriffe und Aussagen werden in Kapitel 2 systematisch behandelt. Ausgehend von der Erörterung der vielen Facetten des Begriffs von Innovation und technischem Fortschritt und der Behandlung des Themas in der vorherrschenden volkswirtschaftlichen Theorie lege ich den Zusammenhang zwischen verschiedenen Marktformen und der jeweils zu erwartenden Dynamik des technischen Fortschritts dar.

Kapitel 3 befasst sich mit einem Schlüsselbegriff der modernen Innovationspolitik: dem „Innovationssystem". Nach der Klärung von Inhalt und Bedeutung dieses Begriffes erörtere ich unterschiedliche Ausprägungen sowie einzelne Elemente des nationalen Innovationssystems. Daran schließt sich eine ausführliche Darlegung der Elemente des deutschen Innovationssystems, seiner Besonderheiten sowie Stärken und Schwächen an.

Die Analyse von Innovationspolitik benötigt ebenso wie die zielgerichtete Ausgestaltung ihres Handelns leistungsfähige Informationsgrundlagen. Diese beruhen auf konsensfähigen statistischen Kennziffern und Indikatoren und deren Quantifizierung. In Kapitel 4 werden diese Kennziffern ausführlich dargestellt: Wie werden sie definiert, wie werden sie erfasst und wer erhebt sie? Wie sehen wichtige aktuelle Werte dieser Kennziffern für den Innovationsstandort Deutschland aus? Dabei unterscheiden wir Kennzahlen für Inputs von denen für den Output des gesamtwirtschaftlichen Innovationsprozesses. Des weiteren zeigen wir ein quantitatives Bild der Position des Innovationsstandorts Deutschland im internationalen Vergleich, mit dem Stärken und Schwächen offengelegt werden können.

Kapitel 5 und 6 erörtern ausführlich die vielfältigen Dimensionen von staatlicher Innovationspolitik. Hierbei handelt es sich um ein bislang wenig „konsolidiertes" Handlungsfeld der Politik. Der Begriff wird unterschiedlich interpretiert, seine Inhalte werden unterschiedlich weit abgegrenzt. Es handelt sich um ein heterogenes Politikfeld mit zahlreichen Akteuren und Handlungsebenen, welche wiederum über unterschiedlich große Steuerungsressourcen und Reichweiten ihrer Strategien verfügen. In Kapitel 5 lege ich eine eigene Begriffsbestimmung vor und stelle die Begriffsbestimmung der EU-Kommission daneben. Es folgt eine ordnungspolitische Bewertung der Innovationspolitik aus verschiedenen Blickwinkeln, bevor ich die historischen Phasen der Entwicklung des Handlungsfeldes in Deutschland herausarbeite. Anschließend geht es um Ziele, Instrumente und Ebenen der Innovationspolitik. Die innovationspolitischen Strategien und Maßnahmen werden zunächst für Deutschland auf der Regionen- und Bundesländerebene sowie für die nationalstaatliche Ebene ausführlich analysiert. Anschließend erörtere ich die Innovationspolitik der Europäischen Union, welche seit Mitte der 1980er Jahre im Zuge des fortschreitenden europäischen Integrationsprozesses ein immer größeres Gewicht erhält. Kapitel 6 befasst sich zunächst systematisch mit Bedingungen und Voraussetzungen der Innovationspolitik, erläutert die Vielfalt der strategischen Ansätze und Konzepte, um dann abschließend auf die Handlungsmöglichkeiten und Grenzen dieses politischen Handlungsfeldes einzugehen.

Wiesbaden, im Juli 2005

Johann Welsch

Inhaltsverzeichnis

Abbildungsverzeichnis

Tabellenverzeichnis

Abkürzungsverzeichnis

ABS	Antiblockiersytem
A&HCI	Arts and Humanities Citation Index
BAFE	Bruttoinlandsausgaben für FuE
BIP	Bruttoinlandsprodukt
BLE	Blaue-Liste-Einrichtungen
BMBF	Bundesministerium für Bildung und Forschung
BMFT	Bundesministerium für Forschung und Technologie (ein Vorläufer des BMBF)
BMWA	Bundesministerium für Wirtschaft und Arbeit
BSP	Bruttosozialprodukt
BuFo	Bundesforschungsbericht
CAD	Computer Aided Design
CAM	Computer Aided Manufacturing
CIM	Computer Integrated Manufacturing
COST	Cooperation Européen dans le domaine de la recherché scientifique et technique
CREST	Comité de la Recherche Scientifique et Technique
ESPRIT	Europäisches Strategisches Programm für Forschung und Entwicklung auf dem Gebiet der Informationstechnologie
ESTO	European Science and Technology Observatory
EUREKA	Initiative für verstärkte technologische Zusammenarbeit in Europa
FhG	Fraunhofer-Gesellschaft
FuE	Forschung und Entwicklung
HRST	Human Resources in Science and Technology
IfG	Institutionen für Gemeinschaftsforschung und experimentelle Gemeinschaftsentwicklung
IPTS	Institut für Prospektive Technologiestudien
ISCO	International Standard Classification of Occupation
IT	Informationstechnik
ITA	Innovations- und Technikanalyse
IuK	Informations- und Kommunikationstechnik
KMK	Kultusministerkonferenz der deutschen Bundesländer
KMU	Kleine und mittlere Unternehmen
MIP	Mannheimer Innovationspanel
MITI	Ministry of International Trade and Industry
MPG	Max-Planck-Gesellschaft

NAIRU	Non Accelerating Inflation Rate of Unemployment (inflationsstabile Arbeitslosenquote)
OECD	Organisation of Economic Cooperation and Development
OTA	Office of Technology Assessment
RPA	Relativer Patentanteil
SCI	Science Citation Index
SoTech	Sozialverträgliche Technikgestaltung
SSCI	Social Science Citation Index
TA	Technology Assessment (Technikfolgenabschätzung)
TAB	Büro für Technikfolgenabschätzung beim Deutschen Bundestag
WGL	Wissenschaftsgemeinschaft Gottfried Wilhelm Leibniz
ZEW	Zentrum für Europäische Wirtschaftsforschung

1 Gesellschaftliche Probleme und technischer Fortschritt

1.1 Einführung

Welche Rolle spielen Innovationen im Hinblick auf gesellschaftliche Probleme wie Wachstumsschwäche, Inflation, Umweltzerstörung oder Arbeitslosigkeit? Sind Innovationen Teil der Ursachen dieser Probleme? Oder besitzen sie Potenziale zur Überwindung solcher Problemlagen? In den 70er und 80er Jahren des letzten Jahrhunderts stand der Aspekt, dass technischer Fortschritt (Mit-) Verursacher vieler gesellschaftlicher Probleme sei, im Vordergrund der öffentlichen Aufmerksamkeit: Industrieller Fortschritt als „Umwelt-Killer"! Technischer Wandel als Verursacher „technologischer Arbeitslosigkeit"! Mikroelektronik als „Job-Killer"! So lauteten die Überschriften vieler Debatten, die in der Öffentlichkeit und den Medien kontrovers und heftig ausgetragen wurden. Heute wissen wir, dass die Verhältnisse komplizierter sind, vor allem, dass der Kausalzusammenhang von gesamtwirtschaftlichem Innovationsprozess einerseits und gesellschaftlichen Problemen andererseits äußerst vermittelt ist und nicht in einfache Formeln gepackt werden kann. Generell allerdings zeigt die historische Erfahrung, dass viele Innovationen ein erhebliches Potenzial zur Lösung von gesellschaftlichen Problemen beinhalten, dass dies vor allem jedoch dann gilt, wenn die Problemdimensionen bereits in der Entwicklung und Gestaltung neuer Technologien Berücksichtigung finden. Das schließt nicht aus, dass aufgrund nicht vorhergesehener, oft indirekter und zeitlich nachgelagerter, negativer Nebenwirkungen Innovationen gesellschaftliche Nachteile bringen könnten. Eine Innovationspolitik des Staates und der Unternehmen, die diesen Aspekt jedoch stets im Auge behalten, können gravierenden Fehlentwicklungen in dieser Hinsicht jedoch entgegenwirken.

Wir wollen die Klärung des Zusammenhangs von Innovationen und gesellschaftlichen Problemlagen an den Anfang unserer Überlegungen stellen und diesen Zusammenhang im Hinblick auf wesentliche gesellschaftliche Probleme genauer durchleuchten (vgl. Abb. 1-1). Die Lösung wesentlicher gesellschaftlicher Probleme, nämlich wirtschaftliche Probleme, hat der Gesetzgeber den staatlichen Instanzen als Aufgaben im Stabilitäts- und Wachstumsgesetz vorgegeben. Durch das **Gesetz zur Förderung der Stabilität und des Wachstums der Wirtschaft von 1967** sind die Wirtschaftspolitiken von Bund und Ländern in der Bundesrepublik Deutschland verpflichtet, bestimmte gesamtwirtschaftliche Ziele zu verfolgen. Gemäß §1 dieses Gesetzes soll staatliche Wirtschaftspolitik die Ziele **Stabilität des Preisniveaus, hoher Beschäftigungsstand** und **außenwirtschaftliches Gleichgewicht** bei **stetigem und angemessenem Wirt-**

Abbildung 1-1:   *Gesellschaftliche Probleme und Innovation*

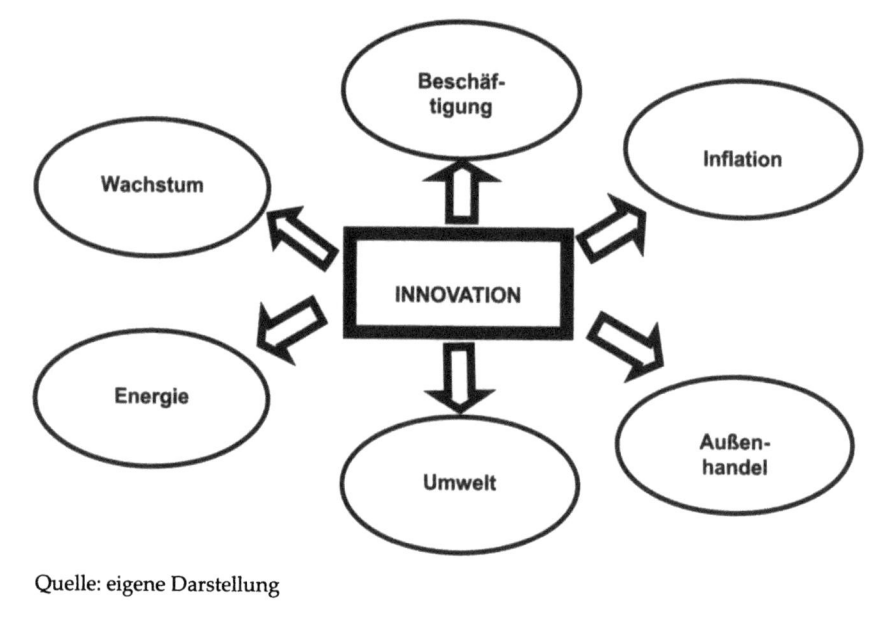

Quelle: eigene Darstellung

---

schaftswachstum gleichzeitig anstreben. Mit diesen vier Zielen wird die anzustrebende Situation eines **gesamtwirtschaftlichen Gleichgewichts** konkretisiert. Weitere bedeutende Aufgaben des Staates sind die Verbesserung der Umweltqualität, welche sogar als Staatsziel inzwischen in das Grundgesetz aufgenommen worden ist, sowie die Gewährleistung der Verfügbarkeit einer ausreichenden und preiswerten Energieversorgung. Wie sehen die Zusammenhänge zwischen wichtigen gesellschaftlichen Problemen und dem technischen Fortschritt im einzelnen aus?

1.2   Wachstum und Innovation

1.2.1   Erfassung und Entwicklung des Wirtschaftswachstums

Als wirtschaftliches Wachstum wird die Tatsache des langfristigen Anstiegs der gesamtwirtschaftliches Leistung eines Landes bezeichnet. Gemessen wird Wirtschaftswachstum anhand der jährlichen Veränderungsraten des realen Bruttoinlands- oder Bruttosozialprodukts. Da Wachstum ein Indikator für die Entwicklung der Versorgung der Bevölkerung eines Landes mit Gütern und Dienstleistungen sein soll, spielt die Größe der Bevölkerung und deren Entwicklung im Zeitablauf eine wichtige Rolle für den Umfang und Grad der Versorgung mit Gütern und Dienstleistungen. Um diesem Faktor Rechnung zu tragen wird Wirtschaftswachstum oft auch mit Pro-Kopf-Größen gemessen: Bruttoinlands- oder Bruttosozialprodukt und ihre jährlichen Veränderungen werden pro Kopf der Bevölkerung erfasst.

Abbildung 1-2 und Tabelle 1-1 zeigen zum Teil deutlich unterschiedliche Wachstumsraten des Pro-Kopf-Bruttoinlandsproduktes in verschiedenen Ländern. Am dynamischsten entwickelt sich das Wachstum in den „Nachholökonomien" Südkorea und Irland. Auch Japan gehörte bis in die 1980er Jahre hinein zu dieser Ländergruppe, erlebte in den 1990er Jahren jedoch eine hartnäckige Wachstumsflaute. Deutschland steht bei dieser Ländergruppe über den gesamten Zeitraum 1970 bis 2000 betrachtet am unteren Ende der Wachstumsskala, wobei auch hier das schwache Wachstum in den 1990er Jahren den Gesamtschnitt nach unten gezogen hat.

Abbildung 1-2:   *Wirtschaftswachstum im internationalen Vergleich*

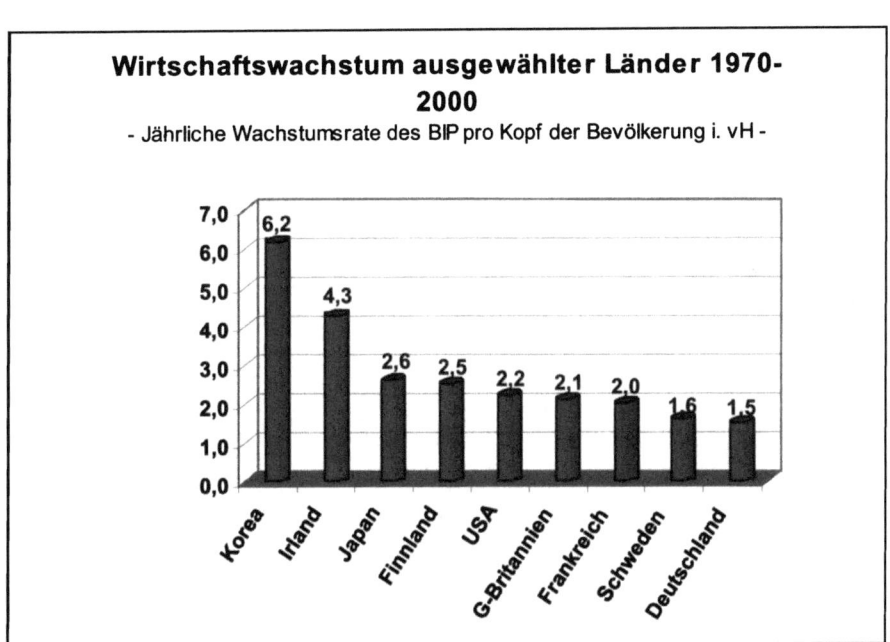

Wirtschaftswachstum ausgewählter Länder 1970-2000
- Jährliche Wachstumsrate des BIP pro Kopf der Bevölkerung i. vH -

---

Anm.: Deutschland bis 1990 nur Westdeutschland;
Quelle: eigene Darstellung in Anlehnung an OECD (2003), S. 190

1.2.2 Bedeutung des Wachstums als gesellschaftliches Phänomen

Das Phänomen des Wirtschaftswachstums ist im Verlaufe der 50er Jahre des letzten Jahrhunderts immer stärker in den Mittelpunkt des wirtschaftswissenschaftlichen Interesses gerückt. Hintergrund war die wachsende politische „Systemkonkurrenz" zwischen den Vereinigten Staaten von Amerika und der Sowjetunion. Letztere hatte wiederholt angekündigt und angedroht, das kapitalistische Wirtschaftssystem mit der eigenen Planwirtschaft innerhalb weniger Jahre wirtschaftlich zu übertrumpfen. Der „Sputnik-Schock" von 1958 – d.h. die Tatsache, dass die UDSSR als erste Nation einen Satelliten erfolgreich in eine Erdumlaufbahn gebracht hatte – schien diesen Ankündigungen Gehalt zu geben. Die Höhe des Wirtschaftswachstum wurde zum Indikator für die Leistungsfähigkeit der unterschiedlichen Wirtschaftssysteme und fand deshalb starke Beachtung.

Tabelle 1-1: *Jährliche Wachstumsraten des BIP pro Kopf der Bevölkerung 1970-2000*

	1970-2000	1970-80	1980-90	1990-2000
Südkorea	6,2	5,8	7,6	5,1
Irland	4,3	3,3	3,3	6,4
Japan	2,6	3,3	3,5	1,1
Finnland	2,5	3,1	2,7	1,8
USA	2,2	2,1	2,2	2,2
Großbritannien	2,1	1,8	2,5	1,9
Frankreich	2,0	2,7	1,8	1,4
Schweden	1,6	1,6	1,9	1,4
Deutschland	1,5	2,6	2,0	1,3

Quelle: eigene Zusammenstellung aus OECD (2003), S. 190

Darüber hinaus spielt Wirtschaftswachstum für den ökonomischen Wohlstand von Gesellschaften ein wichtige Rolle, denn es ermöglicht

- im Durchschnitt der Bevölkerung die Führung eines „besseren Lebens" bzw. die Erhöhung des Lebensstandards,

- die Steigerung der Güter- und Dienstleistungsversorgung der Bevölkerung,

- die Erhöhung des gesamtwirtschaftlichen Beschäftigungsgrades und den Abbau von Arbeitslosigkeit,

- die Verbesserung des gesellschaftlichen Gesundheitssystems,

- eine steigende Versorgung mit öffentlichen Dienstleistungen (z.B. Umfang und Qualität von Bildung und Ausbildung, sozialer Wohnungsbau, Kinder- und Altenbetreuung, innere und äußere Sicherheit etc.),

- eine Verbesserung des kulturellen Angebots,

- mehr Investitionen zur Verbesserung der Qualität der natürlichen Umwelt,

- die Entschärfung gesellschaftlicher Verteilungskonflikte,

- die Bereitstellung von mehr Ressourcen für die Lösung des globalen „Nord-Süd-Problems".

1.2.3 Wirtschaftswachstum und Innovation

Innovationen haben für das Wirtschaftswachstum eine zentrale Bedeutung, und zwar in doppelter Hinsicht:

- **Produkt**innovationen – die Entwicklung und Einführung neuer Güter und Dienstleistungen - tragen wesentlich zum Wachstum der Produktion eines Landes bei. Ein Land, dem es gelingt, technischen Fortschritt zu generieren und in hohem Maße in Form von Produktinnovationen zu nutzen, wird ein vergleichsweise hohes Wirtschaftswachstum hervorbringen.

- **Prozess**innovationen – die Einführung neuer Produktionsverfahren in den Produktionsprozess - sind für die Steigerung der Leistungsfähigkeit wirtschaftlicher Ressourcen von entscheidender Wichtigkeit. Sie ermöglichen es, mit einem vorhandenen Bestand an Ressourcen einen größeren Output zu produzieren und bestimmen damit die Produktivität der Ressourcen als Kernelement von Wachstum und Lebensstandard.

Letzteres lässt sich anhand einer tautologischen Gleichung plausibel machen. Da es vor allem auf die Arbeitsproduktivität für das Wachstum in einem Land ankommt, wollen wir von anderen Ressourcen bzw. Produktionsfaktoren abstrahieren. Folgende Größen spielen eine Rolle für das Wachstum des Bruttoinlandsprodukts (BIP) w_Y: die Entwicklung der Beschäftigung bzw. der eingesetzten Arbeitsstunden W_A und die Entwicklung der Arbeitsstundenproduktivität $w_{Y/A}$. Die Gleichung lautet:

$$W_Y = W_A + W_{Y/A}$$

Sie bedeutet, dass bei gegebener Entwicklung des eingesetzten Arbeitsstundenvolumens pro Jahr das Wirtschaftswachstum vom Wachstum der Arbeitsstundenproduktivität abhängt: Je stärker der Produktivitätsfortschritt, um so höher das Wirtschaftswachstum.

Der Fortschritt der Arbeitsproduktivität selbst wird wiederum von einer Vielzahl von Einflussfaktoren geprägt. Eine Rolle spielen hierfür[1]

- das **Realkapital**: der Bestand an Produktionsmitteln, welche für die Produktion von Gütern und Dienstleistungen eingesetzt werden,

- das **Humankapital**: der Bestand an Wissen und Fähigkeiten, welche sich die Arbeitskräfte eines Landes durch Bildung und Ausbildung sowie Berufserfahrung angeeignet haben,

- die **natürlichen Ressourcen**: Produktionsinputs, welche aus der natürlichen Umwelt gewonnen und im Produktionsprozess genutzt werden können, sowie

- das **technologische Wissen**: das Wissen der Gesellschaft darum, wie Güter und Dienstleistungen am besten hergestellt werden können.

Messungen der Beiträge unterschiedlicher Produktionsfaktoren zum Wirtschaftswachstum zeigen die große Bedeutung, welche der Arbeitsproduktivität und dem technischen Fortschritt zukommt. Eine OECD-Studie für die 1990er Jahre[2] „zerlegt" das Wachstum zahlreicher Länder in drei Komponenten:

1. das Verhältnis der erwerbsfähigen zur gesamten Bevölkerung,
2. das Verhältnis der Erwerbstätigen zur erwerbsfähigen Bevölkerung und
3. die Arbeitsproduktivität.

Die Schätzergebnisse zeigen, dass in den meisten OECD-Ländern das Wachstum des Pro-Kopf-BIP zu mindestens der Hälfte durch den Anstieg der Arbeitsproduktivität „erklärt" werden kann. Für den Anstieg der Arbeitsproduktivität wiederum spielt die Anwendung und Verbreitung der neuen Informations- und Kommunikationstechnologien eine eminent wichtige Rolle[3], so dass hieraus wiederum auf einen bedeutenden positiven Einfluss der Innovationssteuerung auf das wirtschaftliche Wachstum geschlossen werden kann.

1.2.4 Langfristige Innovationswellen und Wirtschaftswachstum

Der Zusammenhang zwischen Innovationen und Wirtschaftswachstum wird in langfristiger Perspektive auch durch die Theorie der „langen Wellen" thematisiert. Diese beruht auf den Arbeiten des Russen Nikolai Kondratieff aus den 1920er Jahren[4], weshalb diese langen Wellen, welche einen Zeitraum von 40 bis 60 Jahren umfassen, auch als „Kondratieffwellen" bezeichnet werden. Aufgegriffen wurde dieser Ansatz auch

---

1   Vgl. Mankiw (2001), S. 564ff.
2   OECD (2003), S. 38ff.
3   Vgl. ebenda S. 41ff.
4   Kondratieff (1926)

von Schumpeter[5] und in neuerer Zeit von Nefiodow.[6] Als Ursachen der langen Wellen des Wachstums werden Schübe von mächtigen Innovationen („Basisinnovationen", vgl. das nächste Kapitel dieses Buches) vermutet. Die Ausschöpfung der wirtschaftlichen Potenziale von Basisinnovationen dauert jeweils mehrere Jahrzehnte und führt die Wirtschaft in eine anhaltende Wachstumsdynamik. Diese erschöpft sich, wenn das Nutzungspotenzial der zugrunde liegenden Innovationswelle ausgereizt und nicht rechtzeitig eine neue Basisinnovation entstanden ist. Dann tritt eine längere Phase der wirtschaftlichen Stagnation ein, die erst überwunden werden kann, wenn eine erneute Innovationswelle, die sich um eine neue Basisinnovation herum gruppiert, sich durchsetzt.

Abbildung 1-3: *Lange Wellen*

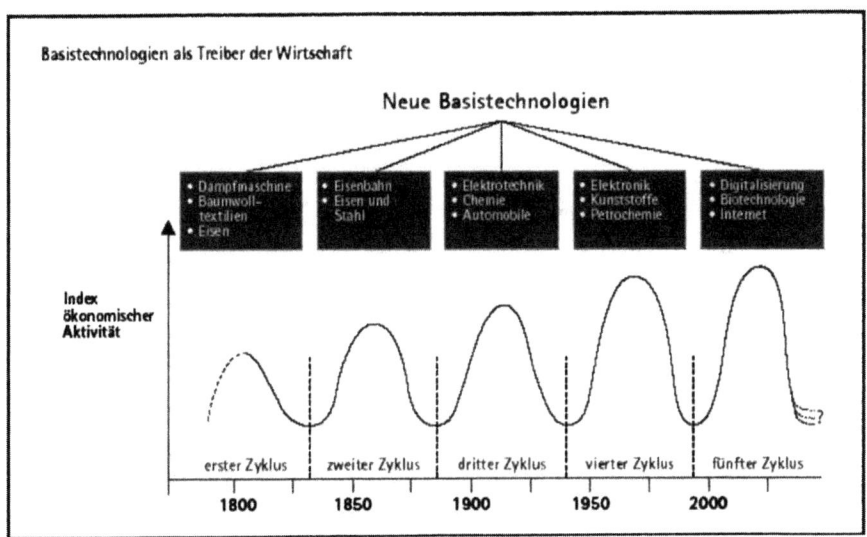

Quelle: Accenture (2001), S. 7

So beruhte die erste „Kondratieffwelle" im 18. und 19. Jahrhundert auf der Erfindung der Dampfmaschine und bildete das Fundament für das Aufblühen der Eisen-, Textil und Maschinenindustrie (vgl. Abb. 1-3). In der zweiten Hälfte des 19. Jahrhunderts folgte die nächste Welle, welche von der Erfindung der Eisenbahn und dem Aufbau der komplementären Verkehrsinfrastruktur getragen wurde. Im ersten Drittel des 20. Jahrhunderts schürten die Elektrifizierung von Wirtschaft und Gesellschaft, der Auf-

---

5   Vgl. Schumpeter (1961)
6   Vgl. Nefiodow (1990) und ders. (1996)

bau der Chemieindustrie und die Verbreitung des Automobils eine neue Wachstumsdynamik. Die Entwicklung der Petrochemie nach dem zweiten Weltkrieg ermöglichte den Ausbau des Massenverkehrs und bildete die Grundlage für das Entstehen einer boomenden Kunststoffindustrie. Erfindungen und Fortschritte in der Elektronik führten zu einem Aufschwung der Massenmedien. Auf Anfang der 1970er Jahre wird der Beginn des fünften Kondratieffzyklus datiert. In dessen Mittelpunkt steht die Informationstechnik als Basisinnovation, welche es ermöglicht, Information als Wachstumsressource zu erschließen. Nefiodow vermutet, dass mit dem Übergang ins 21. Jahrhundert der Höhepunkt des fünften Kondratieffzyklus überschritten wird und dass zur Vermeidung einer anhaltenden Wachstumsschwäche der Einstieg in eine sechste Kondratieffwelle dringend notwendig sei.[7]

Knappheits- und Innovationsfelder, welche als Träger der nächsten langen Welle in Frage kommen, sind nach seiner Auffassung neben der Information die Bereiche Umwelt und Gesundheit, die Biotechnologie und die Optischen Technologien einschließlich der Solartechnik. Diese Felder sind sehr unterschiedlich, haben allerdings einen gemeinsamen Nenner, sie sind inhaltlich vor allem auf den Menschen und seine Gesundheit bezogen: „Im sechsten Kondratieff wird es nicht mehr in erster Linie um materiellen Konsum gehen, wie in den ersten vier Kondratieffzyklen. Im Vordergrund wird auch nicht die computergestützte Rationalisierung gut strukturierter Informationsströme und Arbeitsabläufe stehen, wie im fünften Kondratieff. Der sechste Kondratieff wird seine Antriebsenergie aus dem Streben nach einer ganzheitlich verstandenen Gesundheit beziehen, in deren Zentrum, als Basisinnovation, die Erschließung psychosozialer Potenziale stehen wird ..."[8]

1.3 Beschäftigung und Innovation

1.3.1 Erfassung und Entwicklung des „Beschäftigungsstandes"

Die Forderung, einen „hohen Beschäftigungsstand" anzustreben, ist, wie erwähnt, ebenfalls eine Aufgabenstellung aus dem Stabilitäts- und Wachstumsgesetz von 1967. Gemessen wird der „Beschäftigungsstand" in der Regel anhand der **Arbeitslosenquote**, d.h. dem Quotienten aus Anzahl der registrierten Arbeitslosen einerseits und der Summe aus registrierten Arbeitslosen und Erwerbstätigen andererseits. In den frühen 1970er Jahren wurde ein „hoher Beschäftigungsstand" mit einer Arbeitslosenquote von maximal einem vH (!) gleichgesetzt. Im Verlaufe der letzten drei Jahrzehnte haben sich die Bedingungen am Arbeitsmarkt grundlegend verändert, die anfängliche Vollbeschäftigung ist seit Mitte der 1970er Jahre einer anhaltenden und langfristig steigen-

---

7   Vgl. Nefiodow (1996), S. 94ff.
8   Ebenda S. 121

den Massenarbeitslosigkeit gewichen, so dass Arbeitslosenquoten um die 10 vH in-
zwischen zur „Normalität" geworden sind. Zudem haben sich die Rahmenbedingun-
gen für staatliche Beschäftigungspolitik grundlegend verändert. Vor allem ist das
Wirtschaftswachstum geringer geworden, während der technische Fortschritt inzwi-
schen auch den Dienstleistungssektor erfasst hat. Wie erfolgreich kann das Ziel der
Wiedererlangung eines „hohen Beschäftigungsstandes" realisiert werden unter den
Bedingungen der „informationstechnischen Revolution", wie wir sie spätestens seit
Mitte der 70er Jahre des 20. Jahrhunderts erleben?!

Eine genauere Betrachtung zeigt: Die anhaltende Massenarbeitslosigkeit in Deutschland entwickelt sich seit Mitte der 1970er Jahre in Schüben (vgl. Abb. 1-4): nach dem
drastischen Anstieg 1974/75 folgt der nächste Schub in den Jahren 1981/82. Mit Auslaufen des Vereinigungsbooms 1991 springt die Arbeitslosigkeit innerhalb kurzer Zeit
(zwischen 1991 und 1994) in Westdeutschland von knapp 1,7 auf 2,5 Mio., in Deutschland insgesamt von 2,6 auf 3,6 Mio. Menschen. Bis 1997 steigt sie weiter auf knapp 4,4
Mio. Mit dem von der „new economy" angetriebenen Boom ging sie ab 1999 wieder
leicht zurück, um dann vor dem Hintergrund der anhaltenden Wachstumsstagnation
bis zur Gegenwart wieder anzusteigen.

Abbildung 1-4:   *Arbeitslosigkeit in Deutschland*

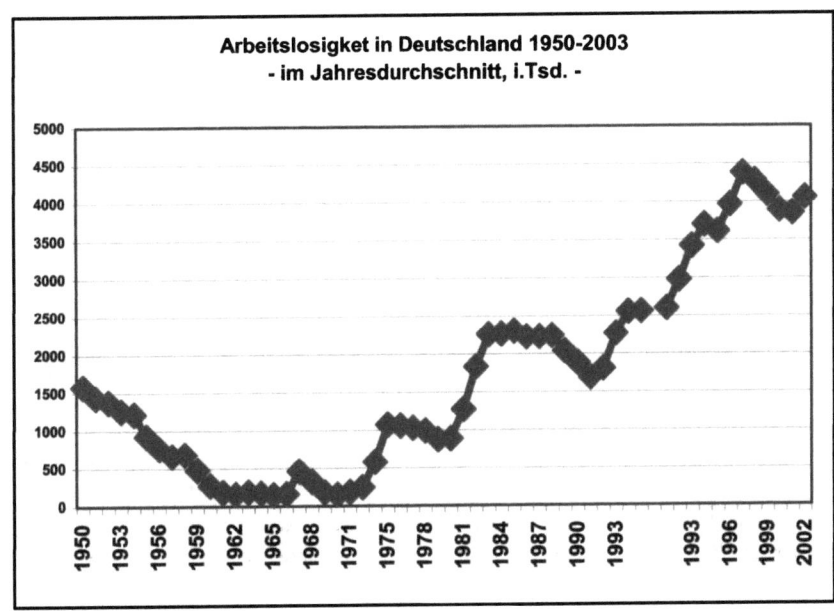

Quelle: eigene Darstellung in Anlehnung an SVG (2004), S.650

1.3.2 Der Zusammenhang von Innovation und Beschäftigung

Innovationen sind für die Entwicklung der Beschäftigung menschlicher Arbeitskraft ein „zweischneidiges Schwert". Einerseits ist bekannt, dass Prozessinnovationen den Aufwand an Arbeit pro Einheit eines herzustellenden Produktes senken und damit tendenziell zu einer Reduktion der Beschäftigung führen. Andererseits gilt es jedoch zu beachten, dass beschäftigte Arbeitskraft, welche ineffizient eingesetzt wird, dauerhaft nicht zu beschäftigen ist, sodass Prozessinnovationen zumindest die verbleibenden Arbeitsmöglichkeiten sichern. Zudem muss berücksichtigt werden, dass auch Produktinnovationen – die Entwicklung und Einführung neuer Güter und Dienstleistungen – Teil des technischen Fortschritts sind. Diese haben in jedem Fall beschäftigungsstabilisierende und beschäftigungsausweitende Auswirkungen.

Den Zusammenhang von Innovation und Beschäftigung kann man anhand einer tautologischen Gleichung veranschaulichen. Folgende Größen spielen eine Rolle: das Wachstum des Bruttoinlandsprodukts w_Y und die Entwicklung der Arbeitsstundenproduktivität $w_{Y/A}$; w_E bezeichnet die Entwicklung der Beschäftigung bzw. Erwerbstätigkeit und $w_{A/E}$ die Entwicklung der durchschnittlichen Arbeitszeit pro Kopf. Die Gleichung lautet:

$$w_E = w_Y - w_{Y/A} - w_{A/E}$$

bzw.

$$w_E = w_Y - (w_{Y/A} + w_{A/E})$$

Sie besagt, dass die Beschäftigungsentwicklung von drei Größen abhängt: vom Wachstum des realen BIP, von der Entwicklung der Arbeitsstundenproduktivität und von der Rate der Arbeitszeitverkürzung pro Kopf. Dabei wird unterstellt,

- dass sich die Prozessinnovationsrate in der Arbeitsstundenproduktivität ($w_{Y/A}$) und die Produktinnovationsrate im Wachstum des BIP (w_Y) niederschlägt (wobei zusätzlich auch andere Einflussgrößen einwirken können),

- dass das Angebot an Arbeit konstant bleibt und vom Prozess der Innovation nicht beeinflusst wird, und

- dass sich die Entwicklung der Nachfrage nach Arbeitskraft in der Beschäftigungsentwicklung ausdrückt.

Geht man von einer Vollbeschäftigungssituation aus, so bleibt diese erhalten, wenn die Höhe des Produktionswachstums der Wachstumsrate der Arbeitsstundenproduktivität bei Konstanz der Arbeitszeitentwicklung entspricht. Verläuft der Produktivitätsfortschritt dynamischer als das Wirtschaftswachstum, dann kommt es nur dann zu Arbeitslosigkeit, wenn die Differenz der beiden Wachstumsraten nicht durch eine entsprechende Verkürzung der Arbeitszeit pro Kopf ausgeglichen wird, anders: die Summe der Rate der Arbeitszeitverkürzung und des Produktivitätsfortschritt muss der Rate des Produktionswachstums entsprechen.

1.3.3 Innovation und Beschäftigung in der ökonomischen Theorie

Die ambivalenten Auswirkungen von Innovationen auf den Umfang der Beschäftigung sind der Hintergrund dafür, dass der Zusammenhang von Innovation und Beschäftigung seit Beginn der industriellen Revolution im England des 18. Jahrhunderts umstritten ist. In der ersten Hälfte des 19. Jahrhunderts führte der Protest gegen die wachsende Maschinerie zunächst in England („Ludditen-Unruhen"), später auch auf dem europäischen Festland, in Schlesien („Weberaufstand"), gar zu gewalttätigen Auseinandersetzungen in der Gesellschaft und zur Zerstörung von Maschinen.

Das Thema der „technologischen Arbeitslosigkeit" war nie eines des ökonomischen „mainstreams", der neoklassischen Theorie, seit diese sich gegen Ende des 19. Jahrhunderts als vorherrschende Strömung durchgesetzt hatte.[9] „Technologische Arbeitslosigkeit" als Problem und Thema wurde demgegenüber in der Frühzeit der modernen Volkswirtschaftslehre als Wissenschaft durchaus erörtert, allerdings nicht von ihrem Begründer, **Adam Smith.** Dieser hat zwar das „Maschinerieproblem" analysiert, er begriff Arbeit und Realkapital jedoch als komplementäre Produktionsfaktoren und sah in den durch fortschreitende Arbeitsteilung vorangetriebenen Produktivitätszuwächsen einen beschäftigungssteigernden Prozess.[10] Es war **David Ricardo** vorbehalten, die negativen Beschäftigungswirkungen des zunehmenden Maschineneinsatzes unter die Lupe zu nehmen. Nachdem er auch lange Zeit dem Technikoptimismus seiner wissenschaftlichen Zeitgenossen zugeneigt war, kam er 1821 in der dritten Auflage seines Hauptwerkes auf der Grundlage einer erneuten Analyse des Problems zu anderen Ergebnissen, die ihn zu der Einschätzung brachte, „that the substitution of maschinery for human labour, is often very injurious to the interests of the class of

---

9   Unter „neoklassischer Theorie" versteht man das Theoriegebäude, welches sich seit den 70er Jahren des 19. Jahrhunderts auf der Grundlage der Werke des Österreichers Carl Menger (1840-1921), des Briten William Stanley Jevons (1835-1882) und des Franzosen Leon Walras (1834-1919) entwickelt und als dominierende Strömung des wirtschaftswissenschaftlichen Denkens durchgesetzt hat. Wesentliche Elemente dieser Theorieströmung sind eine subjektivistische Wertlehre, die Vorstellung, dass marktgesteuerte Wirtschaftsprozesse zu einem gesamtwirtschaftlichen Gleichgewicht hin streben, und die daraus resultierende These, dass in dieser marktgesteuerten Welt dauerhafte Arbeitslosigkeit nicht möglich ist. Aufgrund des unübersehbaren Widerspruchs zwischen diesen Aussagen und der Realität verlor die Neoklassik in den 30er Jahren des 20. Jahrhunderts ihre theoretische Vormachtstellung und musste vorübergehend ihren Platz an die Keynes'sche Theorie abtreten. Nach dem zweiten Weltkrieg entwickelte sich durch die Verknüpfung beider Theorieströmungen die „neoklassische Synthese", unter deren Deckmantel neoklassisches Denken vor allem in den Mikroökonomie-Teilen volkswirtschaftlicher Lehrbücher überlebte. Vor dem Hintergrund der zunehmenden Probleme, mit denen der Keynesianismus seit 1970er Jahren weltweit zu kämpfen hat, hat neoklassisches Denken auch in der Makroökonomie in den letzten drei Jahrzehnten eine Renaissance erlebt.

10 Melzig-Thiel (2000), S. 50ff.

labourers."[11] Er hielt jetzt durchaus einen Fall für möglich, in dem eine rapide Einführung neuer Maschinerie zur Freisetzung von Arbeitskräften führt. Nur bei ausreichender Dynamik des Prozesses der allgemeinen Kapitalakkumulation könnten diese Arbeiter wieder in das Beschäftigungssystem integriert werden. Damit widersprach er der Auffassung der damaligen „klassischen" Ökonomenzunft, die sich jedoch von Ricardo's Überlegungen nicht beeindrucken ließ. Mit der sich gegen Ende des 19. Jahrhunderts durchsetzenden neoklassischen Ökonomie wurde dann jeglicher Gedanke, technischer Fortschritt könne sich negativ auf die Beschäftigung auswirken, ins Reich der Fabel verwiesen.

Gemäß der **neoklassischen Theorie** regeln Angebot und Nachfrage auf dem Markt die Preisbildung. Bewegliche Preise führen dazu, dass der Markt „geräumt" wird, d.h. dass Angebot und Nachfrage in ein Gleichgewicht gebracht werden. Dieser Mechanismus gilt unter den Bedingungen der vollständigen Konkurrenz für alle Märkte, und zwar sowohl für Güter- wie für Produktionsfaktormärkte. Unterstellt ist dabei neben der unendlich großen Flexibilität der Preise die Substitutionalität der Produktionsfaktoren: Kapital und Arbeit lassen sich in beliebigen Quanten - nach Maßgabe der vorherrschenden Faktorpreisrelationen - miteinander kombinieren. Technologische Arbeitslosigkeit ist in dieser Sichtweise nicht möglich, es sei denn, die Realität weicht von diesen anzustrebenden Idealbedingungen ab. Das gilt im Hinblick auf zwei Parameter, welche für technologische Arbeitslosigkeit von Bedeutung sind: Zum einen hinsichtlich des Grads der Austauschbarkeit der Produktionsfaktoren untereinander: ist dieser Grad gering, könnte der Realkapitalstock nicht in jedem Falle ausreichen, alle arbeitssuchenden Arbeitskräfte zu absorbieren. Zum anderen geht es um die Flexibilität der Reallöhne auf dem Arbeitsmarkt. Solange eine ausreichende Flexibilität gegeben ist, - so die These - werden Arbeitskräfte, die an einer Stelle des Beschäftigungssystems von Arbeitslosigkeit bedroht sind, reibungslos in andere freie Stellen wechseln. Die Reallohnflexibilität kann allerdings durch institutionelle Barrieren, welche eine ausreichende Bewegung nach unten verhindern, eingeschränkt werden. In diesem Falle ist der Marktmechanismus nicht in der Lage, beschäftigungslose Arbeitskräfte in Beschäftigung zu bringen, da die Arbeitsnachfrage der Unternehmen beim vorherrschenden Reallohn zu gering ausfällt. In der Regel wird starken Gewerkschaften, welche als „Kartelle" auf dem Arbeitsmarkt auftreten, die Rolle der „institutionellen Barrieren" zugeordnet.

Mit der Durchsetzung der neoklassischen Ökonomie verschwand das Thema der technologischen Arbeitslosigkeit aus der herrschenden wirtschaftswissenschaftlichen Debatte. Die durchaus bedeutenden Analysen von **Karl Marx** zu diesem Thema[12], welche dieser aufbauend auf Ricardo erarbeitete, wurden ignoriert. Erst vor dem Hintergrund der Rationalisierungswelle in Deutschland und in den USA sowie der stark ansteigenden Massenarbeitslosigkeit zwischen den beiden Weltkriegen rückten Überlegungen zur „technologischen Arbeitslosigkeit" und damit auch Marx' Analysen

---

11 Zit. nach ebenda, S. 57
12 Marx (1968) Kapitel 23

wieder in den Mittelpunkt des Interesses. Selbst der etablierte **Verein für Socialpolitik** gab damals eine Untersuchung zum Zusammenhang von Innovation und Beschäftigung in Auftrag[13], allerdings mit einem die These der technologischen Arbeitslosigkeit zurückweisenden Resultat. Es lautete: „...eine überzeugende Begründung für das Argument, dass der technische Fortschritt >durch eine Zeit hemmungslosen Einsetzens neuer technischer Verfahren und Maschinen, ohne Rücksicht auf die Aufnahmefähigkeit des Marktes und auf die Beschäftigungsmöglichkeiten der erwerbslos werdenden Arbeiter< auf Dauer Arbeitslosigkeit erzeuge, blieb aus."[14] .

Zu ganz anderen Resultaten kamen die bemerkenswerten Analysen, welche der in Berlin lehrende Wirtschaftsprofessor **Emil Lederer** in den 30er Jahren - unter Rückgriff auf die Theorien von Marx und Schumpeter - zu diesem Thema verfasste. In diametralem Gegensatz zum Gleichgewichtsdenken der Neoklassik interpretiert Lederer den Prozess der kapitalistischen Akkumulation als genuinen Ungleichgewichtsprozess, der durch zyklische Bewegungen geprägt ist. Es sind die Besonderheiten dieses Prozesses, welche technikbedingte, strukturelle Arbeitslosigkeit „produzieren". Nach Lederer ist „technologische Arbeitslosigkeit" „...derjenige Teil der Arbeitslosigkeit, der, durch technische Fortschritte verursacht, weder durch die Folgewirkungen des technischen Fortschritts bzw. der durch ihn ausgelösten Veränderungen innerhalb eines bestimmten Zeitraums noch durch die autonome spontane Entwicklung innerhalb des Wirtschaftssystems kompensiert wird. Technologische Arbeitslosigkeit wäre also erst bei einem Tempo des technischen Fortschritts anzunehmen, welches das >normale< Tempo übersteigt."[15].

Lederer's zentralen Erkenntnisse lauten zusammengefasst: Die Vorreiterbetriebe des technischen Fortschritts führen in schnellem Tempo neue Maschinerie in ihre Produktionsprozesse ein, wodurch die organische Zusammensetzung des Kapitals – das Verhältnis von fixem und variablem Kapital – steigt. Demgegenüber verläuft die Kapitalakkumulation bei den wenig innovativen Betrieben mit unterdurchschnittlichem Tempo, vor allem auch weil die dynamischen Wirtschaftsbereiche das verfügbare Kapital aufsaugen. Der arbeitssparende technische Fortschritt im dynamischen Sektor setzt tendenziell Arbeitskräfte frei. Diese könnten allenfalls durch die technisch hinterherhinkenden Unternehmen und Branchen aufgenommen werden. Solche Branchen haben jedoch aufgrund der geringen Kapitalbildung selbst mit Beschäftigungsproblemen zu kämpfen, so dass sich als Resultat des gesamtwirtschaftlichen Prozesses eine ansteigende strukturelle Arbeitslosigkeit ergibt.

In der wirtschaftlichen Rekonstruktionsperiode nach dem zweiten Weltkrieg, welche durch eine hohe Dynamik des Wirtschaftswachstums gekennzeichnet ist, spielte das Thema „Technologische Arbeitslosigkeit" lange Zeit keine Rolle mehr in der wirtschaftswissenschaftlichen Debatte. Technischer Fortschritt wurde als bedeutender

---

13 Saitzew (1932/ 33)
14 Zit.n. Dickler/ Lederer (1981), S. 266
15 Lederer (1981), S. 54

Faktor des Wirtschaftswachstums „entdeckt", die Wachstumstheorie untersuchte seinen potenziellen Beitrag zum Produktionswachstum. Das Verhältnis von Innovation und Beschäftigung wurde auf dieser Ebene erst wieder interessant, als der rasante Siegeszug der Mikroelektronik und Informationstechnologie im Verlaufe der 1970er und 1980er Jahre einherging mit einem langfristigen Anstieg der Massenarbeitslosigkeit und diese Entwicklungen die Furcht vor einer technologischen Arbeitslosigkeit in breiten Bevölkerungskreisen weckten. Mit Beginn der 1980er Jahre nahmen die Publikationen zu diesem Problemkreis wieder stark zu .[16] Im Zuge dieser Debatte wurde deutlich, dass es nicht nur an einer leistungsfähigen Theorie des technischen Fortschritts fehlte, sondern dass auch der Zusammenhang von Innovation und Beschäftigung empirisch wenig durchdrungen war. Das veranlasste den Bundesminister für Forschung und Technologie 1984, eine umfassende Studie zu den Arbeitsmarktfolgen moderner Technologien („Meta-Studie") zu initiieren. Damit wurde eines der – auch im internationalen Rahmen - aufwendigsten und anspruchsvollsten Forschungsvorhaben zum Themenkreis Innovation und Beschäftigung auf den Weg gebracht. Es sollte bis heute das letzte Vorhaben dieser Art im deutschsprachigen Raum bleiben. Trotz der angewandten Vielfalt der methodischen Ansätze und der unübersehbaren Anzahl detaillierter empirischer Befunde gab die Meta-Studie insgesamt keine befriedigende Antwort hinsichtlich der Beschäftigungswirkungen des gesamtwirtschaftlichen Innovationsprozesses.

Vor dem Hintergrund der neuen wirtschaftlichen Rahmenbedingungen des Innovationswettbewerbs, der Globalisierung und der Wissensökonomie, welche sich im Verlaufe der 1990er Jahre immer mehr durchsetzten, wurde die These von der „technologischen Arbeitslosigkeit" weitgehend fallen gelassen, ein neues Verständnis des Zusammenhangs von Innovation und Beschäftigung schob sich in den Vordergrund. Beschäftigungswirkungen werden nicht mehr einfach als „Eigenschaft" einer neuen Technik, als eine notwendige Wirkung des Einsatzes und der Verbreitung derselben interpretiert, sondern als variable Größe, welche in ihrer realen Ausprägung und in ihrem quantitativen Volumen letztlich von der Art und Weise der Gestaltung von Innovationsprozessen insgesamt abhängt. Bei der Analyse sind die realen Bedingungen ungleichgewichtiger marktgesteuerter Prozesse der wesentliche Ausgangspunkt. Innovationsprozesse sind durch enorme Unsicherheit für die Innovatoren geprägt. Es ist ein weiter Weg von einer wissenschaftlichen Erfindung und der damit verbundenen Vergrößerung des technologischen Wissens bis hin zur Entwicklung und erfolgreichen Vermarktung effizienterer neuer Produktionstechniken und neuer Konsumgüter. Versuch und Irrtum sowie interaktive Lernprozesse charakterisieren Innovationsvorgänge, wobei Produzenten und Nutzer experimentieren und Informationen austauschen. In diesem Zusammenhang werden die Qualifikation, die Kompetenz und das Engagement der Beteiligten zu einem entscheidenden Faktor der erzielbaren Innovationsleistung.

---

16   Vgl. z.B. BMFT (1980); BMFT (1981); Friedrichs/Schaff (1982); Scholz (1982); Welsch (1983); Welsch (1983); Schüle (1986).

Auch die Verbreitung und Anwendung neuer Verfahren und Produkte ist mit Prozessen des wechselseitigen Lernens untrennbar verknüpft. Komplexe technologische Systeme können nicht ohne weiteres von einem Unternehmen auf ein anderes übertragen werden. Für eine erfolgreiche Neuanwendung kommt es nicht nur auf die Organisation und Struktur des betreffenden Unternehmens an, auch Netzwerkbeziehungen zu anderen Unternehmen, die Art und Intensität der Einbindung in das regionale/nationale Innovationssystem, die vorhandenen infrastrukturellen Bedingungen im Umfeld, die Verfügbarkeit von Humanressourcen u.Ä. sind wichtige Faktoren, welche die Anwendung erschweren oder verhindern können. Erfolgreiche Innovationen sind oft nur nach langen Perioden des Lernens und der organisatorischen Veränderung möglich.

Auf dieser Grundlage werden „Technik" und „Arbeit" nicht mehr als vorrangig substitutionale sondern viel eher als komplementäre Faktoren interpretiert. „Technologische Arbeitslosigkeit", um diesen Begriff in den neuen Analyserahmen einzuführen und zu beleuchten, ist auch in diesem Interpretationszusammenhang möglich, sie entsteht aber vor allem dann, wenn diese Komplementarität der Produktionsfaktoren nicht beachtet wird. Dabei muss man sehen: Die vorhandenen institutionellen Bedingungen für Innovationsprozesse sind im wesentlichen in der allmählich „untergehenden" Industriegesellschaft entstanden und gewachsen und durch deren Erfordernisse geprägt, sie sind in vielen Fällen noch nicht optimal auf die Erfordernisse der heraufziehenden Wissensökonomie ausgerichtet. Das heißt, die vorherrschenden Rahmenbedingungen sind wenig förderlich zum Beispiel für die Unterstützung von Lernprozessen sowie von Transaktionen, welche zunehmend im Austausch von Wissen bestehen. Der langfristige ökonomische Bedeutungszuwachs von Wissen sowie die Defizite an institutioneller Anpassung könnten eine wesentliche Ursache der anhaltenden strukturellen Arbeitsmarktprobleme in vielen Ländern sein. Sollte dies zutreffen, dann hätten wir es mit einer neuen Form von „technologischer Arbeitslosigkeit" zu tun. Deren Ursachen wären dann jedoch nicht in einem „zu hohen" Tempo des technischen Fortschritts zu suchen, wie dies noch Lederer in den 1930er Jahren oder viele Debattanten in den 1980er Jahren vermuteten, sondern, im Gegenteil, sie wären in zu geringen Volumina und Tempi der Innovationen eines Landes (oder einer Region) begründet.

1.4 Inflation und Innovation

1.4.1 Erfassung und Entwicklung der Geldentwertung

Geldwertstabilität hat gerade für Deutschland nach dem zweiten Weltkrieg aufgrund der historischen Erfahrung zweier Inflationen mit der Zerrüttung der jeweiligen Währungen 1923 und 1948 stets einen besonderen Stellenwert gehabt. Geldentwertung bzw. Inflation wird gemessen an der **Steigerung des gesamtwirtschaftlichen Preisniveaus im Zeitablauf**. Die Abbildung 1-5 zeigt, dass Geldentwertung vor allem in den

1970er Jahren ein gravierendes gesellschaftliches Problem war. In den 1980er Jahren nahm die Aktualität des Problems ab und in 1990er Jahren hat Geldentwertung nach der Bewältigung der Anfangsprobleme der deutschen Vereinigung jegliche Brisanz verloren.

Abbildung 1-5: *Geldentwertung in Deutschland*

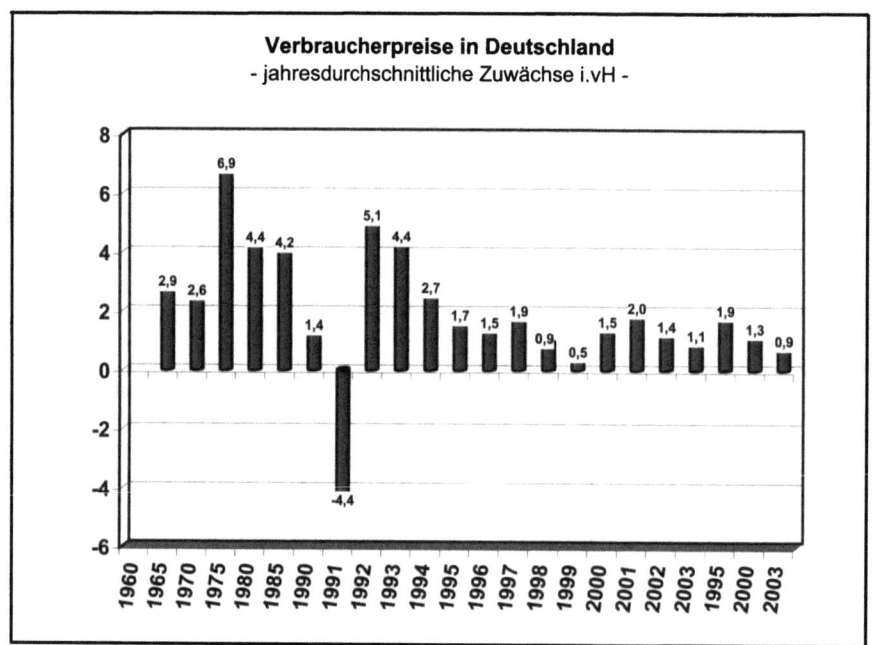

Anm.: Bis 1990 nur Westdeutschland; Wert für 1991 umstellungsbedingt
Quelle: eigene Darstellung in Anlehnung an SVG (2004), S. 632f.; eig. Berechnungen

1.4.2 Geldentwertung als gesellschaftliches Problem

Dass Geldentwertung dennoch grundsätzlich ein brisantes Problem darstellt, zeigt sich an ihren unerwünschte Auswirkungen auf den gesamten realwirtschaftlichen Prozess sowie auf die Gesellschaft. Inflationäre Situationen, auch wenn es sich um Phasen von mäßigem Preisanstieg handelt, können schnell in eine beschleunigte Inflation oder gar in eine „galoppierende Inflation" bzw. „Hyperinflation" umschlagen. In einer solchen Situation steigt die Unsicherheit für Investoren und Verbraucher exorbitant an mit der Folge, dass Investitions- und Konsumentscheidungen, welche mit Zukunftserwartungen eng verbunden sind, keine sichere Planungsgrundlage mehr besitzen. Sie werden deshalb hinausgeschoben oder stellen sich schnell als Fehlentscheidungen heraus. Auf dem Arbeitsmarkt versuchen die Arbeitnehmer mit der drastischen Steigerung der Lebenshaltungskosten mittels der Durchsetzung höherer Lohnsteigerungen Schritt zu hallten, um keine Senkung des Lebensstandards zu erleiden.

Der Verteilungskonflikt verschärft sich, eine Preis-Lohn-Preis-Spirale treibt die Inflation weiter in die Höhe. Im Ergebnis mündet diese Situation in eine Wachstumsstagnation oder gar in eine tiefergehende Wirtschaftskrise, da die Marktpreise ihre Signal-, Lenkungs- und Anreizfunktion nicht mehr erfüllen können. Sind solche extremen Wirtschaftssituationen mit hohen Inflationsraten erst einmal eingetreten, können sie nur durch drastische geldpolitische Maßnahmen der Zentralbank – vor allem schnelles Zurückschrauben des Geldmengenwachstums und deutliche Erhöhung der Leitzinsen - beseitigt werden. Diese geldpolitischen Restriktionen verschärfen zunächst die wirtschaftliche Krise und führen erst mittel- und langfristig zu einer Drosselung der inflationären Entwicklung. Erhebliche volkswirtschaftliche Kosten sind dabei der notwendige „Preis" für die Wiedererlangung einer stabilen Wirtschaftslage. Kann der technische Fortschritt bei der Lösung des Inflationsproblems helfen?

1.4.3 Geldentwertung und Innovation

Die OECD hat sich bereits in den 1970er Jahren unter dem Eindruck der Erfahrungen der **Stagflation** – d.h. Wachstumsstagnation bei anhaltendem Inflationsdruck – mit dem Zusammenhang von Innovation und Inflation auseinandergesetzt und vermutet, „dass schnellere und besser gesteuerte Innovation den Inflationsdruck erleichtern können."[17] .In einer Konstellation von verlangsamtem Produktivitätswachstum, staatlicher Politik der Inflationsbekämpfung und verschärften Verteilungskämpfen sei ein Ausweg aus dieser stagflationären Situation kaum möglich. Der Schlüssel zur langfristigen Problemlösung wird – wenn auch mit Einschränkungen - in einem höheren Produktivitätswachstum gesehen: „Unseres Erachtens kann auch eine stufenweise Steigerung der Produktivität, zumindest innerhalb der Grenzen des Möglichen, das Problem nicht völlig aus der Welt schaffen. Aber eine solche Steigerung könnte sowohl zu einer kurzfristigen als auch zu einer langfristigen Lösung beitragen, indem sie eine bessere Bedarfsdeckung ermöglicht und dann Lohnerhöhungen weniger inflationär wirken."[18] Wie ist diese These genauer zu begründen?

In der Literatur wird grob zwischen der nachfragebedingten und der angebots- bzw. kostenbedingten Inflation unterschieden, je nachdem, wo die Hauptursachen für den Anstieg des Preisniveaus zu verorten sind. Nachfrageinflation wird durch einen nachhaltigen Überhang der gesamtwirtschaftlichen Nachfrage über das gesamtwirtschaftliche Angebot verursacht, wobei die konkreten Ursachen bei den Komponenten der

---

17   OECD-Report (1981), S. 117
18   Ebenda, S. 118

gesamtwirtschaftlichen Nachfrage – privater Konsum, staatlicher Konsum, Investition oder Export – sowie bei der Finanzierung der Übernachfrage durch eine entsprechende übermäßige Steigerung der Geldmenge durch die Zentralbank zu suchen sind.

Für den Zusammenhang von Innovation und Inflation dürften auf Seiten der Innovation die **Prozessinnovationen** und auf Seiten der Inflation vor allem die **angebots- und kostenseitig bedingte Inflation** von Bedeutung sein.

Um den Bogen von den Innovationen zur Inflation zu schlagen, müssen folgende Glieder der Kausalkette untersucht werden:

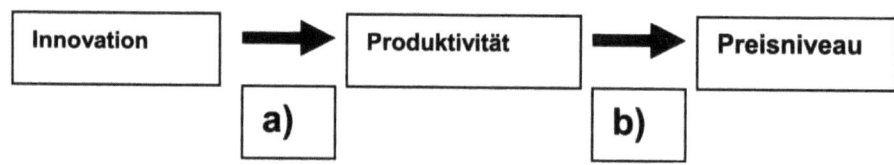

a) Kausalzusammenhang Innovation und Produktivitätsfortschritt

Dieser Zusammenhang gilt vor allem im Hinblick auf **Prozessinnovationen**, d.h. auf die Einführung und Anwendung neuer Herstellungsverfahren im Produktionsprozess. Er wurde in jüngerer Zeit insbesondere anhand der neuen Informations- und Kommunikationstechnologien genauer untersucht, vor allem hinsichtlich des Phänomens der „new economy" in den USA. Dort stellte man für die zweite Hälfte der 1990er Jahre, die durch eine prosperierende Wirtschaftsentwicklung gekennzeichnet waren, fest, „dass im Unterschied zu früheren Expansionsphasen keine nennenswerten inflationären Verspannungen aufgetreten sind und dies, obwohl die Arbeitslosenquote einen historischen Tiefststand erreicht hat."[19].

Analysiert man den langfristigen Verlauf der Produktivität, so zeigt sich seit Mitte der 1970er Jahre lange Zeit ein nur bescheidender Anstieg des BIP pro Stunde für den Unternehmenssektor. Ab 1996 jedoch ist eine deutliche Beschleunigung des Produktivitätsfortschritts zu verzeichnen: „... mit einer Trendzunahme von 1,4 vH im Zeitraum 1974 bis 1995 auf 2,5 vH in den Jahren danach." In der amerikanischen wirtschaftswissenschaftlichen Debatte wird diese Entwicklung auf den Einfluss der massiven Anwendung und Verbreitung der neuen IuK-Technologien zurückgeführt. Sowohl der Council of Economic Advisors, der den US-amerikanischen Präsidenten berät, als auch die Federal Reserve Bank of New York stützen mit ihren Untersuchungen die These, „dass die Informations- und Kommunikationstechnologien über den neutralen technischen Fortschritt im Computer produzierenden Bereich sowie über ihren Einsatz in vielen Branchen der Volkswirtschaft auf einen neuen höheren Wachstumspfad ein-

---

19   SVG 2000/ 01, S. 127

schwenken lassen könnten."[20] Diese starke Produktivitätsentwicklung lässt sich auch in der nach 2001 folgenden Wirtschaftsflaute weiter beobachten: Auch in 2003 stieg die Produktion je geleisteter Arbeitsstunde um 4,3% gegenüber dem Vorjahr. „Somit erweist sich der seit dem Jahr 1996 zu verzeichnende durchschnittliche höhere Anstieg der Produktivität mit rund 3 vH gegenüber dem Trend der 20 Jahre zuvor (1,4 vH) weiterhin als beständig".[21]

Um den Zusammenhang zwischen Produktivitätsentwicklung und informationstechnologischem Fortschritt theoretisch und quantitativ zu fassen, wird üblicherweise ein neoklassisches Wachstumsmodell und eine Cobb-Douglas-Produktionsfunktion herangezogen.[22] Auf der Grundlage verschiedener Annnahmen lassen sich zwei Determinanten der Arbeitsproduktivität herauskristallisieren: der Anstieg des Verhältnisses von Kapital- und Arbeitseinsatz, die Kapitalintensität, sowie der technische Fortschritt, der in Form des „neutralen technischen Fortschritts", der sich in allen Produktionsfaktoren in Gestalt steigender Effizienz niederschlägt, als „Restgröße" gemessen wird. Gemäß Untersuchungen der amerikanischen Zentralbank „können 45 vH des Fortschritts der Arbeitsproduktivität in der US-amerikanischen Volkswirtschaft zwischen den Jahren 1974 und 1995 und 56 vH des Produktivitätsanstiegs im Zeitraum 1996 bis 1999 der Erhöhung der IuK-Kapitalintensität und dem neutralen technischen Fortschritt bei den Computern (...) zugerechnet werden. ... Die Produktivitätsbeschleunigung ab dem Jahre 1996 lässt sich damit zu mehr als zwei Drittel durch die neuen Technologien erklären. Gut 43 vH sind auf die Investitionen in IuK-Technologien zurückzuführen."[23]

Als **„Wirkungskanäle"** zwischen den neuen Technologien und dem Produktivitätsfortschritt können folgende kausale Zusammenhänge im einzelnen identifiziert werden[24]:

1. **Direkte Einspareffekte**: Diese entstehen - neben den Kosteneinsparungen durch niedrigere Preise bei den neuen Techniken - durch Einspareffekte infolge von veränderten Einsatzmöglichkeiten im Herstellungsprozess. Beispielhaft genannt werden können

   - Einspareffekte in der Lagerhaltung durch Automatisierung im Logistikbereich,

   - Einsparungen durch den Ersatz kostenaufwendiger materieller Güter (Druck und Verteilung von Warenkatalogen) mittels internetbasierten Webseiten, durch welche digitale Waren mit geringen Grenzkosten produziert und verteilt werden können,

---

20 SVG 2001/ 02, S. 26
21 SVG 2003/ 04, S. 28
22 Vgl. dazu ausführlich SVG 2000/ 01, S. 127ff.
23 Ebenda, S.130
24 Vgl. ebenda, S. 132ff.

– Einsparungen von Zeitaufwand durch solche internetbasierten Produktions- und Distributionsprozesse,

– Einsparungen von Stufen des Zwischenhandels aufgrund des internetgestützten direkten Vertriebs vom Produzenten zum Endverbraucher.

2. **Indirekte Einspareffekte**: Solche Einspareffekte entstehen auf der Stufe der Hersteller von Vorleistungsgütern. „Die Preise dieser Vorleistungsgüter dürften sich angesichts des hohen Wettbewerbsdrucks tendenziell verringern, sodass auch für Unternehmen, die diese Vorleistungen beziehen, die Produktionskosten sinken."[25] Hinzukommen:

– Effizienzsteigerungen durch reibungslosere und schnellere Informationsflüsse innerhalb und zwischen Unternehmen sowie zwischen Herstellern und Kunden,

– Effizienzsteigerungen durch schnellere und reibungslosere Abstimmung zwischen Angebot und Nachfrage, z.B. durch Suchmaschinen,

– niedrigere Preise durch mehr Preiswettbewerb aufgrund der durch elektronische Marktplätze sowie schnellen und kostengünstigen Such- und Findungsprozesse erhöhten Preistransparenz,

– erhöhter Wettbewerbsdruck aufgrund des Wettlaufs um die Realisierung von Netzwerkeffekten: die Anwendung der neuen IuK-Technologien bietet um so größere wirtschaftliche Vorteile, je größer die Anzahl der Nutzer ist, so dass umgekehrt die Attraktivität der Teilnahme für potenzielle Nutzer durch die bereits erreichte Nutzeranzahl verstärkt wird.

b) Kausalzusammenhang Produktivität und Preisniveau

Warum entlastet ein starker Produktivitätsanstieg die Volkswirtschaft von „inflationärem Druck"? Der Zusammenhang zwischen Produktivitäts- und Preisentwicklung wird indirekt über die Erörterung der **„Phillipskurve"** thematisiert. Diese stellt einen Zusammenhang zwischen der Arbeitslosenquote einerseits und der Inflationsrate andererseits her: Ist die Arbeitslosenquote hoch, ist ceteris paribus mit verhältnismäßig geringem inflationären Druck zu rechnen, d.h. die Inflationsrate ist erwartungsgemäß niedrig, da die Position der Gewerkschaften in Lohnverhandlungen geschwächt ist. Bei geringer Arbeitslosenquote gilt die umgekehrte Datenkonstellation. Somit gibt es in einem Land in einer bestimmten historischen Situation eine Arbeitslosenquote, bei der die Geldentwertung gering ist. Diese nennt man **inflationsstabile Arbeitslosenquote** („NAIRU": Non Accelerating Inflation Rate of Unemployment). Die NAIRU wird bestimmt durch strukturelle Faktoren, welche sich in den jeweiligen Ländern und Regionen langfristig herausgebildet haben und vorherrschen, vor allem

---

25   Ebenda, S. 132

der Grad der Vermachtung von Güter- und Dienstleistungsmärkten, die Qualifikationsstruktur der Arbeitskräfte und die institutionellen Regeln am Arbeitsmarkt. „Sinkt die tatsächliche unter die inflationsstabile Arbeitslosenquote, so erhöht sich bei steigenden Löhnen der Inflationsdruck ...“[26]

Um den Zusammenhang theoretisch herzustellen, konstruieren wir ein Modell mit folgenden Annahmen:

- **Großes gesamtwirtschaftliches Gewicht administrierter Preise**: In modernen Volkswirtschaften erfolgt die Preisbestimmung in weiten Bereichen aufgrund oligopolistischer Marktstrukturen unabhängig von der Nachfrage auf der Grundlage der Kostenentwicklung („administrierte Preise“).

- **Preiskalkulation der Unternehmen**: Die Preiskalkulation der Unternehmen geschieht durch die Festlegung eines prozentualen Aufschlags auf die durchschnittlichen Produktionskosten bzw. auf die Stückkosten. Diese Annahme geht auch in die Konstruktion der Phillipskurve ein: „Hinter diesem Zusammenhang steht die Prämisse, dass die Unternehmen bei unvollkommenem Wettbewerb ihre Preise als Aufschlag auf ihre Grenzkosten festsetzen. Der Aufschlag wird bei der Phillipskurve als konstant angenommen.“[27] Ist P der Preis, W der Lohnsatz eines Beschäftigten, Y/A die Arbeitsproduktivität und M der fixe Kalkulationsaufschlag, so bestimmt sich der Preis nach folgender Formel:

$$Pt = \frac{Wt}{Y/A}(1+M)$$

Hierbei werden zur Vereinfachung der Formel als Kosten nur die Lohnkosten berücksichtigt. Der Preis ergibt sich aus einem festen prozentualen (Gewinn-) Aufschlag auf die Lohnstückkosten.

- **Produktivitätsorientierte Lohnpolitik der Gewerkschaften**: Bei ihrer Lohnpolitik orientieren sich die Gewerkschaften am gesamtwirtschaftlichen Verteilungsspielraum, der sich aus der Addition von erwarteter Arbeitsproduktivitätsentwicklung und erwarteter Preissteigerungsrate (bzw. Steigerung der Lebenshaltungskosten) ergibt.

Je nach Höhe der Arbeitslosigkeit können die Gewerkschaften ihre Lohnvorstellungen in unterschiedlichem Umfang durchsetzen, da die Arbeitslosigkeit über die Verhandlungsmacht der Tarifparteien bestimmt. Der jeweilige Grad der Verhandlungsmacht findet im Phillipskurven-Zusammenhang in der Differenz zwischen der tatsächlichen und der inflationsstabilen Arbeitslosenquote seinen Niederschlag: „Befindet sich die tatsächliche Arbeitslosenquote auf niedrigem (hohen) Niveau relativ zur NAIRU, so ist die Verhandlungsposition der Arbeitnehmervertreter verhältnismäßig stark (schwach).“[28] Aus unserem Modell lässt sich in jedem Fall die Aussage ableiten, dass

---

26 SVG 2000/01, S. 143
27 SVG 2000/01, S. 143f.
28 Ebenda

die Preisentwicklung – bei gegebener produktivitätsorientierter Lohnpolitik der Gewerkschaften - um so moderater verläuft, je höher - ceteris paribus - der Produktivitätsfortschritt ausfällt.

Versuchen wir, diese theoretischen Zusammenhänge mit der Realität der „new economy" zu konfrontieren, um sie einem Test zu unterziehen: Für die USA lässt sich nachweisen, dass die Arbeitslosenquote in der zweiten Hälfte der 1990er Jahre auf einem „historisch sehr niedrigen Stand" verharrte „und trotz der Engpässe auf dem Arbeitsmarkt ist es dort lange Zeit nicht zu einer deutlichen Beschleunigung der Lohnzuwächse und einem merklichen Inflationsdruck gekommen".[29] Dies lässt darauf schließen, dass der anhaltende technologiegetriebene Produktivitätsfortschritt die NAIRU nachhaltig gesenkt hat, d.h. dass diese Entwicklung es ermöglichte, die Inflationsrate auch bei einer geringeren Arbeitslosenquote gering zu halten.

Diese Entwicklung könnte möglicherweise nicht von langer Dauer sein, da sich die Arbeitsmarktparteien vermutlich an die neuen Bedingungen anpassen und ungewiss ist, wie nachhaltig die neuen Technologien den Produktivitätsfortschritt stärken. Zunächst werden die Tarifparteien vom Übergang auf einen höheren Produktivitätspfad überrascht, so dass ihre Produktivitätserwartungen, welche den Lohnverhandlungen zugrunde gelegt werden, zu gering sind, da sie sich an den bisherigen Erfahrungen orientieren. Wird das Eintreten eines höheren Produktivitätstrends nach einigen Jahren in seiner realen Bedeutung erkannt, werden die Produktivitätserwartungen an das höhere Niveau angepasst, so dass mit wieder höheren Lohnabschlüssen zu rechnen ist: Festzuhalten bleibt allerdings: „Unterstellt man, dass der technische Fortschritt bei den IuK-Technologien dauerhaft den Produktivitätszuwachs erhöht sowie die inflationsstabile Arbeitslosenquote senkt, dann kann die Neue Ökonomie als eine permanente Verbesserung der Angebotsbedingungen verstanden werden ..."[30]

Sicher ist, dass es die Beschleunigung des technischen Fortschritts ermöglicht hat, dass die US-amerikanische Notenbank eine wachstums- und beschäftigungsfreundliche Geldpolitik verfolgen konnte. Der technologiegetriebene Produktivitätsfortschritt hat dem Aufbau inflationären Drucks bei sinkender Arbeitslosenquote entgegengewirkt und somit einem Kurswechsel hin zu einer restriktiven, strikt auf eine Wiederherstellung verlorengegangener Geldwertstabilität ausgerichteten Geldpolitik vorgebeugt. Durch den anhaltend hohen Produktivitätsfortschritt wurde es der amerikanischen Zentralbank ermöglicht, die wirtschaftliche Entwicklung von der Geldversorgung her zu unterstützen, was auch der deutsche Sachverständigenrat als bemerkenswerten Vorgang festhielt: „Die robuste, im Wesentlichen technologiegetriebene Produktivitätsentwicklung dürfte dazu beigetragen haben, dass inflationäre Spannungen zu Beginn des Abschwungs nicht bestanden; sie erlaubte somit eine expansive Geldpolitik."[31]

---

29 Ebenda
30 Ebenda, S. 145
31 SVG 2002/ 03, S. 339

1.5 Außenwirtschaftliches Gleichgewicht und Innovation

Die deutsche Wirtschaft ist stark in die internationale Wirtschaft eingebunden. Verschiebungen dieser Arbeitsteilung zwingen zu Anpassungen im Inland. Die deutsche Wirtschaft hat im Jahre 2003 Waren und Dienstleistungen im Wert von rund 677 Mrd. Euro im Ausland gekauft. Dem steht ein Export von 769 Mrd. Euro gegenüber, sodass sich ein Exportüberschuss von 92 Mrd. Euro ergibt. Ist die Außenwirtschaft der Bundesrepublik Deutschland aus dem Gleichgewicht, anders: Wird das im Stabilitäts- und Wachstumsgesetz verankerte Ziel des „außenwirtschaftlichen Gleichgewichts" damit verletzt, sodass die Regierung zum Handeln verpflichtet ist? Und: In welchem Zusammenhang stehen Innovationen zu dieser Außenhandelssituation?

1.5.1 Was heißt „außenwirtschaftliches Gleichgewicht"?

Außenwirtschaftliches Gleichgewicht ist wichtiges Element des gesamtwirtschaftlichen Gleichgewichts einer Volkswirtschaft. Allerdings ist dieser Begriff ungenau und nicht eindeutig definiert. „Entsprechend vielfältig sind die Versuche, den Begriffsinhalt mittels eines Indikators zu fassen."[32] Um die Qualität der Außenwirtschaftsposition quantitativ beurteilen zu können, reicht es offensichtlich nicht aus, allein den jährlichen Saldo des Waren- und Dienstleistungshandels zu betrachten, da von einem Land nicht nur die Devisen für die Bezahlung der Einfuhren erwirtschaftet werden müssen, auch für die Ausgaben im Tourismus, für Geldtransfers oder für Regierungsleistungen im Ausland müssen entsprechende finanzielle Mittel durch Ausfuhren „verdient" werden. Deshalb stützt man sich i.d.R. auf den Saldo der Leistungsbilanz und seine Komponenten.[33] Man könnte „außenwirtschaftliches Gleichgewicht" deshalb mit Hilfe einer ausgeglichenen Leistungsbilanz definieren, d.h. mittels eines Leistungsbilanzsaldos von Null. Wäre die Leistungsbilanz im Soll, würde also einen negativen Saldo aufweisen, müsste das entsprechende Land zwei mögliche Maßnahmen ergreifen, um das Defizit zu finanzieren:

■ Kreditaufnahme im Ausland, d.h. Kapitalimport, oder
■ Abbau der Devisenreserven.

---

32 Pätzold (Stabilisierungspolitik), S. 43
33 Die Leistungsbilanz ist Bestandteil der Zahlungsbilanz eines Landes, mit deren Hilfe die Wirtschaftstransaktionen mit dem Ausland quantitativ erfasst werden. Die Zahlungsbilanz „zeigt, durch welche Transaktionen in der Leistungsbilanz (Handelsbilanz + Dienstleistungsbilanz + Übertragungsbilanz) sich das Netto-Auslandsvermögen der Bundesrepublik in der jeweiligen Periode verändert hat und wie sich diese Veränderung des Netto-Auslandsvermögens auf einzelne Auslandsforderungen und –verbindlichkeiten im Rahmen der Kapitalbilanz und der Devisenbilanz der Bundesbank aufschlüsseln." (Ebenda, S. 44)

Dennoch hat die deutsche Bundesregierung seit langer Zeit eine andere Größe zur Beurteilung des außenwirtschaftlichen Gleichgewichts gewählt, nämlich den bereits angesprochenen Außenbeitrag, d.h. die jährliche Differenz zwischen Exporten und Importen. „Sie fordert einen bestimmten, in vH des Sozialprodukts bemessenen, Überschuss des Außenbeitrages, um mit dem so erzielten Devisenüberschuss das traditionelle Defizit in der Übertragungsbilanz ausgleichen zu können. Ist der prozentuale Anteil des Außenbeitrages am Bruttosozialprodukt so bemessen, dass hiermit genau das Defizit in der Übertragungsbilanz finanziert werden kann, so entspricht diese Definition der einer ausgeglichenen Leistungsbilanz." Der für ausreichend gehaltene Prozentsatz beträgt 1,5 bis 2 vH. Dieser durch den Außenhandel erwirtschaftete Devisenüberschuss wird benötigt, um die regelmäßigen Devisenabflüsse in Form der Begleichung von Verpflichtungen aufgrund der Stationierung ausländischer Streitkräfte, aus der Entwicklungshilfe, aus den Überweisungen hier beschäftigter und lebender ausländischer Arbeitnehmer usw. ausgleichen zu können.

1.5.2 Bedeutung und Entwicklung der Außenhandelsposition

Das in dieser Weise quantifizierte Ziel des außenwirtschaftlichen Gleichgewichts hat eine außenwirtschaftliche und eine binnenwirtschaftliche Bedeutung. Aus weltwirtschaftlicher Sicht ist es nicht wünschenswert, wenn einzelne Länder auf Dauer „über ihre Verhältnisse leben", sprich dauerhaft mehr Waren und Dienstleistungen im Ausland kaufen als dorthin exportieren. Das führt langfristig zur Überschuldung des entsprechenden Landes mit negativen Konsequenzen für die Stabilität auf den internationalen Währungsmärkten. Auch die umgekehrte Situation, anhaltend hohe oder gar langfristig wachsende Handelsbilanzüberschüsse sind unerwünscht, da sie sich auf die Produktion und Beschäftigung in anderen Ländern negativ auswirken. Aus binnenwirtschaftlicher Sicht leistet ein Gleichgewicht in den Außenwirtschaftsbeziehungen einen Beitrag für die Gewährleistung eines gesamtwirtschaftliches Gleichgewicht. „Allgemein lässt sich außenwirtschaftliches Gleichgewicht als eine Situation umschreiben, die dadurch gekennzeichnet ist, dass von den wirtschaftlichen Aktivitäten des Inlandes mit dem Ausland keine negativen Wirkungen auf die binnenwirtschaftliche Entwicklung (insbesondere auf Preisniveau und Beschäftigung) ausgehen."[34]

Analysiert man die Entwicklung der Außenwirtschaftsbeziehungen der Bundesrepublik Deutschland, so zeigen sich für die 1980er Jahre stetig steigende Außenhandelsüberschüsse, welche Anfang der 1990er Jahre plötzlich auf fast Null „zusammenschnurren" und in den Jahren 1994 und 2000 gar in ein Defizit abgleiten (vgl. Abb. 1-6). Erst ab dem Jahr 2001 nimmt der Außenbeitrag wieder deutlich zu. Gemessen am

---

34   Pätzold (Stabilisierungspolitik, 1985), S. 43

Abbildung 1-6: Daten zum Außenhandel Deutschlands 1980-2004

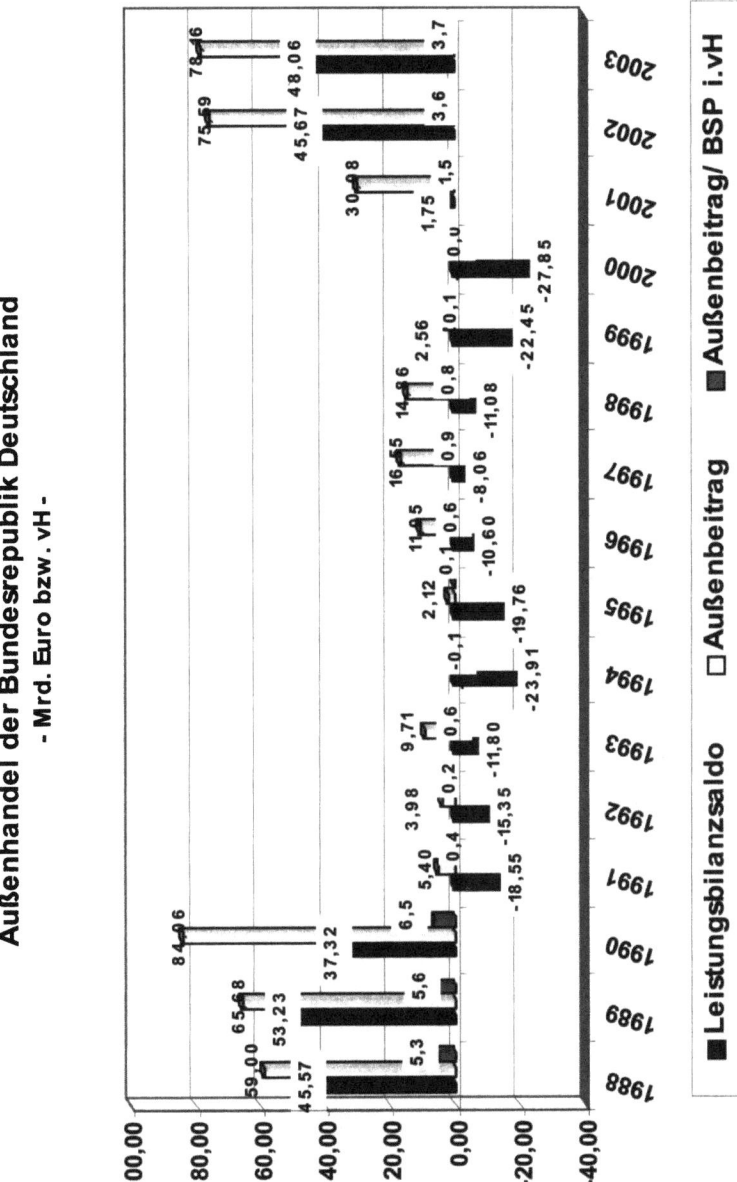

Quelle: eigene Darstellung in Anlehnung an SVG (2004), S.690f.

Bruttosozialprodukt schwankt der Außenbeitrag in den letzten beiden Jahrzehnten zwischen Quoten von knapp unter Null bis hin zu 6,5 vH im Jahre 1990. Die Leistungsbilanz der Bundesrepublik Deutschland weist in den 1980er Jahren mit steigenden Überschüssen eine parallele Entwicklung zum Außenbeitrag auf, während sie in den 1990er Jahren durchweg im Defizit verharrt, bei einer Schwankungsbreite zwischen 8 Mrd. Euro in 1997 und knapp 28 Mrd. Euro im Jahre 2000. Mit der Vereinigung und dem damit verbundenen hohen Kapitalbedarf wurde Deutschland in den 1990er Jahren vom Nettoexporteur zum Nettoimporteur von Kapital. Erst ab 2001 drehte die Leistungsbilanz wieder ins Plus, mit steigender Tendenz, da die Importe in etwa stagnierten, während die weiter wachsenden Ausfuhren für einen wachsenden Außenbeitrag in der Handelsbilanz sorgten.

1.5.3   Außenwirtschaftliches Gleichgewicht und Innovation

Ob die Wirtschaft eines Landes die für finanzielle Verpflichtungen gegenüber dem Ausland durch seinen Export zu erwirtschaften vermag, hängt zentral von deren internationalen Wettbewerbsfähigkeit ab. Für die beiden Seiten des internationalen Wettbewerbs – die Leistungsfähigkeit auf der Produktseite einerseits, auf der Produktions- und Herstellungsseite andererseits – ist die **Innovationsfähigkeit** die entscheidende Determinante der Wettbewerbsfähigkeit. Für das Bestehen im internationalen Innovationswettbewerb spielt die Fähigkeit zur permanenten Schaffung neuer Waren und Dienstleistungen eine wesentliche Rolle. Hierdurch wird die Zusammensetzung des Exports an neue Trends der Nachfrage auf internationalen Märkten angepasst oder aber es werden neue Produkttrends begründet, was zu temporären Monopolstellung der einheimischen Unternehmen und damit zu Extraprofiten führt. Die Fähigkeit zu Prozessinnovationen ist wichtig, um vor allem die preisliche Wettbewerbsfähigkeit gegenüber ausländischen Wettbewerbern zu behaupten. Beide Seiten der Innovationsfähigkeit sind für die Herstellung und Gewährleistung des außenwirtschaftlichen Gleichgewichts eines Landes von eminenter Bedeutung.

1.6   Umweltschutz, Energie und Innovation

Technischer Fortschritt wurde in den Anfängen der Umweltbewegung lange Zeit *per se* als Verursacher von Umweltbelastungen angesehen. Für das Waldsterben, die Gewässerverschmutzung, die Überdüngung und das Zubetonieren des Bodens sowie Bodenerosion, die wachsenden Müllberge, die zunehmende Luftverschmutzung und die immer größere Lärmbelästigung wurden das „Industriesystem", industrielle Großtechnologien und „der industrielle Fortschritt" überhaupt verantwortlich gemacht.

Und in vielen Fällen war der Zusammenhang von expansiver industrieller Produktion und wachsender Umweltzerstörung auch offensichtlich.

Erst im Verlaufe der Auseinandersetzungen um mehr und besseren Umweltschutz kamen Innovation und Technik nicht nur einseitig in ihrer Rolle als Problemverursacher, sondern auch als potenzielle Problemlöser ins Spiel. Welche Rolle spielen Innovationen im Hinblick auf den Umweltschutz und die Verbesserung der Umweltqualität?

1.6.1 Persistente Umweltprobleme

Zunächst zur Problemlage im Umweltbereich: Heute wird seit drei Jahrzehnten Umweltpolitik betrieben. Trotz einiger Erfolge in verschiedenen Ländern der Erde und in einzelnen Bereichen gibt es immer noch drängende Probleme der Umweltbelastung und Umweltzerstörung. Der deutsche Umweltrat hat diesen hartnäckigen Problemen die Bezeichnung „persistente Umweltprobleme" verliehen. Hierbei handelt es sich um „Probleme und problemverursachende Aktivitäten, für die ein negativer Trendverlauf bis zum Jahr 2020 vorhergesagt wird und die aufgrund ihres Schadenspotenzials dringend angegangen werden müssen".[35] Die Organisation für wirtschaftliche Entwicklung und Zusammenarbeit OECD zählt zu den persistenten Problemen die Klimaveränderung, die Entwicklung des Abfallvolumens, die Reduktion der biologischen Vielfalt, die Beeinträchtigung der Fisch- und Waldbestände sowie der Grundwasserqualität, die weitere Verbreitung von Umweltchemikalien und die Notwendigkeit zur Verbesserung der Luftqualität in städtischen Ballungszentren. „Als wichtigste problemverursachende Aktivitäten werden für die OECD-Länder genannt: Individualverkehr (PKW, Flugzeug) und Gütertransport, Energieverbrauch, Ausweitung von Siedlungs- und Infrastrukturflächen, Konsumverhalten, intensive Landbewirtschaftung und diffuser Eintrag von Chemikalien."[36]

Die hochentwickelten Länder der nördlichen Erdhalbkugel sind auch die Hauptadressaten der weltweiten Anstrengungen, die erforderlich sind, sollen ein Kollaps des globalen Ökosystems vermieden und die drängenden globalen Umweltprobleme einer Lösung näher gebracht werden.[37] Das zeigt allein der gewaltige Ressourcen- und Umweltverbrauch, den ein Bewohner des Nordens gegenüber einem Bewohner des Südens verursacht (s.Abb. 1-7). Es sind auch die Bewohner des Nordens, welche für das vielleicht gefährlichste erdbedrohende Langfristproblem – und damit auch für dessen Überwindung - wesentlich verantwortlich sind: den Treibhauseffekt und die daraus resultierende Klimaveränderung. Zwar gibt es zahlreiche Faktoren, welche für den Treibhauseffekt mit verantwortlich sind – Fluorchlorkohlenwasserstoffe (FCKWs), Methangase, N_2O sowie Ozon –, dies darf jedoch nicht darüber hinwegtäuschen, dass

---

35 Umweltgutachten (2002), S. 70
36 Ebenda
37 Vgl. V.Weizsäcker/ Lovins/ Lovins (1995), S. .242

Schwefeldioxid- Emissionen für rund die Hälfte des Treibhauseffektes verantwortlich zeichnen.[38] Sie entstehen vor allem durch Verbrennungsprozesse im Autoverkehr, in industriellen Feuerungsanlagen sowie bei der Deckung des Energiebedarfs der privaten Haushalte, wobei die Länder des Nordens den Großteil des Energiebedarfs und der damit verbundenen CO_2-Emissionen verursachen.

Die Naturwissenschaften haben jedoch spätestens in den 1980er Jahren des letzten Jahrhunderts den eindeutigen empirischen Beleg für den langfristigen Zusammenhang von CO_2-Konzentration und Erdtemperatur erbracht (vgl. Abb. 1-8).

Abbildung 1-7:   *Umweltverbauch*

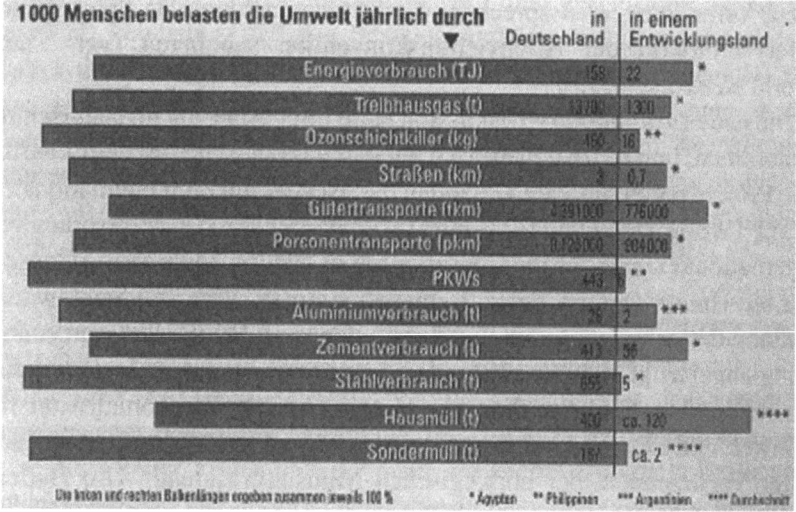

Quelle: v.Weizsäcker/ Lovins/ Lovins (1995), S. 242

Sollen die Umweltprobleme auf dem Erdball gelöst werden, ist die deutliche Steigerung der Effizienz in der Nutzung natürlicher Ressourcen ein zentraler Ansatzpunkt. Von Weizsäcker u.a. sprechen gar von einer „Effizienzrevolution", d.h. einer Vervielfachung der Ressourcenproduktivität, die notwendig sei, um die angestrebte ökologisch dauerhafte Entwicklung – „sustainable development" - auf dem Erdball zu realisieren. Dies hätte nicht nur die Entwicklung und Verbreitung einzelner neuer Umwelttechnologien zur Voraussetzung, der technische Fortschritt insgesamt müsste in eine ökologisch verträgliche Richtung gesteuert werden. Das ist im Rahmen marktwirtschaftlicher Systeme allerdings kein einfaches Unterfangen.

---

38   Ebenda, S. 254

1.6.2 Umweltprobleme und Marktwirtschaft

In einem marktwirtschaftlichen System ist Umweltschutz als solcher ein „Fremdkör-
per". Umweltverbrauch wird – wie der Verbrauch aller „freien" Güter - durch den
Markt nicht als Ressourcenaufwand und damit Produktionskosten bewertet. Ihr Preis
ist gleich Null, weshalb sie nicht „automatisch" zum Gegenstand marktwirtschaftlichen Handelns werden (können). Denn „Umweltgüter" weisen Eigenschaften auf,
welche dem marktwirtschaftlichen Allokationsmechanismus eine wirtschaftlich rationale Zuteilung derselben auf verschiedene Verwendungszwecke erschweren oder
unmöglich machen.

Abbildung 1-8:   *Langfristige CO2- und Temperaturentwicklung*

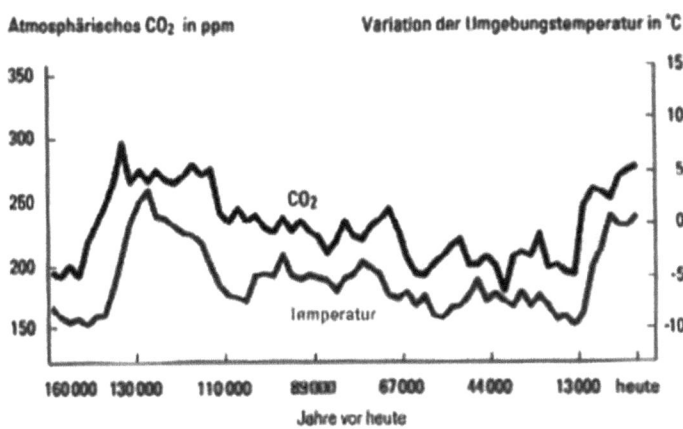

Quelle: v.Weizsäcker/ Lovins/ Lovins (1995), S. 251

Umweltgüter haben die Eigenschaften **„öffentlicher Güter"**, ihre Nutzung ist mit
externen Effekten verbunden. Eine marktwirtschaftliche Steuerung ihres Verbrauchs
führt deshalb zu Verschwendung und Übernutzung von solchen Gütern. Deshalb ist
Umweltpolitik des Staates notwendig. Der Staat regelt in Marktwirtschaften die Nutzung von Umweltgütern wie z.B. die Inanspruchnahme von Bodenflächen, die Emissi-
on von Schadstoffen an die Umwelt oder den Abbau von Rohstoffen. Dabei genügt es
in modernen, komplexen Volkswirtschaften nicht, mit Geboten und Verboten zu steuern, notwendig ist es vielmehr, die Beteiligten am Wirtschaftsgeschehen zu motivieren,
aus eigenem Interesse für die Vermeidung potenzieller und die Beseitigung vorhandener Umweltprobleme die gesamtwirtschaftlich effizientesten Lösungen zu finden und
umzusetzen. Ökologische und wirtschaftliche Ziele müssen in Einklang gebracht werden.

1.6.3 Umweltschutz und Innovation

In vielen Fällen sind solche Lösungen auf der Basis des gegebenen Standes der Technik nicht möglich, entweder weil die vorhandene Technik für eine sachliche Problemlösung nicht geeignet ist, oder aber weil eine sachliche Lösung beim gegebenen Stand der Technik mit wirtschaftlichen Zielen kollidiert. Denkbar ist auch, dass die angestrebte Erhöhung der Umweltqualität die Versorgung der Menschen mit anderen Konsumgütern beeinträchtigt. In all diesen Fällen kommen die Problemlösungspotenziale technischer Innovationen ins Spiel. Forschung und Entwicklung ist notwendig, um geeignete neue Produktionsverfahren und Produkte zu entwickeln, welche eventuelle Zielkonflikte vermeiden und überwinden helfen. Solche neuen Umwelttechnologien lassen sich grob in zwei Gruppen einteilen: in Entsorgungstechnologien und emissionsvermeidende Technologien:

Entsorgungstechnologien sind die klassische Form von Umweltinnovationen. Ihr Zweck ist die Reinigung von Luft und Wasser (z.B. Abgasentschwefelungsanlagen oder Aufbereitungsverfahren für Trinkwasser), die Beseitigung von Abfällen (z.B. Müllverbrennungsanlagen) oder die Verminderung von Lärm (Lärmdämmungstechnologien). Sie setzen am bereits entstandenen Umweltproblem („ex-post") an, werden deshalb auch als „end-of-pipe-"Technologien bezeichnet. Dieser Ansatz des „passiven" bzw. „additiven" Umweltschutzes ist weit verbreitet, allerdings nur mäßig effizient und vergleichsweise teuer.

Emissionsvermeidende Technologien sind im Hinblick auf die Realisierung von ökologischen Zielen effizienter und auch langfristig wirtschaftlich vorteilhafter. Sie sind Element eines technischen Fortschritts, der darauf abzielt, die Entstehung von Umweltproblemen von vornherein („ex-ante") zu vermeiden oder zumindest zu minimieren, so dass der Aufwand für additiven Umweltschutz gar nicht erst anfällt oder vermindert wird. Beispiele für emissionsvermeidende Technologien sind integrierte Produktionssysteme, die Erschließung und Entwicklung neuer Energiequellen (z.B. Sonnenenergie bzw. solare Wasserstoffwirtschaft), neuer umweltfreundlicher Antriebssysteme sowie von Recycling-Verfahren mit geringem Energieverbrauch.

Die wichtigste Herausforderung für die Innovationspolitik besteht darin, den technischen Fortschritt in Richtung integrierter emissionsvermeidender Techniksysteme zu lenken bzw. durch die Schaffung eines geeigneten Anreizsystems ökologisch verträgliche gesellschaftliche Produktions- und Konsumstrukturen herbeizuführen.

2 Innovation: Grundlagen und Grundbegriffe

2.1 Grundlagen

2.1.1 Keine allgemeingültige Begriffsdefinition

Wer nach Definitionen sucht, wendet sich zunächst einschlägigen Lexika zu. Dort werden zwar Definitionen angeboten, allerdings mit Einschränkungen versehen. So lautet eine der gängigen Definitionen für „Innovation": „die mit technischem, sozialem und wirtschaftlichem Wandel einhergehenden Neuerungen"[39]. Gleichzeitig wird jedoch eingeräumt, dass bisher „kein geschlossener, allgemeingültiger Innovationsansatz bzw. keine allgemein akzeptierte Begriffsdefinition" vorliege. Eine ähnliche Definition von Innovation mit der entsprechenden Einschränkung findet sich auch in der MS-Encarta Enzyklopädie 2000 (s. Kasten „Definition").

Noch ein Beispiel: Die Europäische Kommission beschäftigt sich vor allem seit Mitte der 1990er Jahre recht intensiv mit der Frage der Innovation. Sie definiert den Begriff sehr weit und bezieht auch Veränderungen im Management, in der Arbeitsorganisation und in den Qualifikationen der Beschäftigten mit ein (s. Kasten „Der Innovationsbegriff der EU")

Aufgrund des bislang fehlenden Konsenses bezüglich des Innovationsbegriffs ist es notwendig, nach Spuren und Wurzeln desselben zu suchen, um herauszufinden, wie er sich in der ökonomischen Literatur entwickelt hat. Dabei stellen wir schnell fest, dass die vorherrschende Theorieströmung, der „mainstream" der Volkswirtschaftslehre, sehr lange gebraucht hat, um sich realitätsnah mit der Frage des technischen Fortschritts und der Innovation auseinander zu setzen. Wir stellen auch fest, dass es in der Nationalökonomie ganz unterschiedliche Interpretationen dieses wirtschaftlich bedeutenden Phänomens und seiner ökonomischen Wirkungen gibt. Wer sich gezielt auf diese Suche begibt und sich auch abseits der breiten Pfade des „mainstreams" tummelt, landet schnell bei dem österreichisch-amerikanischen Ökonom Joseph Alois Schumpeter (1883-1950), der in den zwanziger Jahren des 20. Jahrhunderts an der Universität Bonn lehrte und 1932 an die Harvard University in den Vereinigten Staaten von Amerika wechselte, wo er bis zu seinem Tode blieb. Schumpeter's Innovationsbegriff – nicht das Innovationsverständnis der „Mainstream-Ökonomie" - prägt seit über einem halben Jahrhundert die wissenschaftliche Befassung mit dem technischen Fort-

---

39 Stichwort „Innovation" in: Gabler's Wirtschaftslexikon, 14. Aufl.

schritt in den Wirtschaftswissenschaften. Deshalb müssen wir uns mit ihm sehr intensiv auseinandersetzen, wollen jedoch zuvor einige Grundbegriffe klären und das Innovations- und Technikverständnis der herrschenden Lehre beleuchten.

Definitionen der Innovation

(lateinisch innovatio: Erneuerung, Veränderung), die mit technischem, sozialem oder wirtschaftlichem Wandel einhergehenden **Neuerungen**.

Da diese in den verschiedenen Wissenschaften unter unterschiedlichen Aspekten betrachtet werden, ist der **Begriff Innovation nicht allgemeingültig definiert**. Als einheitliches Merkmal gilt, dass es sich zumindest innerhalb des Bezugssystems um eine Neuerung handeln muss, die zur neuen, fortschrittlichen Lösung eines bestimmten Problems angewendet wird.

In der **Volkswirtschaftslehre** wird unterschieden zwischen Produktinnovationen, Neuerungen im Produktions- und Vertriebsbereich, Erschließung neuer Absatzwege oder neuer Rohstoffquellen sowie organisatorischen Veränderungen.

Basisinnovationen sind herausragende Neuerungen, auf deren Grundlage sich zahlreiche Anwendungsbereiche erschließen lassen. Sie sind in der Regel Ausgangspunkt und Auslöser für sogenannte **Folgeinnovationen**.

Innovationen sind sowohl gesamtwirtschaftlich wie auch für das einzelne Unternehmen ein wichtiger **Wachstumsmotor**. So können beispielsweise neue Organisationsformen, Produkte oder Verfahrenstechniken einem Unternehmen eine vorübergehende **Monopolstellung** verschaffen, durch die ein nationaler oder internationaler Wettbewerbsvorsprung erzielt werden kann.

Innovationen können durch eine Reihe von Maßnahmen **gefördert** werden. Dazu gehören beispielsweise die Entwicklung und Anwendung von Kreativitätstechniken, die Bildung von Projektgruppen für die Lösung bestimmter Probleme und die Bereitstellung von Risikokapital.

Quelle: Microsoft® Encarta® Enzyklopädie 2000. © 1993-1999 Microsoft;
Hervorhebungen: Johann Welsch

Der Innovationsbegriff der EU-Kommission

Innovation bedeutet:

- „Umstellung und Ausweitung des Produkt- und Dienstleistungsangebots und der entsprechenden Märkte;
- **Umstellung der Produktions-, Zulieferungs- und Vertriebsmethoden;**
- Einführung von Änderungen im Management, in der Arbeitsorganisation sowie bei den Arbeitsbedingungen und Qualifikationen der Arbeitnehmer."

Quelle: EU-Kommission (Grünbuch zur Innovation)

2.1.2 Begriffliche Abgrenzungen und Arten des technischen Fortschritts

In der Volkswirtschaftslehre stützt sich die Identifizierung und Definition von technischem Fortschritt auf ein Konzept mikroökonomischer Herkunft: die **Produktionsfunktion**. Diese interpretiert die Größe und die Entwicklung des Produktionsvolumens als Ergebnis des Einsatzes von Produktionsfaktoren, vor allem von Arbeit und Kapital. Dieses Konzept wurde später auch für die Analyse des technischen Fortschritts auf der gesamtwirtschaftlichen Ebene verwandt. Ausgegangen wird von der Frage, wie eine Steigerung des Produktionsausstoßes zustande kommen kann. Hierzu offenbart die Produktionsfunktion zwei grundlegende Möglichkeiten:

Das Produktionsvolumen wächst zum einen, wenn in vermehrtem Umfang Arbeitskraft und Produktionsgüter bzw. (Sach-) Kapital eingesetzt werden. Zum anderen kann der Output dadurch gesteigert werden, dass sich die Qualität der Produktionsfaktoren verbessert (**„gebundener" Fortschritt**) oder aber effizientere Formen der Produktions- und Arbeitsorganisation eingeführt werden (nicht an Produktionsfaktoren gebundener, rein **„organisatorischer Fortschritt"**). Dies bedeutet umgekehrt gleichzeitig, dass ein bestimmtes Produktionsvolumen durch einen verringerten Einsatz von Produktionsfaktoren erstellt werden kann.

Trifft die zweite dieser grundsätzlichen Möglichkeiten zu, spricht man von **„technischem Fortschritt"**(vgl. zum folgenden auch Abb. 2-1). Das Zustandekommen des technischen Fortschritts wurde lange Zeit nicht tiefergehend problematisiert. Neues technisches Wissen wurde als vorhanden vorausgesetzt. Es kam „autonom" entweder über Organisationsverbesserungen oder gebunden an Produktionsfaktoren „in die Welt" (**„autonomer Fortschritt"**).

An Produktionsfaktoren gebunden bestand es aus Wissen und Erfahrung, welche die Arbeitskräfte akkumuliert hatten (Humankapital), oder aber es war im Produktionsapparat inkorporiert („embodied") und wurde über die Einführung neuer Investitionsgüterjahrgänge im Zeitablauf vermehrt („vintage approach"). Sowohl das Wissenspotenzial zur Verbesserung des Ausbildungsstandes der Arbeitskräfte als auch zur Konstruktion und Herstellung leistungsfähigerer Investitionsgüter wird hierbei als gegeben vorausgesetzt, nach den Ursachen seiner Entstehung wird nicht gefragt.

Diese Frage schwingt jedoch mit, wenn es um Formen des **„induzierten" technischen Fortschritts"** geht. Bei dieser Art des technischen Fortschritts wird von dessen verursachenden Triebkräften ausgegangen und die Annahme eines „irgendwie" vorhandenen technologischen Wissens aufgegeben. Einerseits können Anstrengungen von Wirtschaftssubjekten unterstellt werden, die sich gezielt auf die Einsparung eines bestimmten Produktionsfaktors (Arbeit, Kapital, natürliche Ressourcen) richten. Ursache hierfür sind zum Beispiel Lohnsteigerungen oder ein bereits hohes Lohnniveau, welches die Unternehmen stimuliert, Arbeit durch Kapital zu ersetzen.

Abbildung 2-1: *Arten des technischen Fortschritts in der Volkswirtschaftslehre*

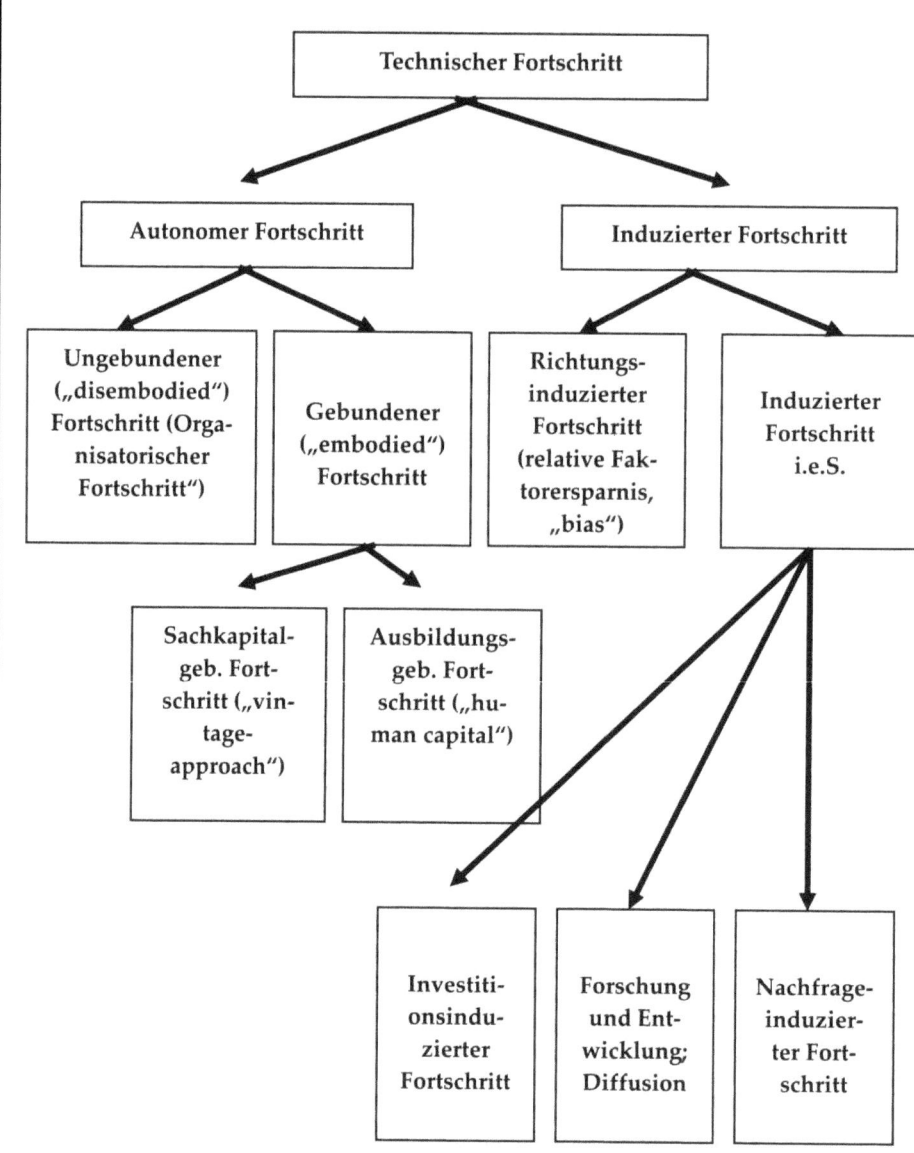

Quelle: eigene Darstellung in Anlehnung an Walter (1988)

Oder: Einsparanstrengungen in Richtung natürliche Ressourcen könnten ausgelöst werden, wenn der Staat eine Abgabe auf die Verursachung von Umweltbelastungen (Ökosteuer) erhebt. Dann werden die Unternehmen danach streben, diesen teureren Produktionsfaktor durch einen anderen, relativ billigeren (Kapital, Arbeit) zu ersetzen. Solche Veränderungen in den Faktorpreisrelationen und die durch sie bewirkten Einsparstrategien der Wirtschaft werden sich in einem günstigeren Verhältnis von Output zum Input des Produktionsfaktors, der relativ zu den anderen Produktionsfaktoren stärker eingespart wird, niederschlagen. Streng genommen muss durch den Ersatz des einen durch einen anderen Produktionsfaktor noch keine Produktivitätssteigerung in den Herstellungsprozessen bewirkt werden; diese tritt erst ein, wenn gleichzeitig mit den neu eingesetzten Investitionsgütern auch neuestes technologisches Wissen in die Produktion einfließt. Erst dann kann man von **„richtungsinduzierten technischen Fortschritt"** sprechen, ohne dass dabei die genauen Ursachen desselben genauer durchleuchtet werden.

Andererseits spricht man von **„induziertem technischen Fortschritt im engeren Sinne"** dann, wenn man die Klassifizierung von möglichen Anstoßfaktoren für technische Neuerungen in den Blick nimmt: Investitionen lassen neues technisches Wissen in den Produktionsapparat einfließen. Auch hier wird der genaue Zusammenhang zwischen Investitionstätigkeit und der Entsehung neuen technologischen Wissens nicht analysiert. Das ändert sich erst beim nächsten „Anstoßfaktor" für Innovationen: Forschungs- und Entwicklungsaktivitäten produzieren neues Wissen, welches in neuen Gütern und Dienstleistungen inkorporiert wird (Innovation) und sich über deren Verkauf in der Wirtschaft verbreitet (Diffusion). Die Einflussfaktoren „Investition" und „Forschung und Entwicklung" sind auf Aktivitäten der Anbieter zurückzuführen, gehen also von der Angebotsseite des Marktes aus. Aber das ist nicht die einzige Quelle von Innovationsimpulsen, auch die Absatzseite der Märkte kann den Anstoß für technische Neuerungen bilden, wenn sich die Nachfrage auf Problemlösungen richtet, die noch nicht existieren („nachfrageinduzierter Fortschritt").

Fassen wir zusammen: In der Volkswirtschaftslehre wird die Definition des technischen Fortschritts vorrangig an seine **Wirkungen** gebunden, die Ursachen der Vermehrung des technischen Wissens bleiben im Hintergrund. Als seine Ursachen gelten allgemein Steigerungen der Produktivität der Produktionsfaktoren, welche wiederum auf verschiedene Anstöße zurückgeführt werden kann, ohne dass der kausale Ursache-Wirkungszusammenhang genauer spezifiziert wird. Technischer Fortschritt wird vor allem als Verschiebung der vorhandenen Produktionsfunktion oder als Generierung einer neuen Produktionsfunktion analysiert. Technologiebedingter Produktivitätsfortschritt bewirkt, dass mit der gleichen Menge an Produktionsfaktoren ein höherer Produktionsausstoß erzielt werden kann. Dieses Verfahren prägt die neoklassischen Modelle, welche ab Mitte der 50er Jahre des 20. Jahrhunderts konstruiert wurden, um die Bedingungen für ein gleichgewichtiges Wirtschaftswachstum in marktwirtschaftlich-kapitalistischen Volkswirtschaften zu erforschen.

2.2   Innovation und technischer Fortschritt in der neoklassischen Theorie

2.2.1   Beschleunigung des technischen Fortschritts

Technischer Fortschritt und Innovationen spielen für das wirtschaftliche Wachstum seit Mitte des 19. Jahrhunderts eine immer bedeutendere Rolle. War wirtschaftliches Wachstum in früheren Jahrhunderten vorrangig auf die Vermehrung von eingesetzter Arbeitskraft und des nutzbaren Produktionsapparates angewiesen, so zeigen empirische Schätzungen zum Beispiel für Deutschland, dass der jahresdurchschnittliche Anstieg des Bruttosozialprodukts in Höhe von 3,0 vH in der Periode 1913 bis 1987 nur zu 1,4 vH auf den Mehreinsatz von Arbeit und Kapital, jedoch zu 1,6 vH auf den Anstieg der „totalen Faktorproduktivität" – ein Maß für „technischen Fortschritt" – zurückzuführen ist. Zwischen 1870 und 1913 lag der jahresdurchschnittliche Anstieg dieses Indikators noch bei 1,1 vH, in der Zeit zwischen den beiden Weltkriegen 1925 bis 1938 bei 2,2 vH, um dann in den Jahrzehnten nach dem zweiten Weltkrieg förmlich zu „explodieren": In den 1950er Jahren nahm diese Kennziffer um 7,4 vH und von 1960 bis 1973 um 4,2 vH jährlich zu. Gewiss hat in den Nachkriegsjahrzehnten die besondere Situation des wirtschaftlichen Wiederaufbaus zusätzliche Wachstumsimpulse entfaltet, aber auch in den Jahren von 1979 bis 1992 verzeichnet die (west-) deutsche Volkswirtschaft eine beachtliche Produktivitätssteigerung von 2,0 vH p.a. und weist damit eine weit höhere Dynamik auf als dies im Deutschland vor 1913 zu beobachten war.[40] Ähnliche Erfahrungen machen viele Länder der westlichen Welt und es stellte sich vor allem die Frage, auf welche Weise denn der technische Fortschritt zum wirtschaftlichen Wachstum beitrug. Unklar war auch, wie der wachsende Strom technischer Neuerungen zu erklären war: Welche Faktoren spielten hierfür eine Rolle? Welche wirtschaftlichen Akteure hatten Einfluss auf Innovationen bzw. brachten sie hervor? Lag es an deren Aktivitäten allein oder spielte das wirtschaftliche Umfeld eine Rolle dafür, dass sich das gesamtwirtschaftliche Innovationstempo vor allem seit Mitte des 20. Jahrhunderts spürbar beschleunigte? Für die staatliche Wirtschaftspolitik hatten diese Fragen enorme Bedeutung. Kannte man die wichtigsten Einflussfaktoren des technischen Fortschritts, konnte man gezielt versuchen, auf diese Einfluss zu nehmen, um die wirtschaftliche Entwicklung zu fördern.

2.2.2   Sprachlosigkeit der vorherrschenden Wirtschaftslehre

Die vorherrschende „neoklassische" Wirtschaftslehre blieb allerdings die Antworten auf diese Fragen weitgehend schuldig. Das diese Theorieströmung von Anfang an prägende Streben war das Herausfinden der Bedingungen, die ein Marktgleichgewicht

---

40   Zahlen aus Metz (2001), S. 79

definierten und erklärten. Das galt sowohl im Hinblick auf einzelne Gütermärkte als auch für die Erforschung der Bedingungen für ein gesamtwirtschaftliches Gleichgewicht. Innovationen und technischer Fortschritt spielten in diesem wissenschaftlichen Paradigma, welches auch heute noch eine dominierende Rolle in der Volkswirtschaftslehre einnimmt, bis vor einigen Jahren keine Rolle, im Gegenteil: sie stellten lästige „Störfaktoren" dar, welche die Herausbildung von Marktgleichgewichten verhinderten und vorhandene Gleichgewichte immer wieder in Frage stellten. Insofern ist es kaum überraschend, dass sie im Theoriegebäude der Neoklassik lange keinen Platz fanden. Das galt selbst für die neoklassische Wachstumstheorie, die in den fünfziger Jahren des letzten Jahrhunderts begann, sich erstmals mit Fragen des wirtschaftlichen Wachstums auseinander zu setzen. Technischer Fortschritt, der in der Realität für Wirtschaftswachstum eine eminent wichtige Rolle spielt, wird in diesen Modellen bis in die 1980er Jahre hinein als „Residualfaktor", der offenbar „wie Manna vom Himmel fällt", behandelt. Er wird als mathematischer Faktor in immer aufwendigere Modelle eingesetzt, aber nicht in seiner Entstehung und Entwicklung - eingebettet in den ökonomischen Gesamtzusammenhang - erklärt, sondern hat den Charakter einer „black box".

2.2.3 Herkömmliches neoklassisches Verständnis von Technologie

Vor diesem Hintergrund muss man lange suchen, um aus Teilen des neoklassischen Theoriegebäudes Bruchstücke herauszuschälen, die für staatliche Innovationspolitik zumindest Hinweise für Eingriffsmöglichkeiten liefern. Eines der wesentlichen Bruchstücke in diesem Zusammenhang ist die Interpretation von technologischem Wissen als **„öffentliches Gut"**. Das bedeutet zweierlei:

1. Die Produzenten und Nutzer neuen technologischen Wissens können andere Personen oder Institutionen nicht von der gleichzeitigen Nutzung des Wissens ausschließen (Kriterium der „Nichtausschließbarkeit").

2. Eine gemeinsame Nutzung des Wissens ist möglich, die Nutzung durch eine Person oder Institution schränkt die Nutzung desselben durch andere nicht ein (Kriterium der Nichtrivalität).

Der Gegensatz zu öffentlichen Gütern sind **„private Güter"**. Private Güter – über diese kann jeweils ausschließlich nur ein Individuum verfügen, nämlich der private Eigentümer - stellen in einer auf Privateigentum gegründeten Wirtschaftsordnung das Gros der Güter dar. Diese sind dadurch definiert, dass für sie die Kriterien der Nichtausschließbarkeit und Nichtrivalität nicht gelten, was konkret bedeutet: ein Gut, was von einem Individuum (seinem Eigentümer, Käufer) genutzt wird, kann nicht gleichzeitig von einem anderen genutzt werden. Und: der Verbrauch eines Gutes durch eine Person beschränkt die Nutzung desselben durch eine andere Person.

Die **Interpretation von Technologie als öffentliches Gut** hat weitreichende analytische Konsequenzen. Die Produktion von Wissen ist mit Kosten verbunden. Wissensproduzenten werden nur dann (ausreichend) aktiv werden, wenn sie erwarten können, dass sie sich den wirtschaftlichen Nutzen bzw. die Erträge des von ihnen geschaffenen Wissens allein aneignen können. Mit anderen Worten bestehen unter marktwirtschaftlichen Bedingungen nur dann ausreichend Anreize zur Wissensproduktion, wenn Wissen den Charakter eines privaten Gutes hat. Dem widerspricht die Interpretation von technologischem Wissen all öffentliches Gut. Die **Konsequenzen**:

■ Aus der Sicht des individuellen Wissensproduzenten haben andere freien Zugang und uneingeschränkte Nutzungsmöglichkeiten des produzierten Wissens, der Wissensproduzent muss die wirtschaftlichen Erträge seiner Technologie also mit anderen teilen.

■ Aus gesamtwirtschaftlicher Sicht entsteht ebenfalls ein Problem: Es fehlen Anreize, Wissen zu produzieren, das heißt Forschungs- und Entwicklungsaufwendungen zu tätigen und Innovationen voranzutreiben, mit der Folge, dass gesamtwirtschaftlich zu wenig in Forschung und Entwicklung investiert wird.

Der Markt versagt somit als wirtschaftlicher Steuerungsmechanismus, wenn es um die Gewährleistung einer befriedigenden Rate des Wissens- und Erkenntnisfortschritts in einer Volkswirtschaft geht ("Marktversagen"). Dies ist ein Anlass von Staatsintervention, über den weithin Konsens besteht. Allerdings sagt dieses Ergebnis nichts über die beste, sprich wirksamste Form des Staatseingriffs aus. Eine der am weitesten verbreiteten Formen der Forschungsförderung in diesem Zusammenhang ist das **Patentwesen**. Denkbar sind auch Maßnahmen zur finanziellen Subventionierung von Bereichen oder einzelnen Aktivitäten der Forschung.

2.2.4 Innovation und Technologie in der „endogenen Wachstumstheorie"

Die neuere, „endogene" Wachstumstheorie strebt seit Mitte der 1980er Jahre danach, die große Kluft zwischen den durch viel mathematische Eleganz, aber wenig Realitätsgehalt geprägten Modellen[41] und der realen Welt zu verringern. „Neoklassisch" bleiben diese Modelle in ihrem Charakter, da sie einerseits weiterhin mit dem her-

---

41 Den Wirtschaftswissenschaften steht – im Unterschied zu den Naturwissenschaften – nicht die Möglichkeit zur Verfügung, ihre Aussagen (z.B. die Hypothese, die Erhöhung der Staatsverschuldung senke die Arbeitslosigkeit) durch Experimente empirisch zu testen. Sie bedienen sich deshalb des Gedankenexperiments, um den Realitätsgehalt ihrer Aussagen zu prüfen. Solche Gedankenexperimente bilden den zu untersuchenden Ausschnitt der Realität unter Zugrundelegung bestimmter Annahmen in seinen wesentlichen Elementen (die wichtigsten ökonomischen Größen; die vermuteten Ursache-Wirkungszusammenhänge) ab. Dieses gedankliche Konstrukt nennt man „Modell".

kömmlichen analytischen Instrumentarium arbeiten, andererseits die Orientierung auf die Bestimmung von Wachstumsgleichgewichten beibehalten. Allerdings gibt es „schumpeterianische" Elemente in der neueren Theorie, vor allem die Versuche, Innovationen einen wichtigen Stellenwert einzuräumen.

Einer der zentralen Ansatzpunkte ist der Versuch, den technischen Fortschritt als „**endogene Variable**" zu modellieren Es geht darum, diesen wirtschaftlichen Faktor im Rahmen der Modelle selbst zu erklären und auf Bestimmungsfaktoren zurückzuführen. Das geschieht z.B. in der Form, dass man einen zusätzlichen Sektor in das Modell integriert, dessen Funktion darin besteht, neues technologisches Wissen durch Forschungs- und Entwicklungsaktivitäten zu generieren. Wirtschaftlich bzw. für das Wirtschaftswachstum relevant wird das neue technologische Wissen dadurch, dass es über den Verkauf in Form von Patenten an die Investitionsgüterhersteller in neue Kapitalgüter einfließt, welche als Zwischenprodukte in die Herstellung neuer Konsumgüter übergehen und dort die Produktivität der Produktionsprozesse steigern.[42] Dabei beruhen die Forschungs- und Entwicklungsanstrengungen weiterhin auf individuellem Maximierungsverhalten der Unternehmen. Der Forschungssektor akkumuliert im Laufe der Zeit immer mehr Wissen und kann durch die damit einhergehende Weiterentwicklung seines Humankapitals seine Effizienz in der Wissensproduktion steigern.

Darüber hinaus wird in den Modellen der neuen Wachstumstheorie der Erkenntnis Rechnung getragen, dass technologisches Wissen nicht reinen „öffentliches Gut"-Charakter besitzt, sondern mit externen Effekte („Externalitäten", „Spill-over-Effekte") zugunsten anderer verbunden ist. Dies bedeutet, die Nutzung des Wissens durch andere ist teilweise möglich. Kapitalakkumulation wird also im Modell mit Externalitäten verbunden, die sich durch Lernprozesse der Arbeitskräfte („Humankapitalentwicklung") bei den Investitionsaktivitäten der Unternehmen als „Nebenprodukt" ergeben, von anderen Unternehmen ebenfalls genutzt werden können und sich in einer Steigerung der gesamtwirtschaftlichen Arbeitsproduktivität niederschlagen.[43] In weiteren Wachstumsmodellen wird der Außenhandel mit in die Analyse einbezogen.[44]

Nunmehr ist zu berücksichtigen, dass ein Land nicht allein auf seine eigene Wissensbasis angewiesen ist, sondern auch auf Wissensbestände anderer Länder zugreifen kann, z.B. um eigne Wissens- und Forschungslücken zu beseitigen, beim Aufwand an Forschungsressourcen zu sparen, die Wiederholung bereits gemachter Erfindungen zu vermeiden und das Tempo der eigenen Innovationsprozesse zu beschleunigen.

---

42 Vgl. das Modell von Romer (1990); eine umfassende Übersicht liefern Aghion/ Howitt (1998) sowie Frenkel/ Hemmer (1999), S. 173ff.

43 Modell von Lucas (1988); Frenkel/ Hemmer (1999), S. 206ff.

44 Vgl. z.B. Rivera-Batiz/ Romer (1991a) und (1991b) sowie den Überblick bei Frenkel/ Hemmer (1999), S. 265ff.

Die endogene Wachstumstheorie stellt zweifelsohne nicht nur im Hinblick auf die damit gewonnenen neuen wissenschaftlichen Erkenntnisse, sondern auch hinsichtlich der Informationsbedarfe der staatlichen Innovationspolitik gegenüber der herkömmlichen neoklassischen Theorie einen Fortschritt dar. Dennoch sind **Schwächen** unübersehbar, wobei wir uns hier auf diejenigen beschränken wollen, die mit der Modellierung und Erklärung des Innovationsprozesses verbunden sind: So ist die Annahme, Unternehmen besäßen im Hinblick auf den technischen Fortschritt rationale Erwartungen, nicht realitätsnah. Auch ist es – trotz des Versuches, dynamische ungleichgewichtige Elemente wie Innovationen aufzunehmen – nicht gelungen, sich von der Grundorientierung auf einen gleichgewichtigen Wachstumsprozess zu lösen. Die Welt wird weiterhin in aufwendige mathematische Modelle gezwängt, in der Hoffnung, durch mathematische Algorithmen Erkenntnisfortschritte erzielen zu können. Und nicht zuletzt: Institutionen, in die Innovationsprozesse in der Realität eingebettet sind, und die Auswirkungen ihrer konkreten Ausgestaltung auf das Tempo von Innovationsprozessen und die Dynamik von Wirtschaftswachstum, bleiben vollkommen ausgeblendet.

2.2.5   Hinweise für die staatliche Innovationspolitik

Für die Innovationspolitik ist von Bedeutung, dass sie durch die neue Wachstumstheorie – im Unterschied zur traditionellen Neoklassik - einen gewissen Stellenwert erhält. Das gilt nicht allein für die Förderung von Forschungs- und Entwicklungsaktivitäten, deren Bedeutung für Wachstumsprozesse genauer herausgearbeitet worden ist. Besonders hervorzuheben ist darüber hinaus der zentrale Stellenwert, der Investitionen in Humankapital eingeräumt wird. Damit rückt die **Bildungs- und Ausbildungspolitik** in den Mittelpunkt der Aufmerksamkeit. Je schneller und leichter Arbeitskräfte neues Wissen aufnehmen und produktiv verarbeiten können, desto höher wird die Rate der Wissensgenerierung und Wissensdiffusion, desto größer werden damit die wirtschaftlichen Wachstumspotenziale eines Landes. Aufgabe der staatlichen Innovationspolitik ist es vor diesem Hintergrund vor allem, starke Anreize für Lernen und für Investitionen in Humankapital zu setzen, aber auch bis zu einem gewissen Grad selbst Bildungs- und Ausbildungsinvestitionen zu finanzieren. Damit wird nicht nur die nationale Wachstumsdynamik unmittelbar „unterfüttert", auch die Fähigkeit, extern entstandenes und verfügbares Wissen zu absorbieren und zu nutzen und sich im globalen Innovationswettbewerb eine starke Position zu verschaffen, wird verbessert.

Staatliche Forschungsförderung steigert nach den Ergebnissen der neuen Wachstumstheorie durchaus die Dynamik des nationalen und weltweiten Wachstums, darf allerdings nicht „überdimensioniert" werden oder in Ländern erfolgen, die bei Forschungsaktivitäten eine unterdurchschnittliche Effizienz aufweisen, da sie in diesen

Fällen gegenteilige Effekte zeitigt.[45] Gewarnt wird auch davor, dass mit den Erkenntnissen der endogenen Wachstumstheorie nicht die „klassischen" Probleme der staatlichen Forschungs- und Technologiepolitik zu lösen seien, vor allem das allgemeine Informationsproblem der Forschungspolitiker, im Besonderen die Frage der „richtigen Dosierung" von Forschungssubventionen sowie das Problem der Verzerrung der allokativen Funktionen des Marktes.

2.3   Schumpeter's Innovationsbegriff

Schumpeter gilt als der erste moderne Ökonom, der Innovationen konsequent in den Mittelpunkt seines Verständnisses von wirtschaftlicher Entwicklung gestellt hat[46]. Deshalb sind seine Ausführungen zu dem Thema weithin beachtet worden. Sein Name ist auch heute noch mit dem Begriff der Innovation eng verbunden. Schumpeter versuchte, das Wesen der kapitalistisch-marktwirtschaftlichen Produktion zu begreifen. Für ihn machen Unsicherheit, Dynamik und Wandel den Kern der kapitalistischen Marktwirtschaft aus, wirtschaftliche Entwicklung in diesem Rahmen ist nach Schumpeter's Auffassung ein „Prozess der schöpferischen Zerstörung" (vgl. Kasten „Der Prozess..."). Und die Triebfeder für diese Dynamik besteht nach seiner Erkenntnis aus Innovationen, die stoßweise, wellenförmig, in Schüben auftreten. Zusammen mit den Phasen der Beruhigung, die sich zwischen die Innovationswellen schieben, bilden sie den Motor langfristiger Konjunkturzyklen[47].

2.3.1   Innovation und Invention

Innovationen sind mit dem Prozess der schöpferischen Zerstörung eng verbunden. Sie treiben den Wirtschaftsprozess dynamisch voran und sind Instrumente der Unternehmen, sich im Qualitäts- und Innovationswettbewerb zu behaupten. Dabei grenzt Schumpeter Innovation strikt von dem Phänomen der **Invention** ab. Letztere bezeichnet den Vorgang der Erfindung eines neuen Konzeptes, Produktes o.Ä.

---

45   Frenkel/Hemmer (1999), S. 301
46   Mensch (1975), S. 15
47   Ebenda, S. 137, Fußnote 2

Der Prozess der schöpferischen Zerstörung

„Als wesentlichster Punkt ist festzuhalten, dass wir uns bei der Behandlung des Kapitalismus mit einem Entwicklungsprozess befassen ...

Der Kapitalismus ist also von Natur aus eine Form oder Methode der ökonomischen Veränderung und ist nicht nur nie stationär, sondern kann es auch nie sein ...

Der fundamentale Antrieb, der die kapitalistische Maschine in Bewegung setzt und hält, kommt von den **neuen Konsumgütern**, den **neuen Produktions- und Transportmethoden**, den **neuen Märkten**, den **neuen Formen der industriellen Organisation**, welche die kapitalistische Unternehmung schafft ....

Die Eröffnung neuer, fremder oder einheimischer Märkte und die organisatorische Entwicklung vom Handwerksbetrieb und der Fabrik zu solchen Konzernen wie U.S.-Steel illustrieren den gleichen Prozess einer industriellen Mutation ..., der unaufhörlich die Wirtschaftsstruktur *von innen heraus* revolutioniert, unaufhörlich die alte Struktur zerstört und unaufhörlich eine neue schafft. Dieser Prozess der schöpferischen Zerstörung ist das für den Kapitalismus wesentliche Faktum."

Quelle: Schumpeter (1975), S. 136-138

Innovation als „Durchsetzung neuer Kombinationen"

„Dieser Begriff (der Innovation – Anmerkung von Johann Welsch) deckt folgende fünf Fälle:

1. **Herstellung eines neuen**, das heißt dem Konsumentenkreise noch nicht vertrauten **Gutes** oder einer **neuen Qualität** eines Gutes.

2. Einführung einer neuen, das heißt dem betreffenden Industriezweig noch nicht praktisch bekannten **Produktionsmethode**, die keineswegs auf einer wissenschaftlich neuen Entdeckung zu beruhen braucht und auch in einer neuartigen Weise bestehen kann mit einer Ware kommerziell zu verfahren.

3. **Erschließung eines neuen Absatzmarktes**, das heißt eines Marktes, auf dem der betreffende Industriezweig des betreffenden Landes bisher noch nicht eingeführt war, mag dieser Markt schon vorher existiert haben oder nicht.

4. **Eroberung einer neuen Bezugsquelle von Rohstoffen oder Halbfabrikaten**, wiederum: gleichgültig, ob diese Bezugsquelle schon vorher existierte – und bloß sei es nicht beachtet wurde sei es für unzulänglich galt – oder ob sie erst geschaffen werden muss.

5. **Durchführung einer Neuorganisation**, wie Schaffung einer Monopolstellung (z.B. durch Vertrustung) oder Durchbrechen eines Monopols."

Quelle: Schumpeter (1987) 100f.

Wichtig dabei ist, dass neues technologisches Wissen erschlossen wird. Das kann zwar, muss aber nicht zu einer Innovation führen. Nicht jede Invention bewirkt notwendigerweise eine Innovation. Umgekehrt setzt Innovation keineswegs Invention zwingend voraus.

Innovationen beruhen nicht allein auf neuem technologischen Wissen. Innovation ist für Schumpeter die **„neue Kombination von Produktionsmitteln"** bzw. die **„Durchsetzung neuer Kombinationen"** (s. Kasten „Innovation als..."). Die wirtschaftliche Bedeutung ist das wesentliche Merkmal der Innovation. Innovationen besitzen ökonomische Relevanz. Sie werden nur getätigt, wenn sie für den Innovator profitabel sind bzw. wenn dieser erwartet, dass sie sich rechnen.

In späteren Werken präzisiert Schumpeter seinen Innovationsbegriff. Er spitzt den Begriff zu: Innovation ist **„die Aufstellung einer neuen Produktionsfunktion"**.[48] Sie umfasst unterschiedliche Ereignisse: das Hervorbringen einer neuen Ware, die Erschließung neuer Märkte, eine neue Organisationsform (z.B. eine Unternehmensfusion, eine Unternehmensgründung), die Erschließung neuer Hilfsmittel, die Taylorisierung der Arbeit und eine verbesserte Materialbehandlung. Innovation beinhaltet somit nicht nur technische, sondern auch organisatorische Veränderungen, wiewohl Schumpeter in seinen Untersuchungen seine Aufmerksamkeit vor allem technischen Innovationen widmete. Produkt- und Prozessinnovationen stehen für ihn im Mittelpunkt, wenn es um Triebkräfte der wirtschaftlichen Dynamik geht.

2.3.2 Voraussetzungen und Träger der Innovation

Innovationen entstehen jedoch nicht im Selbstlauf. Sie setzen zum einen in ausreichendem Umfang Geldkapital voraus, das heißt die Banken müssen Kredite zur Vorfinanzierung bereitstellen. Zweitens muss neues technologisches Wissen vorhanden sein, auf dem Innovationen aufbauen können. Und drittens muss es Personen oder Institutionen geben, die fähig und motiviert sind, Innovationen im Wirtschaftsleben auch durchzusetzen. Während die ersten beiden Voraussetzungen bei Schumpeter als gegeben erscheinen, befasst er sich intensiv mit der dritten. Die „Figuren", welche die Rolle der Innovatoren übernehmen, nennt Schumpeter **„Unternehmer"**. Sie sind die **sozialen Träger** der Innovationen. Sie sind „Unternehmer", weil sie aktiv die wirtschaftliche Funktion der „Durchsetzung neuer Kombinationen" übernehmen. Dabei ist es unerheblich, ob es sich um den Eigentümer eines Unternehmens oder um dessen Geschäftsführer handelt. Beide sind „Unternehmer". Der Begriff des „Unternehmers" ist bei Schumpeter mit der Funktion der Innovation untrennbar verknüpft. Fallen Wirtschaftssubjekte aus dieser sozialen Rolle wieder heraus, so verlieren sie den Status des „Unternehmers".

---

48 Schumpeter (1961), S. 94

In seinen späteren Werken verschiebt sich der Fokus Schumpeters weg vom selbständigen Unternehmensgründer hin zu den Managern und Vorständen großer Konzerne. Nicht mehr neugegründete Unternehmen sind die wesentlichen Motoren der Innovation, sondern große Unternehmen, die auf oligopolistischen Märkten operieren. Sie verschaffen sich mit Innovationen immer wieder Wettbewerbsvorsprünge, die es ihnen ermöglichen, für eine gewisse Zeit Monopolstellungen am Markt aufzubauen und zu halten. Die aus diesen zu erzielenden Monopolgewinne sind zeitlich begrenzt und können so lange erwirtschaftet werden, bis die konkurrierenden Imitatoren ebenfalls in der Lage sind, die Innovationen durchzuführen und zu beherrschen. Damit wird der Vorsprung des Pionierinnovators egalisiert. Die Jagd nach temporären Monopolgewinnen prägt nunmehr das Innovationsgeschehen. Das hat auch Auswirkungen auf die Invention. Erfindungen sind nun nicht mehr zufallsbetont, sondern werden systematisch in den **Forschungs- und Entwicklungslabors der Großindustrie** geplant und produziert: „... das Erfinden selbst ist zu einer Routinesache geworden. Der technische Fortschritt wird in zunehmendem Maße zur Sache von geschulten Spezialistengruppen, die das, was man von ihnen verlangt, liefern und dafür sorgen, dass es auf die vorausgesagte Weise funktioniert. Die frühere Romantik des geschäftlichen Abenteuers schwindet rasch dahin, weil vieles nun genauer berechnet werden kann, was in alten Zeiten durch geniale Erleuchtung erfasst werden musste."[49]

2.3.3 Basisinnovationen und Konjunkturzyklen

Innovationen sind für Schumpeter Anstoß und Ursache für **Konjunkturschwankungen**. Die Häufung von Innovationen, ihr geballtes Auftreten, bewirken eine Belebung der wirtschaftlichen Aktivität und führen die Konjunktur in einen Aufschwung. Dessen Länge hängt wesentlich von der Ausreifungszeit der Innovationen ab. Lange Ausreifungszeiten bei vielen der gehäuft auftretenden Innovationen bedeuten einen langen Aufschwung. Innovationen mit langen Ausreifungszeiten bergen gleichzeitig eine große wirtschaftliche Veränderungskraft. Dazu zählt die Durchsetzung der Eisenbahn als Transportmittel, der Elektrizität als Energiequelle oder der Dampfmaschine als Kraftquelle. Solche bedeutenden Innovationen werden in der Literatur gemeinhin als „**Basisinnovationen**" bezeichnet, auch wenn es keine allgemeingültige Festlegung dieses Begriffes bislang gibt. Gerhard Mensch hat für seine empirischen Studien folgende Definition gewählt und den Begriff auf technische Innovationen eingeengt: „Dasjenige technische Ereignis ist eine technologische Basisinnovation, bei dem der neu entdeckte Stoff oder das neu entwickelte Verfahren erstmals in fabrikmäßiger Produktion angewendet wurde oder bei dem für das neue Produkt erstmals ein organisierter Markt geschaffen wurde."[50] Basisinnovationen eröffnen völlig neue Felder der Geschäftstätigkeit, der Kapitalverwertung und der Beschäftigung.

---

49 Schumpeter (1975), S. 215
50 Mensch (1975), S. 134

2.3.4 Basis-, Verbesserungs- und Scheininnovationen

Die Bedeutung der Basisinnovationen lässt sich mit Hilfe des **„Evolutionsmodells"** von Gerhard Mensch erklären. Er interpretiert die Entwicklung der menschlichen Lebensweisen von der Vorzeit bis zur Moderne als Prozess zunehmender Arbeitsteilung. Diese Entwicklung lässt sich als Baum darstellen, der sich vom Stamm bis in seine Krone immer weiter verästelt bzw. auffächert, wobei die neu wachsenden Äste neue Beschäftigungsfelder bedeuten. Die Krone des Baumes beinhaltet Gabelungen und sich auswachsende Zweige. Gabelungen bedeuten die Erschließung neuer Wege, „einer neuen Arbeitsweise oder Technologie, also eines neuartigen Tätigkeitsbereiches, der potenziell für eine große Gruppe von Menschen Beschäftigung bietet." „Eine solche richtungsändernde Abweichung von der bisher üblichen Praxis nenne ich eine Basisinnovation."[51] (54) Demgegenüber führen **Verbesserungsinnovationen** zum Wachstum vorhandener Zweige des Baumes. **Scheininnovationen** haben keine Bedeutung und Wirkung im Evolutionsbaum, sie sind keine echten Innovationen. (Vgl. Kasten)

Basis-, Verbesserungs- und Scheininnovationen

„Technologische **Basisinnovationen** schaffen neue Gewerbe- und Industriezweige, nichttechnische Basisinnovationen eröffnen neue Betätigungsfelder in der Kultursphäre, in der öffentlichen Verwaltung, im sozialen Dienst usw. Basisinnovationen schaffen Neuland für menschliche Betätigungen.

Die Weiterentwicklung auf den bestehenden Gebieten, die durch Basisinnovationen etabliert worden sind, nenne ich **Verbesserungsinnovationen**. ... Zum Beispiel sind Verbesserungsinnovationen im industriellen Bereich die Einführung neuer Produkte, die den älteren ‚Jahrgängen' an Qualität, Verlässlichkeit, Konsumentenfreundlichkeit, Umweltschonung, Rohstoffverbrauch, Lohnkosten usw. überlegen sind. Und es sind die Anwendungen neuer Produktionsverfahren, die es gestatten, alte oder neue Produkte hochwertiger, verlässlicher, billiger oder einfach in größeren Mengen herzustellen."

„In der kapitalistischen Marktwirtschaft liegt das Schwergewicht fast immer auf den Verbesserungsinvestitionen; wo dies verletzt wird, (bei den **Scheininnovationen**), da wird es kritisch. ... ein wesentlicher, am System der Marktwirtschaft haftender Zug ist eine (im Vergleich zur sozialistischen Planwirtschaft – Johann Welsch) größere Neigung der Unternehmer, durch Qualitätsverbesserungen der Güter die potenziellen Käufer anzulocken. Diese Neigung wird vom Wettbewerb gespeist – jedenfalls in den Branchen, in denen er nicht trickreich ausgeschaltet ist. Die Antitrustgesetze und das Kartellrecht zielen auf unlautere Praktiken im Preiswettbewerb und übersehen dabei, dass alle diese Praktiken nur operabel sind, wenn zuvor der Qualitätswettbewerb durch Scheininnovationen stillgelegt wird."

Quelle: Mensch (1975), S. 54ff.

---

51 Mensch (1975), S. 54

2.3.5 Produkt- und Prozessinnovationen

Die oft gemachte Unterscheidung zwischen Produkt- und Prozessinnovationen bezieht sich darauf, ob die Neuerung in neuen Gütern und Dienstleistungen bestehen oder aber ob es sich um Neuerungen im Herstellungsprozess handelt. Diese Unterscheidung wurzelt im Schumpeter'schen Innovationsbegriff und bezieht sich auf dessen beiden ersten Innovationsfälle (s. Kasten „Innovation als ‚Durchsetzung neuer Kombinationen'"). Die Unterscheidung ist wichtig unter dem Blickwinkel der ökonomischen Auswirkungen von Innovationen. Neue Produkte, **„Produktinnovationen"**, soweit es sich um gänzlich neue Konsumgüter handelt, können entweder einen neuen Markt etablieren oder vorhandene Märkte erweitern, sie können aber auch zur Verdrängung herkömmlicher Verbrauchsgüter führen, ohne dass sich das Marktvolumen insgesamt vergrößert. Neue Produkte in Form von neuen Investitionsgütern stellen demgegenüber Inputs für die weitere Produktion dar. Auch sie können herkömmliche Investitionsgüter verdrängen. Die Eröffnung völlig neuer Märkte neben denen der alten Investitionsgüter dürfte dagegen kaum vorkommen, da die Unternehmen bestrebt sind, stets die neueste Technik und damit die modernsten Investitionsgüter bei Investitionsvorhaben einzukaufen. Der Einsatz neuer Investitionsgüter im Herstellungsprozess verändert und erneuert diesen Prozess. Unter diesem Aspekt handelt es sich bei diesem Vorgang um eine **„Prozessinnovation"**. Prozessinnovationen müssen nicht immer mit technischen Neuerung einhergehen, es kann sich auch um pure organisatorische Neuerungen, das heißt um effizienzsteigernde Veränderungen der Produktionsorganisation, handeln.

2.3.6 Erweiterung des Innovationsverständnisses

Bisher hatten wir es mit einem stark technisch-wirtschaftlich geprägten Innovationsbegriff zu tun, wie er sich in den Wirtschaftswissenschaften auf der Grundlage der Exegese von Schumpeter's Werk in den letzten Jahrzehnten herausgebildet hat. Diese starke technisch-wirtschaftliche Prägung des Begriffs rührt daher, dass sich die wissenschaftliche Befassung mit Innovationen sehr stark unter der Maßgabe wirtschaftlicher Motive, Fragen und Problemen entwickelt hat. In den letzten Jahrzehnten sind jedoch weitere Dimensionen von Neuerungen in der gesellschaftlichen Produktion ins Bewusstsein gerückt, vor allem unter dem Druck realer Probleme wie der fortschreitenden Umweltbelastung, aber auch durch Erkenntnisse der neueren Innovationsforschung. Diese Entwicklungen haben zu einer Erweiterung des Innovationsbegriffs um deine soziale und ökologische Dimension geführt.

Darüber hinaus können wir im Zuge des Wandels von der Industrie- zur Wissensgesellschaft die allmähliche Herausbildung eines grundlegend anderen Verständnisses im Hinblick auf das Wesen der Innovation beobachten: Innovation wird weniger als einzelnes Ereignis, sondern vielmehr als zeitaufwendiger sozialer **Prozess** interpretiert und analysiert.

2.3.6.1 Soziale Innovationen

Betrachten wir den Innovationsbegriff unter der Fragestellung, was der Inhalt von Neuerungen ist, so hat sich folgende Unterscheidung vor allem im Zuge der stärkeren sozialwissenschaftlichen Befassung mit Innovationen herausgeschält: Neben der **technischen** Dimension der Innovation erweisen sich **soziale** Innovationen, die auf die Veränderung von Organisationsmuster zielen und die humane und gesellschaftliche Aspekte mehr in den Vordergrund der Aufmerksamkeit rücken, als sehr bedeutsam: Technische und soziale Innovationen gehen oft Hand in Hand, meist sind soziale Neuerungen die Voraussetzung dafür, dass technische Innovationen gelingen und erfolgreich sein können. Soziale Innovationen beinhalten die Veränderung von Organisationsstrukturen, z. B. der Arbeitsorganisation innerhalb von Unternehmen, aber auch der Beziehungen und Regeln innerhalb von Innovationssystemen. Auch komplementäre Maßnahmen der Umschulung, Fortbildung oder der Vermittlung von Schlüsselqualifikationen, die für die Durchführung technischer Neuerungen unverzichtbar sind, können unter dem Begriff der sozialen Innovation subsumiert werden.

2.3.6.2 Ökologische Innovationen

Im Zuge der stärkeren Ausprägung eines allgemeinen Bewusstseins im Hinblick auf die Folgen des Wirtschaftswachstums für die natürlich Umwelt wurde der Innovationsbegriff in den letzten Jahrzehnten um eine ökologische Dimension erweitert. Die Bezeichnung „ökologische Innovationen" bezieht sich auf technische, organisatorische oder sonstige Neuerungen, die auf die Reduzierung der Umweltbelastung von gesellschaftlichen Prozessen, z.B. der Produktion oder des Konsums, gerichtet sind. Neben solchen ökologisch relevanten Veränderungen von Herstellungs- oder Konsumprozessen gibt es Neuerungen in der Produktpalette eines Unternehmens, einer Branche oder einer ganzen Volkswirtschaft, die für die Qualität der Umwelt Verbesserungen bringen. Auch solche Produktinnovationen sind unter den Begriff der ökologischen Innovation zu subsumieren.

2.3.6.3 Innovation als Prozess

Das Verständnis von „Innovation", welches über die Interpretation als eindeutig abgrenzbares Einzelereignis hinausgeht und Innovation als einen sozialen Prozess begreift, hat sich erst in jüngster Zeit entwickelt. Wir wollen darauf erst später eingehen, wenn wir uns mit der Erläuterung der wesentlichen Triebkräfte von Innovationen auseinandergesetzt haben (vgl. Abschnitt 2.5 dieses Buches).

2.4   Innovation und Wettbewerb

2.4.1   Marktformen

Warum entstehen Innovationen? Nur weil es Unternehmerpersönlichkeiten gibt? Oder weil es Großunternehmen gibt? Beide Bedingungen sind wichtig, allerdings nur zum Teil notwendig, auf jeden Fall aber nicht hinreichend. Innovationen werden auch von kleinen Unternehmen hervorgebracht. Was aber bringt Unternehmen dazu zu innovieren und damit Unruhe in den Märkten zu erzeugen? Es sind die Märkte selbst bzw. der Wettbewerb, der auf diesen Märkten herrscht! Der Wettbewerb zwingt die Unternehmen dazu, immer wieder Innovationen zu generieren. Unter diesem Zwang stehen große und kleine Unternehmen. Allerdings kennen wir unterschiedliche Marktformen, die jeweils auch mit unterschiedlichen Zwängen und Anreizen zur Innovation verbunden sind: erstens das **Polypol**, bei dem auf der Angebotsseite des Marktes eine große Zahl an kleinen Anbietern, die sich als „Mengenanpasser" verhalten müssen, operiert. Zweitens das **Oligopol**, bei dem die Anbieterzahl relativ klein ist. Deshalb haben die einzelnen Anbieter einen gewissen Einfluss auf den Marktpreis, sie müssen allerdings damit rechnen, dass die konkurrierenden Anbieter auf Maßnahmen von ihnen reagieren. Die dritte Marktform, die eine Rolle spielt, ist das **Monopol**. Ein Unternehmen beherrscht den Markt und kann den Marktpreis nach eigenen Zielsetzungen festsetzen. Welche Marktform führt zum größten Innovationstempo?

Im Anschluss an Schumpeter's Antwort auf diese Frage hat sich eine heftige Diskussion über das Verhältnis von Marktform und Innovationsgeschwindigkeit entzündet. Schumpeter ging davon aus, dass die oligopolistische Konkurrenz weniger Großunternehmen untereinander der dynamischste Motor des technischen Fortschritts sei.[52] Denn Innovationen dienen gerade diesen Unternehmen als Instrument, um sich Gewinnchancen am Markt zu erarbeiten. Je schneller und je mehr Innovationen ein Unternehmen hervorbringt, desto profitabler wird das investierte Unternehmenskapital verwertet. Der Ansporn zur Innovation ist unmittelbar mit dem zentralen Ziel der marktwirtschaftlichen Unternehmung, der Gewinnmaximierung, verknüpft. Diese genuine Verknüpfung ist allerdings nicht im Rahmen jeder Marktform möglich, sondern nur im Oligopol. Nur hier haben Unternehmen die Möglichkeit, auf der Grundlage von Wettbewerbsvorsprüngen Monopolsituationen aufzubauen und überdurchschnittliche Gewinne zu erwirtschaften, wenn auch nur für begrenzte Zeit. Nur hier

---

52   Schumpeter wandte gegen den damaligen „mainstream" im Lager der Ökonomen, die stets das Polypol als ideale Marktform favorisierten, ein: „Sobald wir auf Einzelheiten eingehen und die einzelnen Posten untersuchen, bei welchen der Fortschritt am deutlichsten gewesen ist, führt uns die Spur nicht zu den Toren jener Firmen, die unter den Bedingungen einer verhältnismäßig freien Konkurrenz arbeiten, sondern ausgerechnet zu den Toren der großen Konzerne ..., und es dämmert uns der schreckliche Verdacht, dass die Großunternehmung vielleicht mehr mit der Erhöhung als mit der Niedrighaltung dieses Lebensstandards zu tun gehabt hat." (1975), S. 135

haben sie aber auch die Chance, die Monopollagen von Konkurrenten anzugreifen und zu beseitigen. Innovation und die Nachahmung der Innovationen anderer (Imitation) sind die strategischen „Waffen" in diesem oligopolistischen Wettbewerb. Je öfter und je schneller sie eingesetzt werden, desto größer der Erfolg des innovierenden Unternehmens, desto größer ist jedoch auch aus der Gesamtsicht das Innovationstempo im jeweiligen Wirtschafts- und Marktbereich.

2.4.2 Der allgemeine Prozess der Innovationsgenerierung

Machen wir uns die Funktionsweise des Prozesses der Innovationsgenerierung anhand eines allgemeinen Modells klar, wobei wir zunächst von einer konkreten Marktform abstrahieren:[53]

Anstoß und erste Phase des Prozesses ist die Durchführung einer Innovation durch ein Unternehmen. Ausreichendes Kapital zur Finanzierung des investiven Aufwands wird unterstellt. Die Innovation kann technischer (Produkt-, Prozessinnovation) oder nicht-technischer Art (Organisationsveränderung, neue Serviceleistungen o.Ä.) sein. Zweck und Wirkung der Innovation sind Kostenersparnisse bei der Herstellung der vorhandenen Produktpalette und/oder Umsatzwachstum dadurch, dass nunmehr ein neues Produkt am Markt angeboten wird, welches den Nachfragern ein besseres Preis-Leistungs-Verhältnis bietet als konventionelle Produkte. Der Innovator schafft sich eine Monopolsituation, die ihm die Einnahme von überdurchschnittlichen Gewinnen, Monopolgewinnen, für eine gewisse Zeit ermöglicht.

Die Konkurrenten reagieren auf diese Situation, indem sie versuchen, die Innovation des Pioniers - z. B. mit Hilfe des „reverse engineering"[54] - zu imitieren. Sobald dies gelingt, bringen sie eigene neue Produkte auf den Markt, die mit dem neuen Produkt des Innovators vergleichbar und diesem gegenüber konkurrenzfähig sind.

Der Innovator versucht diesen Angriff dadurch abzuwehren, dass er den Preis des neuen Produktes reduziert. Die Imitatoren müssen ihm folgen, wollen sie die gerade errungene Marktposition nicht wieder verlieren.

---

53   Vgl. Kessler (1992), S. 42ff.

54   „Reverse Engineering (engl.: umgekehrt entwickeln, rekonstruieren, Kürzel: RE) bezeichnet den Vorgang, aus einem bestehenden, fertigen System oder einem meist industriell gefertigten Produkt durch Untersuchung der Strukturen, Zustände und Verhaltensweisen die Konstruktionselemente zu extrahieren. Aus dem fertigen Objekt wird somit wieder ein Plan gemacht. Im Gegensatz zu einer funktionellen Nachempfindung, die ebenso auf Analysen nach dem Black Box Prinzip aufbauen kann, versucht das Reverse Engineering das vorliegende Objekt weitgehend exakt abzubilden. Es wird somit ermöglicht, eine 1:1 Kopie des Objekts zu machen und auf deren Basis Weiterentwicklung zu betreiben." (aus: http://www.wikipedia.de)

2

Da nach dem Nachfragegesetz die Nachfrage bei sinkendem Marktpreis steigt, nimmt die Nachfrage an diesem Markt zu und lässt den Marktumsatz wachsen. Aufgrund der zunehmenden Absatzmengen können die Anbieter am Markt zusätzliche Gewinne erwirtschaften.

Diese bieten die finanzielle Basis zur Finanzierung weiterer Forschungs- und Entwicklungsanstrengungen oder zum Einkauf neuen technologischen Wissens in Form von Lizenzen und Patenten mit dem Ziel, weitere Innovationen zu realisieren.

Es ist davon auszugehen, dass in diesem Prozess der Innovationsgenerierung und wirtschaftlichen Entwicklung der Innovator im Vorteil gegenüber den Imitatoren ist. Sein zeitlicher Vorsprung ermöglicht es ihm, nicht nur einen überproportionalen Teil der gesamten Gewinnsumme abzuschöpfen, sondern auch beim Wettlauf um die nächste Innovationsgeneration als Erster am Start zu sein.

2.4.3 Marktformen und Innovationstempi

Wenden wir uns nochmals der Frage zu, welche Marktform das größte Innovationstempo hervorbringt, so müssen wir die Auswirkungen der Marktform auf die Bestimmungsgründe der Innovation genauer betrachten. Zwei Faktoren sind bei der Entstehung der Innovation zu unterscheiden:

1. Die **Neigung** zur Innovation: Was treibt die Unternehmer dazu, Innovationen zu realisieren? Da ist zum einen die Erwartung, mittels der Innovation den Gewinn pro Zeiteinheit zu vergrößern, zum anderen spielt jedoch auch das Existenzrisiko, welches bei der Unterlassung von Innovationen immer besteht, eine Rolle. Unternehmer versuchen, durch Innovationen die Existenz des Unternehmens zu sichern.

2. Die **Fähigkeit** zur Innovation: Damit sind nicht die individuellen Qualifikationen des Unternehmers zur Innovation gemeint – diese werden hier vorausgesetzt – sondern die Fähigkeit im Sinne vorhandener Finanzierungsmöglichkeiten. Innovationen setzen ausreichende Finanzierungsmittel voraus, ihre Durchführung verbessert jedoch auch über die Erwirtschaftung größerer Gewinne die Finanzierungsmöglichkeiten.

2.4.3.1 Innovationstempo im Monopol

Der Monopolist verfügt über ausreichende Innovationsfähigkeit im Sinne verfügbarer oder mobilisierbarer Finanzmittel. Demgegenüber ist seine Neigung zur Innovation als gering einzuschätzen. Er kann bereits in der vorhandenen Situation überdurchschnittliche Gewinne erwirtschaften. Er braucht Konkurrenten nicht zu fürchten. Innovationen sind aufwendig und würden - zumindest kurzfristig – seine Gewinnlage verschlechtern. Innovationen würden darüber hinaus sein bereits in vorhandene Produktionsanlagen investiertes Kapital entwerten. Solange seine Monopolsituation nicht gefährdet ist, bestehen somit für Innovationen weder ein Anreiz noch ein Zwang. Dies hat zur Konsequenz, dass im Monopol ein vergleichsweise geringes Innovationstempo zu erwarten ist.

2.4.3.2 Innovationen im Polypol

Bei dieser Marktform stehen viele kleine Anbieter im Wettbewerb miteinander. Die angebotenen Güter sind homogen, alle Beteiligte verfügen über vollständige Informationen. Unter diesen Bedingungen sind Imitatoren in der Lage, unverzüglich die drohenden Wettbewerbsvorsprünge von Innovatoren zu egalisieren. Der Anreiz für Innovationen dürfte deshalb gering sein. Vor allem Produktinnovationen sind wenig interessant, da sich dadurch der eigene Marktanteil kaum steigern ließe. Auch die Konkurrenten empfinden aus diesem Grunde keinen Zwang zur Innovation. Allenfalls wenn die Befürchtung besteht, durch Innovationen von Wettbewerbern möglicherweise vom Markt verdrängt und damit in der Existenz gefährdet zu werden, könnte ein Anlass zur Innovation entstehen. Etwas anders ist der Anreiz zu Prozessinnovationen einzuschätzen. Hierdurch kann ein Unternehmen auch im Polypol seine Grenzkosten- und Durchschnittskostenkurve senken und bei gegebenem Marktpreis seinen Gewinn erhöhen. Insgesamt ist das Innovationstempo – vor allem bei Produktinnovationen - auch im Polypol als relativ gering einzuschätzen.

2.4.3.3 Innovationen im Oligopol

Hier müssen die verhältnismäßig wenigen Wettbewerber bei der Durchführung eigener Aktionen mit Reaktionen der Konkurrenten rechnen. Das gilt vor allem für Preissenkungen, die von den anderen Konkurrenten schnell nachvollzogen werden. Allerdings können sich einzelne Anbieter durch Produktinnovationen für eine gewisse Zeit Monopolgewinne verschaffen. Umgekehrt muss jeder befürchten, dass sich der andere mittels Innovationen Wettbewerbsvorsprünge erarbeitet, die die eigene Existenz am Markt gefährden könnten. Innovationen sind deshalb die zentralen Instrumente in diesem oligopolistischen Wettbewerb. Nicht die Preiskonkurrenz dominiert, sondern der Innovationswettbewerb. Das gilt allerdings nicht für alle Oligopolsituationen, da es auf die konkrete Anzahl der Wettbewerber ankommt. Diese darf nicht zu gering sein, um das Risiko von Absprachen untereinander klein zu halten, sie darf aber auch nicht zu hoch sein, weil sonst die Strategien eines Anbieters für seine Wettbewerber nicht mehr spürbar werden. Ist die Anzahl der Konkurrenten an einem Markt so, dass beide Gefahren ausgeschaltet oder minimiert sind – die Ökonomen sprechen dann von einem **„weiten Oligopol"**[55] - dann bestehen sowohl genügend Anreize als auch erheblicher Druck, um Produktinnovationen durchzuführen. Aber auch Prozessinnovationen sind für die Oligopolisten interessant. Sie erhöhen den zeitlichen Spielraum für die Ausschöpfung von Monopolgewinnen, vor allem dann, wenn die Konkurrenten

---

55   Vgl. Kantzenbach (1967)

die Prozessinnovationen nicht so schnell imitieren können, z.B. weil sie auf eigenen Forschungs- und Entwicklungsanstrengungen des Innovators beruhen.[56] Insgesamt sprechen die Argumente dafür, dass wir im weiten Oligopol eine Innovationsgeschwindigkeit erwarten können, die erheblich über den Innovationstempi bei anderen Marktformen liegen dürfte.

2.4.3.4 Innovationen bei gemischten Unternehmensstrukturen

Das Modell des weiten Oligopols stellt eine gewisse Annäherung an die Realität dar. Dennoch dürfte es die Situation auf vielen realen Märkten einfach deshalb verfehlen, weil die Situation auf der Anbieterseite nicht vollkommen erfasst ist. Es ist davon auszugehen, dass in der Regel nicht nur große Unternehmen als Oligopolisten aktiv sind, sondern dass sich neben ihnen auch eine Vielzahl von kleinen und mittleren Unternehmen an den Märkten engagieren. Deshalb müssen die Oligopolisten nicht nur die Strategien ihrer Hauptkonkurrenten berücksichtigen, sondern auch die Aktivitäten der kleineren Anbieter am Markt im Blick behalten. Umgekehrt müssen letztere die Aktionen der großen Oligopolisten aufmerksam verfolgen, um nicht aus dem Markt gedrängt werden zu können.[57]

Kleine Unternehmen sind gezwungen, Produktinnovationen vorzunehmen, da sie sonst Gefahr laufen, Marktanteile bei Produktinnovationen der großen Oligopolisten zu verlieren. Kleine Unternehmen haben sogar einen Vorteil: Da ihre Marktanteilsgewinne durch Produktinnovationen für die Großen wenig spürbar sind, müssen sie kaum Gegenmaßnahmen fürchten und können so die innovationsbedingten Mehrgewinne einfahren. Für kleine Unternehmen bestehen damit aus dieser Perspektive erhebliche Anreize, Produktinnovationen vorzunehmen. Diese Anreize werden beeinträchtigt, wenn große Unternehmen am Markt gezielt eine Strategie des „fast second", des „schnellen Zweiten", verfolgen. Das heißt wenn sie auf Produktinnovationen der kleinen Unternehmen warten, um sie dann auf dem Wege des „reverse engineering" zu imitieren und relativ risikolos die Ernte in Form von Marktanteilsgewinnen und Gewinnzuwächsen auf Kosten der Kleinen einzufahren. Solche Unternehmen, die auf diese Weise enorm profitabel wirtschaften können, verzögern mit einer solchen Strategie allerdings – vor allem wenn sie als Marktführer fungieren - das Innovationstempo der Branche, da sie bei eigenen Produktinnovationen kürzer treten, dafür bei der Imitation jedoch die schnellsten sind. Im Falle einer Marktführerschaft können sie die Produktinnovationsstrategien der großen Konkurrenten mit überschaubaren Mitteln parieren und sich Extraprofite über eine systematische Verfolgung der Strategie des „fast second" aneignen. Bei solchen Verhaltensweisen laufen kleine Unternehmen Gefahr, längerfristig vom Markt verdrängt zu werden. Dem können sie nur dadurch begegnen, dass sie Produktinnovationen hervorbringen, die nicht leicht und schnell zu kopieren sind, oder die sich gezielt auf die Erschließung von Marktnischen ausrichten.

---

56   Vgl. Kessler (1992), S. 54
57   Vgl. ebenda, S. 61ff.

Dabei überlassen sie Produktinnovationen, die auf das Massengeschäft ausgerichtet sind, den großen Wettbewerbern. Darüber hinaus sind kleine Unternehmen zu permanenten Prozessinnovationen gezwungen. Bei allgemein verfügbarem Produktions-Know-how in einer Branche und anhaltendem Wettbewerbsdruck sind alle Unternehmen gehalten, auf diesem Wege ihre Preiswettbewerbsfähigkeit zu gewährleisten. Für die kleinen Unternehmen gilt das um so mehr, da sie bei Verzicht auf Prozessinnovationen noch größeren Existenzrisiken unterliegen.

Fasst man alle Überlegungen zusammen, so zeigen sich gemischte Unternehmensstrukturen auf der Anbieterseite eines Marktes als günstigste Voraussetzungen für hohe Innovationstempi, denn:

- Die **großen** Unternehmen sind unter der Voraussetzung ausgewogener Marktanteile zu permanenten Produktinnovationen gezwungen, um im Innovationswettbewerb mit den anderen Oligopolisten zu bestehen,

- Sie sind zudem zu ständigen Prozessinnovationen angehalten, um die Kosten zu kontrollieren und im Preiswettbewerb keine Schwächen zu zeigen;

- **Kleine** Unternehmen sind zur Abwendung von Existenzrisiken sowohl zu ständigen Produkt- als auch Prozessinnovationen gezwungen.

- Einen verzögernden Innovationseffekte muss man nur dann erwarten, wenn sich ein Oligopolist eine Marktführerschaft erobert hat und gleichzeitig auf dieser Grundlage systematisch eine Strategie des „fast second" verfolgt. Dennoch ist auch für diese Situation davon auszugehen, dass die betreffende Branche hinsichtlich das Innovationstempos im Vergleich zu alternativen Marktformen vergleichsweise günstig abschneidet.

2.5   Innovation als Prozess

Das Verständnis von Innovation, welches wir unseren bisherigen Ausführungen zugrundegelegt haben, geht dahin, Innovation als Ergebnis eines einmaligen Aktes bzw. als eindeutig abgrenzbarer „Gegenstand" zu begreifen: ein neu eingeführtes Produkt, ein neues Produktionsverfahren, eine neue Organisationsform usw. Dieses Verständnis suggeriert, man könne Innovationen klar erkennen und eindeutig identifizieren: als neue Gegenstände oder Verfahren, die zu einem genau definierbaren Zeitpunkt in das ökonomische Geschehen eingebracht wurden. Analysiert man Innovationen jedoch genauer, so ist die Realität der Innovation mit dieser Interpretationsweise nur schwer zu erfassen. Nehmen wir den Fall eines neu eingeführten Produktes. Bevor ein Produkt sich am Markt durchsetzt und weite Verbreitung findet, hat es in der Regel eine Vielzahl von Aktivitäten und Vorgängen gegeben, die dies erst möglich gemacht haben: Prozesse des Suchens, des Forschens, der Kooperation und Arbeitsteilung innerhalb eines Unternehmens oder zwischen verschiedenen Unternehmen, des Irrtums, der Korrektur usw. Vielleicht hat es Vorläufer des heutigen Massenproduktes gegeben, die zunächst in kleiner Serie angefertigt wurden, um aus der Reaktion von Kunden gravierende Schwächen in der Funktionsweise erkennen zu können. Das vorläufige Produkt wurde dann verändert und verbessert, um eine nächste Serie am Markt zu platzieren. Das geschieht so oft und so lange, bis das Produkt ein Markterfolg geworden ist. Wo siedeln wir aber nun die Innovation an, wenn sich der Zeitpunkt der erfolgreichen Markteinführung gar nicht exakt bestimmen lässt?

Die Auseinandersetzung mit solche Fragen hat in den Wirtschaftswissenschaften dazu geführt, Innovationen weniger im Sinne eines konkret abgrenzbaren Aktes zu interpretieren als vielmehr als einen **komplexen sozialen Prozess**. Dieser Gesamtprozess, der eine Vielzahl von Teilprozessen im Sinne der Wissensschaffung, Wissenssammlung, Wissensverarbeitung, Wissenskombination usw. umfasst, kann in unterschiedlicher Weise ablaufen: spontan und zufallsbedingt, oder in feste hierarchische Strukturen eingebunden, in denen klar definierte Prozesse in eindeutiger zeitlicher Folge ablaufen, oder im Rahmen flexibler, vernetzter Strukturen. Diese unterschiedlichen Wege, auf denen Innovationen sich herausbilden, lassen sich typisieren und anhand von Modellen vereinfacht darstellen. Wir wollen uns die drei bekanntesten **Innovationsmodelle** genauer ansehen:

- Das Kaskadenmodell
- Das Rückkoppelungsmodell
- Das Netzwerkmodell

2.5.1   Das Kaskadenmodell

Diese Vorstellung des Innovationsprozesses dominierte in den drei Jahrzehnten nach dem zweiten Weltkrieg. Sie teilt den gesamten Innovationsprozess in verschiedene Stufen, Phasen oder Abschnitte ein. Diese sind nicht nur – zumindest analytisch - streng voneinander abgegrenzt, sondern auch einer zeitlichen Struktur eindeutig zugeordnet: eine Stufe folgt der anderen; die nächste Stufe beginnt, wenn die jeweils vorangehende abgeschlossen ist. Die Stufen sind kausal untereinander verbunden: die jeweils nachfolgende Stufe baut auf der vorhergehenden auf und wird durch sie angestoßen (s. Abb. 2-2)[58].

Der Gesamtprozess der Innovationsgenerierung wird zunächst grob in zwei Phasen untergliedert, den Inventions- und den Innovationsprozess. Der **Inventionsprozess** gliedert sich weiter in die Grundlagenforschung, die angewandte Forschung und die Entwicklung.

---

58 Das entspricht dem Bild einer „Kaskade", das heißt eines stufenförmigen Wasserfalls bzw. in der Chemie einer Anordnung hintereinander geschalteter gleichartiger Gefäße; den Begriff „Kaskadenmodell" vgl. Hack (1988), S. 56f.

Die **Grundlagenforschung** erschließt neues Wissen. Die Forschungsaktivitäten folgen vorrangig den Kriterien des wissenschaftsimmanenten Erkenntnisfortschritts („reine Grundlagenforschung"), die Anwendbarkeit der Ergebnisse spielt noch keine oder in Einzelfällen allenfalls eine untergeordnete Rolle („anwendungsorientierte Grundlagenforschung").

Die **angewandte Forschung** greift das vorhandene Grundlagenwissen auf und erschließt es für praktische Anwendungen.

Im Rahmen der **Entwicklungsphase** werden die Ergebnisse der Forschung zweckgerichtet ausgewertet und in neue Produkte und Verfahren umgesetzt. Am Ende des Inventionsprozesses insgesamt stehen neue Objekte, die die Form von neuen Ideen, neuen Konzepten oder von neuem technologischen Wissen für Produkte und Verfahren bis hin zu Prototypen annehmen können.

Der **Innovationsprozess** umfasst die eigentliche Innovation und die Diffusion. Auf der Ebene der Einzelwirtschaft werden die Ergebnisse der Inventionsphase wirtschaftlich genutzt, indem neue Produkte und Verfahren hergestellt und in den Markt eingeführt

Abbildung 2-2:   *Kaskadenmodell des technischen Fortschritts*

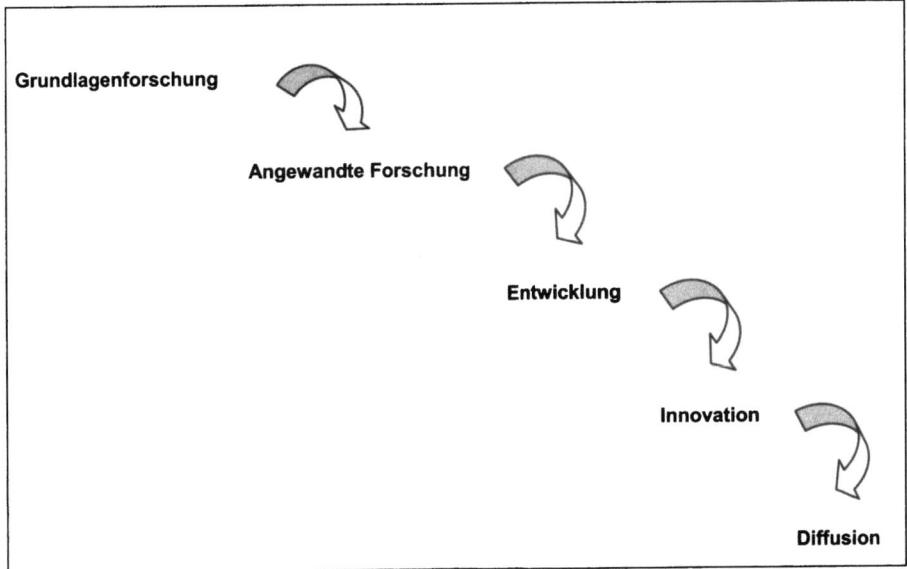

Grundlagenforschung

Angewandte Forschung

Entwicklung

Innovation

Diffusion

Quelle: eigene Darstellung in Anlehnung an Hack (1988), S. 56

werden (**Innovation**). Damit verbunden ist eine Vielzahl von unterstützenden Prozessen wie z.B. die Beschaffung der erforderlichen Produktionsanlagen, die diesem Investitionsvorgang vorgelagerte Beschaffung von Finanzierungsmitteln in Form von Krediten oder Eigenkapital, die notwendigen Änderungen im Personal- und Absatzbereich sowie Umstellungen organisatorischer Natur. Mit der Innovation tritt das neue Produkt oder Verfahren ein in das ökonomische Geschehen und wird damit wirtschaftlich relevant.

Das in den Waren inkorporierte technologische Wissen wird von immer mehr Käufern – Betrieben oder Konsumenten – genutzt. Damit können die Produkte und Verfahren aber auch – z.B. auf dem Wege des „reverse engineering" – imitiert oder in modifizierter Form nachentwickelt werden. Aus gesamtwirtschaftlicher Sicht stellt sich dieser Prozess als Verbreitung der innovativen Produkte und Verfahren und damit des in ihnen enthaltenen technologischen Wissens dar: als Prozess der **Diffusion**. Mit der Diffusion gewinnt das neue technologische Wissen makroökonomische Bedeutung, es entfaltet Impulse für eine höhere wirtschaftliche Leistungs- und Wettbewerbsfähigkeit einer Region oder gar eines Landes, für mehr Wachstum und neue Arbeitsplätze. Diese Impulse sind um so mächtiger, je schneller und weitläufiger sich der Diffusionsprozess gestaltet. Geschwindigkeit und Reichweite der Diffusion hängen von verschiedenen Einflussfaktoren ab: von der Intensität des herrschenden Innovationswettbewerbs, vom Bedarf an Investitionen, vom Umfang der verfügbaren Finanzierungsmittel und vor allem von den mit den Innovationen verbundenen Gewinnerwartungen.

2.5.2   Das Rückkoppelungsmodell

Im Kaskadenmodell des Innovationsprozesses gibt es strenge Abgrenzungen zwischen den Stufen und eine in eine Richtung wirkende Kausalität, die ausgeht von der Grundlagenforschung hin zur angewandten Forschung, welche wiederum in die Entwicklungsphase einmündet, wobei die Ursache-Wirkungs-Kette von dort aus über die Innovation hin zur Diffusion führt. Der Anstoß für die Entwicklung neuer Güter und Dienstleistungen wird auf der Anbieterseite gesehen („technology-push-Ansatz"). Spätestens seit den 1980er Jahren ist diese linear-sequentielle Sichtweise einem komplexeren Verständnis des Innovationsprozesses gewichen, welches als Rückkoppelungsmodell der Innovation dargestellt wird.[59] Zwischen den unterschiedlichen Stufen gibt es Interaktionen und Rückkoppelungen, die in diesem Modell Berücksichtigung finden (vgl. Abb. 2-8).

In dem hinter dem Rückkoppelungsmodell stehenden Verständnis von Innovation muss der Ursprung derselben nicht in der Grundlagenforschung liegen. Der **Anstoß** kann zum Beispiel im Markt liegen und von unbefriedigten Bedürfnissen ausgehen

---

59   Vgl. OECD (1992), S. 24ff.

Abbildung 2-3: *Rückkoppelungsmodell des technischen Fortschritts*

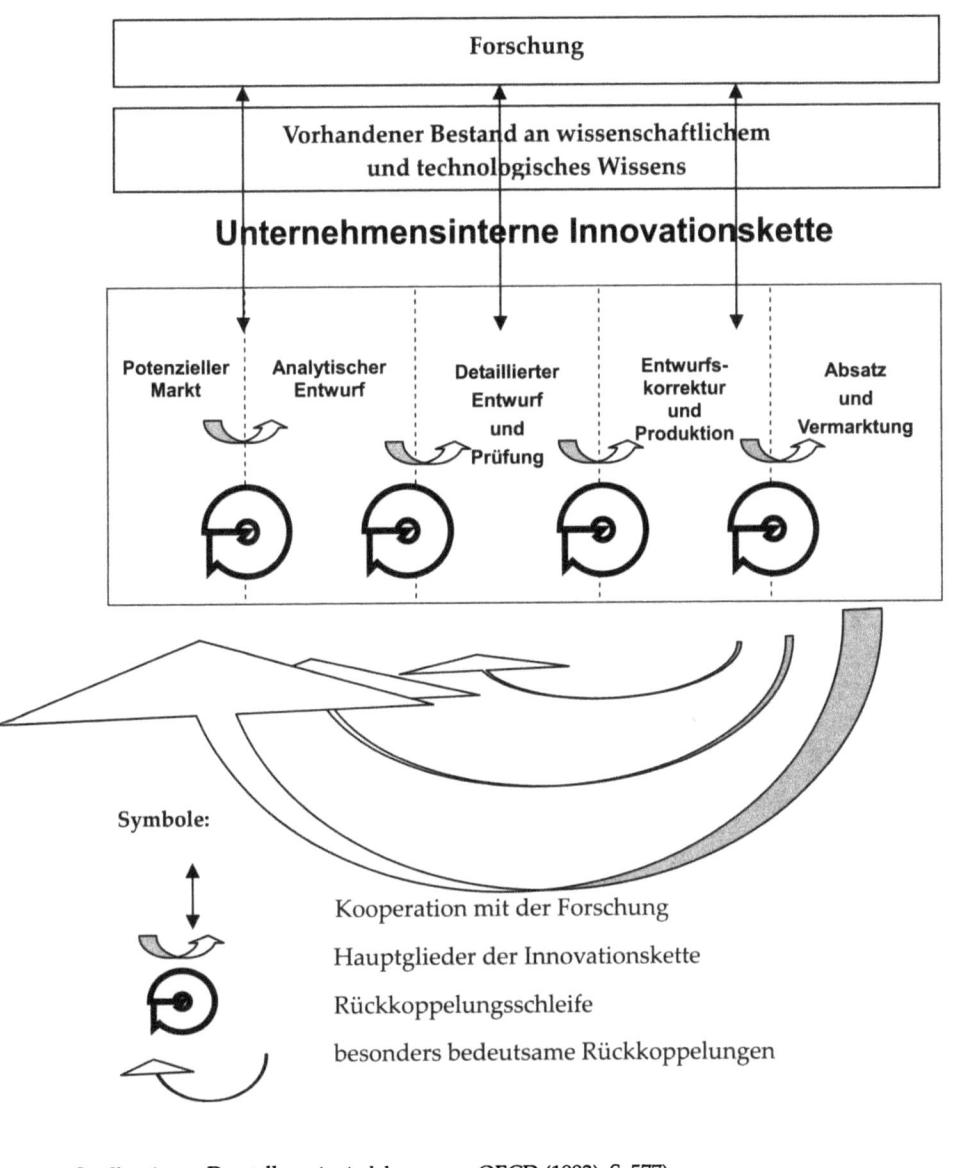

Symbole:

Kooperation mit der Forschung

Hauptglieder der Innovationskette

Rückkoppelungsschleife

besonders bedeutsame Rückkoppelungen

Quelle: eigene Darstellung in Anlehnung an OECD (1992), S. 577)

(„demand-pull-Ansatz"). Solche latenten Bedürfnisse aufzuspüren, ist Aufgabe des Marketings der Unternehmen. Denkbar ist auch, dass die Nachfrager ihren Bedarf an innovativen Produkten gegenüber den Unternehmen kundtun. Kunden suchen nach bestimmten Produkten bzw. Problemlösungen, die die Unternehmen nicht anbieten können, weil es sie noch nicht gibt. Die Unternehmen werden deshalb nach vorhandenem technologischem Wissen suchen, das heißt zum Beispiel sie werden an Ergebnissen früherer Inventionsprozesse ansetzen, um eine Basis für die Entwicklung adäquater neuer Problemlösungen zu haben, von der sie ausgehen können. Vielleicht gibt es aber auch bereits Lösungskonzepte, die auf ähnlich gelagerte Probleme hin entwickelt worden sind. Dann kann die Innovationstätigkeit in der Entwicklungsphase dieser vorhandenen Lösungen ansetzen und versuchen, diese zu modifizieren und auf die neuen Probleme hin zuzuschneiden.

Zwischen allen Teilprozessen von Invention und Innovation gibt es Interaktion, es sind **Rückkoppelungen** möglich (siehe „Rückkoppelungsschleifen" oder „bedeutsame Rückkoppelungen" in Abb. 2-3). Ergibt die Prüfung eines Produktentwurfes zum Beispiel, dass noch Mängel bestehen, tritt die angewandte oder gar die Grundlagenforschung auf den Plan, um gezielt Wissen zur Beseitigung dieser Schwächen zu erarbeiten. Das Unternehmen tritt bei Bedarf, das heißt falls das Wissen nicht in den eigenen Forschungslabors vorhandenen ist, dazu auch in Kontakt zu Forschungsinstitutionen bzw. vergibt, falls das Wissen auch dort noch nicht existiert, Aufträge zur Erforschung des benötigten Problemlösungswissens (siehe Pfeile).

2.5.3 Das Netzwerkmodell

Im Rückkoppelungsmodell stehen immer noch die unternehmensinternen Forschungs- und Entwicklungsaktivitäten im Mittelpunkt des Innovationsverständnisses. Sie werden als Dreh- und Angelpunkt für das Vorantreiben von Innovationen interpretiert. Die Ergebnisse, die Geschwindigkeit, die Qualität und Wettbewerbsfähigkeit des gesamtwirtschaftlichen Innovationsprozesses hängen in diesem Verständnis vorrangig von der Qualität des Innovationsmanagements der Unternehmen ab. Im Verlaufe der 1990er Jahre wurde allerdings immer deutlicher, dass sich die „Qualität" des technischen Fortschritts – seine Merkmale, seine Komplexität, seine Geschwindigkeit, die für ihn notwendigen Voraussetzungen etc. – weiter veränderte, was wir im nächsten Abschnitt noch genauer erläutern werden. Es zeigte sich immer klarer,

- dass die einzelne Unternehmung – und sei sie noch so groß - diesen wachsenden Herausforderungen in vielen Fällen nicht mehr gerecht werden kann,

- dass sie auf Kooperation mit anderen Unternehmen bei der Produktentwicklung im vorwettbewerblichen Bereich angewiesen ist,

- dass selbst große Unternehmen das explodierende Grundlagenwissen in vielen Technologiefeldern nicht mehr allein mit eigenen Ressourcen verarbeiten können,

- dass für die Entwicklung anspruchsvoller, komplexer neuer Produkte Wissen aus unterschiedlichen Technologiefeldern zusammengeführt werden muss,

- dass die eigenen Forschungslabors durch diese Aufgabe zunehmend überfordert werden,

- dass deshalb nicht nur eine fallweise, sondern systematischere Zusammenarbeit mit externen Forschungsinstitutionen – mit Universitäten, Fachhochschulen, Instituten der angewandten Forschung usw. – notwendig ist.

Es wurde insgesamt betrachtet immer deutlicher, dass nicht nur die Anstrengungen der einzelnen Unternehmen oder einzelnen Forschungsinstitutionen für die technologische Wettbewerbsfähigkeit gegenüber anderen Ländern oder Regionen allein entscheidend ist, sondern dass die **Art des Zusammenwirkens** der vielen am Zustandekommen von Innovationen objektiv Beteiligten, die **Qualität ihrer Beziehungen** untereinander, die Art und Weise sowie die Intensität und Dauerhaftigkeit ihrer Zusammenarbeit, der Grad ihres wechselseitigen Verständnisses, der Grad der Gemeinsamkeit in der Interpretation von Problemen und Herausforderungen – dass all das wichtige Faktoren sind, die die Innovationsfähigkeit einer Region oder gar eines Landes insgesamt entscheidend beeinflussen und prägen. Denn der schnelle Zugriff auf neue Technologien, der systematische Austausch und Fluss des Wissens zwischen den Beteiligten, die Fähigkeit zur Neukombination von Wissen, die Fähigkeit, sich Wissen aus Beständen jenseits des vertrauten Milieus schnell und problemorientiert anzueignen, der Umfang und die Qualität wechselseitiger Lernprozesse – solche Fähigkeiten hängen von der Qualität des Beziehungsgeflechtes zwischen den Innovationsbeteiligten ab, von ihrer **Vernetzung** untereinander, von der Beschaffenheit des relevanten **Netzwerkes**.

Diese neuen Erfahrungen veränderten auch das Innovationsverständnis. Die Innovationsforschung beschäftigt sich deshalb in jüngster Zeit immer intensiver mit Innovationen auf der Basis von Netzwerken. Der **Begriff** wurde zunächst präzisiert: Netzwerke umfassen alle dauerhaften, i.d.R. kooperativen Beziehungen zwischen rechtlich selbständigen, wirtschaftlich jedoch in Zusammenhang stehenden Unternehmen, aber auch – je nach Perspektive der zu ermöglichenden oder erwarteten Innovationen – mit anderen Beteiligten, wie noch auszuführen sein wird.

Die Zusammenarbeit begründet und gründet auf **Vertrauen** zwischen den Beteiligten, Vertrauen darauf, dass alle verlässlich und dauerhaft ihre Aufgaben, wechselseitigen Verpflichtungen etc. erfüllen und strategische Informationen teilen.

Netzwerke werden als eine neue Organisationsform beschrieben, welche gerade im Hinblick auf die Bewältigung der neuen Innovationsanforderungen als besonders leistungsfähig angesehen werden. Als stabile Basis für Innovationsprozesse kommen sie nach den Ergebnissen der jüngeren Innovationsforschung wesentlichen **Erfordernissen moderner Innovationen** in besonderer Weise entgegen:

▪ Zum einen der Tatsache, dass die Erarbeitung neuen oder die Weiterentwicklung vorhandenen Wissens Vorgänge sind, die stets auf vorhandenen Wissensbeständen aufbauen (müssen). Wissens- und Erkenntnisfortschritt ist somit ein **kumulativer** Prozess. Und dieser Prozess der Wissensanhäufung und –entwicklung verläuft gesicherter und kontinuierlicher, wenn er sich auf stabile Netzwerkstrukturen stützen kann.[60]

▪ Ein zweites Erfordernis für moderne Innovationen sind **wechselseitige Lernprozesse**. Wissensfortschritt, der in „Neuland", das heißt zu völlig neuem Wissen führen soll, wird erleichtert und gefördert durch interaktives Lernen im Rahmen von kontinuierlicher und systematischer Zusammenarbeit. Auch dies ist nur bei stabilen Strukturen, die über unternehmensinterne Forschungs- und Entwicklungsabteilungen hinausgreifen, möglich und gewährleistet. Nur so lassen sich alle diejenigen Personen und Institutionen in Lernprozesse einbeziehen, die für Innovationen Bedeutung haben (vgl. Abb.: 2-4): nicht nur die Forscher und Entwickler der Unternehmen, auch deren Fertigungsspezialisten und Marketingabteilungen; nicht nur die Forscher aus Hochschulen , sondern auch die aus außeruniversitären Forschungseinrichtungen und staatlichen Großforschungseinrichtungen. Zu denken ist des weiteren an staatliche Regulierungsinstanzen z.B. aus dem Bereich des Umweltschutzes und des Arbeitsschutzes, die für neue Güter und Dienstleistungen auf die Einhaltung bestimmter, gesetzlich fundierter Kriterien achten müssen; aber auch an potenzielle spätere Nutzer von Innovationen wie Investoren und Konsumenten. Nicht zu vergessen sind Zulieferer, Technologietransferstellen, Sparkassen, Aus- und Weiterbildungseinrichtungen, Industrie- und Handelskammern sowie die kommunale und regionale Wirtschaftsförderung. All diese Gruppen und Institutionen tragen mit ihrem Wissen, ihrem Verhalten und ihren Reaktionen letztlich dazu bei, ob Innovationen zustande kommen und wirtschaftlich ein Erfolg werden. Darüber hinaus bilden sie durch ihre dauerhafte Kooperation informelle gemeinsame kulturelle Wertorientierungen und Verhaltensmustern heraus, die als „sozialer Kitt" wirken und eine gemeinsame zielgerichtete Handlungsbasis konstituieren. Deshalb ist es sinnvoll, sich deren Beteiligung bewusst zu werden und sie möglichst frühzeitig zu aktivieren.

Netzwerke sind besonders effizient, das sei hier hervorgehoben, wenn sie sich auf einen begrenzten **regionalen Rahmen** beschränken: Räumliche Nähe und die Verwandtschaft von Branchen, welche sich in der historischen Entwicklung in einer Region zusammengefunden haben, führen zu einem Netzwerk von Abhängigkeiten, die nicht über Austauschprozesse am Markt vermittelt sind, sondern auf persönlichen Kontakten und auf einer gewachsenen Vertrauensbasis beruhen. Soziale Prozesse zwischen betrieblichen und überbetrieblichen Akteuren verknüpfen unternehmensinterne Kräfte der Innovationsgenerierung mit dem unternehmensexternen Institutionensetting. Auf der regionalen Ebene besteht dieses soziale Umfeld bzw. Institutionengefüge aus Personen und Institutionen, wie sie bereits genannt worden sind.

---

60   Vgl. Lundvall (1992), S. 6ff.

Abbildung 2-4: *Netzwerkmodell des technischen Fortschritts*

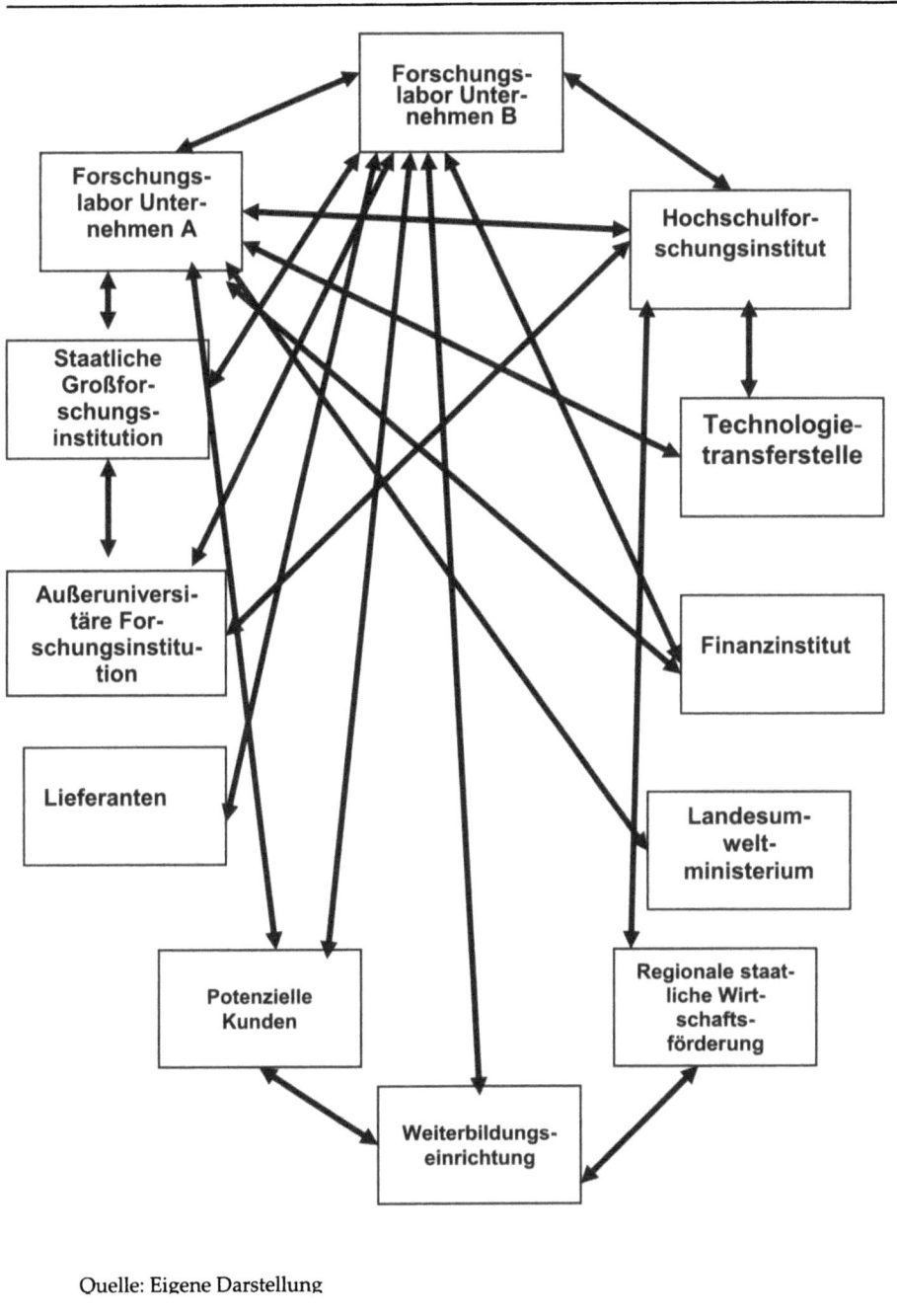

Quelle: Eigene Darstellung

Netzwerke sind am besten geeignet, verschiedene Formen von Lernprozessen zu ermöglich und deren Ergebnisse als Inputs von Innovationen zusammenzuführen: **Learning by doing** (im Produktions- und Arbeitsprozess), **Learning by using** (in der Anwendung eines Produktes durch den Konsumenten), **Learning by interaction** (innerhalb von untergeordneten zweckgerichteten Netzwerken) und **Learning by learning** (durch Entwicklung innovativer Lernweisen im Rahmen von Lernprozesse, was die Fähigkeit, innovationsrelevante Informationen und Wissensbestandteile produktiv zu verarbeiten, zusätzlich stärkt).

Wissen ist – wie wir bereits wissen - zu einem erheblichen Teil ein öffentliches Gut, da es aufgrund von spill-over-Effekten selbst bei privater Gewinnung nicht gänzlich privat angeeignet werden kann. Solche Effekte sind gerade in regionalen Netzwerken virulent und beeinflussen in positiver Weise die Innovationsleistungen der beteiligten Unternehmen.

Regionale Netzwerke generieren auf der wirtschaftlichen Ebene zwei wesentliche Vorteile:

a. Sie reduzieren die **Unsicherheit** der Beteiligten: Innovationsprozesse sind mit Unsicherheit über das Ergebnis und die Rentabilität des Aufwands bzw. der Investitionen behaftet. Unternehmen bilden bestimmte Routinen, Prozesse und Regeln aus, um diese Unsicherheiten „verarbeiten" bzw. damit umgehen zu können. Dazu brauchen sie ein stabiles und unterstützendes regionales Umfeld.

b. Sie bilden einen förderlichen Rahmen für die Zirkulation von innovationsgenerierendem „**tacit knowledge**":[61] Während zielgerichtetes gesichertes „explizites" Wissen nicht an räumliche Nähe gebunden ist, gilt dies nicht für „tacit knowledge". Durch die Bündelung und den Transport von Wissen und Know-how sowie damit einhergehenden gemeinsamen Lernprozessen zwischen unterschiedlichen Akteuren wird der Austausch von „tacit knowledge" unterstützt und gefördert. Hierfür sind räumliche Nähe und direkte persönliche Kontakte unverzichtbar.

---

61 Im Hinblick auf Innovationen sind zwei Formen von Wissen entscheidend: Implizites Wissen, „tacit knowledge" einerseits, explizites, kodifizierbares Wissen anderseits. Kodifiziertes Wissen besteht aus „Gewusst-was"-Wissen und aus „Gewusst-warum"-Wissen. Seine Aneignung erfolgt durch Bücher lesen, Datenbankrecherchen und mittels Vortragsbesuchen. Es besteht aus Informationen, die leicht über die gesamtwirtschaftliche Informationsinfrastruktur übertragen und verteilt werden können. Darüber hinaus kann es in großen Mengen gesammelt, gespeichert, ausgewertet und in verschiedene Darstellungsformen transformiert werden. Um kodifiziertes Wissen sinnvoll und effizient nutzen zu können, ist eine andere Art von Wissen erforderlich: „tacit knowledge" bzw. „implizites Wissen". Dieses besteht aus den Komponenten „Gewusst-wie"-Wissen (Know-how) und „Gewusst-wer"-Wissen. Diese Wissenskomponenten sind an Personen gebunden, sie erschließen sich nur durch praktische Erfahrung, erstere Komponente zum Beispiel durch Lernen in der betrieblichen Praxis, letztere durch den gesellschaftlichen Umgang mit Personen und Institutionen (Kunden, Lieferanten, Hochschulforschern etc.). Vgl. OECD (1996) Kap. 5

Das zeigt sich insbesondere an der Tatsache, dass Wirtschaftsbereiche, in denen dem Transfer von „tacit knowledge" eine erhebliche wirtschaftliche Bedeutung zukommt, starke räumliche Zusammenballungen aufweisen.

Netzwerke sind nach Auffassung der Innovationsforscher den herkömmlichen **Koordinationsmechanismen** für Innovationsprozesse in kapitalistischen Marktwirtschaften – Märkte und Großorganisationen – unter den Bedingungen des modernen technischen Fortschritts überle gen.[62] **Märkte** sind zwar hervorragende Mechanismen, um die zahlreichen Bedürfnisse mit der Vielzahl angebotener Produkte zu koordinieren, sie versagen jedoch unter den realen Bedingungen wachsender Unsicherheit und langfristiger Zeithorizonte. Sie vermögen nicht, die Pläne, Ziele und Aktivitäten der heterogenen Vielfalt der Beteiligten an Innovationsgenerierungsprozessen erfolgreich zusammenzuführen bzw. eine solche Verknüpfung zu gewährleisten.

Großorganisationen haben die besondere Fähigkeit, innerhalb ihres „Kommandobereiches" eine berechenbare, rationale und ergebnisorientierte Arbeitsteilung zu etablieren und zu gewähr leisten. Sie haben jedoch Schwächen, wenn Kooperationsmöglichkeiten mit externe Institutionen und Personen, welche für die Innovationsgenerierung unverzichtbar sind, die aber über unterschiedliche Ziele und Zeithorizonte verfügen und deren Kreativität sich nur in großen Freiräumen und Autonomie entfalten kann, systematisch offengehalten werden müssen.

Netzwerke als Koordinationsmechanismus zur Fundierung von Innovationen vermeidet die Nachteile der anderen Mechanismen und verbindet ihre Vorteile. Der deutsche Soziologe Rammert fasst diese Vorzüge von Netzwerken folgendermaßen zusammen: „Statt auf Tausch und Anweisung beruhen sie auf Verhandlung. Statt über Geld und Macht werden sie über Vertrauen geregelt. Verhandlungen behalten die Flexibilität des Marktes bei, ohne seine Gleichgültigkeit gegenüber der Beschaffenheit der Güter und der Akteure zu zeigen. Vertrauensbeziehungen verringern die Unsicherheiten, ohne die Unterschiede zwischen den Ereignissen und ihren Zeitrhythmen so einzuebnen, wie es Organisationen normalerweise tun. In zeitlicher Hinsicht lassen Netzwerke heterogene Einheiten, unterschiedliche Tempi und einen offenen Zeithorizont zu. Diese Eigenschaft macht sie in meinen Augen zu einem überlegenen Mittel, die zunehmende Vielfältigkeit im heterogen verteilten System der Technikerzeugung durch lockere Koppelung und zeitlich flexibel zu koordinieren."[63]

---

62 Vgl. Rammert (1997), S.387ff.
63 Ebenda, S. 411

2.6 Ursachen für den Wandel des Innovationsverständnisses

Wir wollen nunmehr die Hintergründe für die Veränderungen der Interpretation von Innovation im Zeitablauf genauer ausleuchten. Einer der wesentlichen realwirtschaftlichen Gründe dafür, dass sich das Innovationsverständnis seit den 1980er Jahren gewandelt hat, liegt an den neuen Merkmalen des technischen Fortschritts bzw. am grundlegenden Wandel der Innovation selbst. Der weltweite Innovationswettbewerb hat sich ab den 1970er Jahren, nach Abschluss des Wiederaufbaus und nach dem Auslaufen der Impulse früherer Basisinnovationen, enorm verschärft. Es sei daran erinnert, dass die internationale Arbeitsteilung bis in die 1970er Jahre hinein vor allem durch die unterschiedliche Ausstattung der beteiligten Länder mit natürlichen Ressourcen (Rohstoffe, Arbeitskräfte, Naturkräfte) geprägt wurde. Nach dem zweiten Weltkrieg produzierten die technologisch führenden USA "Hochlohngüter", während die westeuropäischen Länder und Japan Produkte auf niedrigerem Lohnniveau herstellten. Mit dem Eindringen nachrückender industrieller "Schwellenländer" auf die Märkte für standardisierte Industriegüter wurden auch die europäischen Länder und Japan mehr und mehr gezwungen, sich Segmente von technologisch hochwertigen und auf hohem Lohnniveau hergestellten Produktsparten zu erschließen. Dies hat zur Folge, dass die international führenden Länder sich immer weniger auf komplementären Märkten tummeln, sondern in einem immer intensiveren Wettlauf um die Hochtechnologiemärkte der Zukunft, die sich vor allem durch hohe Wachstumspotentiale auszeichnen, hineingeraten. Nicht mehr natürliche Ressourcen oder geschichtlich angesammelte Sachkapitalien, sondern künstlich geschaffene Wettbewerbsvorteile bestimmen die Position der verschiedenen Länder im zukünftigen „**Kopf-an-Kopf-Wettbewerb"** (Lester Thurow)[64], der in Form des Innovations- und Qualitätswettbewerbs ausgetragen wird. Nunmehr kommt es auf die Vielfalt und Qualität der angebotenen Produkte, auf deren Neuigkeitsgrad und technologischen Gehalt sowie auf die Schnelligkeit an, mit der sie parallel auf den wichtigsten Weltmärkten angeboten werden. Technologische Innovationsfähigkeit auf der Produktseite und organisatorisch-technische Effizienz in der Produktion sind nunmehr die entscheidenden Bestimmungsgründe der Wettbewerbsfähigkeit von Unternehmen auf internationalen Märkten. Inhaltlich geht es bei dieser "neuen Konkurrenz" um eine begrenzte Anzahl von **Schlüsseltechnologien.** Zu diesen oft als "Technologien des 21. Jahrhunderts" (BMBF) apostrophierten Feldern zählen vor allen die Mikroelektronik und Informationstechnik, die Photonik und Optoelektronik, die neuen Bio- und Gentechnologien, die Telekommunikationstechnologien, neue Werkstoffe und Materialien sowie moderne Fertigungs- und Produktionssysteme.

---

64 Thurow (1992)

Diese modernen Technologien sind für ihre Weiterentwicklung in wachsendem Maße auf **Grundlagenwissen** angewiesen. In vielen Hochtechnologiebereichen wird der weitere technische Fortschritt immer schwieriger, weil Lücken im Grundlagenwissen bestehen und nur allmählich beseitigt werden können. So schreitet z.B. im Werkstoffbereich die Entwicklung neuer Legierungen mit bestimmten Eigenschaften nur sehr langsam fort, da eine gesicherte theoretische Grundlage zur Vorhersage des Verhaltens neuer Werkstoffkombinationen bislang fehlt.[65]. Andere Beispiele sind die Probleme bei der Entwicklung von Flugzeugen und Dampfturbinen: Hier werden Entwicklungsfortschritte durch das Fehlen einer leistungsfähigen Turbulenzen-Theorie behindert. Forscher, Entwickler und Ingenieure in den Hochtechnologieindustrien sind in wachsendem Maße auf anwendungsorientiertes Grundlagenwissen angewiesen, um technische Probleme lösen zu können.

Das hängt auch mit einem weiteren Merkmal moderner Technologien zusammen: ihrem **"System-Charakter"**. Technologische Fortschritte gründen sich in diesen Sektoren immer stärker auf die Kombination von Wissen aus unterschiedlichen Technologiebereichen. So wachsen die Mikroelektronik, die Informationstechnologien und die Nachrichtentechnologie immer stärker zusammen. Neue Kombinationswissenschaften und -technologien entstehen wie z.B. die Bioinformatik, die Mechatronik oder die Mikrosystemtechnik. Darüber hinaus nimmt die Wahrscheinlichkeit zu, dass der Erkenntnis- und Technologiefortschritt in einem Bereich Entwicklungsimpulse für benachbarte Technologiebereiche auslöst. Oft sind Weiterentwicklungen in einem Segment nicht möglich, solange nicht Entwicklungsengpässe bei den komplementären Technologiesegmenten beseitigt werden konnten. Und Neuentwicklungen in bestimmten Technologiezweigen können den Erkenntnisfortschritt und die Technologieentwicklung in anderen Bereichen unterstützen, z.B. indem sie völlig neue Analysewerkzeuge verfügbar machen.[66]

Gerade die Entstehung neuer Wissenschafts- und Technologiefelder in Form der "Kombinationswissenschaften" ist noch mit einer weiteren Konsequenz verbunden, nämlich der wachsenden Bedeutung **interdisziplinärer Forschung**, die nicht nur für den wissenschaftlichen Erkenntnisfortschritt, sondern auch für die Entwicklung neuer Techniken zum Tragen kommt.

---

65 Vgl. OECD (1992), S. 27.
66 Hierzu zwei Beispiele: Zum einen: "Computersimulation technischer Konstruktionen anstelle aufwendiger Einzeldesigns und aufwendiger Erprobung, Vernetzung unterschiedlichster Anforderungen an Design und technische Konstruktionen vor allem bei anspruchsvollsten Entwicklungen vom Flugzeugbau über die Chip-Entwicklung bis zum modernen Automobil, aber auch bei einfacheren Entwicklungsaufgaben mit Hilfe des Computer-Aided Designs'." Ein anderes Beispiel ist die wachsende Bedeutung, die Hochleistungscomputer als Werkzeug der wissenschaftlichen Forschung, z.B. für komplizierte Modell- und Simulationsrechnung, zunehmend gewinnen. (Vgl. BuFo 1988, S. 22f)

Auf der Ebene der Produktion führen die skizzierten Merkmale zu zwei weiteren Besonderheiten moderner Technologien, die vor allem aus wirtschaftlicher Sicht von hoher Bedeutung sind. Einerseits verkürzt sich die Zeitspanne, in der ein neues Produkt profitabel vermarkt werden kann, durch die Beschleunigung der technologischen Entwicklung immer mehr. So beträgt sie in der Halbleiterindustrie z.B. für neue Speicherchips gerade noch rund vier Jahre. Aber auch generell gilt, dass sich die **Produktzyklen** in den letzten Jahrzehnten rasant verkürzt haben: "In den 70er Jahren lagen sie bei über elf Jahren im Durchschnitt, in den 80er Jahren bei neun Jahren und in den 90er Jahren bei weniger als sieben Jahren ... Hochinnovative Branchen wie die Elektronik oder der Maschinenbau liegen noch erheblich unter diesen Durchschnittswerten."[67] Andererseits steigt jedoch der monetäre **Aufwand für FuE-Aktivitäten**, die betrieben werden müssen, um bei dem immer schnelleren Tempo der technologischen Entwicklung vorne mithalten zu können, geradezu dramatisch an. Ein Beispiel aus dem Flugzeugbau: Der FuE-Aufwand für die DC8, die vom US-Flugzeugkonzern McDonell-Douglas 1958 eingeführt wurde, betrug - jeweils zu konstanten Preisen berechnet - rund 112 Millionen US-Dollar. Für die Boeing 747, die Anfang der 70er Jahre in die Serienproduktion ging, waren bereits eine Milliarde US-Dollar an FuE-Kosten erforderlich. Schätzungen für ein neues Langstreckenflugzeug mit 150 Sitzen gehen heute von über 2,5 Milliarden US-Dollar FuE-Kosten aus. [68]. Entsprechende Steigerungen für FuE-Aufwendungen zeigen sich auch in anderen innovativen Branchen: "Die FuE-Kosten der deutschen Industrie ... sind in den 70er Jahren von einem Anteil von 5 vH am gesamten Kostenvolumen auf über 7 vH in den 80er Jahren, und in den 90er Jahren auf über 8 vH angestiegen".[69]

Die skizzierten Besonderheiten moderner Technologien wirken über die sich verschärfende weltweite Innovationskonkurrenz auf die nationalen Innovationssysteme.[70] Sie lösen Anpassungsdruck aus, sie führen zu neuen Merkmalen des technischen Fortschritts, die von den Wirtschaftswissenschaften aufgegriffen und untersucht werden müssen. Die Form der Innovation ändert sich. Sie werden nicht mehr – wie noch im 19. Jahrhundert – von Erfinder-Unternehmern vorangetrieben. Auch Innovationen durch Großunternehmen, welche im 20. Jahrhundert dominierten, verlieren inzwischen ihre herausragende Stellung. Immer wichtiger werden Innovationen in Netzwerken, da hierdurch allein der Komplexität des modernen technologischen Wandels und seinen Erfordernissen Rechnung getragen werden kann. Diese neue Entwicklung lässt sich mit alten Interpretationsmustern immer weniger erklären. Der Wandel des Verständnisses von Innovation, vor allem das Begreifen ihres komplexen interaktiven Prozesscharakters und des wachsenden Bedarfs an adäquaten Fundamenten in Form von Netzwerkstrukturen – das sind die Voraussetzungen zur Erklärung des modernen technischen Fortschritts.

---

67 Müller (1993), S. 4
68 Vgl. OECD (1992), S. 24 ff
69 Müller (1993), S 4
70 Vgl. zu diesem Begriff das Kapitel 3 dieses Buches

3 Innovationsstandort Deutschland: Das nationale Innovationssystem

3.1 „Innovationssystem": Begriff und offene Fragen

Das Systemkonzept des Innovationsgeschehens stützt sich auf das **Netzwerk-Modell** des technischen Fortschritts. Es wurde Mitte der 1980er Jahre von Lundvall[71] eingeführt und hat seitdem zunehmend Anerkennung gefunden. Freeman definiert „nationales Innovationssystem" als „ein Netzwerk von Institutionen im privaten und öffentlichen Sektor, deren Aktivitäten und Interaktionen neue Technologien ins Leben rufen, importieren, modifizieren und verbreiten."[72]

Der Begriff „Innovationssystem" dient inzwischen als kategorialer Rahmen der Analyse von Innovationen ebenso wie als theoretische Grundlage für die staatliche Innovationspolitik. Seine Vorzüge liegen in der Erfassung des systemischen Charakters, der das Innovationsgeschehen kennzeichnet. Nicht die isolierte Bedeutung einzelner Faktoren wird in den Vordergrund gestellt, sondern das Zusammenspiel und die wechselseitige Abhängigkeit der innovationsrelevanten Variablen steht im Mittelpunkt. Dabei werden nicht nur monetäre Inputs berücksichtigt, sondern auch institutionelle und organisatorische Faktoren.

Trotz der zitierten Definition von Freeman gibt bis heute keine hundertprozentige Klarheit über das, was ein Innovationssystems ausmacht. Für die Innovationsforschung stellen sich noch viele offene oder auch strittige Fragen, die auf eine Antwort bzw. Klärung warten:

- Welche Kernkomponenten bzw. Akteure und Institutionen gehören zum Innovationssystem?

- Welche Komponenten zählen dazu, spielen jedoch nur eine Randrolle?

- Welche Beziehungen und Vernetzungen muss es umfassen?

- Welche Aktivitäten welcher Akteure spielen für die Hervorbringung welcher Innovationen welche Rolle?

---

71 Lundvall (1985)
72 1987, zit. nach Schienstock/ Hämäläinen (2001), S. 81

■ Welche räumliche Ebene ist die für die Leistungsfähigkeit eines Innovationssystems entscheidend: die lokale, die regionale, die nationale oder die europäische?

■ Welche Rolle spielen die jeweiligen Ebenen?

■ Wie stehen die unterschiedlichen Ebenen im Verhältnis zueinander?

■ Welches sind ihre wesentlichen Beziehungen: komplementäre, konkurrierende, indifferente?

■ Wie ist das Innovationssystem in das Wirtschaftssystem integriert?

3.2 „Innovationssystem" als heuristisches Konzept

All diese Fragen sind bislang nicht klar beantwortet, dazu ist die Forschung noch zu sehr im Fluss. Die Verwendung des Begriffs „System" ist beim heutigen Forschungsstand eher heuristischer Natur, was bedeutet: die Begriffsverwendung dient eher als Hypothese und forschungsleitendes Konzept, denn als gesicherte wissenschaftliche Erkenntnis. Insofern können die folgenden Ausführungen lediglich eine Momentaufnahme beinhalten.

Mit dem **Begriff „System"** wird der Forschungsgegenstand als ein komplexes Phänomen vorgegeben, welches aus mehreren Komponenten besteht. Diese Komponenten stehen in Beziehung zueinander. Ihr wechselseitiges Zusammenwirken ist für die generierten Resultate in Form von Innovationen wesentlich, wobei die Aktivitäten, die die einzelnen Komponenten entfalten, für die Aktivitätsspielräume der anderen Komponenten förderlich oder hinderlich sein können.

Definition Innovationssysteme

Innovationssysteme sind Systeme verbundener Institutionen und Akteure, die Wissen, Fähigkeiten und Artefakte bezüglich neuer Technologien schaffen, speichern und transferieren.

Definition nach Metcalfe, in Anlehnung an Schienstock/ Hämäläinen ((2001), S. 74

„System" beinhaltet auch ein „innen" und ein „außen": Es gibt Komponenten, die zum System gehören, während andere Komponenten außerhalb des Systems angesiedelt sind und nicht dazugehören. Die Frage der Systemzugehörigkeit entscheidet sich an der Rolle, welche die verschiedenen potenziellen Komponenten für das Innovationsgeschehen spielen. Innovationssysteme bestehen aus Institutionen, die einzeln oder in Kooperation miteinander zur Entwicklung und Verbreitung neuer Technologien beitragen. Sie bilden gleichzeitig den Rahmen für die Entwicklung und Umsetzung von Konzepten und Maßnahmen der staatlichen Innovationspolitik. Eine Definition findet sich in Kasten „Definition Innovationssysteme".

Innovationssysteme sind **offene** Systeme, sie stehen in Kontakt und Wechselwirkung zu ihrem Umfeld. Aus diesem erhalten sie **Inputs**, welche sie durch Kombination mit eigenen, systeminternen Faktoren zu **Outputs** wiederum für das Umfeld verarbeiten.

3.3 Innovationssysteme: Gehäuse für den Umgang mit Wissen

Der wichtigste Inputfaktor für Innovationen ist Wissen. Im Rahmen von Innovationsprozessen wird externes Wissen mit internem Wissen kombiniert. **Internes Wissen** wird im Zuge der Durchführung von Innovationsprozessen im Laufe der Zeit akkumuliert. Dies geschieht vor allem in Form des Aufbaus von impliziten Wissensbeständen, das heißt der Herausbildung von Fähigkeiten, Know-how etc. **Implizites Wissen**[73] steckt in den Köpfen der Beschäftigten sowie in organisatorischem Know-how, welches sich unternehmensintern in Form von Routinen, informellen Verfahren und Arrangements herausbildet. Dieses implizite Wissen ist die Basis und der Hebel, um das Absorptionspotenzial für externes und explizites Wissen zu erweitern. Es stellt die Grundlage dar, auf der wirtschaftliche Wettbewerbsvorteile aufgebaut werden können. Diese Vorteile sind jedoch ständig dadurch bedroht, dass implizites Wissen kodifiziert und damit in **explizites Wissen**[74], welches auch durch andere angewandt werden kann, umgewandelt wird.

Innovationssysteme sind Gehäuse des Umgangs mit Wissen. Sie stellen den geeigneten Rahmen dar, innerhalb dessen Wissen effizient verarbeitet werden kann. Insofern sind Innovationssysteme **Systeme der Wissensbildung, der Wissensverarbeitung und der Kombination von Wissen**. Implizites Wissen von Unternehmen allein führt in der Regel nur zu inkrementellen Innovationen, zu kleinen Verbesserungen vorhandener Produkte und Verfahren. Es reicht allein nicht aus, um radikale Innovationen zu kreieren, da hierzu auf neues **externes** und explizites Wissen zugegriffen werden muss. Radikale Innovationen sind jedoch die Voraussetzung für dauerhafte Wettbewerbsvorsprünge im internationalen Innovationswettbewerb. Innovationssysteme stellen gewissermaßen den „schützenden" Rahmen dar, innerhalb dessen wenig mobiles kodifiziertes sowie implizites Wissen weiterentwickelt und mit explizitem Wissen kombiniert werden kann. Die „Schutzfunktion" resultiert aus der geringen Mobilität

---

73 Vgl. zu diesem Begriff ausführlich Abschnitt 2.5.3, Fußnote 19, in diesem Buch
74 Vgl. zu diesem Begriff ebenda

und der lokalen sowie personalen Gebundenheit von Wissensbeständen. Im Rahmen von Innovationssystemen erhalten Unternehmen durch Kooperation mit anderen Institutionen des Systems Zugriff auf kodifiziertes und örtlich gebundenes Wissen.

3.3.1   Funktionale Betrachtung des Innovationssystems

Um Probleme der institutionellen Abgrenzung zu umgehen, gibt es den Vorschlag, das Innovationssystem funktional zu analysieren:.Das heißt es werden die Funktionen im Hinblick auf den Umgang mit Wissen herausgearbeitet, welche für den Innovationsprozess eine Bedeutung haben[75]. Diese **Funktionen** sind:

- Wissensgenerierung
- Wissensaneignung
- Wissensverbreitung
- Wissensregulierung und Standardisierung
- Wissensanwendung
- Wissensnutzung

Der Vorteil dieser Betrachtung trägt dem Umstand Rechnung, dass Institutionen und Funktionen nicht identisch sind: Dieselbe Institution kann innovationsrelevante und andere Funktionen ausüben (Beispiel: Eine Hochschule betreibt Forschung, aber auch Bildung und Ausbildung). Umgekehrt gibt es verschiedene Institutionen, die im Zusammenwirken eine innovationsrelevante Funktion gemeinsam tragen. Beispiel: Wissensregulierung wird heute von öffentlichen und privaten Akteuren gemeinsam vorgenommen, früher war es eine Sache allein der öffentlichen Institutionen. Des weiteren können auf diese Weise auch Funktionen erfasst und berücksichtigt werden, für die es kein institutionelles „Zuhause" gibt. Nicht zuletzt erleichtert die funktionale Betrachtung international vergleichende Analysen, da nationale Innovationssysteme historisch gewachsen sind und deshalb ganz unterschiedliche institutionelle Ausformungen aufweisen können.

3.3.2   Innovationssysteme fördern soziales Kapital

Weder der Markt noch die Hierarchie bzw. die Großorganisation[76] sind offenbar in der Lage, den optimalen Rahmen bzw. die beste Grundlage für dynamische Innovationsprozesse abzugeben. Dafür scheinen **Netzwerke** viel besser geeignet. Allerdings fehlt noch eine tiefere Begründung, warum Netzwerke die effizienteste Struktur von Innovationssystemen darstellen.

---

75   Vgl. Schienstock/ Hämäläinen (2001), S. 97ff.
76   Vgl. dazu ausführlich Abschnitt 2.5.3 dieses Buches

Eine Vermutung geht dahin, dass sie die Bildung und Entwicklung des zentralen innovationsgenerierenden Faktors erlauben und fördern: von **sozialem Kapital**. Hierunter versteht man die Gesamtheit der Einstellungen und Fähigkeiten, welche die Individuen einer Gruppe durch dauerhaften Umgang miteinander erwerben: gemeinsame Werte und Normen, gemeinsame Orientierungen, die Fähigkeit zur Zusammenarbeit, gewachsene Routinen der Kooperation, hohe Identifikation mit der Gruppe und ihrem Umfeld sowie hohes Vertrauen in die Verlässlichkeit und Dauerhaftigkeit von Absprachen, von vereinbarten formeller und informeller Regeln usw.

Märkte und Hierarchien sind keine geeigneten Strukturen zur Herausbildung von sozialem Kapital, weshalb sie keinen guten Nährboden für Innovationen darstellen. Eine hinreichend große Akkumulation von sozialem Kapital gelingt allein in Netzwerkstrukturen. Soziales Kapital ist die Grundlage und der Motor von hoher Innovationsdynamik, denn es fördert die Entwicklung und die Nutzung von implizitem Wissen. Darüber hinaus ermöglicht es den Austausch vertraulicher Informationen zwischen verschiedenen Institutionen.

3.4 Abgrenzung und Ebenen von Innovationssystemen

Innovationssysteme umfassen Institutionen und Akteure sowie deren Beziehungen untereinander. Deshalb handelt es sich um **soziale** Systeme. Soziale Faktoren spielen für die Entstehung bzw. Hervorbringung von Innovationen eine entscheidende Rolle. Denn Innovationsprozesse werden keineswegs durch irgendeine immanente technologische „Logik" vorangetrieben, sondern durch das Zusammenwirken von sozialen Akteuren. Die Herausbildung und Kombination von impliziten und expliziten Wissensbeständen beruht auf der Interaktion von zahlreichen Institutionen und Akteuren des wirtschaftlichen Gesamtsystems. Deshalb ist die Abgrenzung von Innovationssystemen gegenüber dem „Rest" der Wirtschaft nicht einfach und auch nicht immer eindeutig.

Für Innovationssysteme gibt es vor diesem Hintergrund eine engere und eine weitere Abgrenzung und damit Definition.

3.4.1 Innovationssystem im engeren Sinn

Innovationssysteme i.e.S. umfassen die FuE-Abteilungen von Unternehmen, Hochschulen, Forschungsinstitute, Technologietransferinstitutionen sowie staatliche Institutionen der Innovationspolitik. Dabei werden nur die Institutionen einbezogen, die unmittelbar an der Suche nach und der Herausbildung von neuem Wissen beteiligt sind.

3.4.2 Innovationssystem im weiteren Sinn

In diese Begriffsbestimmung sind weitere Institutionen einbezogen, die nicht im engeren Innovationssystem angesiedelt sind, jedoch für das Hervorbringen von Innovationen indirekt wichtige Leistungen bringen, zum Beispiel indem sie Lernprozesse erleichtern und fördern, Zugang zu externen Informationsbeständen eröffnen, weitere Inputs für Innovationen bereitstellen usw. Beispiele für solche unterstützenden Institutionen sind das Erziehungs- bzw. Schulwesen, Schulungs- und Weiterbildungsinstitutionen, Investitionsbanken, Wirtschaftsverbände.

Wir werden ein konkretes Beispiel für ein Innovationssystem weiter unten vorstellen.[77]

3.4.3 Innovationssystem als Element des Wirtschaftssystems

Innovationssysteme sind stets Teil eines Wirtschafts- bzw. Gesellschaftssystems, welches mehrere Teilsysteme umfasst, zum Beispiel das Produktionssystem, das Finanzsystem, den Arbeitsmarkt, das Rechtssystem, das Bildungswesen usw. All diese Subsysteme erfüllen spezifische Funktionen. Hauptfunktion des Innovationssystems ist die Generierung neuen Wissens und damit das Stimulieren permanenter Veränderungs- und Neuerungsprozesse in allen Bereichen der Gesellschaft, vor allem in der Wirtschaft bzw. im Produktionssystem. Von anderen Teilsystemen bezieht das Innovationssystems wichtige Unterstützungsleistungen. So stellt das Finanzsystem die zur Vorfinanzierung von Innovationen erforderlichen Finanzmittel bereit. Das ist besonders wichtig für junge Technologieunternehmen, die ohne Risikokapital keine grundlegenden Neuerungen realisieren könnten. Der Arbeitsmarkt ist die Quelle der für Innovationen und ihre Diffusion benötigten hochqualifizierten Fachkräfte. Fachkräftemangel verzögert und verhindert Innovationsprozesse. Das Rechtssystem liefert den Rahmen, der für Stabilität und Sicherheit, aber auch für Regeln des Innovationsprozesses sorgt. Besonders bedeutsam für ein vitales Innovationsgeschehen sind das Wettbewerbsrecht sowie Schutzrechte für geistiges Eigentum. Wettbewerbsgesetze können Innovationen behindern, vor allem wenn sie auf einem überkommenen Wettbewerbsbegriff beruhen. Unzureichende Schutzrechte für geistiges Eigentum, welche den Innovatoren zu geringe Möglichkeiten der wirtschaftlichen Ausbeutung ihrer Innovationen lassen, können ebenfalls Innovationsprozesse beeinträchtigen oder blockieren.

---

77 Vgl. Abschnitt 3.8 dieses Buches, in dem das deutsche Innovationssystem erörtert wird.

3.4.4 Ebenen des Innovationssystems

Die **räumliche Dimension** spielt für Innovationsprozesse eine besondere Rolle. Der Nationalstaat stellt bis heute den wichtigsten Rahmen für Innovationsprozesse dar, da er über die Gesetzgebung, die Exekutive, das Rechtwesen sowie über eine Vielzahl von politischen Handlungsfeldern entscheidet. Er definiert den Rahmen und zahlreiche Regeln des Innovationssystems, weshalb die **nationale** Ebene desselben die bedeutendste ist.

Allerdings wird die Bedeutung des nationalen Innovationssystems in den letzten beiden Jahrzehnten zunehmend von zwei Seiten her relativiert. Einerseits haben grenzüberschreitende Transaktionen und Beziehungen eine größere Bedeutung für die Hervorbringung von Spitzentechnologien gewonnen. Das zeigt die stark expandierende Anzahl grenzübergreifender technologischer Allianzen zwischen Unternehmen. Innovationsprozesse erhalten damit zunehmend eine internationale, **globale** Dimension. Andererseits wird trotz oder gerade wegen der Globalisierungsprozesse die **regionale** Ebene der Innovationsprozesse immer wichtiger. Das liegt an der regionalen Verwurzelung des impliziten Wissens, welches als Basis zur Entwicklung nachhaltiger Wettbewerbsvorteile einen zunehmenden Stellenwert erhält. Diese Wissenskomponente stellt den Dreh- und Angelpunkt für wirtschaftlich erfolgreiche Innovationen dar, wodurch sich die zunehmende Bedeutung der regionalen Ebene des Innovationssystems erklärt.[78]

Es macht wenig Sinn, die drei Ebenen des Innovationssystems gegeneinander ausspielen zu wollen, indem man sie als unabhängig voneinander betrachtet und bewertet. Vielmehr bestehen Abhängigkeiten und wechselseitige Einflüsse, die es sinnvoll erscheinen lassen, die je spezifischen Rollen und Funktionen, welche von der jeweiligen Ebene ausgefüllt werden bzw. am besten ausgefüllt werden können, zu analysieren sowie der Frage nachzugehen, wie die Performance dieser Funktionen jeweils verbessert werden kann. Die Innovationsforschung ist bei der Untersuchung solcher Fragestellung allerdings noch nicht sehr weit gekommen, so dass hier noch ein weites Feld für die zukünftige Forschung liegt.

3.5 Entstehung und Entwicklung von Innovationssystemen

Innovationssysteme wurden meist nicht systematisch geplant, ihr Ausgangspunkt ist historisch – oft durch Zufall – entstanden und auch für ihre Weiterentwicklung spielen in vielen Fällen zufällige Ereignisse eine bedeutende Rolle, welche der Beobachter erst im nachhinein erkennt. Erst seit der letzten Dekade des 20. Jahrhunderts, seit die In-

---

78   Vgl. Abschnitt 2.5.3 dieses Buches

novationsforschung sich der Bedeutung von Innovationssystemen bewusst wird, versucht die staatliche Innovationspolitik, gezielter gestaltend Einfluss zu nehmen. Wichtig für Weiterentwicklung und Veränderungen von Innovationssystemen sind die Prozesse der Globalisierung des Innovationswettbewerbs, der fortschreitende europäische Integrationsprozess, vor allem die damit einhergehende Übertragung von Regulierungsaufgaben und technologiepolitischen Kompetenzen auf die europäische Ebene, die Strategien der nationalen Innovationspolitik sowie die Wechselwirkungen oder gar wechselseitige Durchdringung mit anderen Innovationssystemen.

3.6 Modelle nationaler Innovationssysteme

3.6.1 Wirtschaftssystem: Freie oder soziale Marktwirtschaft

Nationale Innovationssysteme weisen Eigentümlichkeiten auf, die stark durch das sie umgebende Wirtschafts- und Gesellschaftssystem geprägt sind. Seit dem Zusammenbruch des sowjetischen Gesellschafts- und Wirtschaftssystems Ende der 1980er Jahre spielt die Zentralverwaltungswirtschaft bzw. Planwirtschaft als „Gegenmodell" zur Marktwirtschaft keine Rolle mehr. Vielmehr haben sich auf dem Boden der Marktwirtschaft unterschiedliche Typen derselben herausgebildet und stehen heute vor dem Hintergrund der Globalisierung im Wettbewerb miteinander: die **freie Marktwirtschaft** angelsächsischer Prägung einerseits, die **soziale Marktwirtschaft** kontinentaleuropäischer Prägung, insbesondere jene in ihrem Ursprungsland Deutschland, anderseits.

3.6.2 Gemeinsame Merkmale

Für beide Modelle von Marktwirtschaft gilt: Das entscheidende „Medium" der Abstimmung von Produktion und Konsum, von Güterangebot und Güternachfrage, ist der Markt. Ein funktionierendes Preissystem bringt beide Seiten des Marktes immer wieder ins Gleichgewicht, die Preise fungieren als „Signale" für die Orientierung der Marktbeteiligten und sie senden Anreize, welche die wirtschaftlichen Entscheidungen von Anbietern und Nachfragern beeinflussen. Märkte können die ihnen zugedachte Versorgungsfunktionen für die Konsumenten nur befriedigend erfüllen, wenn dieser Ausgleichsmechanismus durch das Preissystem nicht gestört wird, das heißt wenn in ausreichendem Umfang Wettbewerb herrscht. Aufgrund der großen Bedeutung des Wettbewerbs werden die Märkte im Hinblick auf dessen Funktionsfähigkeit durch Kartellbehörden überwacht und gesteuert. Um funktionieren zu können, brauchen Märkte darüber hinaus spezifische Bedingungen: die Gewährleistung des privaten Eigentums an Produktionsmitteln, ein stabiles Geldsystem, Vertragsfreiheit im Rahmen der Gesetze, die Haftung der Unternehmensleitungen für die Folgen ihrer Entscheidungen und eine gewisse Berechenbarkeit der staatlichen Wirtschaftspolitik.

3.6.3 Unterschiede

Freie und soziale Marktwirtschaft unterscheiden sich darin, welche Spielräume sie in verschiedenen gesellschaftlichen Bereichen dem Wirken der Gesetze von Angebot und Nachfrage einräumen, und wo sie durch staatliche Politik intervenieren. In der freien Marktwirtschaft werden diese Spielräume sehr weit gesteckt, während der Staat in der sozialen Marktwirtschaft versucht, durch politische Strategien die Defizite und Schattenseiten des Marktes zu vermeiden bzw. ihnen gegenzusteuern. Zur Vermeidung zu großer Einkommensdisparitäten wird eine progressive Steuerpolitik betrieben. Zur Absicherung der Menschen gegen Lebensrisiken, welche durch Einkommensausfälle bei Krankheit, Arbeitslosigkeit und im Alter eintreten, wurden umfassende soziale Sicherungssysteme geschaffen. Der Staat ist verpflichtet, seine Wirtschaftspolitik am „magischen Vieleck" der makroökonomischen Ziele (hoher Beschäftigungsstand, Geldwertstabilität, außenwirtschaftliches Gleichgewicht, angemessenes Wirtschaftswachstum) auszurichten. Die Gewerkschaften und Arbeitgeberverbände spielen eine wichtige Rolle nicht nur für die Gestaltung der Parameter der Arbeitswelt (Arbeitsbedingungen, Arbeitszeit, betriebliche Weiterbildung etc.) und der Einkommensverteilung (regelmäßige Tarifverhandlungen und Lohnvereinbarungen), sondern auch in der Berufsbildungspolitik und der Arbeitsmarktpolitik. Darüber hinaus werden der Arbeitnehmerschaft auf der betrieblichen und auf der Unternehmensebene gesetzlich festgeschriebene Mitwirkungsrechte eingeräumt.

In diesem institutionellen Rahmen bilden sich die nationalen Innovationssysteme aus. Auf der Grundlage der sozialen Marktwirtschaft ist das Streben nach Konsens zwischen den gesellschaftlichen Kräften ein wichtiger Pfeiler der Konfliktregulierung, wobei die zentralen Ebenen der beteiligten Verbände eine bedeutende Rolle spielen. In der freien Marktwirtschaft bzw. im liberale Marktsystem haben demgegenüber andere Kräfte für viele Bedingungen und Bereiche des Innovationssystems eine viel größere Bedeutung: individuelle Eigenverantwortung (zum Beispiel in der Bildung), die Überlebens- und Verhandlungsstrategien von Einzelwirtschaften (zum Beispiel in der beruflichen Bildung und Weiterbildung) sowie die Marktkräfte (zum Beispiel am Arbeitsmarkt).

Vor diesem Hintergrund kann man die Eigenheiten des konsensorientierten denen des liberalen Marktsystems hinsichtlich wichtiger Subsysteme, die für das Innovationssystem von Bedeutung sind gegenüberstellen (s. Abb. 3-2).

Abbildung 3-1: *Institutionelle Rahmenbedingungen nationaler Innovationssysteme*

	Konsensorientiertes Marktsystem	Liberales Marktsystem
System industrieller Beziehungen		
Lohnverhandlungen und Beziehungen zwischen Arbeitgeber und –nehmer	Arbeitgeberverbände und Industriegewerkschaften spielen eine wichtige Rolle bei der formellen und informellen Koordination auf der Sektorebene. Zu beobachten ist eine relativ geringe Mobilität von Fachkräften sowie geringe Flexibilität der Löhne und der Lohnstrukturen.	Verhandlungen finden größtenteils auf Unternehmensbasis und unkoordiniert statt. Es gibt eine hohe Mobilität der Fachkräfte und eine hohe Flexibilität der Löhne und Lohnstrukturen.
Industrielle Beziehungen innerhalb von Unternehmen	Von Angestellten und Arbeitern gewählte Institutionen spielen eine wichtige Rolle in der Entscheidungsfindung von Unternehmen; sie haben Verbindungen zu außerindustriellen Verbänden, zusätzlich sind sie in Aufsichtsgremien repräsentiert.	Arbeitnehmervertretungen treten kaum in Erscheinung bei kollektiven Verhandlungen. Ihr Einfluß auf die Ausgestaltung von Arbeitsverträgen im privaten Sektor ist gering. Die Rolle der Gewerkschaften ist relativ unbedeutend.
Bildungs- und Ausbildungssystem		
Berufliche Bildung	Die berufliche Ausbildung hat hohe Bedeutung unter umfassender Einbeziehung der Industrieorganisationen und Gewerkschaften.	Weiterqualifkation bei Arbeitern auf den unteren Ebenen ist selten. Eine nachträgliche verpflichtende Allgemeinbildung ist wichtig.
Hochschulsystem, insbesondere Ingenieurwesen	Es besteht eine starke Verbindungen zu industriellen Technologien in der Ingenieurausbildung mit starker Einbeziehung der Berufsverbände. Daneben bestehen Doktorandenprogramme in den Grundwissenschaften und im Ingenieurswesen mit engen Verbindungen zu Großunternehmen.	Ingenieursausbildung ist nicht eng mit spezifischen Technologien verbunden. Doktorandenprogramme in den Grundwissenschaften und im Ingenieurswesen bestehen ohne enge Verbindungen zu Unternehmen.
Finanzierungssystem und Unternehmenskontrolle		
	An der Börse gehandelte Unternehmen haben stabile Aktionärssysteme; Banken spielen eine wichtige Aufsichtsrolle; ebenso werden Meinungen von verschiedenen Seiten als Monitoring eingeholt. Feindliche Übernahmen sind schwierig.	Legale Rahmenbedingungen, die feindliche Übernahmen bei an der Börse gehandelten Unternehmen erlauben. Risikotragendes Kapital für Projekte mit hohem Risiko ist verfügbar.
System der Beziehungen zwischen Unternehmen		
Setzung von Standards	Konsensbasiertes Setzen von Standards innerhalb der Wirtschaft.	Marktbasiertes Setzen von Standards.
Wettbewerbspolitik	Hohe Wettbewerbsintensität im Außenhandel aber Vermeidung von direktem Wettbewerb durch Produktdifferenzierung. Geschäftsverbindung spielt eine Rolle in Konflikten über Vertragsverhältnisse und beim Setzen von Regeln für das Rahmenwerk.	Die Wettbewerbspolitik versucht, kollusives bzw. einvernehmliches Verhalten zu unterbinden. Begrenztes Rahmenwerk für Probleme mit Vertragsbeziehungen.
Rolle des Staates / der Innovationspolitik		
Öffentliche FuE-Infrastrukturpolitik und Technologietransfer	Universitäten und Forschungsinstitute haben enge Verbindungen zu bestimmten Unternehmen in etablierten Technologien; Erfahrung ist wichtig für Kooperationen. Hohe regionale Vielfalt der FuE-Einrichtungen mit geringer regionaler Konzentration.	Begrenzter institutioneller Rahmen für Technologiediffusion. Hohe regionale Konzentration der öffentlichen FuE- Einrichtungen.
Innovations- und Technologiepolitik	Vergleichsweise hohe technologie-orientierte Förderung und Unterstützung "in der Breite"	Ausrichtung auf (militärische) Großprojekte; Konzentration auf einzelne Technologien
Rahmenbedingungen /Regulierung	Setzen detaillierter Rahmenbedingungen Hohe Regulierungsdichte	Setzen allgemeiner Rahmenbedingungen; Geringe Regulierungsdichte

Quelle: In Anlehnung an Soskice, D. (1997), Divergent Production Regimes.

Quelle: BMBF (Technologischen Leistungsfähigkeit 1998), S. 40

3.7 Politik des nationalen Innovationssystems

3.7.1 Subsysteme des nationalen Innovationssystems

Das Innovationssystem einer Volkswirtschaft im weiteren Sinne umfasst drei wichtige **Subsysteme**:

■ Die Wirtschaft bzw. das **Produktionssystem** mit unterschiedlichen Typen von Unternehmen hinsichtlich ihres Innovationsverhaltens,

■ das **Bildungs- und Forschungssystem,** welches die berufliche Bildung und Weiterbildung, die Hochschulbildung, Hochschulforschung und außeruniversitäre Forschung sowie die sonstige öffentlich organisierte Forschung umfasst,

■ das **politische System** mit seinen Institutionen und Regeln, welches Forschungs- und Entwicklungspolitik bzw. Innovationspolitik betreibt.

Innovationen werden durch das gesamte System hervorgebracht, wobei der Anstoß und die Durchsetzung bei den verschiedenen Innovationen durchaus mit unterschiedlichen Gewichten der Rollenverteilung erfolgen kann. Deutlich wird angesichts der Komplexität des Innovationssystems, dass es für staatliche Innovationspolitik nicht **den** entscheidenden Hebel, **das** wirksamste Instrument und **die** erfolgversprechende Strategie zur Förderung der Innovationstätigkeit geben kann, wie das im linearen „Kaskadenmodell" des technischen Fortschritts die Forschungsförderung zu sein scheint. Innovationspolitik muss das gesamte Innovationssystem im Blick haben. Die Förderung an einer einzigen Stelle reicht nicht aus. Netzwerkbeziehungen müssen beachtet und verstärkt werden. Kooperationen müssen herbeigeführt und falls notwendig unterstützt werden. Die Weiterentwicklung der infrastrukturellen Basiselemente für Innovationen muss betrieben werden usw. Wesentliche Subsysteme, Akteure und Komponenteneines nationalen Innovationssystems sind in Abbildung 3-2 dargestellt.

3.7.2 Funktionen des politischen Systems

Innerhalb des Innovationssystems kommt dem politischen System eine bedeutende innovationspolitische Steuerungsfunktion zu.

■ Das politische System steuert **einerseits** intermediäre Institutionen an der Nahtstelle zwischen Forschungssystem und Wirtschaft (Technologietransferinstitutionen),

■ **andererseits** hat es Einfluss auf das Bildungs- und Forschungssystem und gestaltet bzw. steuert dessen Entwicklung;

Abbildung 3-2:   *Nationales Innovationssystem: Komponenten, Akteure und politische Steuerung*

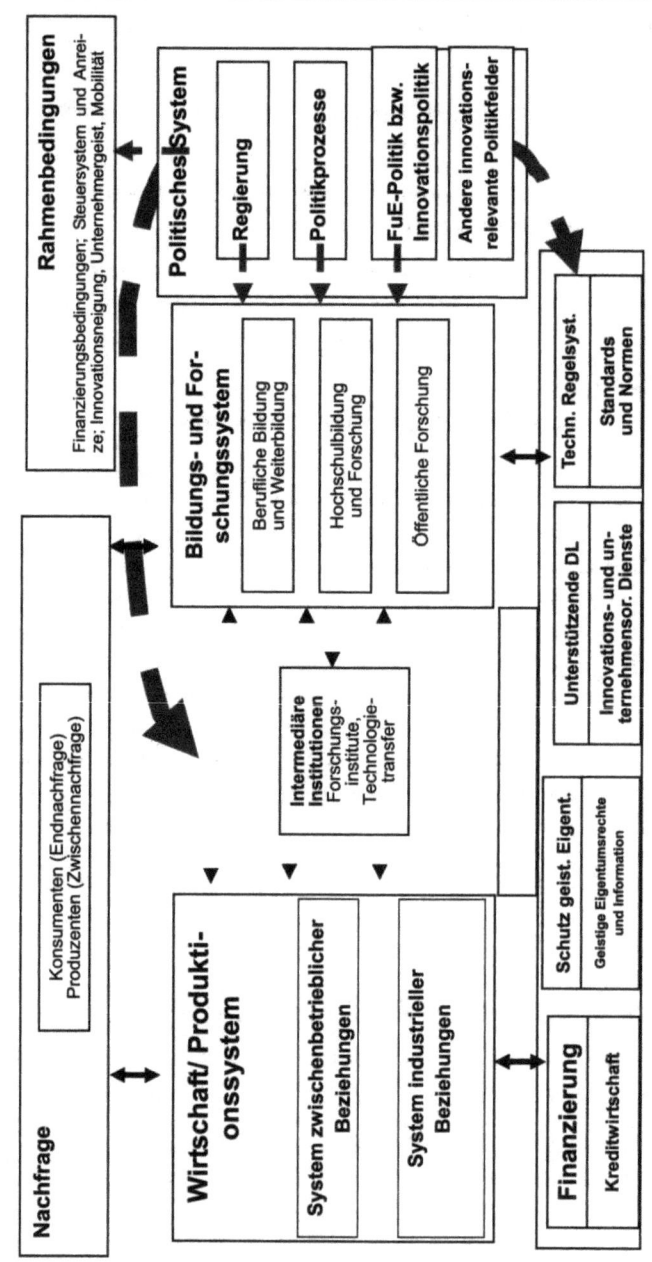

Quelle: Eigene Darstellung in Anlehnung an Kuhlmann (2003), S. 3

▪ zum **dritten** wirkt es ein auf die Entwicklung der für Innovationen relevanten Infrastruktur, welche von der Bereitstellung von Risikokapital über die Gestaltung geistiger Eigentumsrechte bis hin zur Gestaltung von Standards und Normen reicht;

▪ **viertens** gestaltet die Politik die allgemeinen Rahmenbedingungen des Innovationsprozesses. Unmittelbar durch die Ausgestaltung des Steuersystems, die Förderung eines positiven Klimas für Innovationen und Unternehmergeist, das Hinwirken auf günstige Finanzierungsbedingungen und die Förderung der Mobilität vor allem von hochqualifizierten Arbeitskräften.

3.8 Elemente des deutschen Innovationssystems

3.8.1 Das Bildungssystem

3.8.1.1 Das Bildungssystem als Teil des Innovationssystems

Das Bildungssystem ist das Fundament des Innovationssystems. Es ist der gesellschaftliche Bereich, dem es obliegt, „Humankapital" – i.e. Kenntnisse, Fähigkeiten und Fertigkeiten, welche an Personen gebunden sind - zu bilden und zu entwickeln. Innovationen bauen auf den Kenntnissen und Fähigkeiten auf, die vom Bildungssystem vermittelt werden und die sich Menschen durch Bildungsanstrengungen angeeignet haben. Qualifizierte Menschen entwickeln neue Ideen. Sie sind in der Lage, auf der Grundlage ihrer Erfahrungen und Fertigkeiten sowie ihres akkumulierten Wissens neue Erkenntnisse zu gewinnen und sich extern geschaffenes Wissen anzueignen. Sie sind befähigt, neue Erkenntnisse kreativ in neue Güter, Dienstleistungen, Organisationskonzepte, Problemlösungen usw. - das heißt in „Innovationen" – umzusetzen. Sie sind der „Motor" für die permanente Ausweitung des gesamtwirtschaftlichen Wissensbestandes und für die Generierung eines beständigen Stromes von Innovationen. Deshalb haben das Bildungssystem eines Landes, seine spezifische Ausgestaltung und seine Leistungsfähigkeit für den gesamtwirtschaftlichen Innovationsprozess und seine Ergebnisse eine herausragende Bedeutung. Das Bildungssystem ist die „Quelle", welche ausreichend und gut qualifizierte Arbeitskräfte hervorbringen muss, soll der Innovationsstrom nicht versiegen. Wird die Leistungsfähigkeit des Bildungssystems beeinträchtigt, hat dies weitreichende Auswirkungen auf den makroökonomischen Prozess des betreffenden Landes: Innovationsaktivitäten werden gedrosselt und verzögert, Chancen für neue Wohlstandspotenziale werden vergeben, die Wettbewerbskraft der einheimischen Wirtschaft auf internationalen Märkten wird geschwächt.

3.8.1.2   Institutionelle Ausgestaltung des Bildungssystems

Das deutsche Bildungssystem ist multizentral organisiert.[79] Das heißt, nicht der Bund, sondern die 16 deutschen **Bundesländer** sind gemäss der Verfassung der Bundesrepublik Deutschland (Artikel 30 GG) jeweils für ihren Bereich für alle Fragen von Kulturpolitik und Kulturverwaltung zuständig, sie besitzen im föderalistischen Staatswesen die „Kulturhoheit".

Dass sich dennoch im Laufe der Zeit ein einigermaßen einheitliches Bildungssystem herausgebildet hat, liegt an den Koordinationsbemühungen, welche durch die **Ständige Konferenz der Kultusminister der Länder (KMK)** getragen werden. Hinzukommen die Ausnahmen, in denen der **Bund** trotz der Kulturhoheit der Länder, eine eigenständige Gesetzgebungskompetenz besitzt. Das gilt für die außerschulische Bildung und für die Forschungsförderung.

Zudem hat der Bund die Kompetenz für die **Rahmengesetzgebung** im Hinblick auf das öffentliche Dienstrecht der Länder, für die Besoldung der öffentlich Bediensteten sowie für die Festlegung allgemeiner Grundsätze des Hochschulwesens. Mit dem auf der letztgenannten Kompetenz beruhenden, 1976 verabschiedeten und in der Zwischenzeit mehrmals novellierten Hochschulrahmengesetz griff der Bund immer wieder steuernd in die Entwicklung und Gestaltung des Hochschulsektors ein. In die gleiche Richtung wirkte das Hochschulbauförderungsgesetz von 1969, welches auf den **Gemeinschaftsaufgaben** von Bund und Ländern nach Artikel 91 des Grundgesetzes beruht. Auf dieser Grundlage wurde auch die Einrichtung der **Bund-Länder-Kommission für Bildungsplanung (BLK)** 1970 vereinbart. Sie dient – neben der KMK – ebenfalls der Abstimmung der Bildungspolitiken der Länder, allerdings – im Unterschied zur KMK - unter Einbeziehung des Bundes. Speziell für die koordinierte Entwicklung des Wissenschafts- und Hochschulsektors wurde 1957 der **Wissenschaftsrat** etabliert. Er soll übergreifende Pläne für die Förderung der Wissenschaften erarbeiten und dabei die Planungen von Bund und Ländern miteinander abstimmen. Das hat er in den Jahrzehnten seiner Existenz mit zahlreichen Empfehlungen zu unterschiedlichen strategischen Fragen – zum Ausbau und Neubau von Hochschulen, zu Fragen der Organisation und Finanzierung von Forschung oder aber mit Vorschlägen für Sonderprogramme - immer wieder sehr erfolgreich getan.

Ob die skizzierte föderalistische Struktur des deutschen Bildungssystems auch in Zukunft Bestand haben wird, ist derzeit offen. Es gibt starke Bestrebungen von Seiten wichtiger Bundesländer, das Gewicht der Länderebene in der Bildungspolitik deutlich auf Kosten des Bundes zu vergrößern.

---

79   Vgl. zu den folgenden Ausführungen Max-Planck-Institut für Bildungsforschung (1994), S. 17ff. sowie S. 79ff.

Abbildung 3-3:   *Struktur und Elemente des deutschen Bildungssystems*

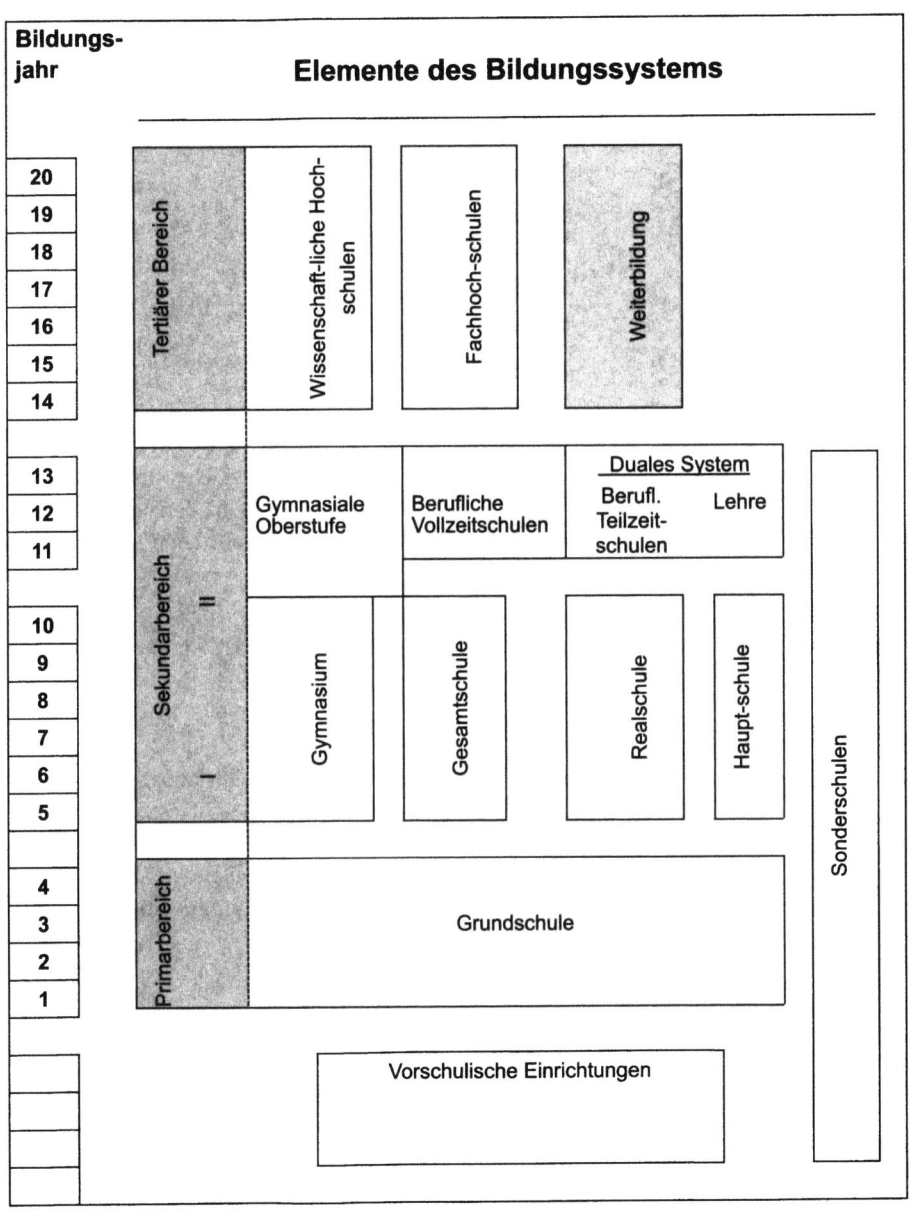

Quelle: eigene Darstellung in Anlehnung an:
Max-Planck-Institut für Bildungsforschung (1994), S. 19

3.8.1.3 Elemente des Bildungssystems

Das Bildungssystem in Deutschland wird gerne in vier **„Säulen"** gegliedert (s. die grau unterlegten Bereichsangaben in Abb. 3-4):

1. den **Elementar- und Primarbereich**, welcher Kindergarten, Vor- und Grundschule umfasst,

2. den **Sekundarbereich** mit Hauptschule, Realschule, Gymnasium und – später als neuer Schultyp – Gesamtschule sowie der beruflichen Bildung,

3. den **Tertiärbereich** der Hochschulen und

4. die vierte Säule der **Weiterbildung**.

A. Elementarbereich

Der Elementarbereich im Vorfeld des eigentlichen Schulwesens ist bis heute als Gegenstand der staatlichen Bildungspolitik in Deutschland noch nicht entdeckt. Vorschulische Einrichtungen bzw. Kindergartenangebote für diesen Bereich werden von Kirchen, sozialen Organisationen und Kirchen bereitgestellt. Erst in den letzten Jahren wird unter dem Eindruck des schlechten Abschneidens des deutschen Schulsystems bei internationalen Vergleichen (zum Beispiel „PISA-Studie") verstärkt über die Einführung von Vorschulklassen und die Gestaltung eines gleitenden Übergangs vom Kindergarten in die Grundschule diskutiert.

B. Primarbereich

Der Primarbereich wird in Form der Grundschule organisiert. Der obligatorische Eintritt von Kindern in das Schulwesen beginnt mit dem sechsten Lebensjahr („Schulpflicht"). Schulen unterliegen der staatlichen Aufsicht. Sie sind in der Regel als Halbtagsschulen organisiert. Erst in jüngster Zeit versucht der Bund durch die Bereitstellung finanzieller Anreize, die Länder zur Einrichtung von Ganztagsschulen zu bewegen.

C. Sekundarbereich

Der Sekundarbereich, der sich im individuellen Bildungsweg an den Primarbereich anschließt, ist herkömmlich durch die drei streng voneinander abgegrenzte Schulformen Hauptschule, Realschule und Gymnasium organisiert. Mit der gegenseitigen Abschottung der Sekundarschulformen werden die Menschen – Kinder und ihre Eltern - gezwungen, sich sehr früh im Hinblick auf den weiteren Bildungsweg zu entscheiden. Zahlreiche Strukturreformen haben in den letzten Jahrzehnten dazu geführt, dass die Durchlässigkeit zwischen den verschiedenen Schulformen vergrößert wurde. In diese Richtung wirkten die Einführung der Orientierungsstufe beim Übergang in die Sekundarstufe I sowie die zusätzliche Einrichtung von Gesamtschulen in verschiedenen Bundesländern. Zudem wurde die gymnasiale Oberstufe grundlegend reformiert.

D. Berufliche Bildung

Als „Herzstück" der beruflichen Bildung in Deutschland gilt die berufliche Erstausbildung im **dualen System**, das heißt die Ausbildung in einem anerkannten Ausbildungsberuf, welche an den Abschluss einer Sekundarschule anschließt und auf der viele andere berufliche Qualifikationen aufbauen. Das besondere Merkmal des deutschen dualen Systems ist die Verbindung von zwei Lernorten: von praktischer Ausbildung in einem Betrieb mit dem Unterricht in einer staatlich organisierten Berufsschule, wobei der Schwerpunkt eindeutig in der betrieblichen Ausbildung liegt. Letztere wird zum Großteil von privaten Unternehmen getragen, teilweise ergänzt durch überbetriebliche Lehrwerkstätten, bei denen Kammern, Innungen, Berufsverbände und Gewerkschaften als Träger fungieren. Die betriebliche Ausbildung wird in Inhalt und Ablauf durch staatlich vorgegebene Ausbildungsordnungen, an deren Erarbeitung nicht nur öffentliche Stellen und wissenschaftliche Experten und Expertinnen, sondern auch Arbeitgebervereinigungen und Gewerkschaften beteiligt sind, geregelt.

Berufliche Vollzeitschulen bleiben im Rahmen der beruflichen Erstausbildung bis heute eine Randerscheinung. Etwa drei von vier Jugendlichen eines Jahrgangs traten Mitte der 1990er Jahre eine berufliche Erstausbildung an. 1996 zum Beispiel wurden rund 575.000 neue Ausbildungsverträge abgeschlossen. Damit wurde zwar auf Bundesebene in etwa ein quantitativer Ausgleich zwischen dem Angebot an und der Nachfrage nach Lehrstellen erreicht, nicht jedoch in allen Regionen und Berufen[80]. Seit Beginn der wirtschaftlichen Stagnation und des erneuten Anstieg der Arbeitslosigkeit in 2001 hat sich auch die Situation am Ausbildungsmarkt verschlechtert. Die Zahl der abgeschlossenen Ausbildungsverträge in 2003 betrug nur 557.612, über 35.000 Jugendliche hatten im Herbst dieses Jahres bundesweit noch keinen Ausbildungsvertrag.[81]

Generelle und strukturelle Diskrepanzen zwischen Angebot und Nachfrage auf dem Lehrstellenmarkt haben ihre wesentliche Ursache darin, dass die Bereitstellung von Lehrstellen in großem Umfang dem betriebswirtschaftlichen Kalkül privater Betriebe unterliegt.

Die öffentliche Debatte um das duale System war seit Ende der 1970er Jahre lange Zeit durch die zunehmenden Diskrepanzen zwischen der expandierenden Nachfrage und dem zurückbleibenden Angebot an Lehrstellen geprägt. Diese Diskrepanzen haben immer wieder zur Forderung – vor allem von Seiten der Gewerkschaften - nach Einführung einer „Ausbildungsplatzabgabe" geführt. Diese Abgabe soll von Betrieben

---

80 BMBF (Berufsbildungsbericht 1997); die jeweils aktuellen Zahlen lassen sich in den jährlich
   publizierten Berufsbildungsberichten entnehmen
81 BMBF (Berufsbildungsbericht 2004)

und Verwaltungen, die keine oder zu wenige Ausbildungsplätze bereitstellen, erhoben werden. Die eingenommenen Mittel dienen zur Unterstützung der Unternehmen, welche über das Soll hinaus junge Menschen beruflich ausbilden. In den 1990er Jahren rücken verstärkt die aus demographischen Gründen schwächer werdenden Jahrgangszahlen der nachwachsenden Generation sowie die Verschiebung der Präferenzen der Jugendlichen zugunsten der Hochschulausbildung und die Gefahr einer „Austrocknung" des dualen Systems in den Vordergrund der Berufsbildungsdiskussion. Dennoch blieb das Problem des im Jahresverlauf drohenden Lehrstellenmangels auch in den letzten Jahren virulent. In 2004 hatte sich die Situation am Lehrstellenmarkt erneut dramatisch zugespitzt, so dass die Regierung sich genötigt sah, den Entwurf eines Gesetzes zur Erhebung einer Ausbildungsplatzabgabe zu erarbeiten. Dieses Gesetz wurde jedoch bislang nicht realisiert.

E. Hochschulbereich

Dieser besteht aus zwei Säulen.[82] Die eine beinhaltet rund 131 Universitäten und gleichrangigen Hochschulen sowie 43 Kunsthochschulen, die andere 138 Fachhochschulen und Verwaltungsfachhochschulen (Stand: Anfang der 1990er Jahre). Der weit überwiegende Teil der Hochschulen sind staatlich organisiert und wird von den Bundesländern getragen. Die Universitäten haben eine lange Tradition, die Entstehung dieses Hochschultyps reicht um rund zweihundert Jahre zurück. Andere Hochschulen haben sich im Laufe der letzten Jahrzehnte diesem Hochschultyp angenähert. Das gilt auch für die Fachhochschulen, welche aus den früheren Ingenieurschulen und einem Teil der Höheren Fachschulen seit Beginn der 70er Jahre des 20. Jahrhunderts entstanden sind. Im Unterschied zu den Universitäten ist die Fachhochschulausbildung stärker praxisorientiert gestaltet, das Studium ist straffer organisiert und kürzer angelegt. Die gelehrten Fachgebiete konzentrieren sich auf technische Wissenschaften, Wirtschaftswissenschaften und Sozialwesen.

Der Übergang in den Hochschulbereich wurde im Verlaufe der Jahrzehnte immer weiter ausdifferenziert. Waren zunächst die Gymnasien der „Königsweg" in den Hochschulsektor, so gibt es inzwischen zahlreiche zusätzliche Wege in den tertiären Bildungsbereich: über Aufbaugymnasien, den „Zweite Bildungsweg" (über Abendgymnasien oder vollzeitliche Kollegs) sowie über Fachgymnasien (fachgebundene Hochschulreife).

F. Berufliche Weiterbildung

Unter „Weiterbildung" versteht man generell die Wiederaufnahme organisierter Lernprozesse im Verlaufe der individuellen Lebensbiographie, nachdem eine erste Phase organisierten Lernens abgeschlossen worden ist. Berufliche Weiterbildung umfasst

---

82 Vgl. zum folgenden Max-Planck-Institut für Bildungsforschung (1994), S. 634ff.; s. auch nächster Abschnitt zum Wissenschafts- und Forschungssystem

dementsprechend die Fortbildung, Umschulung und Anpassungsqualifizierung von Erwerbspersonen, welche nach Abschluss einer ersten Bildungsphase organisiertes Lernen fortsetzen oder wieder beginnen. Berufliche Weiterbildung ist ein äußerst heterogener und wenig transparenter Bereich. Seine institutionelle Struktur ist in viele Träger zersplittert. Seine statistische Erfassung liegt im argen, es gibt keine systematische statistische Beobachtung der Weiterbildung durch die amtliche Statistik. Und es existieren keine klaren Definitionen und gemeinsame Kriterien zur Herstellung der Vergleichbarkeit der vielfältigen Weiterbildungsaktivitäten. Was bleibt, ist das **Berichtssystem Weiterbildung,** welches seit Ende der 1970er Jahre in dreijährigem Abstand das Weiterbildungsverhalten der erwerbsfähigen Bevölkerung durch repräsentative Befragungen von Erwerbspersonen erfasst.[83]

3.8.2 Die Forschung der Wirtschaft

Eine wichtige Säule des Innovationssystems bildet die **Industrieforschung,** die sich beginnend mit der Mitte des letzten Jahrhunderts immer stärker entwickelte. Vor allem die Großunternehmen, zunächst der chemischen und elektrotechnischen Industrie, später auch anderer innovativer Branchen, schufen sich eigene Forschungsabteilungen. Diese betreiben fast ausschließlich angewandte Forschung und Entwicklung in den jeweils branchenrelevanten Technologiefeldern mit dem Ziel, kommerziell verwertbares Wissen zu produzieren. Nach dem zweiten Weltkrieg entstanden darüber hinaus Institute industrieller Gemeinschaftsforschung, um die Forschungsbedarfe kleiner und mittlerer Unternehmen ohne eigene Forschungskapazitäten abzudecken. Einen ausführlichen Überblick über die Ressourcen des industriellen Forschungssystems findet sich im nächsten Kapitel dieses Buches. Innerhalb der Unternehmen ist das Management von Innovationen eine bedeutende Aufgabe der Unternehmensleitungen.[84]

3.8.3 Das Wissenschafts- und Forschungssystem

3.8.3.1 Der Hochschulsektor

Das deutsche Wissenschafts- und Forschungssystem ist stark durch staatliche Finanzierung und öffentliche Organisationsstrukturen geprägt. Es umfasst heute rund 750 Forschungseinrichtungen, welche zum Großteil vom Bund und den Bundesländern nach ausgehandelten Finanzierungsschlüsseln alimentiert werden.

---

83   Vgl. zum Beispiel BMBF (Berichtssystem Weiterbildung VIII)
84   Vgl. dazu Brockhoff (1999) sowie Vahs/ Burmester (2002)

Das deutsche Wissenschafts- und Forschungssystem [85] hat seine Wurzeln in den Humboldtschen Universitätsreformen am Anfang des 19. Jahrhunderts [86]. Ergänzt wurde der Ausbau des **Universitätswesens** durch die Gründung einer Reihe von Technischen Hochschulen im Laufe des 19. Jahrhunderts. Die Hochschulen betreiben Grundlagenforschung in einer Vielzahl von Disziplinen. Darüber hinaus bilden sie den wissenschaftlichen Nachwuchs aus und verkörpern damit das Fundament des gesamten Innovationssystems. Abgerundet wurde der Ausbau des Hochschulsektors in den 1970er Jahren durch den Auf- und Ausbau von **Fachhochschulen**, die zunächst durch fachspezifische Ausbildungsaufgaben definiert waren und erst im Laufe der Zeit verstärkt auch Forschungsaufgaben wahrnahmen (Detaillierte Informationen zu Hochschulen s. Kasten „Hochschulen").

3.8.3.2 Die außeruniversitäre Forschung

Eine weitere Säule des deutschen Forschungssystems bildet die **staatlich finanzierte außeruniversitäre Forschung**, deren Aufbau in den 80er Jahren des vorletzten Jahrhunderts begann. Zu dieser Säule zählen die **staatlichen Ressortforschungseinrichtungen**, die den Forschungsbedarfen "ihrer" jeweiligen Ministerien Rechnung tragen, sowie die Institute der **Max-Planck-Gesellschaft** (ausführlicheres s. Kasten „Max-Planck-Gesellschaft"). Letztere befassen sich mit solchen Zweigen der Grundlagenforschung, die aus den unterschiedlichsten Gründen im Hochschulsektor nicht oder nur schwierig zu etablieren sind. Hierzu zählt vor allem die Bearbeitung wichtiger und zukunftsträchtiger Forschungsfelder, die eine gewisse Konzentration von Sachmitteln und Personal erfordern. Ebenso das schnelle Aufgreifen von neuen Forschungsgebieten, vor allem, wenn diese sich außerhalb oder zwischen etablierten Wissenschaftsdisziplinen herausbilden. Solchen Forschungsgebieten ist oft der Zugang zum Hochschulbereich verschlossen.

Hinzu kommt ein heterogener Bereich von Bund-Länder-Instituten, die **Einrichtungen der "Blauen Liste"**, die sehr unterschiedliche Aufgaben wahrnehmen (zum Beispiel Museen, geistes- und sozialwissenschaftliche Einrichtungen außerhalb der Hochschulen, Wirtschaftsforschungsinstitute, biologische und naturwissenschaftliche Einrichtungen, Service-Einrichtungen für die Forschung usw.), und die lediglich hinsichtlich der Gemeinsamkeit ihres Finanzierungsmodus zusammengefasst werden können (s. Kasten „Blaue Liste-Einrichtungen").

---

85 Die folgenden Ausführungen beziehen sich noch vorrangig auf das Innovationssystem in den alten Bundesländern. Der Aufbau einer gesamtdeutschen Forschungslandschaft ist eine eigenständige enorme Herausforderung für die staatliche Forschungs- und Technologiepolitik, die deshalb und auch wegen ihres noch unvollendeten Standes gesondert behandelt werden muß. Zum Stand der Entwicklung im Jahre 2000 vgl. Abschnitt 5.3.2.6 dieses Buches. Zur Problemstellung in der Ausgangssituation vgl. Schneider (1991)

86 Vgl. Hohn/ Schimank (1990), S. 40 ff

Ergänzt wurde die Säule des außeruniversitären Forschungssektors nach dem Zweiten Weltkrieg durch die Gründung der Fraunhofer-Gesellschaft im Jahre 1949 sowie die Schaffung von insgesamt 13 Großforschungseinrichtungen in den Jahren 1956 und 1983, welche in jüngster Zeit nach der deutschen Vereinigung durch weitere drei Großforschungseinrichtungen in den neuen Bundesländern aufgestockt wurden. Die Spezialität der Institute der **Fraunhofer-Gesellschaft** ist vor allem die Übernahme ingenieurwissenschaftlicher Auftragsforschung für Unternehmen und staatliche Institutionen (s. Kasten „Fraunhofer-Gesellschaft").

Demgegenüber wurden die **Großforschungseinrichtungen** geschaffen, um Problemfelder von gesamtgesellschaftlicher Dimension zu bearbeiten, das heißt Felder, die von gesamtwirtschaftlicher Bedeutung und/ oder im gesamtstaatlichen Interesse waren bzw. sind. Im Hinblick auf die Bewältigung solcher großdimensionierten Aufgabenstellungen sind die in den vorhandenen Forschungsinstitutionen in der Regel überfordert. Hierbei handelt es sich u.a. um Grundlagenforschung auf Schwerpunktgebieten, die Großgeräte oder große Versuchsanlagen erfordern, um die Übernahme von Großforschungsprojekten im Vorfeld der industriellen und technologischen Entwicklung sowie um Programmforschung in Querschnittsbereichen. Großforschungseinrichtungen entstanden in den Feldern Kernenergie, Luft- und Raumfahrtforschung, Hochenergiephysik, Datenverarbeitung und biologisch-medizinische Forschung (s. Kasten „Helmholtz-Gemeinschaft Deutscher Forschungszentren").

Nicht zuletzt gibt es zahlreiche öffentliche Forschungseinrichtungen bei den Bundesministerien sowie auf der Landes- und kommunalen Ebene, das heißt **Bundes- und Landeseinrichtungen mit FuE-Aufgaben**, die aus den Haushalten der jeweiligen Bundesressorts oder aus Landesmitteln finanziert werden (s. Kasten „Bundes- und Landeseinrichtungen mit FuE-Aufgaben") .

Hochschulen

„Derzeit gibt es in Deutschland insgesamt 345 Hochschulen; davon sind 92 Universitäten, sechs Pädagogische Hochschulen, 18 Theologische Hochschulen, 46 Kunsthochschulen und 152 Allgemeine Fachhochschulen sowie 31 Verwaltungsfachhochschulen.

Traditionell bilden die Hochschulen das Rückgrat des deutschen Forschungssystems. Diese herausragende Stellung wird durch die thematische und methodische Breite der Hochschulforschung begründet und durch die Nachwuchsförderung abgesichert. Als Träger des größten und zugleich umfassendsten Potenzials der öffentlich finanzierten Forschung in Deutschland sowie als Basis und wichtigste Knotenpunkte des deutschen Forschungssystems kommt den Hochschulen eine zentrale Rolle zu. Aufgrund der institutionellen Verbindung von Forschung, forschungsorientierter Nachwuchsausbildung und Lehre wird die Leistungsfähigkeit zu einer wichtigen Voraussetzung für den Erfolg des gesamten deutschen Forschungssystems. Denn auch die außerhochschulischen Forschungseinrichtungen sind in hohem Maße auf leistungsstarke Hochschulen angewiesen – als Ausbildungsstätten für den Nachwuchs, als breite Plattform verschiedenster Disziplinen und Forschungsformen sowie als Kooperationspartner in ausgewählten Forschungsgebieten. Das Spektrum der Forschung an Hochschulen reicht von der Grundlagenforschung über anwendungsorientierte Forschung bis hin zu Entwicklungsarbeiten. An-Institute sind rechtlich selbständige Einrichtungen an Hochschulen, die zwar organisatorisch, personell und räumlich mit diesen verflochten sind, ohne jedoch einen integralen Bestandteil der jeweiligen Hochschule zu bilden. Als Bindeglied zwischen Hochschule und Wirtschaft ist ihre Aufgabe die Erforschung wirtschaftsnaher Bereiche im Spannungsfeld zwischen angewandter Forschung und marktrelevanter Produktentwicklung. In den **Universitäten**, zwischen ihnen und mit außerhochschulischen Einrichtungen haben sich eine Reihe von Kooperationen entwickelt. Dies sind insbesondere Verbundprojekte, Sonderforschungs- und Transferbereiche.

Die **Fachhochschulen** nahmen – entsprechend der Tradition ihrer Vorläufereinrichtungen – bei ihrer Einrichtung zu Beginn der 70er Jahre zunächst überwiegend keine Forschungsaufgaben wahr, sondern beschränkten sich auf die Lehre und konnten in einigen Ländern Forschung nur insoweit betreiben, als sie unmittelbar auf ihren Lehrauftrag bezogen war. Inzwischen spielen diese jedoch in der anwendungsorientierten Forschung und Entwicklung eine immer größere Rolle. Wegen ihres Praxisbezuges und ihrer regionalen Einbindung sind sie wichtige Bindeglieder zwischen Wissenschaft und Wirtschaft und die „geborenen" Partner insbesondere der kleinen und mittleren Unternehmen der Region, die keine eigenen Forschungs- und Entwicklungsabteilungen aufweisen. Auch wenn die Fachhochschulen keinen Auftrag zur Heranbildung des wissenschaftlichen Nachwuchses haben, so erhält die Durchführung von anwendungsnahen Forschungs- und Entwicklungsprojekten auch im Hinblick auf die Qualifizierungsfunktionen der Fachhochschulen eine immer größere Bedeutung."

Quelle: BMBF (Faktenbericht Forschung 2002), S. 21f.

Max-Planck-Gesellschaft (MPG)

„Die Max-Planck-Gesellschaft (MPG) unterhält derzeit 80 eigene Institute, Forschungsstellen, Laboratorien und Arbeitsgruppen. Die Max-Planck- Gesellschaft fördert die Grundlagenforschung außerhalb der Hochschulen in den Bereichen der Biologisch-Medizinischen Forschung, der Chemisch-Physikalisch-Technischen Forschung sowie der Geisteswissenschaftlichen Forschung. In Max-Planck-Instituten werden vorrangig neue, besonders innovative Forschungsrichtungen aufgegriffen, die an den Hochschulen in Deutschland noch keinen oder keinen ausreichenden Platz finden, wegen ihres interdisziplinären Charakters nicht in das Organisationsgefüge der Hochschulen passen oder einen personellen und apparativen Aufwand erfordern, der von Hochschulen nicht erbracht werden kann. Max-Planck-Institute bestehen somit komplementär zur Hochschulforschung, sie haben in einzelnen Bereichen eine Schwerpunkt-, in anderen Bereichen eine Ergänzungsfunktion (...)

Die herausragende Stellung der MPG im deutschen Forschungssystem und im internationalen Kontext beruht zum einen auf den international anerkannten Forschungsleistungen ihrer wissenschaftlichen Mitglieder. Dies illustriert nicht zuletzt die große Zahl begehrter Anerkennungen, unter denen 15 Nobelpreise seit 1954, davon zehn seit 1984, besonders hervorzuheben sind. Ein weiterer Erfolgsfaktor ist die auflagenfreie institutionelle Grundfinanzierung der MPG. Die damit verbundene Autonomie nutzt die MPG sehr erfolgreich, um bisher nicht ausreichend bearbeitete Gebiete in zukunftsträchtigen Forschungsfeldern zu identifizieren, hierfür die weltweit besten Wissenschaftler zu gewinnen und eine führende Rolle in einer Reihe von Forschungsgebieten zu übernehmen. Im weltweiten Vergleich wurden hervorragende Centers of Excellence geschaffen. Die Arbeit der MPG und ihre Kooperationen sind grundsätzlich interdisziplinär angelegt. Durch ein eingespieltes System der internen und externen Evaluation sichert sie die Qualität ihrer Leistungen auf hohem Niveau. Arbeitsgebiete, die den Kriterien höchster Qualität und Zukunftsfähigkeit nicht mehr entsprechen, werden beendet. Durch vielfältige Kooperationen auf nationaler Ebene und im internationalen Wettbewerb ist die MPG ein zentraler Knotenpunkt im Netz des deutschen Forschungssystems."

Quelle: BMBF (Faktenbericht Forschung 2002), S. 77f.

Fraunhofer-Gesellschaft (FhG)

„Die Fraunhofer-Gesellschaft zur Förderung der angewandten Forschung e.V. (FhG) ist die führende Trägerorganisation für Einrichtungen der angewandten Forschung in Deutschland. Ihren Namen verdankt die Gesellschaft dem als Forscher, Erfinder und Unternehmer gleichermaßen erfolgreichen Gelehrten Joseph von Fraunhofer (1787–1826) (...).

Die Fraunhofer-Gesellschaft führt Vertragsforschung für die Industrie, für Dienstleistungsunternehmen und die öffentliche Hand aus und bietet Informations- und Serviceleistungen an. Sie betreibt derzeit 56 Forschungseinrichtungen an Standorten in der gesamten Bundesrepublik. Die FhG orientiert sich konsequent am Ziel der Umsetzung von Forschungsergebnissen in neue und innovative Produkte, Verfahren und Dienstleistungen. Eine weitere wichtige Aufgabe der FhG ist die strategische Forschung. Im Rahmen der institutionellen Förderung des Bundes und der Länder werden Forschungsprojekte durchgeführt, die zu Innovationen im öffentlichen Nachfragebereich und in Schlüsseltechnologien beitragen. Dazu gehören die Forschungsgebiete Kommunikation, Energie, Mikroelektronik, Produktion, Verkehr und Umwelt. Rund 11.000 Mitarbeiterinnen und Mitarbeiter sind in der FhG beschäftigt. Von dem jährlichen Forschungsvolumen entfallen mehr als 80 vH auf den Leistungsbereich Vertragsforschung. Rund zwei Drittel dieses Bereiches erwirtschaftet die FhG aus Aufträgen der Industrie und der öffentlichen Hand. Die Globalisierung von Wirtschaft und Forschung erfordert zunehmend eine internationale Zusammenarbeit. Niederlassungen der Fraunhofer-Gesellschaft in Europa, in den USA und in Asien sorgen für Kontakt zu den wichtigsten gegenwärtigen und zukünftigen Wirtschaftsräumen. Die FhG ist auf eine enge Zusammenarbeit mit den Hochschulen angewiesen. Sie ergänzt dadurch ihre Ressourcen in der Grundlagenforschung und gewinnt wissenschaftlichen Nachwuchs. Die Universitäten ziehen durch eine praxisnahe Ausbildung und die gemeinsame Bearbeitung praxisrelevanter Forschung ihrerseits Nutzen aus der Kooperation mit der FhG. Kennzeichnend für diese Zusammenarbeit sind gemeinsame Berufungen auf Lehrstühle oder Honorarprofessuren und in die Leitung von Fraunhofer-Instituten."

Quelle: BMBF (Faktenbericht Forschung 2002), S. 104ff.

Helmholtz-Gemeinschaft Deutscher Forschungszentren (HGF)

„In der Helmholtz-Gemeinschaft Deutscher Forschungszentren (HGF) sind derzeit 15 Großforschungseinrichtungen zusammengeschlossen. (...)

Sie stellen Großgeräte und entsprechende Infrastruktur für nationale und internationale Forschergruppen bereit und nehmen darüber hinaus Forschungsaufgaben wahr, die durch Vorsorgeinteressen von Staat und Gesellschaft gekennzeichnet und in den Schlüsseltechnologien auf längerfristig angelegte Anforderungen der Wirtschaft ausgelegt sind. Vor dem Hintergrund immer enger werdender Verzahnung erkenntnisorientierter Grundlagenforschung und industrieller Anwendung werden Aufgaben und Arbeitsschwerpunkte der Helmholtz-Zentren derzeit neu strukturiert. Die Mittelausstattung wird sich künftig an Programmen und Programmbudgets orientieren. Mehr Kooperation und mehr Wettbewerb der Zentren sind weitere strategische Ziele, die gleichermaßen optimiert werden."

Quelle: BMBF (Faktenbericht Forschung 2002), S. 124ff.

Blaue Liste-Einrichtungen (BLE) Wissenschaftsgemeinschaft Gottfried Wilhelm Leibniz e.V. (WGL)

„Gegenwärtig werden 79 Forschungseinrichtungen und Einrichtungen mit Servicefunktion gemeinsam von Bund und Ländern im Rahmen der Blauen Liste finanziert. Weitere sechs Einrichtungen sind aus der Blauen Liste ausgeschieden und werden z. Z. aufgelöst. Der Finanzierungsanteil von Bund und Ländern beträgt in der Regel 50:50, insbesondere bei den Einrichtungen mit Servicefunktion können die Finanzierungsschlüssel davon auch abweichen. Die 34 Einrichtungen in den neuen Ländern prägen deren Wissenschaftsstandort deutlich mit und haben eine Schlüsselrolle für die wirtschaftliche Entwicklung in den neuen Ländern. Durch vielfältige Kooperationsbeziehungen, insbesondere mit Hochschulen und Instituten der MPG und FhG gestalten die BLE die Wissenschaftslandschaft des Unternehmens Forschung in Deutschland mit und setzen innovative Impulse. 78 BLE haben sich zur Vertretung gemeinsamer Interessen in der zusammengeschlossen."

Quelle: BMBF (Faktenbericht Forschung 2002), S. 129ff.

Bundes- und Landeseinrichtungen mit FuE-Aufgaben

„Die 50 Bundeseinrichtungen mit Forschungsaufgaben nehmen ihre Aufgaben in FuE im Rahmen ihrer hoheitlichen Tätigkeiten wahr und werden im wesentlichen aus Bundesmitteln finanziert. Das gesamte Aufgabenspektrum steht im Kontext der Aufgaben des Bundesministeriums, zu dessen Geschäftsbereich sie gehören. Ihre Forschungsaufgaben haben daher zunächst das Ziel, wissenschaftliche Erkenntnisse für die Durchführung der Ressortaufgaben zu gewinnen („Ressortforschung"), sie tragen jedoch auch zum allgemeinen Erkenntnisgewinn bei. Daneben gibt es 167 Landes- und kommunale Forschungseinrichtungen, die institutionell aus Landesmitteln und zum Teil aus Mitteln Dritter finanziert werden."

Quelle: BMBF (Faktenbericht Forschung 2002), S. 148ff.

3.8.4   Das Patentsystem

Traditionell diente das Patentwesen dem **Schutz** der Eigentumsrechte von Erfindern und Innovatoren an ihren Ideen und Technologien im Sinne des Naturrechts. Heute steht die Anreizfunktion im Hinblick auf innovative Aktivitäten im Vordergrund seiner Betrachtung. **Anreize** zu Neuerungen werden dadurch gesetzt, dass dem Wissensproduzenten das Recht eingeräumt wird, sich für eine gewisse Zeit die wirtschaftlichen Erträge seiner Technologie allein aneignen, das heißt eine „Monopolrente" erwirtschaften, zu können. Dieser Ansatz zur staatlichen Forschungsförderung ist auch für stark marktwirtschaftlich orientierten Wissenschaftlern und Politikern akzeptabel, da Patenten im Hinblick auf die Allokationsfunktion des Marktes die gleichen Funktionen zugesprochen werden wie Eigentumsrechten an Gütern. Allerdings ist es fraglich, ob der Patentschutz so gestaltet werden kann, dass Innovatoren in die Lage versetzt werden, sich die wirtschaftlichen Erträge tatsächlich in vollem Umfang anzueignen. Einwände beziehen sich darauf, dass Patente mit Kosten verbunden sind, dass der Patentschutz nur für eine begrenzte Zeit gilt und dass es praktisch schwierig ist, das technologische Wissen, welches in Gütern steckt, auf Dauer vor Konkurrenten zu verbergen. Vor allem erhalten die Konkurrenten im Zuge der Verbreitung neuer Produkte Einblick in deren Funktionsweise. Sie können ein neues Produkt in einzelne Bauelemente zerlegen, seine Funktionen und das dahinter liegende Wissen analysieren und versuchen, das Produkt zu imitieren („reverse engineering").

3.9   Output des Wissenschafts- und Forschungssystems

3.9.1   Indikatoren

Die Messung der Leistungsfähigkeit des Wissenschafts- und Forschungssystems ist nicht einfach. Das gilt vor allem deshalb, weil dieses System nicht aus homogenen Mikroeinheiten besteht, sondern aus sehr unterschiedlichen Institutionen mit unterschiedlichen Aufgaben und Funktionen zusammengesetzt ist. Aufgabe der universitären Forschung liegt vor allem in der Erforschung von Grundlagenwissen. Wissenschaftsfelder unterscheiden sich u.a. durch ihre Nähe zur Technologieentwicklung.[87]

---

87   BMBF (Technologische Leistungsfähigkeit 1999), S. 69f.

Mathematik und Physik zum Beispiel besitzen technikfernen Charakter, während Verfahrenstechnik oder Maschinenbau eher als techniknah einzustufen sind. Ein wichtiger Indikator für den Output der Wissenschaft ist die **Menge an Publikationen pro Jahr.** Sie wird durch den **Science Citation Index (SCI)** erfasst.[88] Auf dieser statistischen Grundlage lassen sich einerseits Informationen über die Struktur des Forschungsoutputs und damit die Spezialisierung des Wissenschaftssystems gewinnen, andererseits kann man die Entwicklung der Leistungsfähigkeit des Wissenschaftssystems im Zeitablauf beobachten.

3.9.2   Wissenschaftlicher Output

A. Struktur

Hinsichtlich der Struktur des wissenschaftlichen Outputs hat das deutsche Wissenschaftssystem klare Schwerpunkte im Bereich der Nukleartechnik und der Physik. Relativ stark vertreten sind auch die Mess- und Regeltechnik, die Medizintechnik, die organische Chemie, die Polymerforschung, die Grundstoffchemie, die Materialforschung und die Mathematik. Ausgeprägte Schwächen sind in den Bereichen Telekommunikation, Elektrotechnik, Verfahrenstechnik, Maschinenbau, Thermische Prozesse und Bauwesen festzustellen.[89]

B. Gegenüberstellung von Publikations- und Patentaktivität

Interessant ist in diesem Zusammenhang der Vergleich dieser Stärken und Schwächen in der wissenschaftlichen Forschung mit dem Profil der technologischen Entwicklung. Letztere beinhaltet die Umsetzung von neuen Erkenntnissen in Technik, welche durch die Patentstatistik erfasst werden. Überraschend ist bei der Gegenüberstellung von wissenschaftlicher Publikationsaktivität und Patentaktivität, dass keine durchgehende Übereinstimmung der Profile besteht. Deutschland besitzt Stärken in Technikbereichen, in denen die Forschung eine weit unterdurchschnittliche Performance aufweist, vor allem in den Bereichen Bauwesen, Thermische Prozesse, Maschinenbau, Verfahrenstechnik und Umwelttechnik. Umgekehrt korrespondieren die Stärken der deutschen Wissenschaft in der Mess- und Regeltechnik, in der Polymerforschung und der Grundstoffchemie mit entsprechenden Stärken in der Technik. Stärkere Positionen der deutschen Forschung im Vergleich zur Technikentwicklung finden wir in der Datenverarbeitung, der Optik, der Medizintechnik, in der organischen Chemie und der Biotechnologie, woraus sich auf brachliegende Wissenspotenziale gerade in zum Teil äußerst dynamischen Schlüsseltechnologiefeldern wie Datenverarbeitung und Biotechnologie schließen lässt.

---

88   Vgl. dazu ausführlich Abschnitt 4.3.1.6 dieses Buches
89   BMBF (Technologische Leistungsfähigkeit 1999), S. 70

C. Publikationsaktivitäten des Wissenschafts- und Forschungssystems

Hinsichtlich der Entwicklung des Outputs des Wissenschafts- und Forschungssystems im Zeitablauf lässt sich ein beachtlicher Anstieg der **Anzahl der Publikationen** über die letzten beiden Dekaden des 20. Jahrhunderts feststellen, was vor allem auf die erhebliche Intensivierung der Aktivitäten bei den Instituten der Wissensgemeinschaft Gottfried-Wilhelm-Leibnitz, der Fraunhofer-Gesellschaft und der Helmholtz-Gemeinschaft zurückzuführen ist.[90] Nach absoluten Zahlen führen allerdings die Hochschulen mit einem Umfang von rund 24.000 Publikationen p.a. in techniknahen Gebieten mit weitem Abstand. Die Institute der Helmholtz-Gemeinschaft und der Max-Planck-Gesellschaft kommen auf jährlich jeweils etwa 3.000 Publikationen, die Institute der Fraunhofer-Gesellschaft liegen mit 550 wissenschaftlichen Veröffentlichungen noch weit zurück.

Eine solche absolute Betrachtung lässt allerdings die Unterschiede in den Forschungsressourcen außer Acht, über die die verschiedenen Wissenschaftsinstitutionen verfügen können. Bezieht man die Anzahl der jährlichen Publikationen auf die jeweilige Zahl der FuE-Beschäftigten (die sog. **„Publikationsintensität"**), so führen die Institute der Max-Planck-Gesellschaft mit einem Wert von 0,4 vor den Hochschulen (0,3) sowie den Instituten der Leibnitz-Gemeinschaft (gut 0,2) und der Helmholtz-Gemeinschaft (knapp 0,2).[91] Diese Reihung ist nicht überraschend, schlagen sich doch die unterschiedlichen Aufgabenstellung der Forschungsinstitutionen darin nieder: die starke Konzentration der Max-Planck-Institute auf die Grundlagenforschung, die Fokussierung der Hochschulen auf die Grundlagenforschung bei gleichzeitiger Ausbildungsaufgabe hinsichtlich des wissenschaftlichen Nachwuchses, die breite Aufgabenstellung der Institute der Leibnitz-Gemeinschaft sowie der Helmholtz-Gemeinschaft, welche von Aktivitäten der Grundlagenforschung bis hin zur technologischen Entwicklung einschließlich Technologietransferfunktionen reicht. Dass die Institute der Fraunhofergesellschaft in der wissenschaftlichen Publikationsintensität hinter die führenden Institutionen zurückfallen (ca. 0,15), hängt mit ihrer vorrangigen Aufgabenstellung im Technologietransfer zusammen.

3.9.2.1 Publikationsaktivitäten des Unternehmenssektors

Auch der Unternehmenssektor engagiert sich in der wissenschaftlichen Forschung und generiert pro Jahr über 3.000 Publikationen in techniknahen Gebieten.[92] Dass dies geschieht liegt vor allem daran, dass nur auf diese Weise eine Partizipation an den fachlichen Diskussionen im Rahmen der Wissenschaftsnetzwerke möglich ist. Die wissenschaftliche Publikationsaktivität der Unternehmen hat in den 1980er Jahren spürbar zugenommen und ist in den 1990er Jahren in eine Stagnation übergegangen.

---

90 BMBF (Technologische Leistungsfähigkeit 1999), S. 71
91 BMBF (Technologische Leistungsfähigkeit 1999), S. 71
92 BMBF (Technologische Leistungsfähigkeit 1999), S. 72f.

Letzteres ist auf die rückläufige Publikationstätigkeit der großen Unternehmen zurückzuführen, wo ein Abbau der FuE-Abteilungen zu beobachten ist, während sich demgegenüber kleine und mittlere Unternehmen verstärkt in langfristigen Forschungen engagieren.

3.10 Das System des Technologietransfers

3.10.1 Ziele und Aufgaben

Das Wissenschafts- und Forschungssystem ist zuständig für die Produktion neuen Wissens. Es generiert neue Erkenntnisse, die es Wirtschaft und Gesellschaft ermöglichen, neue Problemlösungen zu entwickeln. Die Forschung an Hochschulen und außeruniversitären Forschungseinrichtungen ist vor allem für technologieorientierte Unternehmen eine zentrale Quelle neuen Wissens. Neue wissensintensive Technologie- und Produktionsbereiche wie die Informations- und Kommunikationstechnologien oder die neuen Werkstoffe sind in hohem Maße auf eine breite Wissensbasis angewiesen, um die zur Durchsetzung am Markt erforderliche hohe Innovationsrate gewährleisten zu können. In solchen Produktionszweigen rücken Grundlagenforschung und industrielle Entwicklungsaktivität immer enger zusammen. Deshalb kommt es für erfolgreiche Innovationen nicht allein auf die Leistungsfähigkeit des Wissenschafts- und Forschungssystems an, sondern auch der **Transfer des Wissens** in die Wirtschaft muss immer effizienter gestaltet werden.

Intermediären Institutionen werden zu dem Zweck ins Leben gerufen, den Kontakt zwischen Forschern und Unternehmen herzustellen und zu fördern.[93] Zudem sollen sie den Wissenstransfer zwischen beiden Seiten unterstützen. Ziel ist es somit, die Vermittlung von Wissensanbietern und Wissensnachfragern zu verbessern.

Diese Transferaktivitäten sind notwendig, da es zahlreiche Faktoren gibt, welche den Wissens- und Technologietransfer zwischen Anbietern und Nachfragern behindern oder verzögern. Zum einen gibt es **Informationsprobleme** auf beiden Seiten: die Wissensnachfrager sind interessiert an der Beantwortung von Fragen wie: Wer verfügt über das von mir für die Erarbeitung einer konkreten technischen Problemlösung benötigte Wissen? Wer verfügt über Wissen, mit dessen Hilfe ich meine Produktpalette erneuern oder erweitern kann? Gibt es die Problemlösung, die ich entwickeln möchte, bereits? Demgegenüber sind die Wissensanbieter vor allem daran interessiert, ihr produziertes Wissen zu verwerten: Wer kann dabei helfen? Wer ist interessiert an dem von mir generierten Wissen? Gibt es andere Anbieter, welche bereits ähnliches Wissen kreiert haben? Die Lösung solcher Informationsprobleme ist mit erheblichem **Zeit- und Ressourcenaufwand für Suchprozesse** verbunden.

---

93   BMBF (Technologische Leistungsfähigkeit 1999), S. 141ff.

Nicht zuletzt spielen **Transaktionskosten** als potenzielle Hemmnisse des Wissenstransfers eine Rolle, welche durch das Erfordernis der Koordination der wirtschaftlichen Aktivitäten der Beteiligten entstehen.

Intermediäre Einrichtungen tragen dazu bei, Angebot und Nachfrage auf dem „Wissensmarkt" besser abzustimmen, indem sie helfen,

- Transferbarrieren abzubauen,

- Transferkosten zu senken,

- Wissensdefizite der Wirtschaft in konkrete Wissens- und Technologienachfrage zu transformieren,

- Wissensbestände aus dem Wissenschafts- und Forschungssystem für wirtschaftliche Zwecke zu erschließen.

3.10.2 Formen des Wissens- und Technologietransfers

Hinsichtlich des Wissensflusses aus dem Wissenschafts- und Forschungssystem in den Wirtschafts- und den staatlichen Verwaltungssektor lassen sich verschiedene Formen unterscheiden:[94]

- **Verwertung von „Spin-offs"**: Diese beinhaltet die Verwertung von „zufällig" gewonnen und praktisch anwendbaren Erkenntnissen aus der Grundlagenforschung in einem Unternehmen oder einer öffentlichen Verwaltung.

- **Auftragsforschung und kooperative Forschung:** Wissensproduktion erfolgt durch Forschungsinstitutionen für andere (Unternehmen, öffentliche Verwaltung) im Auftrag oder im Rahmen gemeinsamer Forschungsaktivitäten. Diese Form des Wissenstransfers steht bei den Instituten der Fraunhofergesellschaft im Vordergrund.

- **Wissenschaftliche Publikationen**: Diese Form des Transfers – die Publikation von Forschungsergebnissen in wissenschaftlichen Zeitschriften - ist bei den meisten Institutionen des Wissenschafts- und Forschungssystems der bedeutendste Kanal der Weitergabe von Wissen.

- **Informeller Erfahrungsaustausch**: Dieser beruht auf persönlichen Kontakten und spielt überall dort eine wichtige Rolle, wo es stark um den Schutz des Wissens von Beteiligten vor dem Zugriff Dritter geht und /oder wo implizites Wissen geteilt werden soll.

- **Ausbildung von Fachkräften**: Dieser Weg prägt bislang den Wissenstransfer durch die Fachhochschulen, welche durch eine stark praxisbezogene Lehre - neben

---

94 Vgl. BMBF (Technologische Leistungsfähigkeit 2000), S. 130ff

anwendungsorientierter Forschung – Wissen über die Ausbildung von Absolventen, aber auch durch die intensive Kooperation der Hochschullehrer mit der Wirtschaft und der öffentlichen Verwaltung, bereitstellen.

- **Temporärer Personalaustausch**: Diese Transferform ist besonders bedeutsam, wenn es um den Austausch impliziter Wissensbestände geht.

- **Diplom- und Doktorarbeiten**: Werden diese von Studierenden zu dem Zweck, praktische Probleme in Unternehmen und Verwaltungen zu analysieren und Lösungsvorschläge zu unterbreiten erstellt, so beinhalten sie einen intensiven wechselseitigen Transfer von Wissen und Know-how.

- **Unternehmensgründungen durch Wissenschaftler**: Diese Transferform ist bislang wenig relevant. Allerdings wird Spin-off-Gründungen aus dem Wissenschafts- und Forschungssystem für die Zukunft vor allem in jungen technologieorientierten Branchen eine erhebliche Bedeutung zuerkannt.

- **Demonstrationszentren**: Ergebnisse der Forschung werden in öffentlichen Zentren dem interessierten Publikum präsentiert.

Welche dieser Transferformen im jeweiligen Fall gewählt wird, hängt von einer ganzen Reihe von **Einflussfaktoren** ab, vor allem:

- Von den **Eigenschaften des zu transferierenden Wissens**: besteht es aus kodifiziertem Wissen, welches in Technologien inkorporiert ist und deshalb relativ leicht ausgetauscht werden kann; oder existiert es in Form von implizitem Wissen. Im letzteren Fall ist der Zugriff von externen Akteuren bzw. der Wissensaustausch mit ihnen erheblich schwieriger, da das Wissen in den Köpfen von Wissenschaftlern und in eingebauter Form in spezifischen Organisationsstrukturen verankert ist.

- Vom **Grad des Geheimhaltungsstrebens**: in welchem Umfang möchte der Wissensgeber sein Wissen vor dem Zugriff anderer schützen?

- Von den **objektiven Möglichkeiten der Geheimhaltung**: in welchem Umfang bestehen für ihn überhaupt objektive Möglichkeiten des Wissensschutzes?

- Von der **wirtschaftlichen Verwertbarkeit des Wissens**: wie sicher sind die aus dem Wissen erzielbaren Erträge in der Zukunft? In welchem Ausmaß kann sich der Wissensinteressent das auszutauschende Wissen faktisch aneignen?

- Von **Anreizen und Hemmnissen** hinsichtlich der Aufnahme von Transferaktivitäten: wie vorteilhaft ist der Wissenstransfer für potenzielle Beteiligte? Welche Hemmnisse behindern den Wissenstransfer?

- Von den **Kapazitäten** zum Wissenstransfer und zur Wissensabsorption der beteiligten Akteure: in welchem Umfang sind die Transferbeteiligten überhaupt in der Lage, Wissen zu transferieren und/ oder transferierbares Wissen anzuwenden?

3.10.3 Arten von intermediären Transferinstitutionen

Es gibt inzwischen eine Vielfalt von intermediären Einrichtungen, welche vor allem durch staatliche Innovationspolitik angeregt und gefördert wurden. Die jeweiligen Träger solcher Einrichtung sind recht unterschiedlich:

Zum einen gibt es Träger aus dem Wissenschafts- und Forschungssystem wie **Hochschulen und außeruniversitäre Institutionen**. Hierzu zählen die Technologietransferstellen dieser Forschungsinstitutionen.

Zum zweiten existieren intermediäre Einrichtungen, die von der **Wirtschaft bzw. ihren Verbänden** oder wirtschaftsnahen öffentlichen Körperschaften getragen werden, vor allem die Technologiebratungs- und Transferstellen der Industrie- und Handelskammern, der Handwerkskammern sowie von verschiedenen Wirtschaftsverbänden.

Zum dritten bestehen **eigenständige Institutionen** des Wissens- und Technologietransfers. Zu diesen zählen vor allem kommunale Technologie-, Innovations- und Gründerzentren, wie sie seit Mitte der 80er Jahre des letzten Dezenniums massenhaft ins Leben gerufen worden sind. Zudem gibt es Transferagenturen und Transfernetzwerke, alle mit dem zentralen Ziel, Unternehmen bei der Suche nach benötigtem oder für sie nützlichem Wissen zu unterstützen und den Kontakt mit dem Wissensanbieter herzustellen, aber auch darüber hinaus einen institutionellen Rahmen für die Kooperation von Wissensanbietern und Wissensinteressenten zu bieten. Schätzungen gehen dahin, dass gegenwärtig über 1200 Einrichtungen des Wissenstransfers hier zu Lande betrieben werden, die Hälfte davon durch Institutionen des Wissenschafts- und Forschungssystems, 25 vH durch wirtschaftsnahe Institutionen und weitere 25 vH durch unabhängige Träger.[95]

3.10.4 Schwachstellen

Das System des Wissens- und Technologietransfers funktioniert keineswegs reibungslos, es weist zahlreiche **Schwachstellen** auf:

- Zum einen reichen die Kompetenzen und Ressourcen vieler Transfereinrichtungen nicht aus, um den aufkommenden Transferbedarf in ausreichendem Umfang bewältigen zu können.

- Zum zweiten verfügen Transferstellen oft gar nicht über die Instrumente und Möglichkeiten, Hemmnisse und Barrieren des Wissenstransfers zu überwinden, zum Beispiel wenn sie nicht direkt eingebunden sind in die kooperativen Netzwerke zwischen Forschung und Wirtschaft oder wenn keine ausreichende Vertrauensbasis zwischen Wissensanbietern und –nachfragern besteht und sich aus den verschiedensten Gründen auch nicht herausbilden kann.

---

95   BMBF (Technologische Leistungsfähigkeit 1999), S. 141

▪ Zum dritten sind Transferinstitutionen für das Gelingen ihrer Aktivitäten auf Rahmenbedingungen angewiesen, welche sie oft nicht oder nicht ausreichend beeinflussen können.

Für erfolgreiche Transferaktivitäten müssen die **Bedingungen** so beschaffen sein,

▪ dass Angebot von und Nachfrage nach Wissen zueinander passen (Kompatibilität zwischen angebotenem und nachgefragtem Wissen),

▪ dass die Ziele der Beteiligten den Wissenstransfer begünstigen,

▪ dass ausreichende Anreize zum Transfer auf Seiten der Wissensanbieter bestehen,

▪ dass ein ausreichendes Absorptionspotenzial auf Seiten der Wissensnachfrager gegeben ist.

Vor diesem Hintergrund lassen sich **weitere Schwachstellen** des deutschen Wissens- und Technologietransfers ausmachen:

▪ Zum ersten geht die große Anzahl und Vielfalt der Transferinstitutionen mit einer geringen Transparenz des Systems für die Wissensnachfrager einher.

▪ Zum zweiten gibt es bei vielen Transfereinrichtungen eine Kluft zwischen begrenzten Ressourcen und erheblicher Nachfrage nach Unterstützungsleistungen.

▪ Drittens bestehen Spannungen und Konkurrenzbeziehungen zwischen den staatliche geförderten Transfereinrichtungen und privaten kommerziellen Dienstleistern, die wirtschaftsorientierte Beratungs- und Unterstützungsleistungen anbieten.

▪ Viertens steht in vielen Fällen die Effizienz des Wissens- und Technologietransfers in Frage. So gibt es Hinweise darauf, dass der direkte Transfer von Transferinstitutionen in die Wirtschaft gering und wenig effektiv ist, wobei diese Einschätzung allerdings bis heute umstritten bleibt, da noch keine systematische empirische Untersuchungen zu diesem Problem vorliegen.[96]

3.10.5 Effizienz des Wissenstransfers: Patentanmeldungen

Wie gut erfüllt die staatlich finanzierte Forschung die Aufgabe des Wissens- und Technologietransfers, anders: wie bedeutsam sind die Ergebnisse der öffentlichen Forschung für die Innovationstätigkeit der Wirtschaft? Dies lässt sich anhand der **Patentanmeldungen** der Forschungsinstitutionen beantworten.[97]

---

96   Ebenda, S. 142
97   BMBF (Technologische Leistungsfähigkeit 1999), S. 73ff.

3.10.5.1 Hochschulsektor

Der Hochschulsektor meldete in 1997 rund 1.500 Patente an, das ist gegenüber der Patentzahl von 400 im Jahre 1973 eine erhebliche Zunahme.. Die Hochschulforschung stellt rund vier vH des gesamten deutschen Patentaufkommens. Diese Patentaktivität ist nicht nur deshalb als beachtlich einzustufen, da die Hochschulen nicht allein in techniknahen Wissensgebieten forschen und ihren Schwerpunkt in der marktfernen Grundlagenforschung haben, sondern auch weil Hochschulen darüber hinaus zusätzlich ihren Ausbildungsauftrag für den wissenschaftlichen Nachwuchs erfüllen müssen. Dennoch könnten die Hochschulen noch mehr Patente anmelden, wenn sie das enorme Potenzial ihrer patentfähigen, aber nicht angemeldeten Erfindungen mobilisieren würden.

3.10.5.2 Außeruniversitäre Forschung

Im Bereich der außeruniversitären Forschung waren seitens der Helmholtz-Gemeinschaft in 1998 rund 420 Patentanmeldungen zu verzeichnen. Die von der Fraunhofergesellschaft angemeldeten 390 Patente resultieren vorwiegend aus der Auftragsforschung für private und öffentliche Institutionen. Die Patentaktivitäten der Max-Planck-Gesellschaft fallen demgegenüber mit 90 Anmeldungen geradezu bescheiden aus. Allerdings befinden sich hierbei viele Resultate, welche für technologieorientierte Unternehmen in wissensbasierten Schlüsseltechnologiefeldern wie der Biotechnologie, der Polymer- und der Materialforschung von hoher Bedeutung sind. Ähnlich groß ist die Dimension der Patentaktivitäten der Institute der Leibnitz-Gemeinschaft.

Zu beobachten ist auch für die gesamte außeruniversitäre Forschung ein beachtlicher Anstieg der Patentaktivitäten von weniger als 200 in 1973 auf rund 1.000 in 1997. Festzuhalten bleibt, dass außer bei der Fraunhofer-Gesellschaft, deren Schwerpunktaufgabe im Technologietransfer und in der anwendungsorientierten Forschung liegt, die Patentaktivitäten der anderen außeruniversitären Forschungsinstitutionen eher zufällig aus Resultaten der Grundlagenforschung („Spin-offs") hervorgehen, da Technikentwicklung nicht zu deren zentralen Aufgabenfeldern zählen.

3.10.6 Aktuellere Entwicklungen

Traditionell beruht die Vorstellung des Wissens- und Technologietransfersauf dem Kaskaden-Modell des technischen Fortschritts. Auf dieser Grundlage wurden lange Zeit spezifische Technologietransferinstitutionen ins Leben gerufen, um den Wissens- und Informationsfluss aus den Forschungsstufen in die marktnahen Bereiche in Gang zu setzen und zu beschleunigen. Allerdings entspricht diese Vorstellung nicht mehr die Realität moderner Innovationsprozesse. Vielmehr müssen wir die Frage des Technologietransfers heute aus der Sicht des „Netzwerk-Modells" betrachten. Vor diesem

Hintergrund kommt der unmittelbaren Zusammenarbeit zwischen Institutionen der Wissenschaft und der Wirtschaft eine hohe Bedeutung zu, welche die der „Spin-off-Verwertung" bei weitem übersteigt.

Aber auch die kooperative Vernetzung zwischen Unternehmen der Wirtschaft spielt eine immer größere Rolle. Empirische Untersuchungen zeigen, dass diese Vernetzung zwischen Firmen – das heißt vor allem zwischen innovierenden Unternehmen einerseits, und Kunden, Zulieferern, Konkurrenten oder Unternehmensberatern andererseits - erheblich verbreiteter ist als die Kooperation zwischen wissenschaftlichen Institutionen und Unternehmen.[98] Das liegt nicht nur daran, dass im Unternehmensbereich das meiste innovationsrelevante Know-how vorhanden ist, sondern auch daran, dass die Zusammenarbeit mit Wissenschaftseinrichtungen auf Seiten der Unternehmen ein gewisses FuE-Potenzial voraussetzt. Diese Bedingungen für die Absorption wissenschaftlicher Forschungsergebnisse ist in vielen Unternehmen nicht vorhanden. Darüber hinaus wird in vielen Fällen Kooperation durch Befürchtungen blockiert, man könnte wettbewerbsrelevante Wissensbestände an Außenstehende verlieren. Auch Unterschiede in den institutionellen „Kulturen" können Barrieren für die Zusammenarbeit darstellen.

Bei der Kooperation zwischen Wissenschaft und Wirtschaft dominieren die Hochschulen gegenüber den außeruniversitären Forschungseinrichtungen, wobei Anlässe und Strukturen von Kooperationsbeziehungen je nach Technologiefeld, nach Unternehmensgröße und nach Produktionsbereich variieren.

3.11 Besonderheiten des deutschen Innovationssystems

Besonderheiten von Innovationssystemen ergeben sich aus spezifischen Ausprägungen der Komponenten und Beziehungen, welche ein Innovationssystem ausmachen. Für das deutsche Innovationssystem lassen sich zahlreiche Charakteristika seiner Komponenten und Beziehungen herausarbeiten, die hier zusammenfassend dargestellt werden sollen.

3.11.1 Staatliche Innovationspolitik

Die staatliche Innovationspolitik ist in Deutschland auf **verschiedenen Ebenen** angesiedelt. Auf der **Bundesebene** besteht der Zugriff auf einen erheblichen Teil der staat-

---

98 BMBF (Technologische Leistungsfähigkeit 1999), S. 75

lichen finanziellen Ressourcen. Darüber hinaus besteht hier die bundesweite Gesetzgebungs- und Regierungskompetenz.

Bundesländer betreiben für ihren Bereich Technologiepolitik und Existenzgründungsförderung.

Auf der **kommunalen Ebene** versucht man, innovationsfreundliche lokale Rahmen- und Infrastrukturbedingungen für gründungswillige Personen und junge Technologieunternehmen - zum Beispiel in Form von Gründerzentren und Technologieparks - zu gewährleisten.

Insgesamt ist die staatliche Innovationspolitik im Vergleich zu anderen Ländern äußerst heterogen, geprägt durch zahlreiche institutionelle und regionsbezogene Akteure und entsprechend vielfältige Ansätze und Strategien.[99]

3.11.2 Bildung und Ausbildung

Der wichtigste Einfluss der **Bundesländer** im Rahmen des Innovationssystems gründet auf der Kompetenz zur Gestaltung des Bildungs- und Hochschulwesens, wo der **Bund** nur auf den Rahmen in Zusammenwirken mit den Ländern Einfluss nehmen kann.

Hinsichtlich der beruflichen Aus- und Weiterbildung wirken im dualen Ausbildungssystem **Staat, Wirtschaft und Tarifparteien** zusammen.

Finanzierung und Organisation der Fort- und Weiterbildung für beschäftigte Arbeitskräfte obliegt den **Unternehmen**, weshalb die Investitionen in Humankapital eine starke unternehmens- und branchenspezifische Prägung aufweisen.

Weiterbildungs- und Umschulungsaktivitäten für Arbeitslose werden durch die **Bundesanstalt für Arbeit**, auf die neben dem Staat auch Wirtschaftsverbände und Gewerkschaften entscheidend einwirken, getragen.

3.11.3 Unternehmensfinanzierung

Das deutsche System der Unternehmensfinanzierung zeichnet sich international durch gute Möglichkeiten der **langfristigen** Finanzierung aus. Das liegt an der herausragenden Rolle, welche die Banken in diesem Zusammenhang spielen. Auch die langfristige Orientierung der Eigenkapitalgeber ist ein wichtiger Faktor. Die Kehrseite dieser Prägung durch langfristige und stabile Arrangements sind Probleme bei rapidem technologischen Wandel, da die Erschließung von und das Umsteigen in neue Technologiefelder durch die „eingebauten" Beharrungskräfte gehemmt werden.

---

99   Zu den Ebenen der staatlichen Innovationspolitik vgl. ausführlich Kapitel 5 dieses Buches

Gewisse Veränderungen in den Besonderheiten der deutschen Unternehmensfinanzierung zeichnen sich in den letzten Jahren vor dem Hintergrund der Globalisierung der Finanz- und Warenmärkte ab. Das Vordringen des „shareholder-value"-Gedankens lässt das Handeln der Kapitalgeber auch in Deutschland nicht unberührt.

3.11.4 Zwischenbetriebliche Beziehungen

Betriebe sind eingebunden in ein arbeitsteiliges System. Besonders eng sind die zwischenbetrieblichen Beziehungen in **Branchenclustern**, wie sie sich zum Beispiel um die Chemieindustrie, die Automobilindustrie oder den Maschinenbau gruppieren.

Oft sind diese Cluster in bestimmten **Regionen** konzentriert. Automobilorientierte Cluster findet man in den Regionen Stuttgart, München und Ingolstadt. Chemiecluster sind in Leverkusen, Frankfurt/M und Ludwigshafen platziert. Ein Maschinenbaucluster gruppiert sich in der Region Stuttgart und die Stahl- und verwandte Branchen finden sich im Ruhrgebiet. Neuere Clusterbildung erfolgten in Dresden um die Halbleiterindustrie, in Jena um die optische Industrie und in Eisenach um die Automobilindustrie.

Anstöße zur historischen **Entstehung** solcher Branchencluster gibt es verschiedene. Eine leistungsfähige Zulieferindustrie kann starke Branchen in den nachgelagerten Produktionsstufen anziehen, das heißt wo zum Beispiel die Eisen- und Stahlindustrie stark ist, kann sich eine metallverarbeitende Industrie entwickeln. Die verschiedenen Stufen der Wertschöpfungskette können sich auch gemeinsam entwickeln und sich in ihrer Expansion wechselseitig beeinflussen. Es kann auch der Fall sein, dass starke Industriekerne die Zuliefererbranche erst anziehen, was bei der Gründung von Produktionsstandorten zum Beispiel der Automobilindustrie nach der Vereinigung in ostdeutschen Regionen zu beobachten war. Enge zwischenbetriebliche Beziehungen erleichtern die Zusammenarbeit beim Wissens- und Technologietransfer oder bei der Standardisierung, erschweren jedoch eine marktgetriebene und -gesteuerte Standardisierungsprozesse im Rahmen des Innovationswettbewerbs.

3.11.5 Industrielle Beziehungen

Die Beziehungen zwischen Kapital und Arbeit sind in Deutschland traditionell stark **verrechtlicht**. In der deutschen Verfassung ist das Recht der am Wirtschaftsleben Beteiligten verankert, zur Durchsetzung ihrer wirtschaftlichen Interessen Bündnisse eingehen zu können. Auf dieser Verfassungsvorgabe gründet das Institut der **Tarifautonomie**.

Im **Betriebsverfassungsgesetz** sind im Rahmen der einzelnen Unternehmen Unternehmensleitung und Betriebsrat zur vertrauensvollen Zusammenarbeit verpflichtet.

Arbeitgeberverbände und Gewerkschaften regeln und gestalten branchen- und regionsbezogen einen erheblichen Bereich der Bedingungen der Arbeitswelt. Konflikte werden auf der Basis rechtlicher und institutioneller Regeln weitgehend kooperativ verarbeitet. Zwischen den verschiedenen Ebenen bestehen über die Wirtschaftsverbands- bzw. die Gewerkschaftsstrukturen Verflechtungen, die eine enge Koordination ermöglichen. Insgesamt halten diese gesetzlichen Rahmenbedingungen die Interessenvertretungen zur Kompromissbildung an. Das System des „collective bargaining" ist relativ stark zentralisiert, Verhandlungen finden auf regionaler, teilweise gar auf nationaler Ebene statt. Dezentral ausgehandelte Pilotvereinbarungen werden in vielen Fällen für die Bundesebene verallgemeinert.

Auf dieser Grundlage hat sich im Laufe der Jahrzehnte in Deutschland ein **einmaliges Modell** industrieller Beziehungen zwischen Kapital und Arbeit entwickelt, welches auch für die Innovationsaktivitäten einen stimulierenden und dennoch stabilen Rahmen abgab. Andererseits erhalten Beharrungstendenzen durch dieses System Unterstützung. Es gibt eine gute Basis für inkrementale Innovationen ab, zeigt jedoch Schwächen bei radikaleren Innovationen, wenn es um die Erschließung gänzlich neuer Märkte durch die Schaffung von Basisinnovationen geht.

3.11.6 Funktionsweise des Gesamtsystems

Die Besonderheiten des nationalen Innovations- und Marktsystems beeinflussen die **Handlungsmöglichkeiten und –anreize** der beteiligten Akteure. Hierbei ist zu beachten, dass die einzelnen Merkmale nicht isoliert zu bewerten sind, sie addieren sich auch nicht einfach in ihren Wirkungen, vielmehr entstehen wechselseitige Verstärkereffekte. Das bedeutet auch, dass sich die Wirkungen des Ausfalls einer Komponente nicht nur auf die Funktionen derselben auswirken, sondern auch die Funktionsfähigkeit anderer Komponenten und damit des Gesamtsystems tangieren. Um das anhand eines Beispieles im Rahmen des deutschen Innovationssystems besser verständlich zu machen: „Versucht man durch eine stärkere Betonung des allgemeinen Charakters der betrieblichen Ausbildung die Mobilitätsmöglichkeiten zu erhöhen, reduziert man gleichzeitig den Ausbildungsanreiz der Betriebe und damit die auf dem Ausbildungssystem basierenden Innovationsfähigkeiten. Dies zeigt, dass Veränderungen am System am effektivsten durch eine auf die Systemelemente abgestimmte Vorgehensweise erfolgen sollte."[100]

Die Aktivitäten im Rahmen des deutschen Innovationssystems – wie zum Beispiel technische Standardisierungsprozesse, Aktivitäten des Wissens- und Technologietransfer, Ausbildungsaktivitäten - sind stark **branchenbezogenen** geprägt. Das liegt an den Organisationsmodi der beteiligten Akteure, die sich – wie vor allem Wirtschafts-

---

100 BMBF (Technologische Leistungsfähigkeit 1998), S. 41

und Arbeitgeberverbände, Gewerkschaften - herkömmlicherweise an Industriezweigen und Wirtschaftsbereichen orientieren.

3.12 Stärken und Schwächen

Stärken und Schwächen der gesamtwirtschaftlichen Innovationsaktivität ergeben sich aus den institutionellen Besonderheiten des jeweiligen Innovationssystems.

3.12.1 Stärken

Deutschland weist besondere Stärken in diversifizierten Qualitätsproduktionen auf. Das sind etablierte Branchen mit einer hochwertigen Produktpalette, welche auf komplexen Herstellungsprozessen und engen Beziehungen zu den Kunden beruht[101]. Die anspruchsvollen Produktionsprozesse lassen sich nur durch hochqualifizierte und erfahrene Arbeitskräfte mit einer ausgebildeten Bereitschaft und Fähigkeit zur Übernahme von Verantwortung bewältigen. Innovationen stützen sich auf die Anhäufung und Weiterentwicklung von Wissen in etablierten Technologiefeldern, wodurch sich die deutsche Industrie vor allem im Maschinen- und Fahrzeugbau, in der Elektrotechnik und in der Chemie weltweite Spitzenpositionen erarbeiten konnte. „Das deutsche Innovationsmuster – hochwertige Innovationen entlang vorgezeichneter Entwicklungslinien mit hoher Wertschöpfung in etablierten Industrien – korrespondiert mit einer Reihe wichtiger institutioneller Bedingungen: Verfügbarkeit von langfristigem Kapital, kooperative Gewerkschaften, einflussreiche Arbeitgeberverbände, gut funktionierende Ausbildungssysteme sowie die enge langfristige Zusammenarbeit von Unternehmen, sowohl untereinander als auch mit Forschungseinrichtungen und Universitäten.“[102]

Das deutsche Innovationssystem ist zweifelsohne stark, wenn es um die Weiterentwicklung bereits vorhandenen Wissens – entweder aus dem Inland oder auch aus dem Ausland - und seine Umsetzung in qualitativ hochwertige Güter und Dienstleistungen geht. Inkrementelle Innovationen, das heißt schrittweise Verbesserungen bekannter Produkte und Produktionsverfahren, prägen die Innovationsaktivitäten. Dabei gelingt es, hohe Produktivitätsstandards zu realisieren, indem die Diffusion und Ausschöpfung des technologischen Wissens eine erhebliche Breite aufweist. Die neuen Technologien finden in einer Vielzahl der traditionell starken deutschen Industriebranchen Anwendung und werden in herkömmliche Techniksysteme integriert.

---

101 Vgl. ebenda
102 Ebenda, S. 41f.

3.12.2 Schwächen

Die Schattenseite des deutschen Innovationssystems liegt in seiner Schwäche bei der Generierung von radikalen (Basis-) Innovationen. Die institutionellen Merkmale des Systems erschweren es offenbar, grundlegend neues Wissen zu erschließen und in radikal neue Problemlösungen umzusetzen. Das ist die tiefere Ursache dafür, dass Deutschland bei den jungen Technologiefeldern sowie bei den stark wissensbasierten Industrien wie der Mikroelektronik, der neuen Informations- und Kommunikationstechnik oder der Bio- und Gentechnologie lediglich in der zweiten Reihe steht. Deutschlands Industrien und Unternehmen bleibt nur die Rolle als „fast follower" in sich abzeichnenden neuen Technologie- und Marktbereichen. Zwar gelingt es, das in anderen Ländern geschaffene Wissen aufzugreifen und auch für Folgeinnovationen zu nutzen, aber es ist offenbar schwierig, auf der Grundlage des hiesigen Innovationssystems völlig neue Märkte und Branchen aus dem Boden zu stampfen und die vorhandene Wirtschaftsstruktur durch eine massive Welle von technologieorientierten Unternehmensgründungen auf der Basis selbst erschlossener, grundlegend neuer Wissensgebiete zu revolutionieren. Deshalb verläuft der strukturelle Wandel hin zu neuen, wachstumsträchtigen Hochtechnologiesektoren zu langsam.

3.12.3 Risiken

Das deutsche Innovationssystem ist mit wachsenden Risiken befrachtet. Seine Merkmale haben sich in den letzten Jahrzehnten vertieft und verfestigt. Das läuft den Erfordernissen der allgemeinen Trends sinkender Halbwertzeiten des Wissens und der beschleunigten Innovationszyklen zuwider. Diese erzwingen geradezu eine größere Flexibilität und Kreativität bei der Erschließung technologischen Neulands. Unter Druck gerät das deutsche Innovationssystem und seine begrenzte Performance auch von Seiten der nachholenden Ökonomien. Insbesondere die ostasiatischen „Tigerstaaten" – Hongkong, Singapur, Taiwan, Malaysia – unternehmen seit Jahren massive Anstrengungen, in die neuesten Technologie- und Wissensfelder einzudringen und dort Positionen zu erobern. Sie können noch für einige Zeit die Fähigkeit der zunehmenden Beherrschung modernen technologischen Wissens mit relativ geringen Produktionskostenniveaus kombinieren und damit Innovations- und Preiswettbewerb gerade in den Marktbereichen, in denen die deutsche Industrie ihre besonderen Stärken aufweist, verbinden. Deshalb steigt das Risiko des Verlustes von Marktanteilen auf diesen Weltmärkten, da die deutschen Unternehmen zwar beim Technologiewettbewerb, nicht jedoch beim Preiswettbewerb mithalten können. Aus dieser Falle können die deutschen Unternehmen dauerhaft nur durch radikalere Innovationsstrategien entkommen. Dies würde jedoch letztlich eine **Weiterentwicklung des Innovationssystems** im Hinblick auf die Bedingungen der sich immer mehr durchsetzenden Wissensökonomie voraussetzen.[103]

---

103 Vgl. dazu BMBF (Technologische Leistungsfähigkeit 1999), S. 4ff.

4 Deutschland im internationalen Innovationswettbewerb

4.1 Die Forschungsprozesskette

Im Rahmen des internationalen Innovationswettbewerbs wird über Arbeitsplätze, Einkommen und Wirtschaftswachstum in Ländern und Regionen entschieden. Das Abschneiden der beteiligten Länder hängt wesentlich von der Leistungsfähigkeit des jeweiligen nationalen Innovationssystems ab. Diese Leistungsfähigkeit wollen wir im folgenden anhand wichtiger Indikatoren messen. Im Mittelpunkt dieses Kapitels steht deshalb die Quantifizierung wichtiger Inputs (Einsatzfaktoren) und Outputs (Ergebnisse) gesamtwirtschaftlicher Forschungs-, Entwicklungs- und Innovationsprozesse. Wir versuchen, die Zusammenhänge von den Aufwendungen für Bildung über Forschungs- und Entwicklungsaufwendungen bis hin zu wirtschaftlichen Ergebnissen des Innovationsprozesses – soweit dies möglich ist - zahlenmäßig zu erfassen. Das ist nicht einfach, da es erhebliche Probleme der Erfassung von Daten gibt, die im nächsten Abschnitt genauer erläutert werden.

Um dem Leser und der Leserin in einem ersten Zugriff einen Überblick zu verschaffen, haben wir die „Forschungsprozesskette" entwickelt (vgl. Abb. 4-1). Sie beginnt bei den jährlichen Ausgaben, die in Deutschland für die verschiedenen Stufen der Schulen getätigt werden, und setzt sich fort über die Ausgaben für berufliche Bildung und Weiterbildung bis hin zu Forschungsausgaben. Jede Stufe liefert einen „Input" für die nächstfolgende Stufe.

Die im oberen Ast der Forschungsprozesskette festgehaltenen Zahlen sind Aufwendungen pro Schüler, Student bzw. Einwohner und stellen US-Dollargrößen dar. Zusätzlich wird – zur Vergrößerung der Aussagekraft der Kennziffern - die Beziehung hergestellt zum jeweiligen Durchschnitt der entsprechenden Ausgaben in den Ländern der OECD.

Die Zahlen lassen folgende Aussagen zu:

- Für den Bereich Kindergarten/ Vorschule wurden im Jahr 2001 in Deutschland Mittel in Höhe von $ 4.956,- pro Kind aufgewandt, rund 10 vH mehr als im OECD-Durchschnitt;

- Demgegenüber ist für den Bereich der Grundschule eine Unterinvestition festzustellen: die verausgabten $ 4.237,- liegen über 12 vH unterhalb des OECD-Durchschnitts; durchschnittlich fallen die deutschen Ausgaben für den Bereich „Weiterführende Schulen, Berufsausbildung" mit $ 6.620,- aus, während

Abbildung 4-1: *Die Forschungsprozesskette*

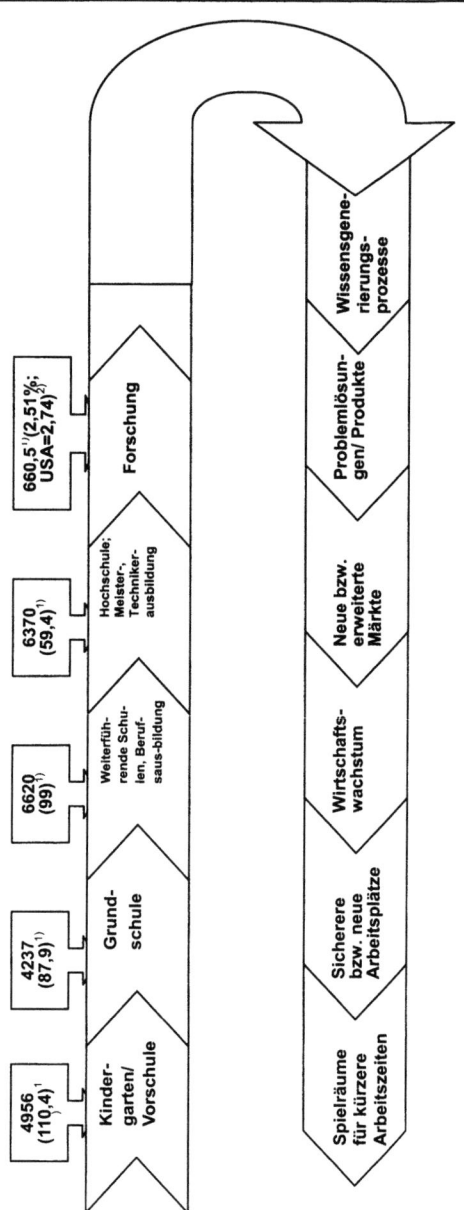

Anm.: 1) Ausgaben pro Schüler/ Student, Einwohner 2001 in Dollar, kaufkraftbereinigt, (in Kl.: OECD=100); 2) Ausgaben in vH des BIP
Quelle: eigene Darstellung in Anlehnung an OECD, eig.Berechnungen

▣ die Ausgaben für den Hochschulsektor und die Meister- und Technikerausbildung mit $ 6.370,- weit unterhalb des entsprechenden Durchschnitts in den anderen Industrieländern angesiedelt sind.

▣ Auch für Forschungszwecke wird in Deutschland mit $ 660,- pro Einwohnern und einem Anteil von etwa 2,5 vH des Bruttoinlandsproduktes relativ wenig aufgewandt, zumindest gemessen an den USA. Wir werden die Forschungsausgaben in späteren Abschnitten dieses Kapitels ausführlicher darstellen.

Im unteren Ast der Forschungsprozesskette, der hier nicht mehr quantifiziert wird[104], sind die dem Forschungsprozess nachfolgenden Stufen aufgenommen: Forschung ist die Grundlage für die Erschließung neuen Wissens, auf dessen Basis neue Problemlösungen und Produkte entwickelt werden. Deren Einführung in den gesamtwirtschaftlichen Prozess kreiert neue bzw. erweitert vorhandene Waren- und Dienstleistungsmärkte und bildet damit eine wichtige Quelle für wirtschaftliches Wachstum. Auf dieser Grundlage werden vorhandene Arbeitsplätze gesichert und neue geschaffen. Die mit neuen Produktionstechnologien erzielten Produktivitätssteigerungen schaffen Spielräume für Arbeitszeitverkürzungen und Einkommenssteigerungen.

4.2   Zur Erfassung von FuE-Daten

Wie lässt sich die Leistungsfähigkeit eines nationalen Innovationssystems im internationalen Innovationswettbewerb erfassen bzw. messen? Eine Fülle von Faktoren und Elementen spielen für den Erfolg des gesamtwirtschaftlichen Innovationsprozesses eine Rolle: vor allem die „Qualität" und das Volumen der gesellschaftlichen Wissensbasis, der Umfang und die Leistungsfähigkeit vorhandener Forschungs- und Entwicklungsressourcen, die Innovationsfähigkeit der Wirtschaft usw.

4.2.1   Messprobleme

Diese bunte Vielfalt der Einflussfaktoren verhindert eine einfache quantitative Darstellung der technologischen Leistungsfähigkeit zum Beispiel anhand eines einzelnen integrierenden Indikators. Wir benötigen zahlreiche Kennziffern, welche die Entwicklung und den Beitrag der vielen Einflussfaktoren zur Innovationsleistung jeweils quantifizieren. Nur auf diese Weise lässt sich ein quantitatives Gesamtbild des volkswirtschaftlichen Geschehens sowie der Beziehungen zwischen einzelnen Teilelementen gewinnen.[105] Die Abbildung 4-2 gibt einen Überblick über Kennziffern, welche Elemente und Prozesse des Innovationsgeschehens quantitativ ausdrücken.

---

104 vgl. dazu die nächsten Abschnitte dieses Kapitels
105 Vgl. BMBF(Technologische Leistungsfähigkeit 1998), S. .34ff.

Abbildung 4-2: *Innovationsprozess und Indikatoren der technologischen Leistungsfähigkeit*

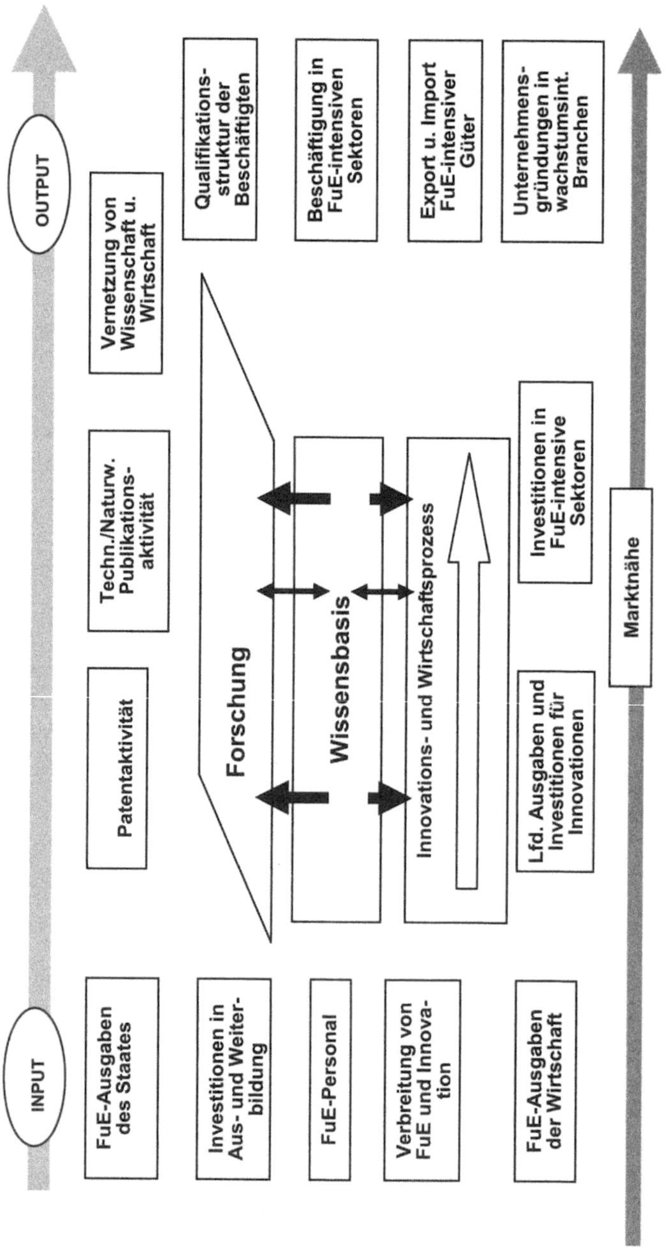

Quelle: eigene Darstellung in Anlehnung an: BMBF (Technologische Leistungsfähigkeit 1998), S. 35

Je weiter links die Indikatoren auf der Abbildung platziert sind, desto mehr haben sie den Charakter von **Input**-Faktoren des Innovationsprozesses. Dazu zählen vor allem Investitionen in Forschungs- und Entwicklungsaktivitäten, Ausgaben für FuE-Personal sowie Investitionen in Ausbildung und Weiterbildung zur Entwicklung und Vermehrung des Humankapitals. Letzteres ist die unverzichtbare Grundlage für Innovationen. Investitionen in Bildung lassen sich durch Bildungsausgaben messen. Forschungs- und Entwicklungsindikatoren geben Hinweise auf den Umfang von Forschungsanstrengungen. Wirtschaft und Staat investieren in diese Aktivitäten in der Hoffnung, dass sie den „Ertrag" derselben in Form von Erfindungen, neuen Problemlösungswissens usw. erhöhen. Die Unternehmen erhoffen sich insbesondere eine schnelle Amortisierung ihrer Forschungsausgaben. Beim Staat sind die Forschungsausgaben ein Teil seiner gesamten Wissenschaftsausgaben, welche zudem u.a. auch Ausgaben für die wissenschaftliche Lehre und Ausbildung umfassen.

Der **Output von Forschung und Entwicklung** lässt sich zum erheblichen Teil mit Hilfe von Patentstatistiken messen. Patentzahlen der Wirtschaft sind Indikatoren für das wirtschaftliche Verwertungspotenzial neuer Technologien. Die Ergebnisse von Wissenschaft und Hochschulforschung schlagen sich in wissenschaftlichen Veröffentlichungen sowie in Patentanmeldungen der Forscher nieder. Wirtschaftsunternehmen investieren nicht allein in Forschung und Entwicklung, die erfolgreiche Generierung von Innovationen erfordert darüber hinaus weitere Innovationsaufwendungen zum Beispiel für Marketing, für Organisationsaufwand, für Prototypenherstellung, für Internationalisierungsaktivitäten usw.

Je weiter wir auf der Abbildung nach rechts wandern, desto marktnäher werden die Aktivitäten und die sie messenden Indikatoren, desto mehr nähern wir uns auch der **Output-Seite des gesamten Innovationsprozesses**: Qualifikationsniveau und – struktur der Beschäftigten sowie das gesamtwirtschaftliche Gewicht der Arbeitskräfte in forschungs- und entwicklungsintensiven Branchen der Volkswirtschaft sind ein Ergebnis von Aus- und Weiterbildungsanstrengungen sowie eine unmittelbare Quelle von Innovationen. Die Fähigkeit zum Export neuer Technologien drückt sich aus in Anteilen des Landes am Welthandel von forschungs- und entwicklungsintensiven Waren und Dienstleistungen sowie an entsprechenden Export-Import-Relationen. Ein weiteres, für die Dynamik des Wirtschafts- und Beschäftigungswachstums äußerst wichtiges Ergebnis ist die Gründungsintensität, vor allem in wissensintensiven und wachstumsträchtigen Produktionssparten der Wirtschaft.

4.2.2 Datenquellen allgemein

Bei der Suche nach Daten für die Inputs und Outputs des Innovationsprozesses stößt man immer wieder auf dieselben Hinweise, vor allem wenn es um die Definition statistischer Kategorien geht: „Frascati Manual", „Frascati-Handbuch", „Oslo Manual". Denjenigen, die sich intensiver mit Forschungs- und Entwicklungsdaten beschäftigen, klingen diese Hinweise nach einiger Zeit vertraut, obwohl viele die genaue Bedeutung dieser Begriffe gar nicht kennen. Deshalb eine kurze Erläuterung der Hintergründe: Frascati, sonst vor allem Liebhabern italienischer Weißweine ein Begriff, ist ein Ort in den Bergen südöstlich von Rom. Dort traf sich im Juni 1963 eine Sachverständigengruppe der OECD, die NESTI -Arbeitsgruppe (National Experts on Science and Technology Indicators), um sich über ein System von Messgrößen für Forschungs- und Entwicklungsaktivitäten zu beraten. Aus ihrer Arbeit resultierte das erste **Frascati-Handbuch**, welches in den folgenden Jahren immer wieder überarbeitet wurde und 2002 bereits seine sechste Auflage erreichte. In dem Werk ist die Methodologie für die Sammlung und Anwendung von Forschungs- und Entwicklungsdaten in den OECD-Ländern beschrieben. Es werden zentrale Begriffe und statistische Größen definiert, die im Laufe der Zeit internationalakzeptiert wurden. Heute bilden sie eine gemeinsame Grundlage für die Erörterung wissenschafts-, forschungs- und technologiepolitischer Themen. Ursprünglich waren sie lediglich ein Standard im Rahmen der OECD-Länder, im Laufe der Zeit entwickelten sie sich zur gemeinsamen Basis von Forschungs- und Entwicklungsstudien rund um den Globus und werden heute auch von den Organen der Europäischen Union und der Vereinten Nationen genutzt. Das Frascati-Handbuch blieb nicht allein. Die NESTI-Gruppe hat in den letzten Jahrzehnten weitere Methodologie-Standards entwickelt, welche sich auf unterschiedliche Bereiche des Innovationsprozesses bezogen: Während das Frascati-Handbuch den Bereich von Forschungs- und Entwicklungsdaten abdeckt, befasst sich das **„Oslo-Handbuch"** (Oslo Manual) mit Innovationsindikatoren und das **„Canberra-Handbuch"** (Canberra Manual) mit Messzahlen für Humanressourcen. Darüber hinaus wurden Standards für Technologiezahlungsbilanzen sowie Patente als Wissenschafts- und Technologiekennziffern erarbeitet.

4.2.3 Datenquellen für Deutschland

Daten, welche Aspekte des gesamtwirtschaftlichen Innovationsprozesses in Deutschland quantifizieren, werden vom Statistischen Bundesamt und von der Wissenschaftsstatistik GmbH, einer Tochter des Stifterverbandes für die Deutsche Wissenschaft (WSV), erhoben. Ausführliche Darstellungen von Daten finden sich in den regelmäßig erscheinenden Bundesforschungsberichten (veröffentlicht alle vier Jahre) und Faktenberichten (veröffentlicht mit jeweils zweijährigem Abstand zur Publikation der Bundesforschungsberichte) des **Bundesministeriums für Bildung und Forschung (BMBF)**. Das Ministerium finanziert darüber hinaus regelmäßig Gutachten zur Beobachtung und Analyse der technologischen Leistungsfähigkeit Deutschlands, welche von mehreren Forschungsinstituten – oft in Zusammenarbeit mit der Wissenschaftsstatistik GmbH – erarbeitet werden.

Der **Stifterverband für die Deutschen Wissenschaft** wird durch die Wirtschaft getragen. Die Wissenschaftsstatistik GmbH erhebt als einzige Institution in Deutschland Daten zur Forschungs- und Entwicklungstätigkeit der deutschen Wirtschaft, und zwar in eigener Verantwortung. Es gibt hierfür keine gesetzliche Grundlage. Bei der regelmäßigen, alle zwei Jahre erfolgenden, Datenerhebung, welche bereits Mitte der 19950er Jahre begonnen wurde, wirken Tausende von Unternehmen mit. Die Erhebung beruht auf dem definitorischen Rahmen des Frascati-Handbuchs. Ob die befragten Unternehmen diesen Rahmen in jedem Einzelfall genau beachten, ist ungewiss. Abweichungen können aufgrund der fehlenden gesetzlichen Grundlage nicht mit Sanktionen bedroht werden. Allerdings haben die statistischen Erhebungen in den Jahrzehnten ihrer Durchführung bisher gute Ergebnisse gezeigt. Die auf dieser Grundlage entwickelten Kennziffern beziehen sich auf Forschungs- und Entwicklungsaufwendungen, nach Branchen gegliedertes Forschungs- und Entwicklungspersonal, Herkunft und Verwendung der Forschungs- und Entwicklungsmittel usw. Die Daten werden so erhoben und aufbereitet, dass sie für Vergleichzwecke auch im internationalen Rahmen verwendet werden können. Die von der Wissenschaftsstatistik GmbH bereitgestellten Daten bilden auch eine wesentliche Grundlage auch für die Forschungsberichterstattung des Bundes sowie internationaler Organisationen (EU, OECD, UN).

Einen Überblick über die Datenquellen zu Forschung, Entwicklung und Innovation sowohl für Deutschland, als auch für die Europäische Union und die Länder der OECD gibt die Zusammenstellung in Tabelle 4-1.

Tabelle 4-1:   *Datenquellen zu Forschung, Entwicklung und Innovation*

Berichtsgegenstand	Quellen
Ressourcen für Wissenschaft, Forschung und Entwicklung in Deutschland	BMBF (Hrsg.), Bundesbericht Forschung, diverse Jahrgänge (zul. 2004) **BMBF (Hrsg.), Faktenbericht zum Bundesbericht Forschung, diverse Jahrgänge (zul. 2002)**
Forschung und Entwicklung in der deutschen Wirtschaft	Wissenschaftsstatistik, Datenreport Forschung und Entwicklung in der Wirtschaft, Essen, diverse Jahrgänge BMBF (Hrsg.), Bundesbericht Forschung, diverse Jahrgänge (zul. 2004)
Innovationsindikatoren zur Technologischen Leistungsfähigkeit Deutschlands	BMBF (Hrsg.), Zur technologischen Leistungsfähigkeit Deutschlands, diverse Jahrgänge (zul. 2002) BMBF (Hrsg.), Bundesbericht Forschung, diverse Jahrgänge (zul. 2004)
Wissenschaft, Forschung und Entwicklung in EU-Ländern	European Communities (Hrsg.), On Science and Technology in European Statistics, diverse Jahrgänge (zul. 2004)
Wissenschaft, Forschung und Entwicklung in OECD-Ländern	OECD (Hrsg.), Main Science and Technology Indicators, diverse Jahrgänge (zul. 2002) OECD (Hrsg.), Science, Technology and Industry Scoreboard, diverse Jahrgänge (zul. 2001)

Quelle: eigene Darstellung

4

4.3 Innovationsstandort Deutschland: Kennzahlen und empirische Befunde

4.3.1 Kennzahlen für Inputs des Innovationsprozesses

4.3.1.1 Wissenschaftsausgaben

Unser Ausgangspunkt war: Zukünftige Wohlstandspotenziale einer Gesellschaft werden durch gegenwärtige Investitionen in die Wissensbasis geprägt. Ein wesentlicher Bestandteil solcher Zukunftsinvestitionen wird alljährlich statistisch durch die Wissenschaftsausgaben erfasst. Die Wissenschaftsausgaben eines Landes beinhalten zwei Komponenten:

▪ die **Ausgaben für Forschungs- und Entwicklungszwecke** und

▪ die **Ausgaben für wissenschaftliche Ausbildung und Lehre sowie für sonstige verwandte wissenschaftliche Tätigkeiten.**

Zu den „sonstigen verwandten wissenschaftlichen Tätigkeiten" zählen zum Beispiel Ausgaben für wissenschaftliche und technische Investitionsdienste, für allgemeine Datensammlungen, für die Zusammenstellung von Informationsgrundlagen für wirtschaftliche sowie politische Entscheidungen oder für Durchführbarkeitsstudien technischer Projekte.

Die Summe der Wissenschaftsausgaben im Jahre 2002 betrug in Deutschland 68,1 Mrd. Euro. Das sind 3,2 vH des Bruttonationaleinkommens (früher auch Bruttosozialprodukt genannt als Kennziffer der von Inländern in einer Produktionsperiode erbrachten wirtschaftlichen Leistung). Gegenüber 1991 bedeutet dies eine Zunahme von 38,7 vH.

Zu den Wissenschaftsausgaben leisten sowohl die öffentlichen Haushalte als auch der Wirtschaftssektor einen Beitrag (s. Abb. 4-3). Knapp 32 Mrd. Euro wendeten die öffentlichen Haushalte (Gebietskörperschaften und Wissenschaftliche Organisationen ohne Erwerbszweck) in 2002 für Wissenschaftszwecke auf, das waren 5,3 vH des öffentlichen Gesamthaushalts. Die Wirtschaft trug gut 36 Mrd. Euro bei. Der Vergleich der Beiträge von öffentlichen und privaten Finanzgebern zeigt zwischen 1991 und 2002 eine deutliche Gewichtsverschiebung: Hatte der öffentliche Sektor am Beginn der Beobachtungsperiode noch ein leichtes Übergewicht mit einem Anteil von 50,6 vH an allen Ausgaben, so dominieren in 2002 deutlich die Wissenschaftsausgaben der Wirtschaft mit einem Anteil von 53,2 vH.

Abbildung 4-3:   *Wissenschaftsausgaben*

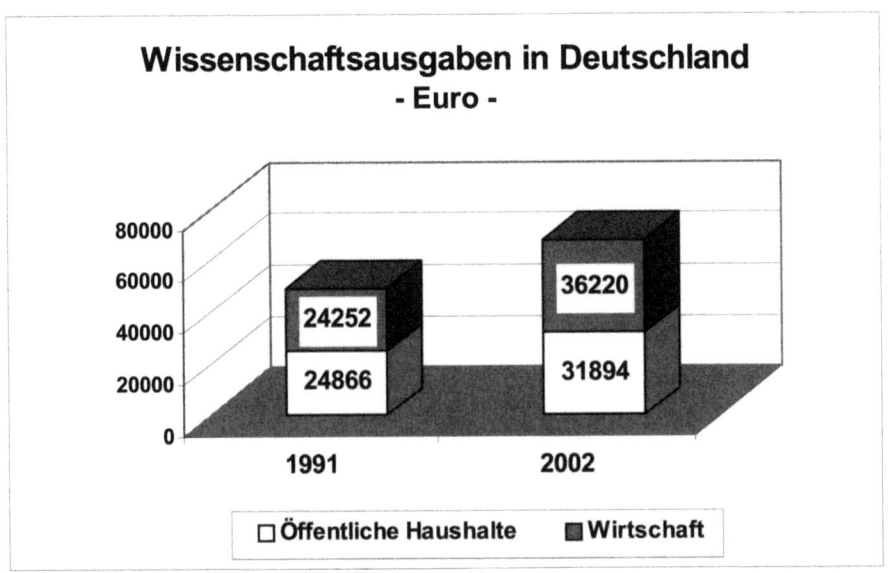

Quelle: eigene Darstellung in Anlehnung an BuFo 2004, S. 600

Das „Umkippen" zugunsten der Wirtschaft erfolgte in den Jahren 1998/99. Hintergrund dieser Entwicklung waren eine starke Ausweitung der Wissenschaftsausgaben der Wirtschaft vor allem im Zeitraum 1995 bis 2000 bei gleichzeitigen Rückgängen (1995, 1997) oder nur geringer Steigerung der Ausgaben des Bundes (1999, 2000). Auch die Wissenschaftsausgaben der Bundesländer, welche knapp 60 vH aller öffentlichen Wissenschaftsausgaben ausmachen und die zu rund 87 vH in die Finanzierung der Hochschulen fließen, entwickelten sich in der zweiten Hälfte der 1990er Jahre nur unterdurchschnittlich (vgl. Abb. 4-4).

4.3.1.2   Gesamte Forschungs- und Entwicklungsausgaben

A. Methodisches

Die Forschungs- und Entwicklungsausgaben bilden das Gros der Wissenschaftsausgaben eines Landes. Sie dienen rein dem Zweck der Erweiterung der gesellschaftlichen Wissensbasis sowie deren Umsetzung, umfassen somit die Finanzierung aller Aktivitäten, welche entweder der Erweiterung des vorhandenen Wissens durch systematische, kreative Tätigkeit oder der Erschließung neuer Anwendungspotenziale dieses Wissens dienen.

Abbildung 4-4: *Wissenschaftsausgaben 1991-2002*

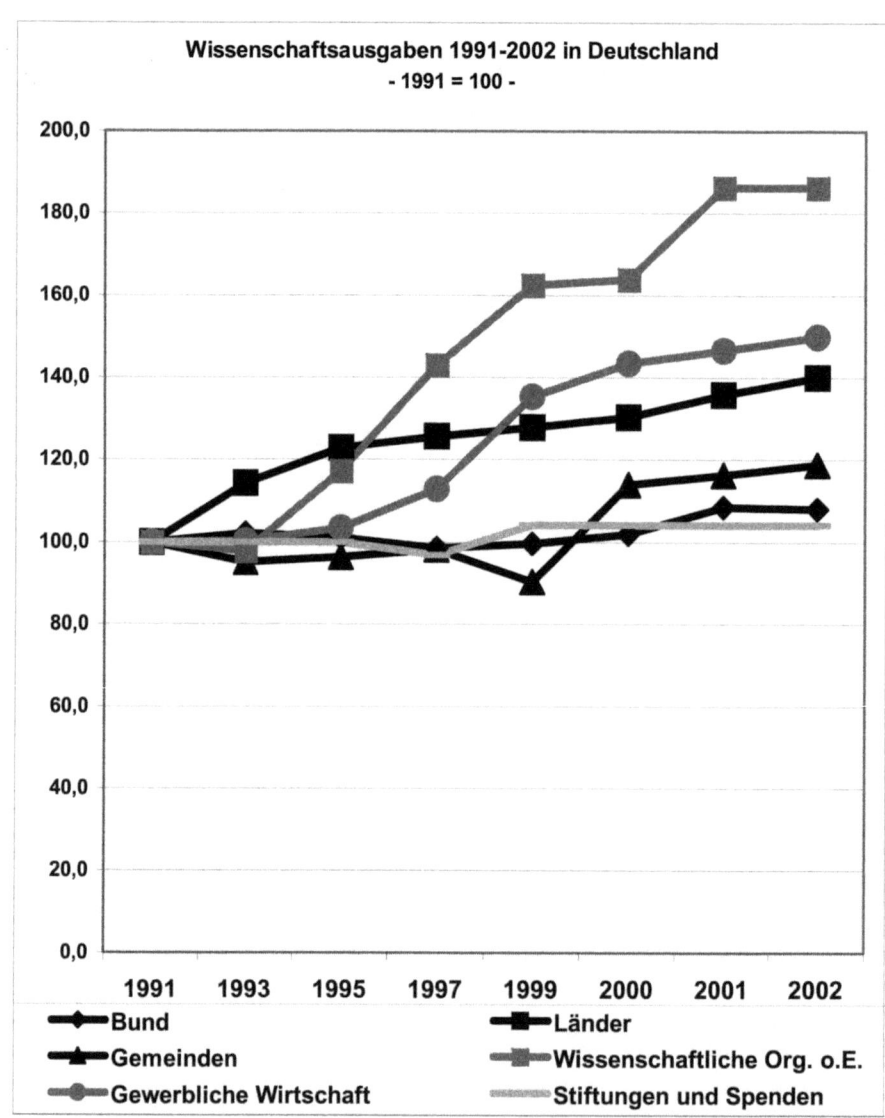

Quelle: eigene Darstellung in Anlehnung an: BuFo 2004, S. 600

Die Ausgaben für Forschungs- und Entwicklungszwecke werden auf zweierlei Weise erhoben:

1. nach dem **Finanzierungs- bzw. Inländerkonzept**: hierbei setzt die Erhebung bei den finanzierenden Sektoren an. Die erfassten Ausgaben beinhalten auch die Forschungsaufwendungen, die ins Ausland fließen. Die auf der Finanzierungsseite erhobenen FuE-Ausgaben werden ins Verhältnis gesetzt zum Bruttonationaleinkommen;

2. nach dem **Durchführungs- bzw. Inlandskonzept**: diese Erfassung geht von den durchführenden Sektoren aus und erhebt die Mittel, welche zur Durchführung von Forschungs- und Entwicklungsaufgaben im Inland aufgewandt werden, die Bruttoinlandsausgaben für Forschung und Entwicklung (BAFE). Hiermit werden auch Forschungs- und Entwicklungsaufwendungen erfasst, die aus ausländischen Finanzierungsquellen stammen. Die BAFE werden ins Verhältnis gesetzt zum Bruttoinlandsprodukt des jeweiligen Landes, welches die gesamtwirtschaftlich erbrachte Leistung in den geographischen Grenzen des Landes ausdrückt.

Für internationale Vergleiche sind im Hinblick auf die Beurteilung der Forschungs- und Entwicklungsanstrengungen verschiedener Länder die BAFE besonders gut geeignet, da sie Doppelzählungen vermeiden.[106]

B. Empirische Befunde

a. Durchführung von FuE-Aktivitäten

Wirtschaft, Staat, Private Institutionen ohne Erwerbszweck (PNP) sowie Hochschulen brachten im Jahr 2002 insgesamt 53,3 Mrd. Euro zur Durchführung von Forschungs- und Entwicklungsvorhaben auf (vgl. Tab. 4-2). Gemessen am Bruttoinlandsprodukt dieses Jahres ist das ein Anteil von 2,52 vH. Mit knapp 37 Mrd. Euro bzw. einem Anteil von 69,3 vH der Gesamtmittel war der Wirtschaftssektor am stärksten an der Durchführung von Forschung und Entwicklung beteiligt, die Hochschulen kommen auf einen Anteil von knapp 17 und der Staat einschl. PNP verausgabten 13,7 vH der Mittel.

b. Finanzierung von FuE-Aktivitäten

Wo kommen die Forschungsmittel her, wer finanziert sie (vg. Tab. 4-2)? Insgesamt betrachtet finanziert die Wirtschaft mit 65,6 vH fast zwei Drittel aller Forschungs- und Entwicklungsvorhaben, vom Staat einschl. PNP kommen 31,9 und vom Ausland 2,5 vH. Die Wirtschaft finanziert 91,2 vH der von ihr ausgegebenen Forschungsmittel selbst, 6,4 vH erhält sie vom Staat einschl. PNP und 2,4 vH aus ausländischen Quellen.

---

106 BuFo 2004, S. 176

Der Staatssektor einschl. PNP finanziert gar 92,8 vH der von ihm verausgabten Mittel aus eigenen Einnahmen. Auch die Hochschulen werden überwiegend (zu 85,5 vH) aus öffentlichen Mitteln, zu 12,2 aus Wirtschaftsmitteln und mit 2,3 vH aus Auslandsgeldern finanziert.

Tabelle 4-2: *Bruttoinlandsausgaben für Forschung und Entwicklung (BAFE) in Deutschland 2002*

Mio. Euro	Mittelverwendung		
Mittelfinanzierung	Wirtschaft	Staat u. PNP	Hochschulen
Wirtschaft	33690	168	1100
Staat	2290	6782	7717
PNP	80	147	0
Ausland	890	213	205
BAFE n. Verwendung	36950	7310	9022

Anteile in vH	Mittelverwendung		
Mittelfinanzierung	Wirtschaft	Staat u. PNP	Hochschulen
Wirtschaft	91,2	2,3	12,2
Staat	6,2	92,8	85,5
PNP	0,2	2,0	0,0
Ausland	2,4	2,9	2,3
BAFE n. Verwendung	100,0	100,0	100,0

Quelle: eigene Darstellung in Anlehnung an BuFo 2004, S. 600

c. Langfristige Entwicklung von FuE-Aktivitäten

Wie haben sich die Forschungs- und Entwicklungsausgaben langfristig entwickelt? Wir betrachten den Zeitraum seit der Wiedervereinigung Deutschlands, da ab diesem Zeitpunkt eine konsistente Datenbasis für Deutschland vorliegt. Dabei konzentrieren wir uns auf die Forschungs- und Entwicklungsausgaben nach durchführenden Sektoren. Im Jahre 2002 lagen die gesamten Forschungs- und Entwicklungsausgaben um 15,5 Mrd. Euro höher als 1991. Das bedeutet einen Anstieg um knapp 41 vH.

Allerdings ist dieser Anstieg keineswegs kontinuierlich verlaufen: in den Jahren 1992 und 1993 waren ein Rückgang (1992: -0,2 vH) und eine Stagnation (1993: 0,7 vH) der Ausgaben zu verzeichnen. Demgegenüber waren die jährlichen Zuwächse in den

Jahren 1995 (4 vH), 1997 (4,1 vH), 1998 (4,2 vH) und vor allem 1999 (7,9 vH) und 2000 (5 vH) überdurchschnittlich hoch. In Relation zum Bruttoinlandsprodukt („Forschungsintensität") wird die diskontinuierliche Ausweitung der Forschungs- und Entwicklungsausgaben noch deutlicher (s. Abb. 4-5): Von einem Anteil von 2,52 vH in 1991 stürzt diese Quote bis 1994 bis 1996 auf äußerst geringe Werte von 2,24 bzw. 2,25 vH ab und kann sich erst in der zweiten Hälfte der 1990er Jahre wieder erholen und zum Ausgangswert von 1991 zurückkehren.

Abbildung 4-5:   *FuE-Ausgaben nach durchführenden Sektoren 1991-2002*

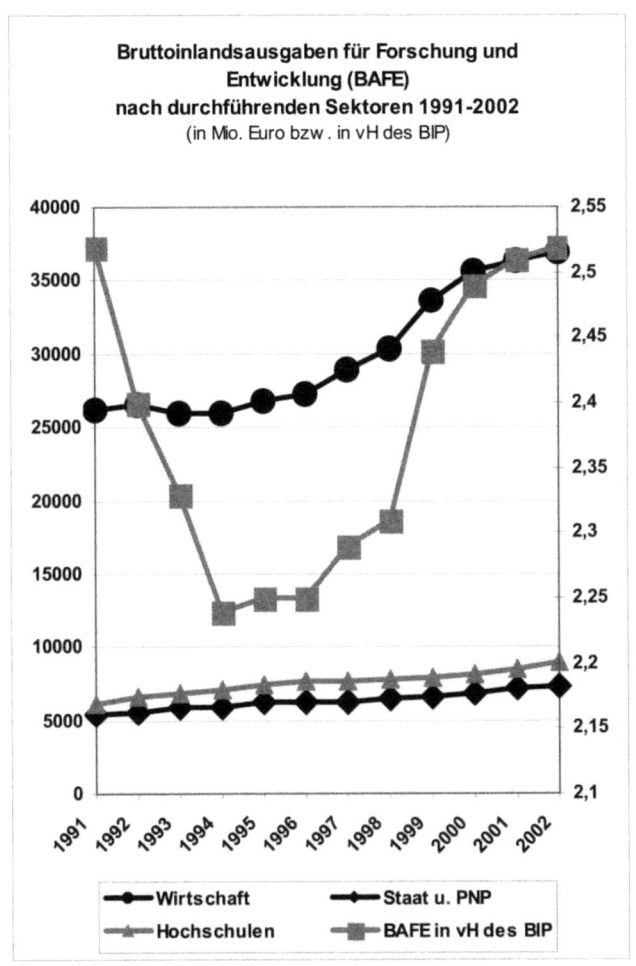

Quelle: eigene Darstellung in Anlehnung an: BuFo 2004, S. 603ff.

Hauptursache dieser deutlichen Schwankungen ist die Forschungs- und Entwicklungspolitik des Wirtschaftssektors. Dieser Sektor hat mit einem Anteil zwischen 66 vH und 70 vH der gesamten Forschungs- und Entwicklungsausgaben das größte Gewicht (s. Abb. 4-6). Die Wirtschaft hat ihre Forschungs- und Entwicklungsaufwendungen in der ersten Hälfte der 1990er Jahre kaum ausgeweitet, in den Jahren 1993 und 1994 sogar absolut zurückgenommen, während für die zweite Hälfte dieser Dekade deutliche Steigerungen zu verzeichnen sind, die weit über den Anstiegen der Aufwendungen der anderen Sektoren liegen. Insgesamt liegen die Forschungs- und Entwicklungsausgaben der Wirtschaft in 2002 um knapp 41 vH über ihrem Niveau von 1991, was dem gesamtwirtschaftlichen Durchschnitt entspricht. Staat einschl. PNP, deren Anteil an den gesamten Forschungs- und Entwicklungsausgaben zwischen 13,6 und 15,5 vH im Betrachtungszeitraum schwankt, haben ihre Ausgaben über den Betrachtungszeitraum mit einem Plus von 34 vH nur unterdurchschnittlich ausgedehnt, wobei hier die deutlichsten Steigerungen 1996 sowie ab 1998 zu verzeichnen sind. Leider ist der Anteil dieses Sektors an allen Aufwendung seit 1999 deutlich rückläufig und sinkt auf sein niedrigstes Niveau. Der Anstieg der Forschungs- und Entwicklungsausgaben des Hochschulsektors fiel mit einem Plus von knapp 47 vH überdurchschnittlich aus, ebenfalls mit kräftigen Zuwächsen erst ab 1998. Auch hier zeigt die Anteilsbetrachtung, dass dieser Sektors sein höchstes Niveau von 18,6 vH in 1996 in den Folgejahren nicht halten kann und auf einen Anteil von unter 17 vH zurückfällt.

4.3.1.3   Forschungs- und Entwicklungsausgaben der Wirtschaft

A. Methodisches

Der Wirtschaftssektor leistet den größten Beitrag zur gesamtwirtschaftlichen Forschungs- und Entwicklungstätigkeit. Deshalb wollen wir uns ausführlicher mit ihm befassen. Innerhalb des Wirtschaftssektors wird unterschieden zwischen den **Unternehmen**, die den weitaus größten Anteil an Forschung und Entwicklung leisten, einerseits und den **Institutionen für Gemeinschaftsforschung und experimentelle Gemeinschaftsentwicklung** (IfG andererseits. Letzteres sind Institutionen, welche dazu dienen, die Forschungs- und Entwicklungsarbeiten kleiner und mittlerer Unternehmen zu erleichtern, indem sie solche Arbeiten bündeln und durchführen.

Auch hinsichtlich der **Forschungs- und Entwicklungsausgaben** des Wirtschaftssektors sind Differenzierungen vorzunehmen. Hier wird unterschieden zwischen internen und externen Forschungs- und Entwicklungsaufwendungen. Zu den **internen** Aufwendungen zählen jene Mittel, die die Wirtschaftseinheiten im eigenen Unternehmen bzw. im eigenen IfG aufbringen. Demgegenüber sind **externe** Forschungs- und Entwicklungsaufwendungen Mittel, die für Forschungsaufträge oder im Rahmen von Forschungskooperationen aufgewendet werden und die an andere Firmen, Forschungsinstitutionen, an Hochschulen oder an das Ausland fließen.

Abbildung 4-6: *Struktur der FuE-Ausgaben*

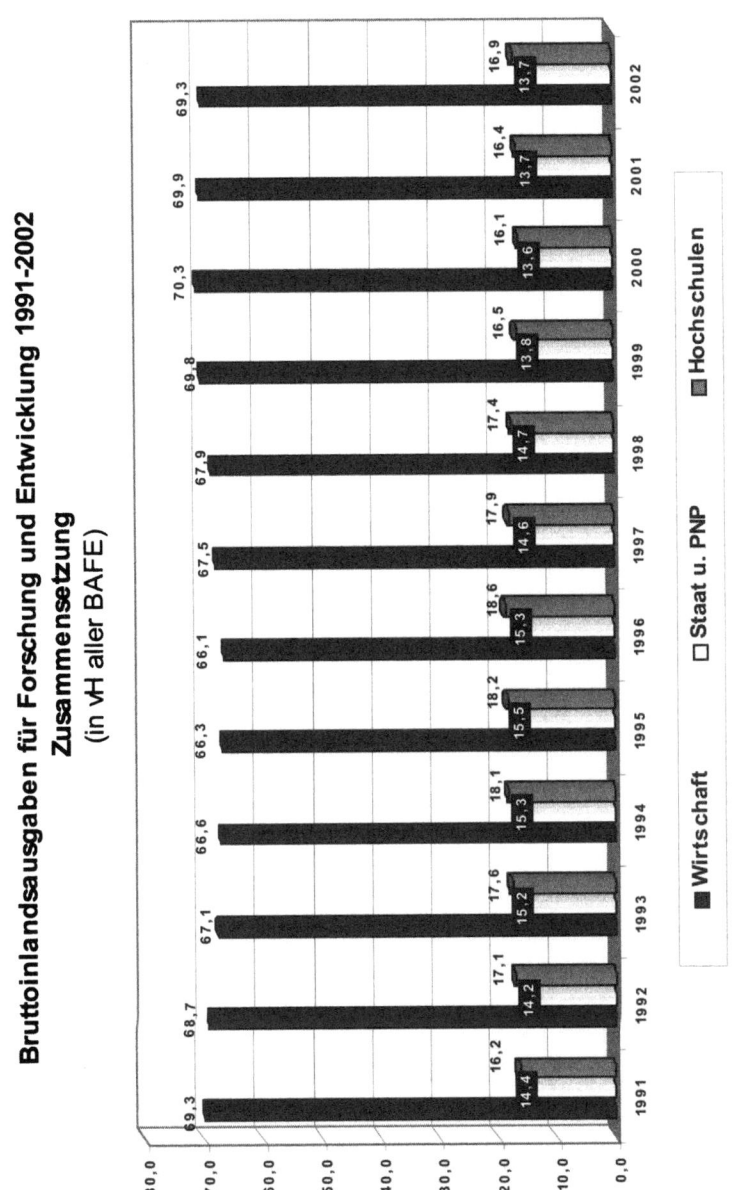

Quelle: eigene Darstellung in Anlehnung an: BuFo 2004, Tab. 3 603ff.; eigene Berechnungen

B. Empirische Befunde

a. Externe Forschungs- und Entwicklungsaufwendungen

Der Umfang der externen Forschungs- und Entwicklungsaufwendungen der Wirtschaft lag im Jahre 2001 bei 7,4 Mrd. Euro. Das ist ein Anteil von rund 17 vH an allen Aufwendungen. Auch wenn die internen Aufwendungen die weitaus größere Bedeutung für die Forschungs- und Entwicklungsaktivitäten der Wirtschaft haben, so ist doch die Dynamik, mit der sich die externen Aufwendungen entwickeln, beachtlich: Sie konnten ihren Anteil in den letzten beiden Jahrzehnten fast verdreifachen.[107] Allein zwischen 1997 und 2001 konnten sie ihr ursprüngliches Niveau von rund 4,5 Mrd. € um 64,4 vH steigern. Hinter dieser Dynamik der externen Forschungs- und Entwicklungsaufwendungen stecken zwei **Faktoren**:

1. der Trend, Forschungs- und Entwicklungsabteilungen aus den Unternehmen auszugliedern **(Outsourcing)**, wodurch ehemals interne Aufwendungen statistisch zu externen werden;

2. der zunehmende Trend zu **Forschungs- und Entwicklungskooperationen.**

b. Interne Forschungs- und Entwicklungsaufwendungen

Auch die internen Forschungs- und Entwicklungsaufwendungen der Unternehmen haben sich seit Mitte der 1990er Jahre dynamisch entwickelt, wenn auch nicht in dem Ausmaß wie die externen Aufwendungen. Ihr Anstieg beträgt 33,2 vH. Vorausgegangen war allerdings – wie bereits im letzten Abschnitt erwähnt - eine Stagnations- und Kürzungsphase in der ersten Hälfte der 1990er Jahre. Die **Forschungsintensität** – das heißt der Anteil der Forschungs- und Entwicklungsaufwendungen gemessen an der Wertschöpfung – fiel gegenüber einem Wert von 2,5 vH in der zweiten Hälfte der 1980er Jahre bis 1995 auf einen Tiefpunkt von 1,81 vH, bevor sich dieser Indikator in den nachfolgenden Jahren wieder erholte, allerdings auch in 2001 mit knapp 2,2 vH noch immer nicht die Ausgangswerte der späten 1980er Jahre wieder erreichen konnte.

Für den Einbruch der Forschungsintensität des Wirtschaftssektors werden verschiedene **Gründe** geltend gemacht: der Strukturwandel weg vom forschungsstarken Industriesektor hin zum Dienstleistungsbereich, die Anstrengungen zu Kosteneinsparungen und Effizienzsteigerungen, die Ausweitung von Kooperationen zu Forschungs- und Entwicklungszwecken, die Forschungs- und Entwicklungspolitik von kleinen und mittleren Unternehmen, die zu geringe Forschungs- und Entwicklungsaktivität in den neuen Bundesländern und – vor allem – eine grundlegend verändertes Forschungs- und Entwicklungsverhalten des Wirtschaftssektors insgesamt. Hatten die Firmen bis in die 80er Jahre hinein ihre Forschungs- und Entwicklungsressourcen auch in Rezessionsphasen durchgehalten, so reagierte die Wirtschaft seit Beginn der 1990er Jahre

---

107 BuFo 2004, S. 475

überraschenderweise mit der Rücknahme von Zukunftsinvestitionen auf konjunkturelle Flauten. Offenbar spielt die kurzfristige Profitabilität auch für die Durchführung von Forschung und Entwicklung als Kriterium inzwischen eine wichtige Rolle, was schon länger bei internationalen Firmen zu beobachten war: „Deutschlands Wirtschaft hat sich damit an den internationalen Verhaltensmustern ausgerichtet. Investitionen in neues Wissen, in Forschungsanlagen und hoch qualifiziertes Personal haben Fixkostencharakter. Damit sich diese amortisieren, müssen die Unternehmen von stabilen und ausreichend hohen Markt- und Absatzerwartungen ausgehen."[108]

c. Die forschungsintensivsten Zweige

Analysieren wir die Situation von Forschung und Entwicklung der Wirtschaft in 2001: Welches sind die forschungsstärksten Wirtschaftsbereiche, welches die forschungsintensivsten Branchen? Welche Sektoren weiten ihre Forschungsausgaben besonders stark aus? Unter den großen Wirtschaftssektoren dominiert das Verarbeitende Gewerbe die Forschungsaktivitäten (vgl. zum folgenden Tab. 4-3). Dieser Sektor verausgabt 32,5 Mrd. Euro und damit 91 vH aller Forschungs- und Entwicklungsmittel der Wirtschaft, den Rest teilen sich der Dienstleistungssektor (8-9 vH), der Primärsektorsektor (Land- und Forstwirtschaften, Energie- und Wasserversorgung, Bergbau) sowie Sonstiges (einschl. Baugewerbe) mit ca. 1 vH.

Innerhalb des **Verarbeitenden Gewerbes** ist der forschungsstärkste Industriezweig eindeutig der Fahrzeugbau (einschl. Luft- und Raumfahrzeugbau), der mit 12,5 Mrd. Euro rund 35 vH aller Forschungs- und Entwicklungsaufwendungen der Wirtschaft tätigt. Es folgen die Bereiche Büromaschinen, DV-Geräte, Feinmechanik und Optik mit knapp 8 Mrd. Euro (22,2 vH) sowie Chemie mit knapp 6 Mrd. Euro (16,4 vH)

Auch wenn der **Dienstleistungssektor** bislang bei den Forschungs- und Entwicklungsaktivitäten nur ein bescheidenes Gewicht aufweist, so zeigt er doch eine größere Dynamik bei der Steigerung von Forschungs- und Entwicklungsaufwendungen in der zweiten Hälfte der 1990er Jahre: Während das Verarbeitende Gewerbe seine Ausgaben um knapp 30 vH aufstockte, können die unternehmensorientierten Dienste (einsch. Grundstücks- und Wohnungswesen) ihre Forschungsaufwendungen – allerdings von den erwähnten geringen Ausgangsbasis aus – um 235 vH und der Bereich Verkehr und Nachrichtenübermittlung (im wesentlichen Telekommunikation) seine sogar um 340 vH ausweiten.

Der Indikator **Forschungsintensität** misst, wie bereits erwähnt, die Forschungs- und Entwicklungsaufwendungen an der Wertschöpfung eines Sektors. Diese Kennziffer ermöglicht – zusammen mit der Kennziffer Forschungs- und Entwicklungsaufwendungen je Beschäftigten und der Qualifikationsstruktur der Beschäftigten, welche weiter unten noch angesprochen werden - die Herauskristallisierung der Branchen,

---

108 BuFo 2004, S. 476

die nicht zuletzt für die Wissensgesellschaft ein große Bedeutung haben, nämlich die forschungs- und wissensintensiven Industrie- und Dienstleistungssparten (s. Abb. 4-7). Beim Indikator Forschungsintensität liegen die Anbieter von Forschungs- und Entwicklungsdiensten mit einem Wert von 40,3 vH klar in Front, gefolgt von der Land- und Forstwirtschaft (12,3 vH), dem Luft- und Raumfahrzeugbau (10 vH), der pharmazeutischen Industrie und den Unternehmensdiensten (jeweils 8,8 vH) sowie dem Bereich Rundfunk-, Fernseh- und Nachrichtentechnik (8,6 vH). Bezieht man die Forschungs- und Entwicklungsaufwendungen auf die Beschäftigtenzahl des jeweiligen Sektors, so liegen die Forschungs- und Entwicklungsdienste (37.400 Euro) vor der Pharmabranche (ca. 23.000 Euro) und dem Luft- und Raumfahrzeugbau (knapp 23.000 Euro).

Forschungsintensive Wirtschaftszweige

Forschungsintensive Güter und Industriezweige

Forschungsintensive Produktionsbereiche sind die wichtigsten Lieferanten von Technologien und umfassen alle Branchen, in denen überdurchschnittlich forschungsintensiv produziert wird. Es werden die Bereiche Spitzentechnologie und Hochwertige Technologie unterschieden. Der Bereich der **Spitzentechnologie** enthält Gütergruppen mit einem FuE-Anteil von über 8,5 vH am Umsatz.

Der Bereich der **Hochwertigen Technologie** umfasst Güter mit einem FuE-Anteil am Umsatz zwischen 3,5 und 8,5 vH.

Die Güter der Spitzentechnologie weisen die höchste FuE-Intensität auf und haben häufig eine „Querschnittsfunktion" (zum Beispiel IuK-Technologien, Biotechnologie). Sie unterliegen vielfach staatlicher Einflussnahme durch Subventionen, Staatsnachfrage (zum Beispiel Raumfahrtindustrie) oder Importschutz. Der Spitzentechnologiebereich lenkt in allen Industrienationen das spezielle Augenmerk staatlicher Instanzen auf sich, die mit ihrer Förderung nicht nur technologische, sondern zu einem großen Teil auch eigenständige staatliche Ziele (äußere Sicherheit, Gesundheit usw.) verfolgen.

Wissensintensive Dienstleistungen

Dienstleistungen gewinnen für die gesamtwirtschaftliche Beschäftigung und Wertschöpfung an Bedeutung. Durch eigene FuE-Aktivitäten sowie die Anwendung von Technologien aus dem Industriesektor werden viele Dienstleistungen technologieintensiver. Basis für die Ermittlung derjenigen Wirtschaftszweige, die überdurchschnittlich wissensintensiv produzieren, ist das „Wissen" des Personals, das heißt die Qualifikationsanforderungen an die Beschäftigten. Dabei handelt es sich nicht zwangsläufig um „technikintensive Wirtschaftszweige", die sich – vor allem im Dienstleistungsbereich – über den intensiven Einsatz von Ausrüstungskapital (zum Beispiel IuK-Güter) definieren, sondern um alle Wirtschaftszweige, die hohe Anforderungen an die Qualifikation des Personals stellen (also zum Beispiel auch Gesundheits-, Medien-, Finanzdienstleistungen usw.).

Quelle: in Anlehnung an BuFo 2004, S. 477

Tabelle 4-3: *Interne Forschungs- und Entwicklungsaufwendungen der Unternehmen in Deutschland – Kennziffern für 2001*

	1	2	3	4	5	6
	FuE in Mio. Euro	Anteil an allen FuE	Forschungsintensität	Rang (von Sp. 3)	FuE je Besch. inTsd.€	1995-01 in vH
Land-,Forstwirtschaft	64	0,2	12,3	3	18,33	49,0
Bergbau,Steine,Erden	58	0,2	0,5	21	0,74	48,0
Ernährung, Tabak	266	0,7	0,5	22	2,1	320,0
Textil, Bekleidung	101	0,3	1,3	17	2,32	78,5
Leder			1,1	19	2,52	129,1
Holzgewerbe	113	0,3	0,5	23	0,99	k.A.
Papier,Verlag,Druck			1,4	15	2,56	k.A.
Kokerei,Mineralölverarb.,Brutst.	56	0,2	0,1	27	2,72	180,4
Chemie	5916	16,4	5,5	9	15,42	162,0
Pharmazeutische Industrie			8,8	5	23,06	221,4
Gummi,Kunststoffwaren	594	1,7	1,4	16	4,5	68,0
Glas, Keramik etc.	318	0,2	2,0	14	3,36	107,5
Metallindustrie	795	2,2	1,2	18	2,49	78,8
Maschinenbau	3728	10,4	3,4	12	6,08	92,2
Büromasch., DV-Geräte, FuO	7978	22,2	6,5	8	12,49	208,2
Fahrzeugbau			5,0	10	15,41	128,5
Luft-, Raumfahrzeugbau	169	0,5	10,0	4	22,85	31,2
Möbel,Schmuck,Musikinstr.	49	0,1	2,5	13	3,28	380,0
Energie-, Wasserversorgung	53	0,1	0,1	28	0,48	76,7
Baugewerbe	822	2,3	0,3	24	0,53	46,4
Verkehr, Nachrichtenüberm.			1,1	20	1,61	23,5
Grundst.-,Wohnungsw.,Unt.DL	2211	6,1	18,9	2	23,35	-7,2
Forschung und Entwicklung			40,3	1	37,4	25,1
Unternehmensorientierte Dienstl.			8,8	6	11,01	
Sonst. öffntl. u. priv. Dienstl.	6	0,0	0,3	25	k.A.	k.A.
Restliche Bereiche	172	0,5	0,3	26	k.A.	k.A.
Wirtschaftssektor gesamt	35907	100,0	3,5	11	8,51	143,1

Quelle: eigene Darstellung in Anlehnung an BuFo 2004, S. 650ff.; eigene Berechnungen

4.3.1.4 Gesamtes Forschungs- und Entwicklungspersonal

Innovationsprozesse werden von Menschen initiiert, getragen und bewältigt. Von deren Innovationswillen sowie von deren Qualifikationen und Know-how hängt ganz wesentlich der Erfolg von Innovationsprozessen ab. Deshalb ist der Einsatz von Arbeitskräften in Forschung und Entwicklung neben den monetären Aufwendungen für diese Zwecke eine zweite wichtige Inputgröße des Innovationsprozesses.

A. Methodisches

Gegenüber den monetären Forschungs- und Entwicklungsaufwendungen hat die Betrachtung des **Forschungs- und Entwicklungspersonals** den Vorteil, dass Analysen der Entwicklung im Zeitablauf sowie Vergleiche zwischen verschiedenen Ländern nicht durch den Faktor Geldentwertung verzerrt werden. Allerdings gilt es, andere **Besonderheiten** zu beachten:

1. Die **Arbeitszeiten** des Forschungs- und Entwicklungspersonals sind nicht einheitlich: Das gilt sowohl beim Vergleich zwischen Branchen als auch zwischen Ländern. Es gibt Unterschiede in den Wochenarbeitszeiten ebenso wie in der zeitlichen Dimension der Beschäftigungsverhältnisse: neben Vollzeitstellen spielen Teilzeitbeschäftigungsverhältnisse eine zunehmende Rolle. Zudem verändert sich die Arbeitszeit im Zeitablauf, längerfristig sind Verkürzungen der Arbeitszeit zu beobachten. Um die verzerrende Wirkung von Arbeitszeitdifferenzen auszuschalten, wird der personelle Forschungsinput in Vollzeitäquivalente, das heißt in Vollzeitstellen, umgerechnet.

2. Die wissenschaftliche Arbeit im Hochschulsektor wird durch die **Einheit von Forschung und Lehre** geprägt: Hochschullehrer bewältigen sowohl Forschungs- als auch Lehraufgaben, so dass der Zeitaufwand für beide Tätigkeitsarten getrennt werden muss. Hierzu haben sich die an der Forschungs- und Entwicklungsstatistik verantwortlichen Institutionen auf ein bestimmtes Berechnungsverfahren geeinigt vgl.[109]

Nicht alle im Rahmen von Innovationsprozessen eingesetzten Personen sind unmittelbar mit Forschungs- und Entwicklungsaufgaben befasst: Deshalb unterscheidet das Frascati-Manual innerhalb des Forschungs- und Entwicklungspersonals drei **Personengruppen:**

▪ Zum einen die **Forscherinnen und Forscher**; diese umfassen Wissenschaftler und Ingenieure, das heißt Arbeitskräfte, welche neue Erkenntnisse sowie neu Produkte, Verfahren, Methoden und Systeme kreieren und/ oder konzipieren. Bei diesen Personen handelt es sich in der Regel um Personen mit Hochschulabschluss.

---

109 BuFo 2004, S. 178

■ Die zweite Gruppe besteht aus **technischem oder vergleichbarem Personal**, das heißt Menschen mit technischer Ausbildung oder einer entsprechenden Ausbildung für den nicht-technischen Bereich. Diese Personengruppe hat üblicherweise einen Fachschulabschluss und arbeitet im Rahmen von Forschungs- und Entwicklungsprozessen in der Regel unter der Anleitung eines Forschers.

■ Die dritte, verbleibende Gruppe des Forschungs- und Entwicklungspersonals, das „sonstige Personal", besteht aus Arbeitskräften, deren Tätigkeit unmittelbar mit der Durchführung von Forschungs- und Entwicklungsprozessen verbunden ist, zum Beispiel Facharbeiter, Sekretariats- und Verwaltungspersonal sowie angelernte oder ungelernte Hilfskräfte.

B. Empirische Befunde

Im Jahre 2001 waren rund 482.000 Personen in Deutschland mit Forschung und Entwicklung beschäftigt (vgl. zum folgenden Abb. 4-7). Der Großteil davon – rund 307.000 Personen bzw. knapp 64 vH - wurde im **Wirtschaftssektor** eingesetzt. Im **Hochschulsektor** waren mit rund 103.000 Arbeitskräften 21.4 vH und im **Staatssektor** mit knapp 72.000 Arbeitskräften knapp 15 vH aller im Forschungs- und Entwicklungsbereich Tätigen beschäftigt.

Abbildung 4-7: *Forschungs- und Entwicklungspersonal nach Sektoren*

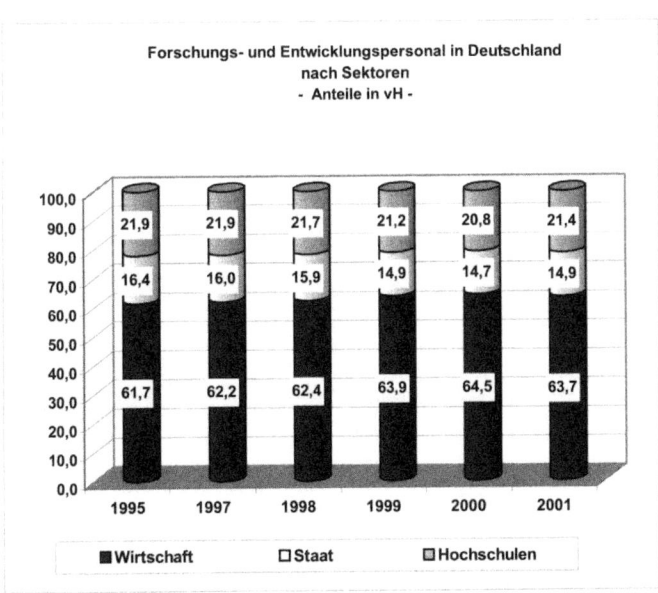

Quelle: eigene Darstellung in Anlehnung an BuFo 2004, S. 704ff.; eigene Berechnungen

---

Seit 1995 hatte der Wirtschaftssektor – wie auch in früheren Jahrzehnten - stets das größte Gewicht beim Einsatz von Forschungs- und Entwicklungspersonal, seine Anteile schwanken zwischen 61,7 (1995) und 64,5 vH (2000). Die Wirtschaft ist auch der einzige Sektor, der im Beobachtungszeitraum sein Forschungs- und Entwicklungspersonal deutlich, nämlich per Saldo um 8,5 vH, aufgestockt hat. Der Hochschulsektor konnte in der zweiten Hälfte der 1990er Jahre seinen Anteil behaupten, während der Staatssektor an Gewicht verloren hat. Bei letzterem ist in 2001 gegenüber 1995 ein Rückgang des Forschungspersonals um mehr als vier vH zu verzeichnen.

Betrachtet man das Forschungs- und Entwicklungspersonal nach **Gruppen**, das heißt nach seiner Zusammensetzung mit Forschern, Technikern und sonstigem Personal (vgl. zum folgenden Abb. 4-8), so wird nicht nur das herausragende Gewicht des Einsatzes von Forscherinnen und Forschern deutlich – sie besitzen in 2001 einen Anteil von knapp 55 vH –, sondern auch der klar positive Trend dieser Personalgruppe: sie konnte seit 1995 ihren Anteil von rund 50 vH um knapp fünf Prozentpunkte steigern. Das entspricht einer Zuwachsrate von 14,4 vH.

Abbildung 4-8:   *Forschungs- und Entwicklungspersonal nach Gruppen*

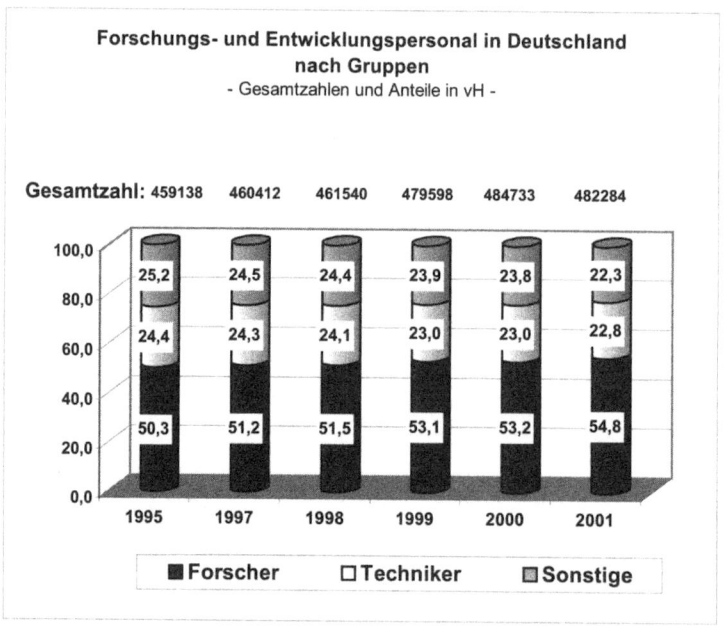

Quelle: eigene Darstellung in Anlehnung an BuFo 2004, S. 704ff.; eigene Berechnungen

Demgegenüber sind die Gewichte sowohl des technischen als auch des sonstigen Personals rückläufig: Der Anteil der Technikerinnen und Techniker sinkt von 24,4 vH in 1995 auf 22,8 vH in 2001, was einem Rückgang von knapp zwei vH entspricht. Dieser Rückgang fiel beim sonstigen Personal mit minus sieben vH noch stärker aus, dessen Anteil schrumpft von ursprünglich 25,2 auf 22,3 vH.

Diese Entwicklung zeigt einen eindeutigen Trend zur Konzentration des Forschungs- und Entwicklungspersonals auf den kreativen, Wissen generierenden Kern der Wissenschaftler und Ingenieure. Dieser Trend wird vom Einstellungsverhalten und von den Forschungs- und Entwicklungsstrategien des Wirtschaftssektors dominiert. In diesem Sektor fällt die Ausweitung des Forscheranteils mit einem Plus von vier Prozentpunkten im Beobachtungszeitraum nicht nur am deutlichsten aus, diese Expansion geht auch auf Kosten der Anteile der beiden anderen Sektoren, keiner dieser Sektoren kann diese dynamische Entwicklung mit vollziehen, obwohl auch sie ihr Forschungspersonal – in absoluten Zahlen betrachtet – aufgestockt haben.

4.3.1.5 Forschungs- und Entwicklungspersonal der Wirtschaft

A. Umfang und Trends

Betrachten wir den Einsatz von Forschungs- und Entwicklungspersonal im Kernbereich des Innovationsgeschehens, im Wirtschaftssektor, genauer. Wir beschränken diese Analyse auf die **Unternehmen**, klammern somit das Personal der Institutionen für Gemeinschaftsforschung und experimentelle Entwicklung (IfG), welches weniger als 5.000 Beschäftigte umfasst, aus. Im Jahre 2001 waren in den Unternehmen des Wirtschaftssektors insgesamt 302.519 Menschen mit Forschungs- und Entwicklungsprozessen beschäftigt (vgl. zum folgenden Tab. 4-4). Wie bei den monetären Forschungs- und Entwicklungsaufwendungen hat auch bei den personellen FuE-Ressourcen das Verarbeitende Gewerbe mit einem Anteil von knapp 90 vH eine herausragende Position. Der Dienstleistungssektor besitzt einen Anteil von 9,4 vH und den verschwindend kleinen Rest teilen sich die übrigen Wirtschaftsbereiche.

Immerhin sind in den Bereichen Verkehr/ Nachrichtenübermittlung sowie Grundstücks- und Wohnungswesen einschl Unternehmensorientierte Dienste beachtliche Zuwächse bei Forscherstellen zu registrieren, die zusammengenommen ein Plus von fast 17.000 Stellen ausmachen. In anderen Bereichen des **Tertiärsektors** bleiben die personellen Forschungsressourcen jedoch verschwinden gering.

Tabelle 4-4: FuE-Personal der Unternehmen 1995-2001

	1	2	3	4	5
	Anzahl 2001 i. Tsd.	Veränderung 1995-01 i.vH	Veränderung 1995-01 i.Tsd.	Anteile 2001 in vH	Anteilsveränd.
Land-,Forstwirtschaft	1012	-0,1	-1	0,3	0,0
Bergbau,Steine,Erden	194	-46,6	-169	0,1	-0,1
Ernährung, Tabak	2604	-3,8	-102	0,9	-0,1
Textil, Bekleidung,Leder	1112	-28,9	-451	0,4	-0,2
Holzgew., Papier,Verlag,Druck	1137	-14,3	-190	0,4	-0,1
Kokerei,Mineralölverarb.,Brutst.	589	-12,4	-83	0,2	0,0
Chemie	42001	-14,3	-7011	13,9	-3,7
Gummi,Kunststoffwaren	5616	14,1	692	1,9	0,1
Glas, Keramik etc.	2374	-24,4	-765	0,8	-0,3
Metallindustrie	8334	20,2	1401	2,8	0,3
Maschinenbau	36730	-5,4	-2091	12,1	-1,8
Büromasch., DV-Geräte, FuO	79651	-3,0	-2468	26,3	-3,1
Fahrzeugbau	88272	24,7	17510	29,2	3,8
Möbel,Schmuck,Musikinstr.	2127	-3,1	-67	0,7	-0,1
Energie-,Wasserversorgung	220	-60,3	-334	0,1	-0,1
Baugewerbe	589	-29,1	-242	0,2	-0,1
Verkehr, Nachrichtenüberm.	8057	165,7	5025	2,7	1,6
Grundst.-,Wohnungsw.,Unt.DL	20277	134,9	11646	6,7	3,6
Sonst. öffntl. u. priv. Dienstl.	70	-41,2	-49	0,0	0,0
Restliche Bereiche	1553	143,8	916	0,5	0,3
Wirtschaftssektor gesamt	302519	8,3	23167	100,0	0,0

Quelle: eigene Darstellung in Anlehnung an BuFo 2004, S. 708f.; eigene Berechnungen

Anders im **Verarbeitenden Gewerbe**. Hier nimmt die Größe des FuE-Personals im Zeitraum 1995 bis 2001 um 6.375 Personen per Saldo zu, was ein prozentuales Plus von 2,4 vH bedeutet und eine Abkehr vom negativen Trend des Forschungspersonals der ersten Hälfte der 1990er Jahre anzeigt. Innerhalb des Verarbeitenden Gewerbes zeigen sich allerdings deutliche strukturelle Veränderungen. Einige wichtige Industriezweige setzen ihren Personalabbau in den Forschungsabteilungen wie in den frühen 1990er Jahren fort, während in anderen Zweigen eine Umkehr des negativen Trends zu beobachten ist. So streicht die Chemieindustrie im Beobachtungszeitraum per Saldo über 7.000 Forschungsarbeitsplätze (das ist ein Minus von knapp 14 vH), wobei vor allem die Grundstoffchemie mit minus 8.400 Forscherstellen eine wichtige Rolle spielt. Nach Angaben des BuFo 2004[110] fallen selbst in forschungsintensiven Zweigen viele Forscherstellen weg[111]: in der Elektrotechnik 8.400, im Bereich Büromaschinen/DV-Geräte 5.700, im Kraftmaschinenbau 4.500 und in der Herstellung von industriellen Prozesssteuerungsanlagen 2.100 Stellen. Andererseits wird in verschiedenen Industriebranchen Forschungspersonal aufgestockt: im Automobilbau um 24.000, im Bereich Medientechnik um 10.400, in der Mess-, Steuer- und Regeltechnik um 3.600, in der Pharmabranche um 2.700 und in der Medizintechnik um 2.300 Personen.

B. Strukturelle Besonderheiten

a. Verändertes Grundmuster

Interessant ist, dass Forschung und Entwicklung seit Mitte der 1990er Jahre offenbar ihre Grundmuster verändern. Vergleicht man zum Beispiel den Erholungsprozess bei Forschung und Entwicklung der zweiten Hälfte der 1990er Jahre mit früheren Erholungsprozessen, so zeigen sich deutliche Besonderheiten: „Dieser FuE-Aufschwung ist (…) in einem völlig anderen Licht zu sehen als der in den 1980er Jahren – sowohl was die Intensität angeht als auch die strukturellen Konsequenzen. Damals wurde FuE in der Breite als wichtiger unternehmerischer Aktionsparameter entdeckt und kräftig ausgeweitet. Diesmal haben die FuE-Kapazitäten ausgesprochen selektiv in Richtung der Spitzentechnologie und des Automobilbaus zugenommen."[112]

b. Die Rollen unterschiedlich großer Unternehmen im Innovationsprozess

Auch hinsichtlich der Unternehmensgröße ist eine Besonderheit bei Forschung und Entwicklung festzustellen (vgl. zum folgenden Tab. 4-5): diese Aktivitäten konzentrieren sich immer stärker bei großen Unternehmen. Die Unternehmen mit mehr als 1.000 Beschäftigte haben einen Anteil am Forschungs- und Entwicklungspersonal der Gesamtwirtschaft von rund drei Viertel. Nachdem dieses enorme Gewicht in der ersten Hälfte der 1990er Jahre leicht zurückgegangen war, nimmt es seit 1999 wieder zu. Demgegenüber verlieren die kleinen Unternehmen mit bis zu 100 Beschäftigten, deren

---

110 BuFo 2004, S. 477
111 Die hier zitierten Zahlen können aus der Tabelle nicht exakt abgelesen werden, da sie Teilbereiche der dort aufgeführten Wirtschaftszweige betreffen.
112 BuFo 2004, S. 478

Anteil über die letzte Dekade zwischen knapp sechs und 8,6 vH schwankte, in den letzten Jahren. Fasst man die kleinen und mittleren Unternehmen (bis zu 500 Beschäftigte) zusammen, so beträgt der Anteil der bei ihnen überhaupt Beschäftigten an allen Industriebeschäftigten rund 50 vH, während sie beim Forschungs- und Entwicklungspersonal lediglich einen Anteil von rund 18 vH zu verzeichnen haben, bei den internen Forschungs- und Entwicklungsaufwendungen der Unternehmen beträgt ihr Anteil sogar nur 13,5 vH.

Um das Innovationsgeschehen genauer zu durchleuchten, muss man berücksichtigen, dass nicht alle Unternehmen Forschung und Entwicklung betreiben. Es ist deshalb streng zwischen **forschenden Unternehmen** und dem Rest der Wirtschaft zu unterscheiden. In der Gesamtwirtschaft befasst sich nur jedes fünfte Unternehmen mit Forschungsaktivitäten, kann somit als „forschendes Unternehmen" bezeichnet werden. Nach Unternehmensgrößenklassen betrachtet nimmt der Anteil der forschenden Unternehmen an alle Unternehmen mit der Unternehmensgröße von 15 vH bei den kleinen Unternehmen auf 66 vH bei den ganz großen Unternehmen zu. Auch beim Indikator Anteil des Forschungs- und Entwicklungspersonals an allen Beschäftigten („FuE-Intensität") lässt sich dieses unternehmensgrößenbedingte Gefälle beobachten: die kleinen Unternehmen weisen einen Wert von 1,1. die großen einen von 8,1 vH auf.

Andererseits schneiden die kleinen und mittleren Unternehmen zusammengenommen (bis 500 Beschäftigte) bei den forschenden Unternehmen gegenüber dem Rest der Wirtschaft erheblich besser ab. Der Anteil der Unternehmen, die Forschung betreiben, beträgt in dieser Unternehmensgrößengruppe beachtliche 44 vH und liegt damit deutlich über dem bereits angesprochenen Durchschnitt bei allen Unternehmen von lediglich 20 vH. Das heißt Forschung und Entwicklung spielen in den Aktivitäten der forschenden kleinen und mittleren Unternehmen eine vergleichsweise starke Rolle. Besonders groß ist die Intensität von Forschung und Entwicklung bei den kleinen forschenden Unternehmen (bis 100 Beschäftigte): das Gewicht des Forschungs- und Entwicklungspersonals am Gesamtpersonal dieser Unternehmensgruppe liegt 2001 bei 8,5 vH, 1991 waren es sogar 9,1 vH. Nur die ganz großen Unternehmen mit 1.000 und mehr Beschäftigte, welche Forschung betreiben, kommen auf solche Werte (2001: 9,1 vH),während die Werte bei den mittleren Unternehmensgrößen (mit mehr als 100 und weniger als 1.000 Beschäftigten) zwischen 5 und 6 vH liegen. Allerdings ist zu beachten, dass die Gruppe der kleinen und mittleren Unternehmen hinsichtlich Forschung und Entwicklung keineswegs homogen ist, was schon die deutlich werdende Differenzierung der oben angesprochenen FuE-Indikatoren vermuten lässt. Das ist nicht verwunderlich, kommen doch in dieser Unternehmensgruppe ganz unterschiedliche Unternehmenseinheiten zusammen: Konzerntöchter, traditionelle Mittelstandsunternehmen, ausgegründete oder umgegründete Firmen, technologieorientierte Neugründungen etc. Deshalb verläuft Forschung in diesen Unternehmen viel weniger in langfristig ausgerichteten, kontinuierlichen Bahnen, sondern eher auf Projekte bezogen, fallweise und mit Unterbrechungen.

Tabelle 4-5: Struktur der FuE-Aktivitäten im Wirtschaftssektor 1991-2001

	1991	1993	1995	1997	1999	2001
Anteil am FuE-Personal in den Unternehmen						
weniger als 100 Beschäftigte	5,7	7,7	8,1	8,6	7,1	6,3
100 bis unter 500 Beschäftigte	12,1	11,0	11,7	11,4	11,2	11,6
500 bis unter 1.000 Beschäftigte	6,1	5,8	6,2	6,9	7,1	6,8
1.000 und mehr Beschäftigte	76,1	75,6	74,1	73,1	74,6	75,3
Anteil externer FuE-Aufwendungen der Wirtschaft						
insgesamt	10,2	12,2	10,5	13,3	14,9	17,0
Klein- und Mittelunternehmen	k.A.	8,5	8,1	8,4	8,2	11,9
Unternehmen mit mehr als 500 Beschäftigten	k.A.	12,4	10,5	14,1	15,5	17,5
Durchführung externer FuE der Wirtschaft						
Wirtschaft	62,9	65,4	59,9	64,0	68,3	71,0
Hochschulen	10,4	9,0	13,1	9,3	7,4	7,7
Sonstige FuE-Einrichtungen	8,8	6,8	8,6	5,6	4,1	4,0
Sonstige Inländer	1,5	1,3	3,3	2,1	1,4	0,9
Ausland	16,4	17,4	15,2	18,9	18,7	16,4
FuE-Intensität[1] forschender Unternehmen						
weniger als 100 Beschäftigte	k.A.	k.A.	8,8	9,1	8,6	8,5
100 bis unter 500 Beschäftigte	k.A.	k.A.	4,4	4,8	4,5	5,1
500 bis unter 1.000 Beschäftigte	k.A.	k.A.	4,7	5,7	5,1	5,9
1.000 und mehr Beschäftigte	k.A.	k.A.	7,2	8,1	8,9	9,1
insgesamt	k.A.	k.A.	6,6	7,4	7,5	8,0
Anteil forschender Unternehmen[2]						
weniger als 100 Beschäftigte	k.A.	k.A.	21	20	16	15
100 bis unter 500 Beschäftigte	k.A.	k.A.	34	31	30	29
500 bis unter 1.000 Beschäftigte	k.A.	k.A.	40	40	47	38
1.000 und mehr Beschäftigte	k.A.	k.A.	73	67	72	66
insgesamt	k.A.	k.A.	26	24	22	20
FuE-Intensität aller Unternehmen						
weniger als 100 Beschäftigte	k.A.	k.A.	1,5	1,5	1,2	1,1
100 bis unter 500 Beschäftigte	k.A.	k.A.	1,6	1,5	1,5	1,7
500 bis unter 1.000 Beschäftigte	k.A.	k.A.	1,9	2,2	2,4	2,3
1.000 und mehr Beschäftigte	k.A.	k.A.	7,0	7,5	8,4	8,1
insgesamt	k.A.	k.A.	3,9	4,0	4,1	4,2

Anmerkungen: 1) FuE-Personal in vH der Gesamtbeschäftigung 2) Forschende Unternehmen in vH aller Unternehmen; Quelle: BMBF (2004b), Zusammenstellung aus Tabellen S.16 und 17

Aus den skizzierten Forschungs- und Entwicklungsindikatoren kann man eine gewisse Rollen- bzw. **Arbeitsteilung zwischen unterschiedlich großen Unternehmen** in Forschung und Entwicklung ableiten:[113]

■ **Kleinen Unternehmen** werden hinsichtlich der Merkmale Beweglichkeit, Übernahme von Risiken und unkonventionelles Verhalten gegenüber größeren Unternehmen besondere Vorteile zugesprochen. Deshalb sind sie für die Befassung mit Spitzentechnologiegütern in besonderer Weise prädestiniert. Forschende Kleinunternehmen werden in vielen Fällen zur Bewältigung eines anspruchsvollen Innovationsprojektes erst ins Leben gerufen. All das erklärt ihre hohe Forschungsintensität von 8,5 vH. Diese Unternehmensgruppe beschäftigte 2001 insgesamt 13.400 Arbeitskräfte für Forschung und Entwicklung und gab für die Durchführung dieser Aufgaben rund 1,1 Mrd. Euro aus[114].

■ **Mittlere Unternehmen** (100 bis 500 Beschäftigte) sind in den herkömmliche Schwerpunkten deutscher Innovationstätigkeit aktiv, nämlich bei der Höherwertigen Technologie, und befassen sich dort vor allem mit der Umsetzung und Anwendung dieser Technologie in der Produktion. Diese Unternehmensgruppe, die in 2001 für FuE-Zwecke 3,5 Mrd. Euro ausgab und 32.000 Personen beschäftigte[115], weist deshalb bei den forschenden Unternehmen einen vergleichsweise geringen Wert der Forschungsintensität von gut 5 vH auf.

■ **Große Unternehmen** sind in der Lage, für die Realisierung großer Forschungsprojekte die erforderlichen Mittel zu mobilisieren. Zudem unterhalten sie in der Regel größere Forschungsabteilungen, welche sich systematisch, dauerhaft und deshalb routiniert mit Forschungs- und Entwicklungsproblemen befassen. Dies hat zur Folge, dass diese Unternehmensgruppe vor allem bei Verbesserungsinnovationen in bekannten Technologiefeldern besonders stark ist. Forschungtreibende Unternehmen mit 1.000 und mehr Beschäftigte gaben in 2001 insgesamt 34,7 Mrd. Euro für Forschung und Entwicklung aus und beschäftigten Forschungs- und Entwicklungspersonal im Umfang von 225.000 Personen[116], was einem Anteil an allen Beschäftigten von über 9 vH entspricht.

c. Kooperation und Auftragsvergabe in Forschung und Entwicklung

Nicht alle Forschungs- und Entwicklungsergebnisse werden von den Unternehmen im eigenen Hause erarbeitet und gewonnen. Das gilt auch für Unternehmen, welche über eigene Forschungs- und Entwicklungsressourcen verfügen. Forschungsprojekte werden zum Beispiel an andere Unternehmen oder an dafür spezialisierte Forschungs- und Entwicklungsinstitutionen im Auftrag vergeben. Oder Unternehmen kooperieren

---

113 vgl. BuFo 2004, S. 479 ff.
114 Quelle: BMBF (2004b) 18
115 Angaben zu FuE-Aufwendungen und -beschäftigten vgl. ebenda
116 Angaben zu FuE-Aufwendungen und -beschäftigten vgl. ebenda

mit anderen Firmen bei der Gewinnung neuer Erkenntnisse in gemeinsamen Forschungs- und Entwicklungsprojekten. Das Gewicht solcher externen Forschungs- und Entwicklungsaufwendungen der Wirtschaft liegt in 2001 bei rund 17 vH, das heißt jeder sechste Forschungs-Euro wird für Forschung „außer Haus" aufgewandt. Der Anteil externer Forschung und Entwicklung hat in den letzten beiden Dekaden spürbar zugenommen, er lag Ende der 1970er Jahre noch bei unter 6 vH, hat sich inzwischen somit in etwa verdreifacht. Allerdings wird diese Entwicklung vor allem von Großunternehmen getragen, während sich Klein- und Mittelunternehmen diesem **Trend der Forschungsvergabe und –kooperation** bis 1999 verschlossen und erst in jüngster Zeit auf diesen Zug aufsprangen.

Die **Ursachen** dieses Trends zu mehr externer Forschung und Entwicklung liegen in der wachsenden Komplexität der Forschungs- und Entwicklungsaufgaben, aber auch in dem Zwang, angesichts wachsender Forschungs- und Entwicklungskosten diese Gelder effizienter zu verwenden. Deshalb werden mehr Forschungsprojekte mit anderen Unternehmen gemeinsam durchgeführt oder ganz an dafür jeweils spezialisierte Dritte – Unternehmen mit speziellem Know-how, Hochschulen, außeruniversitäre Forschungseinrichtungen, ausländische Institutionen usw. – vergeben, während die eigenen Forschungsressourcen auf die „Kernkompetenzen" des Unternehmens konzentriert und ein Teil der bisherigen Forschungsabteilungen outgesourct werden.

Eine genauere Betrachtung der Kooperations- und Auftragsbeziehungen in Forschung und Entwicklung hinsichtlich der durchführenden Institutionen zeigt

- einen seit Anfang der 1990er Jahre im Trend stark steigenden Anteil von Unternehmen der Wirtschaft als Kooperationspartner, worin sich vor allem eine Intensivierung der Zusammenarbeit mit Zulieferern ausdrücken dürfte;

- einen rückläufigen Trend der Vergabe von Forschungsaufträgen an Hochschulen und außeruniversitären Einrichtungen, deren Anteil zusammengenommen in 1991 bei über 19, 1995 sogar noch bei fast 22 vH lag und bis 2001 auf nur noch 11,7 vH zurückgegangen ist;

- Institutionen im Ausland haben vor allem in der zweiten Hälfte der 1990er Jahre im Zuge der Globalisierung deutliche Zugewinne zu verzeichnen, die u.a. auch auf die Verlagerung von Forschungskapazitäten ins Ausland zurückgehen dürften.

d. Forschung und Entwicklungsaktivitäten deutscher Unternehmen im Ausland

Im Hinblick auf das zuletzt angesprochene Forschungs- und Entwicklungsengagement deutscher Unternehmen im Ausland bleibt festzuhalten, dass in 2001 deutsche Tochterunternehmen dort rund 11,9 Mrd. Euro an Forschungs- und Entwicklungsaufwendungen aufgebracht haben.[117] Gemessen an allen FuE-Aufwendungen deutscher

---

117 Vgl. hierzu und zum folgenden BMBF (2004a), 18ff.

Unternehmen mit FuE-Aktivitäten im Ausland sind das 34,5 vH. Im Zeitablauf betrachtet sind diese Aufwendungen in den Jahren 1999 bis 2001 schneller gestiegen als die inländischen FuE-Aufwendungen, wobei diese Zuwächse mittelfristig den Expansionsraten von Produktion und Absatz deutscher Unternehmen im Ausland entsprechen.

Zunehmende Forschung und Entwicklung im Ausland sind ein integrales Element des allgemeinen wirtschaftlichen Globalisierungsprozesses. Deutsche Unternehmen können sich auf den bedeutenden internationalen Märkten nur behaupten, wenn sie dort mittels Forschung und Entwicklung ganz eng die Entwicklung der Bedürfnisse der Kunden und die Veränderung der Märkte verfolgen und begleiten. Große Märkte, vor allem der der USA, fungieren als „lead markets"[118], in denen globale Nachfrageentwicklungen vorgezeichnet und Pionierinnovationen durchgesetzt werden. Unternehmen, die in solchen Märkten forschen, erhalten enorme innovative Impulse. Deshalb sind die Pharma- und die Automobilbranche als internationalisierungsoffensive Branchen auf diesen Märkten mit FuE stark vertreten. Forschungs- und Entwicklungsinvestitionen in diesen Ländern stärken die Wettbewerbs- und Wachstumskraft der deutschen Unternehmen und damit auch den Innovationsstandort Deutschland.

e. Die Rolle ausländischer Unternehmen bei Forschung und Entwicklung in Deutschland

Nicht nur inländische Unternehmen betreiben Forschungs- und Entwicklungsaktivitäten im Ausland, auch die umgekehrte Orientierung ist aus den genannten Vorteilen für die jeweiligen Unternehmen und Branchen zu beobachten: Ausländische Unternehmen spielen für Forschung und Entwicklung in Deutschland eine wichtige Rolle (vgl. zum folgenden Tab. 4-6). Im Jahre 2001 gaben die Tochtergesellschaften ausländischer Unternehmen hier zu Lande rund 11,5 Mrd. Euro für Forschungs- und Entwicklungszwecke aus und beschäftigten in diesem Bereich 73.000 Arbeitskräfte. Damit wendeten sie – gemessen an allen FuE-Aufwendungen in Deutschland – mehr als ein Viertel dieser Summe auf. Jeder vierte in Forschung und Entwicklung Beschäftigte arbeitet in Deutschland für ein ausländisches Unternehmen.

Das Engagement ausländischer Tochtergesellschaften konzentriert sich auf das Verarbeitende Gewerbe. Fast 40 vH der gesamten FuE-Aufwendungen werden im Fahrzeugbau aufgebracht. Mit Abstand folgen die Branchen Büromaschinen, DV-Geräte, Feinmechanik und Optik mit knapp 22 und die Chemieindustrie mit 17,4 vH der gesamten FuE-Aufwendungen. Eine ähnliche Struktur finden wir beim FuE- Personal ausländischer Tochterunternehmen: Der Fahrzeugbau führt mit einem Anteil von knapp 30 vH an dieser Gesamtheit, dicht gefolgt vom Zweig Büromaschinen etc. mit 28 vH. Die Chemieindustrie folgt mit einem großen Abstand mit 15,4 vH und der Maschinenbau mit 10,2 vH.

---

118 Vgl. dazu Abschnitt 6.1.5 dieses Buches

Das Forschungs- und Entwicklungsengagement ausländischer Tochterunternehmen in Deutschland hat im Zeitraum 1993 bis 2001 – gemessen am gesamten Forschungs- und Entwicklungspotenzial hier zu Lande – deutlich zugenommen: die FuE-Aufwendungen stiegen um fast 70 vH von einem Anteil von knapp 16 auf 26,5 vH in 2001. Das FuE-Personal ausländischer Unternehmen wuchs im Beobachtungszeitraum um gut 60 vH, von 15,1 auf 24,2 vH Anteil am gesamten FuE-Personal in Deutschland. In beiden Segmenten des Forschungs- und Entwicklungspotenzials waren der Fahrzeugbau und die Chemieindustrie die Branchen mit der stärksten Expansionsdynamik (hier bezogen auf 1997 bis 2001): Ausländische Tochterunternehmen haben ihre FuE-Aufwendungen in diesem Zeitraum im Fahrzeugbau um knapp 160 und in der Chemiebranche um über 120 vH gesteigert. Die Zuwächse beim FuE-Personal liegen im Fahrzeugbau bei knapp 94 und in der Chemie bei 63 vH.

4.3.2   Kennzahlen für Outputs des FuE-Prozesses

Der Output von Forschung und Entwicklung drückt sich aus in neuen mathematischen Formeln, neuen wissenschaftlichen Methoden und Theorien, in Inventionen und in Prototypen. Um die Effizienz der Nutzung der eingesetzten Forschungs- und Entwicklungsressourcen abschätzen zu können, braucht man geeignete Kennziffern für die Ergebnisse der Forschungs- und Entwicklungsaktivitäten. Hinsichtlich des Wissenschafts- und Forschungssystems ist eine wichtige Ergebnisgröße die Anzahl der „produzierten" wissenschaftlichen Publikationen pro Zeiteinheit. Hierin schlagen sich die bedeutenden Forschungsresultate einer Periode nieder. Eine andere Ergebnisgröße ist die Anzahl der hervorgebrachten Erfindungen. Diese ist nur zu erfassen, soweit Erfindungen auch tatsächlich zum Patent angemeldet werden. Das Volumen der Patentanmeldungen gibt somit zumindest Hinweise auf die Erfindungsaktivitäten des privaten und öffentlichen Wissenschafts- und Forschungssystems.

A. Wissenschaftliche Veröffentlichungsaktivität

Um den **Output des öffentlichen Forschungs- und Wissenschaftssystems** mit Hilfe der Publikationsproduktion messen zu können, wurden verschiedene Indikatoren entwickelt:

- ▓ die Anzahl der wissenschaftlichen Publikationen pro Jahr,

- ▓ das Veröffentlichungsvolumen pro Kopf der Bevölkerung eines Landes,

- ▓ die Häufigkeit, mit der eine Veröffentlichung von anderen Autorinnen und Autoren zitiert wird („Zitatrate"), und

- ▓ der Umfang der „Kopublikationen".

Tabelle 4-6:   *FuE-Aktivitäten ausländischer Unternehmen in Deutschland 1993-2001*

FuE-Potenzial ausländischer Unternehmen							
	1993	1995	1997	1999	2001	1997-01 in vH	1997-01 in vH
							(nach-richt-lich)
FuE-Gesamtaufwendungen in Mrd. €						Be-richts-kreis	Alle Unt.
Verarbeitendes Gewerbe	-	-	5,6	6,8	10,7	91,1	28
Chemie	-	-	0,9	1,2	2,0	122,2	14,0
Maschinenbau	-	-	0,5	0,6	0,8	60,0	20,0
Büromasch., DV-Geräte, FuO	-	-	2,1	2,2	2,5	19,0	29,0
Fahrzeugbau	-	-	1,7	2,4	4,4	158,8	37,0
Wirtschaft insgesamt	-	-	5,6	7,1	11,5	105,4	31,0
FuE-Personal in Vollzeitäquivalenten							
Verarbeitendes Gewerbe	-	-	46800	54700	68300	45,9	3,0
Chemie	-	-	6900	7900	11250	63,0	-11,0
Maschinenbau	-	-	5900	5900	7500	27,1	-5,0
Büromasch., DV-Geräte, FuO	-	-	17900	18800	20300	13,4	11,0
Fahrzeugbau	-	-	11200	16900	21700	93,8	8,0
Wirtschaft insgesamt	-	-	47500	56900	73200	54,1	7,0

Anteil ausländischer Unternehmen am FuE-Potenzial in vH							
	1993	1995	1997	1999	2001	1993-01 in vH	93-01 vH-Punkte
Wirtschaft insgesamt							
FuE-Gesamtaufwendungen	15,9	16,7	17,1	18,1	26,5	66,7	10,6
FuE-Personal	15,1	15,5	16,8	18,8	24,2	60,3	9,1
Verarbeitendes Gewerbe							
FuE-Gesamtaufwendungen	16,7	17,1	18,1	19,0	27,3	63,5	10,6
FuE-Personal	15,5	15,9	17,8	20,3	25,2	62,6	9,7

Quelle: BMBF (2004a) eigene Darstellung in Anlehnung an S. 30 und 32

a. Umfang wissenschaftlicher Publikationen pro Jahr

Das Volumen der wissenschaftlichen Publikationen pro Jahr bezieht sich auf Veröffentlichungen in international anerkannten Zeitschriften der Natur-, Ingenieur- und Medizinwissenschaften. Nach Angaben der OECD produzierten im Jahr 1999 die fünf OECD-Länder, die zusammen 79 vH der gesamten Forschungs- und Entwicklungsausgaben dieser Ländergruppe aufbrachten, allein 70 vH aller Publikationen, die durch OECD-Länder insgesamt im angegebenen Jahr hervorgebracht wurden. Eine wichtige Datenquelle für den Umfang von Publikationen und deren Bedeutung ist der **Science Citation Index** (s. Kasten „Der Science Citation Index - Was ist das?"). Nach Berechnungen des ISI-Instituts der Fraunhofer-Gesellschaft auf dieser Grundlage (vgl. Abb. 4-9) hatte Deutschland im Jahre 2001 einen Anteil von neun vH, innerhalb Europas knapp hinter Großbritannien (9,1 vH), aber deutlich vor Frankreich (6,6 vH) und Italien (4,6 vH). Die Länder der Europäischen Union hatten zusammen einen Anteil von 37,8 vH aller wissenschaftlichen OECD-Veröffentlichungen, vor den USA (32,1 vH) und weit vor Japan (10,2 vH).

Abbildung 4-9: *Anteile ausgewählter Länder an Publikationen*

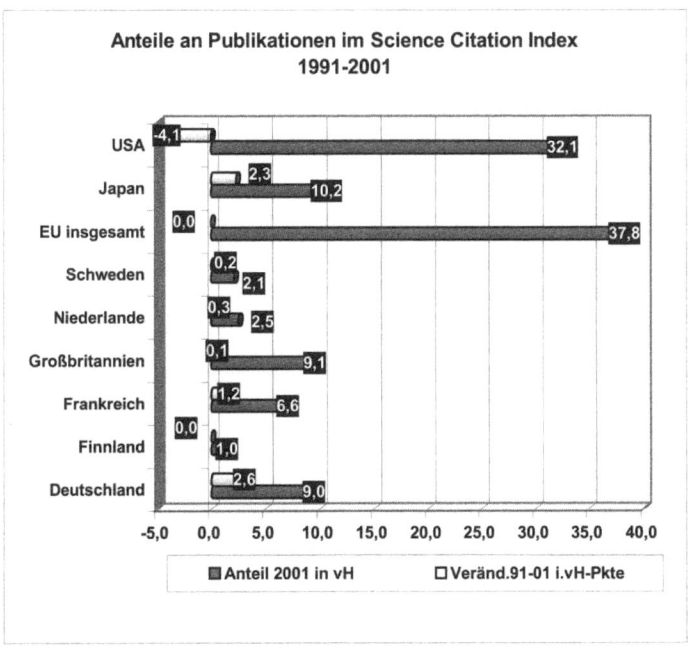

Quelle: eigene Darstellung in Anlehnung an BMBF (Technologischen Leistungsfähigkeit 2002), S. 183; eigene Berechnungen

Dabei zeigte sich im Verlaufe der 1990er Jahre eine Divergenz zwischen den Entwicklungen der Veröffentlichungstätigkeit der drei großen Wirtschaftsregionen des OECD-Raumes: Während das Publikationsvolumen der EU-Länder insgesamt sowie Japans zunahm, ist in den USA ein Rückgang zu verzeichnen. In Deutschland wuchs das wissenschaftliche Publikationsaufkommen im Beobachtungszeitraum per Saldo um 2,6, in Frankreich um 1,2 Prozentpunkte.

Der Science Citation Index - Was ist das?

Der Science Citation Index (SCI) wird seit 1963 von dem von Eugene Garfield gegründeten und lange Zeit geleiteten "Institute for Scientific Information" (ISI) in Philadelphia (USA) herausgegeben. Der SCI ist eine fachübergreifende Sammlung bibliographischer Daten aus Fachzeitschriften, die in gedruckter sowie maschinenlesbarer Form als Datenbank angeboten wird. Zum naturwissenschaftlich orientierten SCI kam 1973 der Social Science Citation Index (SSCI) und 1978 der Arts and Humanities Citation Index (A&HCI) dazu. Zur Erstellung wird zur Zeit insgesamt ein Kernsatz von zusammen 8000 Fachzeitschriften ausgewertet. Für die naturwissenschaftlichen Disziplinen einschließlich Medizin sind es rund 5300 Zeitschriften mit zur Zeit jährlich ca. 650.000 Veröffentlichungen und über 12 Millionen Zitierungen. Dieser Kernsatz umfaßt zwar nur etwa 10 vH der gegenwärtig weltweit periodisch erscheinenden wissenschaftlichen Zeitschriften, deckt damit aber mehr als 90 vH aller Zitierungen ab. Die Auswahl der Kernzeitschriften ist nicht statisch, sondern wird jährlich nach einer Reihe von Kriterien aktualisiert, wobei die Zitierhäufigkeiten eine wesentliche Rolle spielen.

Es scheint zunächst widersinnig, daß eine Datenbank, die selbst keine inhaltliche Wertung von Forschungsergebnissen vornimmt, trotzdem als Instrument für eine Bewertung geeignet sein kann. Doch es gibt ein wesentliches Merkmal, das den SCI von anderen Literatur-Datenbanken unterscheidet und ihn zugleich einmalig macht: In dieser Datenbank sind von jedem Originalartikel neben den bibliographischen Angaben (Titel, Autoren, Quelle) und dem Abstract (Inhaltskurzfassung) zusätzlich die Liste aller Literaturverweise (Referenzen) im Anhang der Publikationen gespeichert und suchbar. Dieser Referenzteil ist sozusagen das Markenzeichen des SCI, der damit die Doppelfunktion einer Literatur- und einer Referenzen-Datenbank einnimmt. Dadurch ist es möglich, alle Veröffentlichungen zu finden, die eine bestimmte Publikation (oder die Publikationen eines Wissenschaftlers, eines Instituts oder eines Fachgebietes usw.) zitieren.

Die Anzahl der Zitierungen ist ein direktes Maß für die Resonanz bzw. die Wirkung, die eine Publikation unter den Fachkollegen hervorruft. In diesem Zusammenhang sollte streng unterschieden werden zwischen Resonanz oder Wirkung einerseits und Bedeutung oder Qualität andererseits. Letztere Begriffe sind wesentlich durch Interessen und Wertvorstellungen geprägt und als relative Kategorien nicht objektiv und quantitativ meßbar. Dies gilt sicherlich in noch stärkerem Maße für die Eleganz einer Idee als Grundlage einer Publikation. Der nachfolgend gebrauchte Begriff „Bewertung" bezieht sich deshalb immer auf die Wirkung und nicht auf Qualität.

Quelle: Auszug aus MPG-Spiegel 3/ 1998

---

b. Wissenschaftliche Publikationen pro eine Million Einwohner

Die Gesamtzahl wissenschaftlicher Publikationen pro Jahr hängt u.a. mit der Bevölkerungsgröße eines Landes zusammen: je größer die Bevölkerung, desto größer die Zahl der Wissenschaftler und damit die Zahl wissenschaftlicher Veröffentlichungen. Um deshalb die „Effizienz" der wissenschaftlichen Publikationsproduktion eines nationalen Forschungs- und Wissenschaftssystems besser abschätzen zu können, ist es sinnvoll, die Bevölkerungsgröße aus der Betrachtung auszuschalten. Dies geschieht durch die Kennziffer „Wissenschaftliche Veröffentlichungen pro eine Million Einwohner" (vgl. Abb. 4-10) Hier zeigt sich, dass Japan und die USA mit rund 34.700 bzw. 17.800 Publikationen pro eine Mio. Einwohner weit vor den europäischen Ländern rangieren, welche pro eine Mio. Einwohner lediglich 818 Publikationen aufweisen. Deutschland liegt mit einer Zahl von 779 (zusammen mit Frankreich: 781) selbst unterhalb des europäischen Durchschnitts, weit hinter kleineren Ländern wie Schweden (1653) oder Finnland (1318), aber auch hinter Großbritannien (1147).

Abbildung 4-10: *Wissenschaftliche Veröffentlichungen nach ausgewählten Ländern*

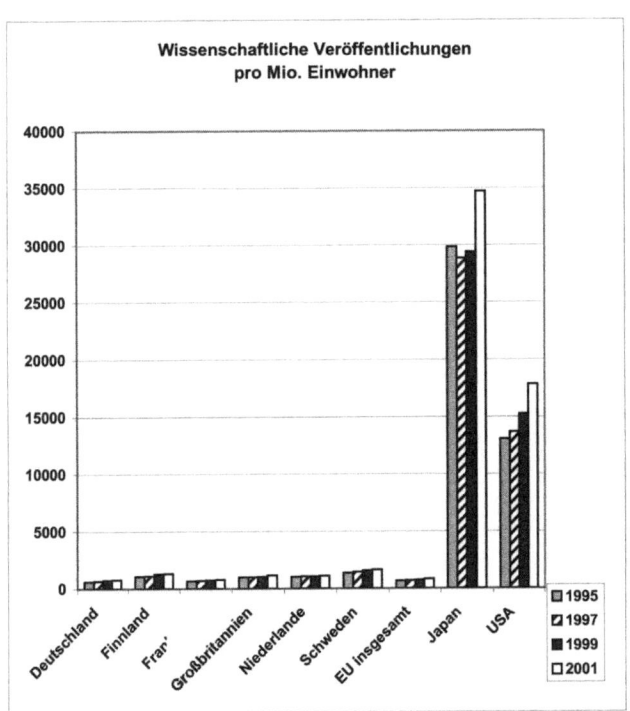

Quelle: eigene Darstellung in Anlehnung an BuFo 2004, S. 773

c. Die Zitatrate

Den weiteren Indikator „Zitatrate" (Anzahl der jährlichen Zitate pro Publikation) hat man entwickelt, um die Qualität wissenschaftlicher Publikationen herausarbeiten zu können. Dabei wird angenommen, dass die Qualität einer Publikation in einem engen Zusammenhang mit der Häufigkeit ihres Zitiertwerdens steht. Deutschlands Forschung weist hierbei für das Jahr 2000 einen Wert von 3,6 auf, mit steigender Tendenz in den 1990er Jahren, gleichauf mit Großbritannien, dessen Wert allerdings seit längerem stagniert.[119] Deutschlands Zitierrate liegt jedoch weit hinter dem Spitzenreiter Schweiz (5,0) und den USA (ca. 4,7), jedoch deutlich vor Frankreich (knapp 3,0 mit sinkender Tendenz) und Japan (ca. 2,4), dessen Zitierrate seit Anfang der 1990er Jahre stagniert.

d. Kopublikationen

Die Kennziffer „Kopublikationen" beinhaltet die Anzahl der Publikationen, die von mindestens einem deutschen Wissenschaftler zusammen mit einem Wissenschaftler aus einem anderen Land veröffentlicht werden.[120] Mit diesem Indikator sollen grenzüberschreitende Wissenstransfers erfasst werden, welchen im Rahmen des Prozesses der Internationalisierung von Forschung und Entwicklung ein immer höherer Stellenwert zukommt. Diese zunehmende Bedeutung zeigt sich auch in den erkennbaren Trends seit Mitte der 1990er Jahre: während die Anzahl der wissenschaftlichen Veröffentlichungen im Jahresdurchschnitt um knapp vier vH zunimmt, wachsen die Kopublikationen mit einer Jahresrate von ca. 8,2 vH. Überdurchschnittlich dynamisch (mit jahresdurchschnittlich 9,1 vH) entwickeln sich die Kopublikationen aus dem Bereich der Medizin, welche einen Anteil an allen Kopublikationen von rund 27 vH aufweisen. Durchschnittlich nehmen die Kopublikationen aus dem Bereich der Ingenieurwissenschaften zu (Anteil 32,4 vH), während die Kopublikationen aus dem Bereich der Lebenswissenschaften (Anteil: 39,1 vH) mit einem jahresdurchschnittlichen Wachstum von 6,1 vH unter dem Durchschnitt bleiben.

B. Patentanmeldungen

Mittels einer Patentanmeldung wird das von einem Erfinder produzierte neue Wissen vor der wirtschaftlichen Verwertung durch andere geschützt, so dass der Inventor in die Lage versetzt wird, sich die Früchte des eigenen Wissens durch kommerzielle Verwertung – zumindest für eine gewisse Zeit – allein anzueignen.[121] Patentanmeldungen erfolgen in der Regel in der Frühphase von Innovationsprozessen, auch wenn noch keine Produkte vorliegen, um das neu erfundene technische Prinzip zu schützen.

---

119 Werte der Zitierraten entnommen aus BuFo 2004, S. 501
120 Vgl. hierzu und zum folgenden Text ebenda, S. 500
121 Vgl. zum Patentsystem Abschnitt 3.8.4 dieses Buches

„Patente sind daher ein ‚Frühindikator' dafür, wo und wie viel neues, potenziell kommerziell verwertbares Wissen entstanden ist."[122]

Nicht allein die Unternehmen, in zunehmendem Maße meldet auch der **öffentliche Wissenschaftsbereich** Erfindungen zum Patentieren an.[123] An entsprechenden Patentzahlen lässt sich der Output an neuem Wissen abschätzen, den das öffentliche Wissenschaftssystem (Hochschulen, öffentlich getragene Institutionen der außerhochschulischen Forschung) für die Umsetzung in neue Produkte und Problemlösungen potenziell bereit stellt. Rund 6 vH aller deutschen Patentanmeldungen stammen aus der Wissenschaft und damit etwas mehr als noch Anfang der 1990er Jahre, als der Anteil bei fünf vH lag.[124] Der weitaus größte Teil der Patentanmeldungen kommt aus dem Hochschulsektor. Die Anmeldungen finden sich vor allem in wissensintensiven Technikfeldern, wo die Erschließung von Anwendungsmöglichkeiten zu einem guten Teil auch von Erkenntnissen der Grundlagenforschung abhängig ist. So ist es kaum überraschend, dass die Biotechnologie mit knapp 35 vH einen herausragenden Anteil an den Patentanmeldungen aus der Wissenschaft einnimmt. Es folgen die Bereiche Organische Chemie (ca. 17 vH), Werkstoffe (13 vH), Oberflächentechnik (13 vH) und Medizintechnik (knapp13 vH). Andererseits gibt es Technikfeldern, in denen die Patente der Wissenschaft nur eine geringe Rolle spielt, auffallend vor allem in der Telekommunikation und in der Datenverarbeitung (Anteile von jeweils unter 5 vH). Hier dominiert die Industrieforschung.

Für den **Wirtschaftssektor** bzw. die Unternehmen – vor allem für diejenigen, die weltweit operieren – sind Patente eine „strategische Waffe" im globalen Innovationswettbewerb. Dabei sind Patente nicht in jeder Branche und für jedes Unternehmen das wichtigste Instrument, um technologisches Wissen zu schützen. Es gibt andere – nichtformalisierte Möglichkeiten des Schutzes, zum Beispiel durch Geheimhaltung des neuen Wissens oder durch fortschreitende Spezialisierung des Wissens, so dass eine Imitation durch Konkurrenten aufgrund von Wissensdefiziten bei diesen nicht möglich ist. Durch Aufrechterhaltung eines technologischen Vorsprungs kann der Wissensschutz dauerhaft gewährleistet werden, da nach dem „Hase-Igel-Konzept" die Konkurrenten keine Chance des Einholens erhalten.. Eine andere Schutzstrategie ist die Konzentration auf individuelle, kundenspezifische Problemlösungen, welche für andere Kunden irrelevant sind. Als Schutzstrategie angewandt wird nicht zuletzt die immer komplexere Gestaltung des Produktangebotes. Vor diesem Hintergrund ist es nicht überraschend, dass ein erheblicher Teil der innovierenden Unternehmen keine Patenschutz-Strategie praktizieren; das gilt immerhin für ein Drittel innovierender Industriefirmen und gar für jedes zweite Dienstleistungsunternehmen.

---

122 BMBF (Technologische Leistungsfähigkeit 2002), S. 66
123 Vgl. dazu auch Anschnitt 3.11.5 dieses Buches
124 Vgl. BuFo 2004, S. 502

Wichtige Kennziffern für das Patentgeschehen in der Wirtschaft sind:

a.   Die Anzahl der durch die Wirtschaft eines Landes angemeldeten „Triade-Patente"
b.   Die Zunahme der „Triade-Patente" im Zeitablauf
c.   Die Zahl der „Triade-Patente" pro Kopf der Bevölkerung des Landes
d.   Die technologische Ausrichtung der Patente
e.   „Kopatente"

a. Anzahl der „Triade-Patente"

Die Kennziffer „Triade-Patente" beinhaltet simultane Patentanmeldungen bei den zentralen Patentämtern in Europa, in den USA und in Japan. Die Kennziffer erfüllt aus Sicht der Beobachter des Innovationsgeschehens bestimmte Funktionen: Zum einen haben die erfassten Anmeldungen Bedeutung für den Weltmarkt. Damit wird – zweitens – angenommen, dass die angemeldeten Innovationen auch unter wirtschaftlichen und technologischen Kriterien besonders bedeutsam sind. Drittens geben sie Hinweise auf Wachstumschancen auf besonders innovativen Marktfeldern und viertens schlägt sich in ihnen die internationale Orientierung der patentierenden Firmen nieder.

Abbildung 4-11:   *Triadepatente 1990-2000*

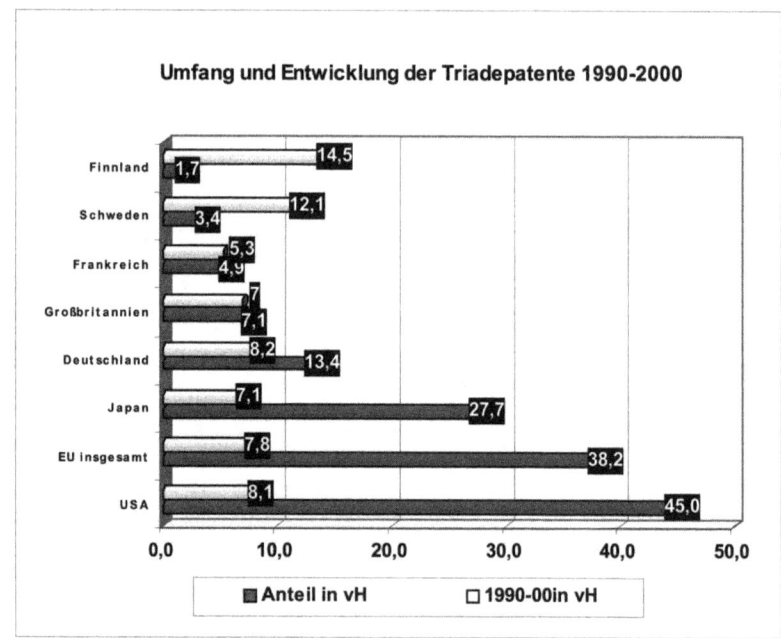

Quelle: eigene Darstellung in Anlehnung an BMBF (Technologische Leistungsfähigkeit 2002), S. 68; eigene Berechnungen

---

Im Jahre 2000 gab es insgesamt fast 80.000 Patentanmeldungen, welche den Charakter von „Triade-Patenten" erfüllt (vgl. Abb.: 4-11) Der größte Anteil der Anmeldungen, 45 vH, stammte von US-amerikanischen Unternehmen, gefolgt von Anmeldungen aus der europäischen (gut 38 vH) und japanischen Wirtschaft (knapp 28 vH). Innerhalb Europas weisen sich deutsche Unternehmen mit einem 13,4-prozentigem Anteil als patentaktivste Gruppe aus, mit weitem Abstand vor britischen (gut sieben vH), französischen (knapp fünf vH) und schwedischen Unternehmen (3,4 vH).

b. Entwicklung der „Triade-Patente"

Hinsichtlich der Dynamik des regionalen Patentgeschehens über die 1990er Jahre ergibt sich ein anderes Bild. Zwar hat sich die Patentdynamik seit Anfang der 1990er Jahre gegenüber der vorangehenden Dekade erneut belebt, allerdings mit erheblichen regionalen Unterschieden: Die skandinavischen Länder Finnland und Schweden legen bei Patentanmeldungen im Betrachtungszeitraum 1990 bis 2000 eine ungeheure Wachstumsdynamik vor, die jahresdurchschnittlichen Zuwachsraten ihrer Patentanmeldungen liegen bei 14,5 bzw. 12,1 vH und damit weit über dem globalen Durchschnitt. Die Wirtschaft der USA und die der EU weisen jährliche Zuwachsraten von lediglich 8,1 bzw. 7,8 vH auf, Japan bleibt mit einem Wert von 7,1 vH deutlich zurück. Zu ergänzen sind die beachtlichen Wachstumsraten zweier Länder, welche nicht in der Abbildung erfasst wurden: in Südkorea „explodieren" die Patenaktivitäten geradezu mit jährlichen Raten von 30 vH, allerdings von einer sehr niedrigen Ausgangsbasis aus; Kanada weist Expansionsraten von gut 14 vH auf. Innerhalb Europas liegt die deutsche Wirtschaft mit Wachstumsraten von durchschnittlich gut 8 vH über dem europäischen Durchschnitt, gefolgt von Großbritannien mit Zuwachsraten von sieben vH und Frankreich mit 5,3 vH.

c. „Triade-Patente" pro eine Mio. Einwohner

Mit Hilfe des Indikators „Triade-Patente pro eine Mio. Einwohner" kann man wiederum den teils erheblichen Unterschieden der Bevölkerungsgröße der Länder Rechnung tragen, wobei natürlich wirtschaftsstarke Länder mit geringen Bevölkerungsgrößen im Vorteil sind. Bei diesem Indikator erzielt von den in der Abbildung 4-12 erfassten Ländern Finnland den herausragenden Spitzenwert von 292 Anmeldungen pro einer Million Einwohner in 2001. Es folgt Schweden mit einem Wert der Kennziffern von 257, wobei anzumerken bleibt, dass Schweden bis 1997 das führende Land war und erst in den Jahren danach von Finnland überholt wurde. Als drittstärkstes europäisches Land bei diesem Indikator folgt Deutschland (127) vor Großbritannien (92) und Frankreich (66). Der europäische Durchschnitt liegt bei 80 Triade-Anmeldungen pro eine Million Einwohner, weit hinter Japan (164) und den USA (111).

Festzuhalten bleibt, dass gemäß dieser Kennziffer die Patentaktivitäten in allen Wirtschaftsregionen der OECD – nach einer Flaute vor allem in den 1980er Jahren – seit Mitte der 1990er wieder Jahre dynamisch wachsen. Dies ist Ausdruck unterschiedlicher Faktoren, die zusammenwirken und im Ergebnis dazu führen, dass der Patentschutz eine größere Bedeutung erlangt: der verschärfte globale Innovationswettbewerb sowie die größere Bedeutung von Patenten beim Austausch von Lizenzen und bei der Übernahme von Unternehmen. Eine nicht unwesentliche Rolle dürften auch die größere Effizienz bei der Umsetzung von Forschungs- und Entwicklungsaufwendungen, die Verbesserung der Durchsetzbarkeit von geistigen Eigentumsrechten im internationalen Rahmen sowie Gebührensenkungen bei Patentämtern spielen.[125]

Abbildung 4-12:   *Weltmarktrelevante Patente*

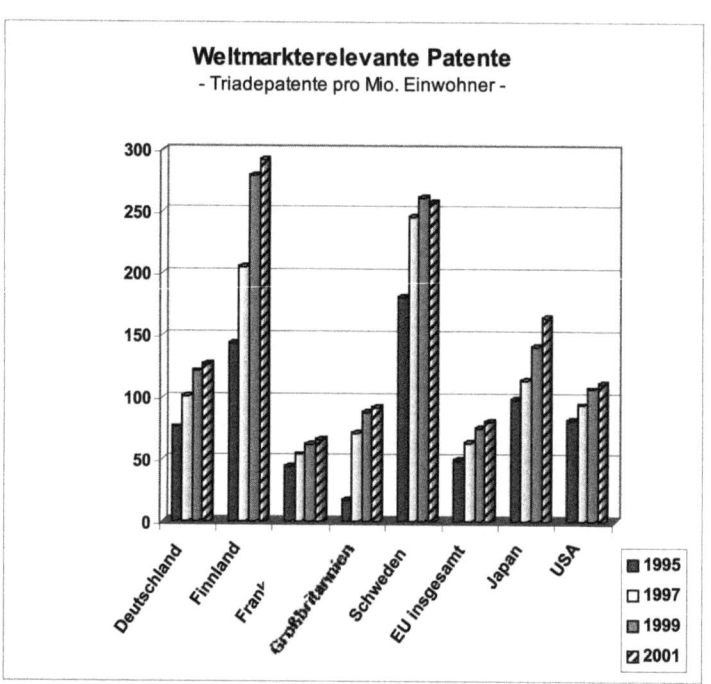

Quelle: eigene Darstellung in Anlehnung an BuFo 2004, S. 773

---

125 Vgl. BMBF (Technologische Leistungsfähigkeit 2002), S. 69

d. Technologische Ausrichtung der Patente

Es ist für die wirtschaftliche Bedeutung des Patentgeschehens nicht nur wichtig, welche Weltmarktrelevanz die Patentanmeldungen besitzen, auch die Frage, in welchen Technikfeldern Erfindungen hervorgebracht und als Patente angemeldet werden, also welche technologische Ausrichtung die Inventionen besitzen, spielt eine herausragende Rolle. Vorsprünge in internationalen „Fronttechnologien", welche weltweit kaum erforscht und erschlossen sind, bergen die größten wirtschaftlichen Potenziale. Deshalb müssen in diesem Zusammenhang die forschungsintensiven Güter- und Wirtschaftsbereiche in den Mittelpunkt der Aufmerksamkeit gerückt werden. [126]

Als Indikator für die technologische Spezialisierung wird der **„Relative Patentanteil"** (RPA) zugrunde gelegt. Hiermit wird der Anteil der Patentanmeldungen an einer Technologiegüterklasse gemessen am Anteil der Patentanmeldungen dieses Landes an allen Patenten. Ist das Vorzeichen des errechneten Werte positiv, so ist das Land bei den Patentanmeldungen in der betreffenden Technologiegüterklasse überdurchschnittlich vertreten, weist somit eine entsprechende Spezialisierung auf. Als Datenbasis wird bei dieser Analyse aus methodischen Gründen („Vermischungseffekte„, „Verzerrungen"[127]) nicht auf „Triade-Patente", sondern auf die Patentanmeldungen bei einem ausgewählten Patentamt, hier dem Europäischen Patentamt, zurückgegriffen.

Deutlich überdurchschnittliche Gewichte bei den forschungsintensiven Güterklassen weisen die USA und Finnland mit einem RPA-Wert von jeweils plus 11 sowie – mit großem Abstand – Großbritannien (plus 5) auf (s. Abb. 4-13). Demgegenüber haben die EU-Länder im Durchschnitt erhebliche Schwächen (minus 8), vor allem durch die Defizite der beiden wirtschaftsstärksten EU-Länder Deutschland (minus 9) und Frankreich (minus 8).

Die Differenzierung nach einzelnen **Technologiegüterklassen** zeigt, dass die Schwächen Deutschlands in der technologischen Ausrichtung der Erfindungs- und Patentaktivitäten im Bereich der **Spitzentechnologien**, zu denen vor allem die IuK-Technologien einschl. IuK-geprägte Elektrotechnik, die Pharma- sowie die Medizintechnologien gezählt werden, zu suchen sind. Seit Anfang der 1990er Jahre ist hier allenfalls eine geringfügige Verbesserung zu beobachten. Die Stärken Finnlands in den forschungsintensiven Bereichen beruhen ebenso wie die der USA auf den Spitzentechnologien. Demgegenüber hat Japan seine starke Position seit Anfang der 1990er Jahre verloren.

Anders liegt die Situation bei den **Hochwertigen Technologien**, welche vor allem den Fahrzeugbau, den Maschinenbau, die traditionelle Elektrotechnik und hochwertige Instrumente umfassen. Bei diesen anwendungsorientierten Technologien sind Deutschland und Japan in einer starken Position, die sie seit Anfang der 1990er Jahre

---

126 Zur Definition und Klassifikation der forschungsintensiven Güter und Branchen s. o. Kasten „Forschungsintensive Wirtschaftszweige"
127 Vgl. BMBF (Technologische Leistungsfähigkeit 2002), Fußnote 6, S. 69

sogar noch ausbauen konnten. Demgegenüber haben sich die Positionen der USA und vor allem Finnlands in diesem Technologiesegment verschlechtert, beide Länder – wie übrigens auch eindrucksvoll Südkorea, Kanada, Schweden und Großbritannien – spezialisieren sich eindeutig im Spitzentechnologiebereich.

Abbildung 4-13: *Patentspezialisierung*

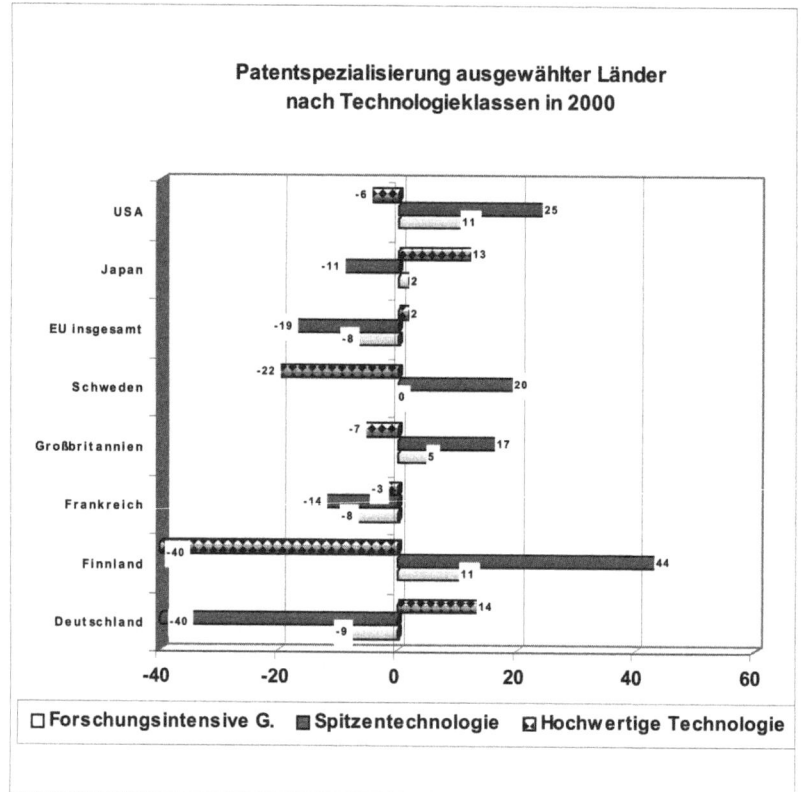

Quelle: eigene Darstellung in Anlehnung an BMBF (Technologische Leistungsfähigkeit 2002), S. 70

---

e. Kopatente

Erfindungen werden immer weniger durch einzelne Erfinderpersönlichkeiten oder durch Forschungsgruppen aus einzelnen Unternehmen „produziert", sondern zunehmend auch auf der Grundlage der Zusammenarbeit von Inventoren unterschiedlicher Länder. Kooperation erfolgt zum Beispiel innerhalb von multinationalen Unternehmen, die über mehrere, auf verschiedene Länder verteilte Forschungsstandorte verfügen. Zusammenarbeit in der Forschung findet auch in gemeinsamen, grenzüberschreitenden Forschungsprojekten verschiedener Firmen statt. Erfindungen, die auf der Grundlage solcher grenzüberschreitenden Kooperationen entstanden sind und zum Patent angemeldet werden („co-inventing" und „co-patenting"), nennt man Kopatente. Deren Gewicht hat seit Anfang der 1990er Jahre im Rahmen des gesamten Patentgeschehens deutlich zugenommen.

Das jeweilige Gewicht von Kopatenten hängt von verschiedenen Faktoren ab, wobei zu vermuten ist: Je kleiner ein Land, je geringer sein Innovationspotenzial, je größer die geographische Nähe zu forschungsstarken Regionen, je stärker die industrielle Spezialisierung und je größer die Zahl der multinationalen Unternehmen, desto größer ist das Gewicht von Patenten, die auf der Grundlage grenzüberschreitenden Wissenstransfers und von Forschungskooperation entstehen. Um die quantitative Bedeutung von Kopatenten für einzelne Länder deutlich und erfassbar zu machen, wird ihre Anzahl pro Jahr auf die Gesamtheit aller Patente bezogen. Wir haben hier die **Anzahl der Kopatente je 100 Patentanmeldungen** als Kennziffer gewählt (vgl Abb. 4-14).

Abbildung 4-14: Kopatente im internationalen Vergleich

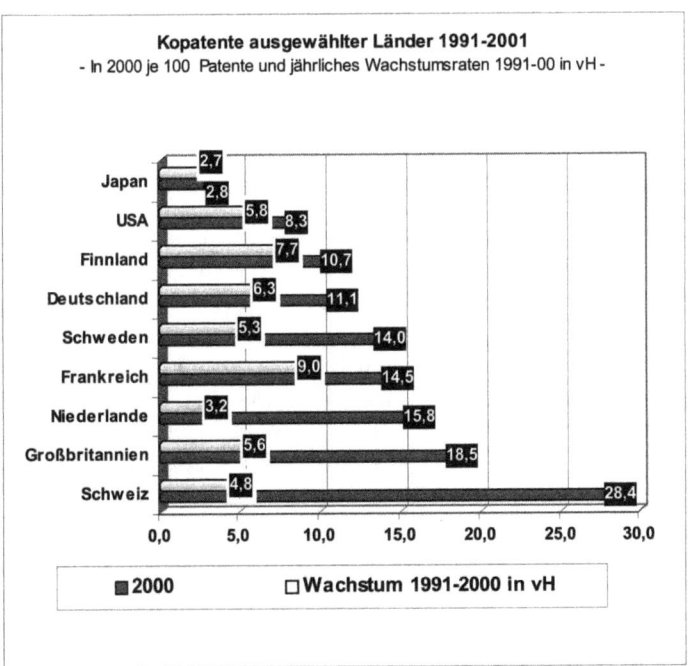

Kopatente ausgewählter Länder 1991-2001
- In 2000 je 100 Patente und jährliches Wachstumsraten 1991-00 in vH -

Land	2000	Wachstum 1991-2000 in vH
Japan	2,8	2,7
USA	5,8	8,3
Finnland	7,7	10,7
Deutschland	6,3	11,1
Schweden	5,3	14,0
Frankreich	9,0	14,5
Niederlande	3,2	15,8
Großbritannien	5,6	18,5
Schweiz	4,8	28,4

■ 2000   □ Wachstum 1991-2000 in vH

Quelle: eigene Darstellung in Anlehnung an BMBF (Technologische Leistungsfähigkeit 2002), S. 72 sowie BuFo 2004, S. 507

Für das Jahr 2000 zeigt der Wert dieses Indikators, dass Kopatente in Japan nur eine sehr geringe Rolle spielen, während sie für die Schweiz von herausragender Bedeutung sind (Wert: 28,4). Zwischen diesen beiden Extremen liegen die USA (8,3 Kopatente je 100 Patente) sowie andere europäische Länder mit durchaus beachtlichen Werte, vor allem Großbritannien (18,5), die Niederlande (15,8), Frankreich (14,5) und Schweden (14,0). In Deutschland und Finnland ist demgegenüber nur jedes neunte Patent ein Kopatent.

Dass das Gewicht von Kopatenten an allen Patentaktivitäten zugenommen hat, wird bei der Analyse der Entwicklung in den 1990er Jahren deutlich. Besonders dynamisch verläuft die Expansion in Frankreich und Finnland mit jahresdurchschnittlichen Zuwachsraten von 9,0 bzw. 7,7 vH, gefolgt von Deutschland (6,3 vH) und den USA (5,8 vH). Am intensivsten und dynamischsten wird bei Forschung und Entwicklung in den Sektoren Chemie und Elektrotechnik kooperiert.[128] Hinsichtlich der Triebkräfte der zunehmenden kooperativen Forschungs- und Erfindertätigkeit ist zu vermuten, dass hier verschiedene Faktoren zusammenwirken: der zunehmende Querschnittscharakter der neuen Technologien und die wachsende Spezialisierung der forschenden Unternehmen sowie der einzelnen Forschungsinstitutionen und Forschungslabors. „Damit steigt der Bedarf an netzwerkorientierten Kooperationen: Dies hilft einerseits, die FuE-Kosten und das FuE-Risiko im Griff zu behalten und ermöglicht andererseits den Zugriff auf komplementäres Wissen. Deshalb ist die Kooperationsintensität im Sektor ,Spitzentechnologie' besonders hoch. Die zunehmende internationale Arbeitsteilung und Globalisierung eröffnet zusätzliche Möglichkeiten."[129]

4.3.3   Kennzahlen für Outputs des Innovationsprozesses

Wir haben gelernt: Erfolgreiche Forschungs- und Entwicklungsaktivitäten resultieren in neuen Formeln, wissenschaftlichen Methoden, Erklärungsansätzen für bislang unbekannte Phänomene, Problemlösungskonzepten, Prototypen und Erfindungen. Diese Formen neuen Wissens schlagen sich zum Teil in Patentanmeldungen durch das Wissenschaftssystem oder durch die Wirtschaft nieder. Damit erreichen sie jedoch noch immer keinen „Zustand", der ihnen wirtschaftliche Relevanz verschafft. Hierzu ist unternehmerisches Verhalten erforderlich, das heißt der Wille, die Bereitschaft und die Fähigkeit, dieses neue Wissen in neue Produktions- oder Konsumgüter, in neue Dienstleistungen oder neue Produktionskonzepte umzusetzen. Unternehmerisches Innovationsverhalten strebt nach kommerzieller Nutzung des neuen Wissens und damit nach der Schaffung neuer Marktangebote. Je konsequenter sich Unternehmen innovatorisch verhalten und je größer die Anzahl innovierender Unternehmen in der Wirtschaft ist, desto größer sind die dadurch generierten wirtschaftlichen Impulse in einem Lande pro Zeitperiode, welche sich in Form von steigender Wertschöpfung,

---

128   Vgl. BMBF (Technologische Leistungsfähigkeit 2002) Fußnote 10, S. 73.
129   Ebenda

Produktivitätsfortschritten und neuen Arbeitsplätzen niederschlagen. Auch die Gründung neuer technologieorientierter Unternehmen ist ein Ausdruck und eine Form, neues technologisches Wissen für Wirtschaft und Gesellschaft fruchtbar zu machen.

A. Methodische Grundlagen und Messziffern

Für die Innovationsforschung besteht die Aufgabe, diese Zusammenhänge zu modellieren und messbar zu machen. Dazu sind fest vereinbarte Kategorien, Begriffe und Kennziffern notwendig, um in verschiedenen Ländern und im Zeitablauf eine einheitliche Datenerfassung zu gewährleisten. Zuallererst ist es notwendig, sich auf praktikable Begriffe zu verständigen.

Gemäß Oslo Manual (1997, § 129) gelten folgende Definitionen:

a. Innovationen

„sind neue oder merklich verbesserte Produkte oder Dienstleistungen, die auf dem Markt eingeführt worden sind (Produktinnovationen), oder neue oder verbesserte Verfahren, die neu eingesetzt werden (Prozessinnovationen)" [130]

Um Innovationen hervorbringen zu können, reichen Forschungs- und Entwicklungsaktivitäten nicht aus, es müssen zusätzliche Anstrengungen bzw. Aufwendungen zum erfolgreichen Innovieren hinzukommen, welche unter dem Begriff „Innovationsaufwendungen" zusammengefasst werden:

b. Innovationsaufwendungen

„(...) sind mehr als Aufwendungen für FuE; sie enthalten zusätzlich bspw. Lizenzgebühren, Investitionen und Weiterbildungsmaßnahmen zur Umsetzung von FuE-Ergebnissen u.Ä."[131] Weitere Beispiele für Innovationsaufwendungen, welche über FuE-Aufwendungen hinausgehen, sind Aufwendungen für das Produktdesign, die Produktionsvorbereitung, den Kauf von Sachanlagen und für die Markteinführung. „Die Innovationsaufwendungen geben die Höhe der Aufwendungen an, die Unternehmen für laufende, abgeschlossene und abgebrochene Innovationsprojekte innerhalb eines Jahres getätigt haben (...)"[132] Im Rahmen der Kennziffer unterscheidet man zwischen **laufenden Innovationsausgaben** einerseits, **Investitionen für Innovationen** andererseits.

Nicht nur die monetären Innovationsaufwendungen sind für die Quantifizierung von Innovationsprozessen relevant, auch das **Gewicht der innovierenden Unternehmen**, gemessen an der Gesamtzahl der Firmen einer Wirtschaft, ist ein wichtiger Innovationsindikator:

---

130 In Anlehnung an BuFo 2004 599
131 Ebenda
132 Rammer (2002), S. 6

c. Der Innovatoren-Anteil

misst den Anteil der Unternehmen, „die in einem Dreijahreszeitraum zumindest ein Innovationsprojekt erfolgreich abgeschlossen haben, wobei zwischen Produkt- und Prozessinnovationen unterschieden wird."[133] Es gibt somit Produktinnovatoren und Prozessinnovatoren.

Produktinnovatoren sind vor allem Unternehmen, welche Marktneuheiten, das heißt erstmals auf dem Markt eingeführte Produkte, hervorbringen. Um das Gewicht solcher risikofreudigen Unternehmen zu quantifizieren, setzt man sie ins Verhältnis zur Unternehmensgesamtheit (**Kennziffer: „Anteil der Unternehmen mit Marktneuheiten"**).

Prozessinnovatoren sind Unternehmen, welche erstmals ein neues Produktionsverfahren einführen, was in der Regel Kostensenkungen bewirkt. Deshalb dokumentiert der **Anteil der innovierenden Unternehmen mit Kostenreduktion** die Innovationsneigung bei der Modernisierung des Produktionsapparates.

Hinsichtlich der Outputseite des Innovationsprozesses gilt es schließlich, den **Innovationserfolg** zu quantifizieren. Hier misst man einerseits den Umsatzanteil, der von der Wirtschaft mit Marktneuheiten erzielt wird (**„Umsatzanteil mit Marktneuheiten"**), zum anderen den Kostenreduktionsanteil, der durch Prozessinnovationen bewirkt wurde (**„Kostenreduktionsanteil durch Prozessinnovationen"**).

Das Mannheimer Innovationspanel (MIP)

„Das MIP ist eine Panelstudie, das heißt es wird jedes Jahr dieselbe Stichprobe von Unternehmen angeschrieben, alle zwei Jahre aufgefrischt um eine Zufallsstichprobe an Unternehmensgründungen. Befragt werden rechtlich selbständige Unternehmen ab 5 Beschäftigte. Die Befragung erfolgt mittels schriftlichen, vollstandardisierten Fragebogens. Für die Auswertung stehen jedes Jahr die Antworten von 4.000 bis 5.000 Unternehmen des verarbeitenden Gewerbes und des Dienstleistungssektors zur Verfügung. Die Konzeption der Befragung und die Begriffsdefinitionen halten sich eng an die Empfehlungen des „Oslo-Manuals" der OECD zu Innovationserhebungen. Auf Basis der nach Branchengruppen, Größenklassen und Regionen (West- und Ostdeutschland) geschichteten Stichprobe werden die Befragungsergebnisse auf die Grundgesamtheit aller Unternehmen in Deutschland hochgerechnet. Alle folgenden Auswertungen stellen auf die Grundgesamtheit hochgerechnete Werte dar (...).

Die Innovationserhebung im Rahmen des MIP ist bemüht, eine über die Zeit konsistente Erhebungsmethode und damit intertemporale Vergleiche im Innovationsverhalten zu gewährleisten. Gleichzeitig ist das MIP auch der deutsche Beitrag zu den Community Innovation Surveys (CIS) der Europäischen Kommission, die in den Jahren 1993, 1997 und 2001 stattfanden. Die Teilnahme an den CIS erforderte jeweils Anpassungen an die europaweit harmonisierte Erhebung im Bereich von Fragestellungen und Fragebogenaufbau, wodurch die Vergleichbarkeit mit den jeweiligen Vorjahreserhebungen beeinträchtigt wird. Dies gilt insbesondere für das Berichtsjahr

---

133 Ebenda

2000. Hier kam es bei einzelnen Variablen (Anteil der Unternehmen mit Produkt- bzw. Prozessinnovation, Umsatzanteil mit Produktneuheiten) zu einem geänderten Antwortverhalten. Dadurch liegen für diese Indikatoren keine Werte für das aktuellste Berichtsjahr 2000 vor."

Quelle: Rammer (2002), S. 5

B. Datenbasis

Zu den skizzierten Innovations-Kennzahlen findet man jeweils Jahreswerte in den jüngeren Bundesforschungsberichten, und zwar differenziert nach den Sektoren „Bergbau und Verarbeitendes Gewerbe" einerseits, „Unternehmensnaher Dienstleistungssektor" und „Distributiver Dienstleistungssektor" andererseits. Zum Unternehmensnahen Dienstleistungssektor zählen die Zweige Banken- u. Versicherungswesen, EDV- und Telekommunikationsdienstleistungen, technische Dienstleistungen, nicht technische Beratungsdienstleistungen (Rechts-, Steuer- und Unternehmensberatung, Werbung), Gebäudereinigung, Abwasser- und Abfallbeseitigung. Zu den Distributiven Dienstleistungen werden gerechnet Handel und Verkehr einschl. Post- und private Kurierdienste sowie Grundstücks- und Wohnungswesen und Vermietung beweglicher Sachen ohne Bedienpersonal. Die Datenreihen liegen für den industriellen Wirtschaftsektor seit 1993, für den Bereich der Unternehmensnahen Dienstleistungen seit 1996 und den der Distributiven Dienstleistungen seit 2000 vor. Die Daten werden jedes Jahr durch das Mannheimer Zentrum für Europäische Wirtschaftsforschung (ZEW), und zwar im Rahmen des **„Mannheimer Innovationspanels (MIP)"** (s. Kasten) erhoben.

C. Empirische Befunde

Wir wollen hier exemplarisch auf die wichtigsten Indikatoren für den Industriesektor (einschl. Bergbau) und den Sektor der Unternehmensnahen Dienstleistungen eingehen.

a. Innovatoren-Anteile

Im Sektor Bergbau und Verarbeitendes Gewerbe waren von den 61.400 Unternehmen im Jahre 2002 knapp 58 vH mit Innovationen befasst, im Unternehmensnahen Dienstleistungssektor war es jedes zweite von 110.000 Firmen (vgl. Abb.: 4-16). Dies zeigt, dass Innovationsaktivitäten für die Mehrheit der Unternehmen in forschungs- und wissensintensiven Bereichen der Wirtschaft zu einem genuinen Element der Unternehmenspolitik avanciert ist. Allerdings war die Innovationsneigung der Wirtschaft in den Boomjahren der „new economy" besonders stark ausgeprägt und hat in den letzten Jahren nachgelassen. Im Vergleich zu 1999 haben in beiden großen Wirtschaftsbereichen die Unternehmen ihre Innovationsaktivitäten zurückgenommen, der Anteil der Innovatoren ist deutlich rückläufig, während wir in den Jahren davor – zumindest im Industriesektor – zwischen 1995 und 1999 ein stark steigendes Gewicht innovierender Unternehmen feststellen konnten.

Abbildung 4-15: *Innovationsverhalten der Wirtschaft*

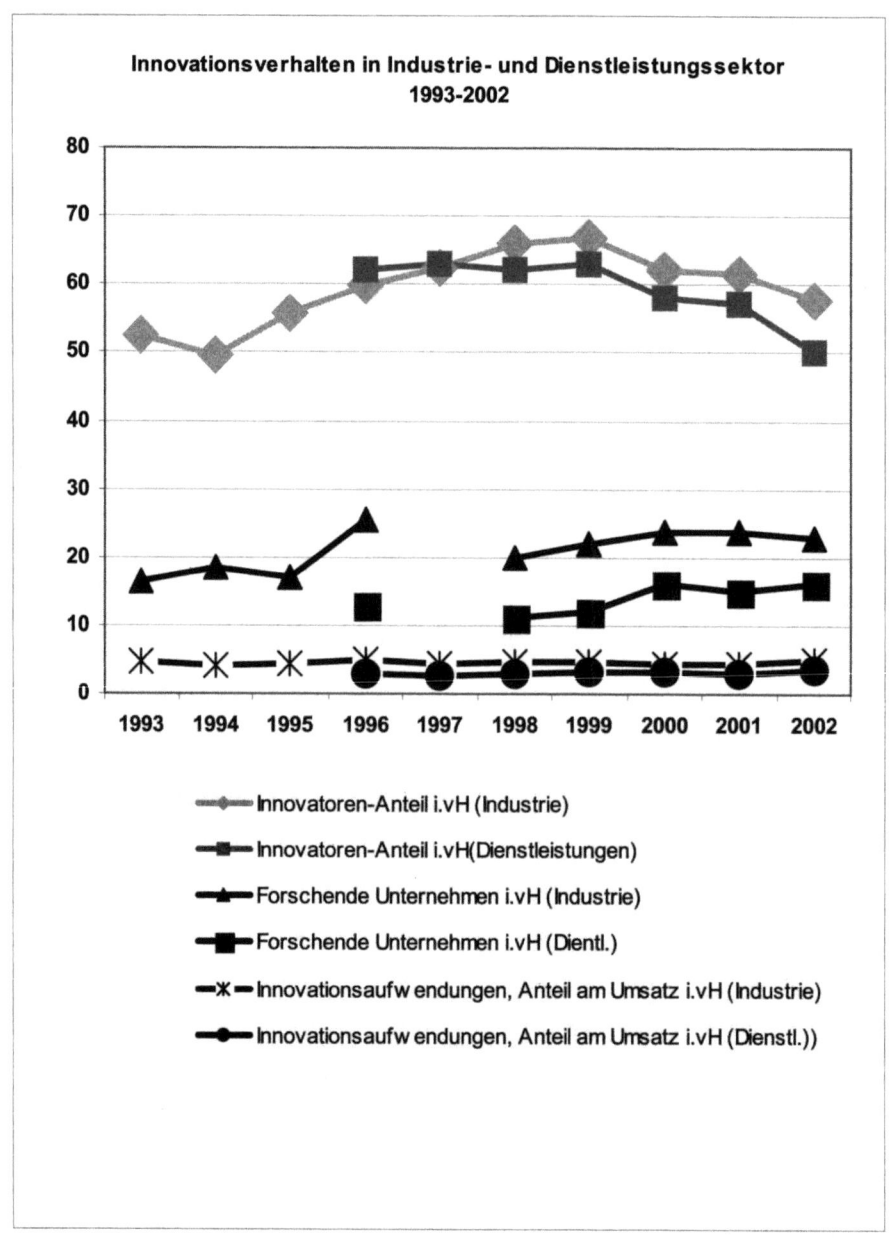

Quelle: eigene Darstellung in Anlehnung an BuFo 2004, S. 775ff.

b. Forschende Unternehmen

Trotz des Rückgangs der Innovatoren-Anteile an allen Unternehmen, ist das Gewicht der Unternehmen, welche Forschung und Entwicklung betreiben, bis in die jüngste Zeit hinein größer geworden (vgl. Abb.: 4-16). Das gilt für den Industrie- wie für den Dienstleistungssektor. Forschungs- und Entwicklungsausgaben sind die Grundlage für grundlegende Innovationen und damit für nachhaltige Innovationserfolge. Das gilt mehr noch angesichts der zunehmenden Globalisierung der Märkte, der Verschärfung des Innovationswettbewerbs, der wachsenden Komplexität des technischen Fortschritts bei verkürzten Innovationszyklen sowie der wachsenden Anforderungen, welche von Seiten der Kunden gestellt werden. Offensichtlich sieht das ein wachsender Teil der Unternehmen genau so, während ein anderer Teil der Firmen, vermutlich jene, welche in den letzten Jahren zunehmend auf Innovationsprojekte verzichtet haben, sich nicht in Forschung und Entwicklung engagiert. Forschende Unternehmen sind bereit, die Risiken und Unsicherheiten von Forschungsaktivitäten trotz der erheblichen Aufwendungen in Erwartung nachhaltiger Innovations- und Markterfolge zu tragen.

c. Innovationsaufwendungen

Der Umfang der Innovationsaufwendungen hat seit Mitte der 1990er Jahre in beiden großen Wirtschaftssektoren kontinuierlich zugenommen (vgl. Abb. 4-16). Bei dem zu beobachtenden rückläufigen Innovatoren-Anteil bedeutet dies, dass weniger Firmen höhere Innovationsaufwendungen tätigen. Der Industriesektor gab in 2002 rund 68 Mrd. Euro für Innovationen aus, davon knapp 70 vH für laufende Innovationsaufwendungen und gut 30 vH für Investitionen in Innovationen. Dabei schwanken diese Quoten teilweise recht stark, 1999 lag der Anteil der investiven Innovationsaufwendungen zum Beispiel noch bei über 44 vH. Bei den Unternehmensnahen Dienstleistungen, welche ihre gesamten Innovationsaufwendungen seit 1996 mit 11,2 Mrd. Euro bis 2002 um beachtliche 54 vH per Saldo steigern konnten, haben die investiven Innovationsaufwendungen tendenziell ein höheres Gewicht als im Industriesektor, sie schwanken seit 1997 zwischen rund 37 (im Jahr 2002) und 54 vH (1997). Es ist schwer, Erklärungen für die schwankenden Anteile der verschiedenen Innovationsaufwendungen zu finden, „denn hinter den laufenden Aufwendungen stehen sowohl die eher langfristig und auf radikale Innovationen ausgerichteten Aufwendungen für Forschung und Entwicklung als auch kurzfristig orientierte Aufwendungen für Produktdesign, Marketing oder Einschulungsmaßnahmen, die oft in Zusammenhang mit inkrementellen Innovationen bzw. Anpassungen des Produktionsapparates an die technologische Entwicklung stehen."[134]

---

134 Rammer (2002), S. 9

Abbildung 4-16: *Innovationsverhalten und Innovationserfolg*

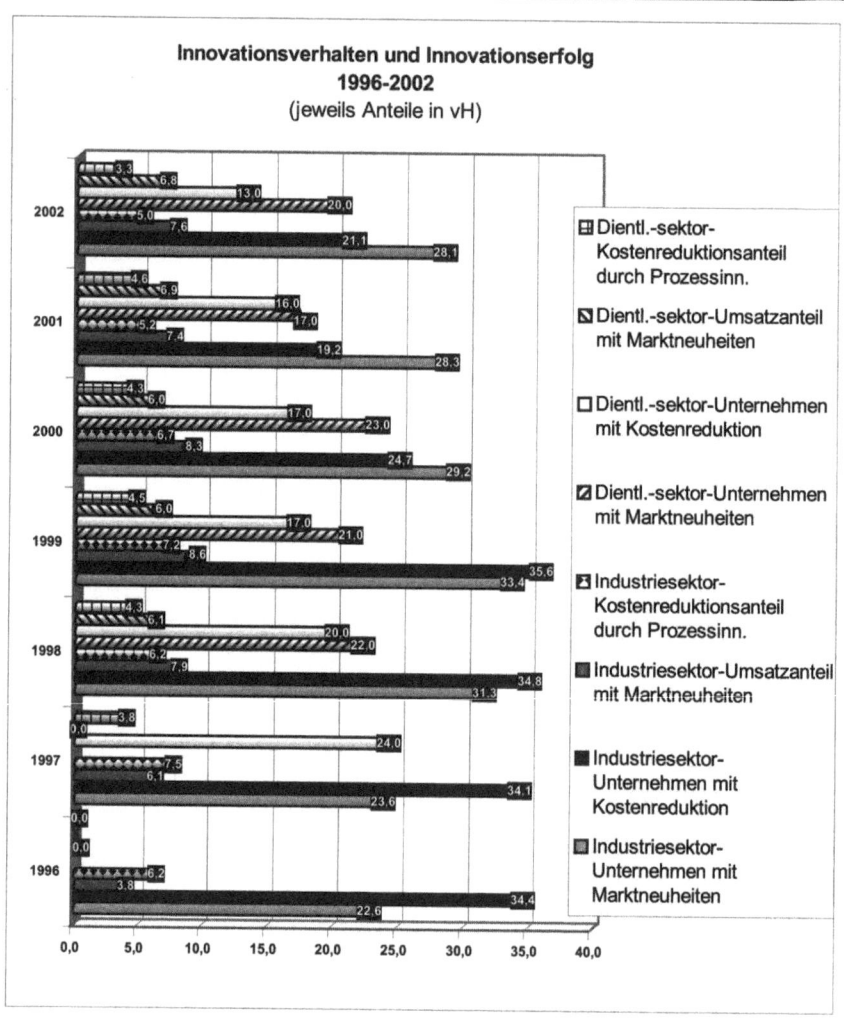

Quelle: eigene Darstellung in Anlehnung an BuFo 2004, S. 775ff

Trotz der absolut steigenden Innovationsaufwendungen konnten die Firmen deren Gewicht am Umsatz (die „Innovationsintensität") langfristig nicht steigern. Diese Kennziffer lag 2002 im Industriebereich bei knapp fünf vH, seit 1993 schwankt sie zwischen 4 und 5 vH. Geringer ist die Innovationsintensität im Dienstleistungsbereich, sie liegt 2002 bei 3,4 vH, verzeichnet jedoch – im Unterschied zur Industrie – seit 1996 einen (allerdings schwachen) positiven Trend.

d. Indikatoren des Innovationserfolges

Innovationen werden eingeführt mit dem Ziel der Markterhaltung bzw. Markterweiterung oder zur Kostensenkung. Auf der Marktseite ist deshalb die **Einführung von Marktneuheiten,** das heißt von völlig neuen Gütern und Dienstleistungen, ein aussagekräftiges Erfolgskriterium. Unternehmen, welche einen hohen Anteil ihres Umsatzes mit Erstinnovationen erzielen, sind in der Lage, von „First-Mover-Vorteilen", das heißt temporären Monopolgewinnen, überproportionalen Umsatzzuwächsen und/oder schnellere Anpassung und Erneuerung der Produktpalette im Hinblick auf veränderte Kundenwünsche zu profitieren. Sie gelten deshalb als wirtschaftlich besonders erfolgreich.

Im Industriesektor erreichte der **Anteil der Unternehmen mit Marktneuheiten an allen Unternehmen** nach einem Anstieg seit Mitte der 1990er Jahre 1999 mit rund einem Drittel einen Höhepunkt (s. Abb. 4-17). Danach ging diese Quote bis 2002 allmählich auf 28 vH zurück. Für den Unternehmensnahen Dienstleistungssektor liegen für diese Kennziffer geeignete Daten erst seit 1998 vor. Der Anteil der Unternehmen mit Ersinnovationen liegt hier tendenziell niedriger, er schwankt zwischen 17 und 23 vH, wobei der Höhepunkt im Zeitraum 1998 bis 2002 im Jahr 2000 erreicht wird.

Welchen **Umsatzanteil** vermögen die Unternehmen **mit Marktneuheiten** zu realisieren? In 2002 liegt dieser Anteil für Industrieunternehmen bei 7,6 vH. , im Dienstleistungssektor bei knapp 7 vH. Der Verlauf dieses Indikators ist seit 1998 in beiden Wirtschaftsbereichen unterschiedlich: Der Dienstleistungsbereich verzeichnet tendenziell einen Anstieg der Quote, zumindest in den letzten beiden Jahren des Beobachtungszeitraums, während die Industrieunternehmen nach einer zwischenzeitlichen Zunahme in 1999 und 2000 einen Rückgang hinnehmen müssen. Allerdings liegen die jüngsten Werte der Industrie deutlich höher als noch Mitte der 1990er Jahre.

Das ist anders bei den **durch Prozessinnovationen erzielten Kostenreduktionsanteilen am Umsatz.** Die Industrieunternehmen konnten noch 1999, nach einem Anstieg dieser Quote in den Vorjahren, 7,5 vH des Umsatzes durch Prozessinnovationen einsparen, in 2002 waren es nur noch 5 vH. Auch der **Anteil der Industrieunternehmen mit erfolgreichen kostensenkenden Verfahrensinnovationen** ist nach einem Höhepunkt 1999 (35,6 vH) in 2000 regelrecht eingebrochen und in den Jahren danach weiter deutlich rückläufig: „...die kräftig anziehende Nachfrage im Konjunkturaufschwung bewog offenbar viele Unternehmen dazu, Investitionen vorrangig für die Ausweitung der Kapazitäten zu nutzen, während Rationalisierungsinvestitionen hintangestellt wurden."[135]

Ähnliches gilt für den Dienstleistungsbereich, wo die entsprechende Quote seit 1997 von 24 auf aktuell 13 vH gefallen ist. Die **prozessinnovationsinduzierten Kostensenkungswirkungen** behalten in diesem Sektor demgegenüber weitgehend ihr Gewicht, sie schwanken seit 1997 zwischen 3,3 und 4,6 vH.

---

135 Rammer (2002), S. 19

Abbildung 4-17: *Forschungs- und technologieorientierte Unternehmensgründungen*

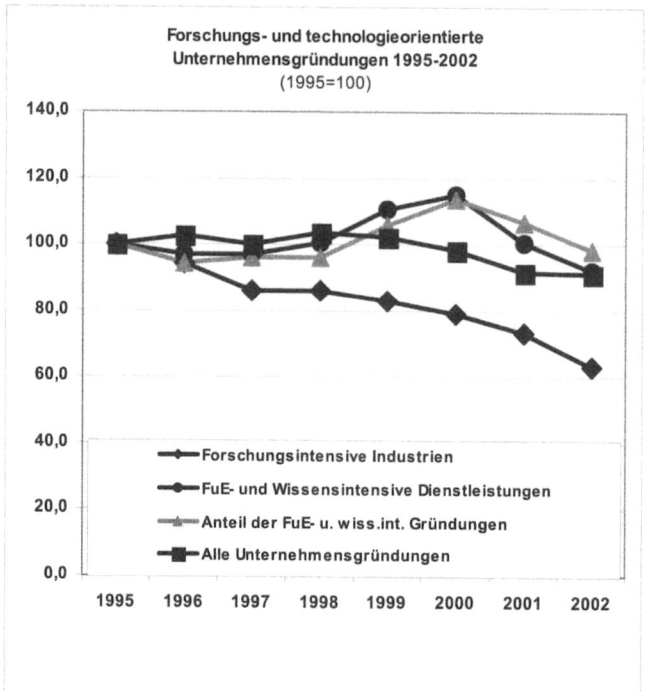

Quelle: eigene Darstellung in Anlehnung an BuFo 2004, S. 781; eigene Berechnungen

---

4.3.4 Kennzahlen für wirtschaftliche Ergebnisse von Innovationen

Neues technologisches Wissen an sich ist wirtschaftlich noch nicht von Bedeutung. Das gilt auch für die verschiedenen Formen, in denen dieses Wissen auftritt: als Veröffentlichung oder in Form von Patentanmeldungen. Die wirtschaftliche Bedeutung des Wissens wächst jedoch, je näher es mit wirtschaftlichen Zwecken verknüpft wird und je stärker es auf wirtschaftliche Abläufe Einfluss nimmt. Wir wollen im folgenden einige wichtige Indikatoren für die wirtschaftliche Bedeutung neuen Wissens genauer kennen lernen, und zwar Kennziffern für

- technologieorientierte Unternehmensgründungen,
- den Wandel der Qualifikationsstruktur der Beschäftigten,
- den Strukturwandel der Produktion hin zu forschungsintensiven Wirtschaftsbereichen.

A. Unternehmensgründungen in FuE-intensiven Bereichen

Der technologische Wandel durchwirkt das Wirtschaftsgeschehen in Form eines Prozesses der „schöpferischen Zerstörung" (Schumpeter)[136]. Neues technologisches Wissen, neue Geschäftideen und die offensive Erschließung von Marktnischen bringen immer wider Unsicherheit in den Unternehmenssektor, indem sie Wettbewerbspositionen verändern und vorhandene Unternehmen zu Reaktionen zwingen. Eine wichtige Ausdrucksform dieses innovatorischen Wandels sind technologieorientierte Unternehmensgründungen, durch die neues Wissen in Gestalt neuer Produkte und Dienstleistungen am Markt durchgesetzt werden sollen. Technologieorientierte Unternehmensgründungen sind mit hohen Risiken verbunden, sie bilden den wirtschaftlichen Rahmen für den „Test" neuer Güter und Dienstleistungen am Markt. Die Kehrseite dieses Prozesses sind Unternehmensschließungen, sei es dass vorhandene Unternehmen durch innovative Konkurrenten vom Markt verdrängt werden, sei es dass junge Unternehmen im Wettbewerb scheitern.

Die Intensität des Gründungsgeschehens in forschungs- und wissensintensiven Wirtschaftszweigen ist nicht nur eine Triebkraft, sondern auch ein wichtiger Indikator für die Dynamik des technologischen Wandels.

a. Methodik und Datenquellen

Daten zu Unternehmensgründungen in Deutschland findet man in den Bundesforschungsberichten. Sie stammen aus den Erhebungen des Zentrums für Europäische Wirtschaftsforschung, welches auf der Grundlage von Daten des Verband der Vereine CREDITREFORM ein Gründungspanels aufgebaut hat und halbjährlich aktualisiert (s. Abb. 4-20). Bereitgestellt werden Daten zu Existenz- bzw. Unternehmensgründungen in den verschiedenen Wirtschaftsbereichen außerhalb der Land- und Forstwirtschaft und des öffentlichen Sektors, wobei besonderes Augenmerk auf die forschungs- und wissensintensiven Wirtschaftszweige gelegt wird. Die technologieintensiven Branchen des verarbeitenden Gewerbes werden nach dem Grad ihrer Forschungsintensität (FuE-Aufwendungen in vH des Umsatzes) abgegrenzt,; zu ihnen zählen Branchen mit einer Forschungsintensität größer als 3,5 vH. Auch die Differenzierung dieser forschungsintensiven Industrien in Hochwertige- und Spitzentechnologiezweige geschieht auf der Grundlage dieser Kennziffer: Spitzentechnologieproduzenten weisen eine Forschungsintensität von 8,5 vH und mehr auf.

---

136 Vgl. dazu ausführlich Abschnitt 2.3 dieses Buches

Das Mannheimer Gründungspanel des ZEW

Es umfasst alle Gründungen seit 1989 in Westdeutschland (das heißt alte Bundesländer exklusive Westberlin) und Ostdeutschland (das heißt neue Bundesländer inklusive Westberlin). Das Mannheimer Gründungspanel wird in Kooperation mit dem *Verband der Vereine CREDIT-REFORM*, der größten Kreditauskunftei in Deutschland, geführt. Die Basisdaten zu Unternehmensgründungen werden von CREDITREFORM halbjährlich bereitgestellt. Das ZEW bringt diese Daten in eine Panelstruktur und nimmt verschiedene Qualitätskontrollen vor (zum Beispiel Dublettensuche, Imputation fehlender Werte zum Wirtschaftszweig). Für die Berechnung der Gesamtzahl der Gründungen am aktuellen Rand werden des weiteren Hochrechnungen durchgeführt, um den Zeitabstand zwischen einem Gründungsereignis und der Erfassung durch CREDITREFORM zu berücksichtigen. Die Hochrechnung erfolgt, differenziert nach West- und Ost-deutschland, auf einer tief disaggregierten Branchenebene auf der Grundlage der beobachtbaren Erfassungslags in vorangegangenen Jahren (...).

Für die Untersuchung der Gründungsdynamik in Deutschland werden nur "echte" (originäre) Neugründungen von Unternehmen betrachtet. Das sind solche, die die Aufnahme einer zuvor nicht ausgeübten Unternehmenstätigkeit darstellen (erstmalige Errichtung betrieblicher Faktorkombinationen) und in einem Ausmaß wirtschaftlich am Markt aktiv sind, das zumindest der Haupterwerbstätigkeit einer Person entspricht. Umgründungen von Unternehmen, die Gründung von Beteiligungsgesellschaften, die Neuerrichtung von Gewerbebetrieben auf Grund eines Umzugs oder Gewerbebetriebe in Nebentätigkeit, Scheingründungen und Scheinselbständigkeit werden in diesem Zusammenhang nicht als Gründungen angesehen. Vom hier verwendeten Unternehmensbegriff ausgeschlossen sind in aller Regel auch Rechtsanwaltskanzleien und Arztpraxen, so sie als freie Berufe ausgeübt werden.

Quelle: Rammer (2002) 2f.

---

b. Empirische Befunde

Nach vorläufigen Daten betrug die Zahl der Unternehmensgründungen in Deutschland im Jahre 2002 insgesamt 225.500. 14,2 vH dieser Gründungen , das sind rund 32.000, stammten aus forschungs- und wissensintensiven Branchen. Innerhalb dieses technologieintensiven Sektors wird das Gros der Existenzgründungen vom Dienstleistungsbereich gestellt: 93 vH bestehen aus neuen Unternehmen, welche wissens- und technologieintensive Dienstleistungen produzieren. Die restlichen rund 7 vH entfallen auf technologieintensive Industriebranchen der Spitzentechnologie (Anteil 3 vH) und Hochwertigen Technologie (4,1 vH).

Beobachtet man das Gründungsgeschehen im Zeitablauf, sehen wir, dass das gesamte Gründungsgeschehen im Zeitraum 1995 bis 1999 in etwa stagniert, um danach allmählich zurückzugehen (s. Abb. 4-18). Der Anteil der forschungs- und wissensintensiven Branchen am Gründungsgeschehen nimmt im Verlaufe der Boomphase der „new economy" 1999 und 2000 einen deutlich Aufschwung, um danach wieder auf sein Ausgangsniveau zurückzugehen. Die Abbildung verdeutlicht, dass dieser Gründungsboom von den technologie- und wissensintensiven Dienstleistungen, nicht von den Technologiebranchen der Industrie getragen wurde. Letztere sind durch ein anhaltendes Nachlassen des Gründungsgeschehens im gesamten Beobachtungszeitraum gekennzeichnet. Die besondere Gründungsdynamik innerhalb der forschungsintensiven Dienstleistungen wird eindeutig von der Branche der Informations- und Kommunikationstechnik, welche hier jedoch nicht gesondert ausgewiesen wird, getragen: sie verzeichnet von 1999 bis 2001 den stärksten Anstieg der Existenzgründungen, der allein von 1998 bis 2000 mehr als 50 vH betrug. Entsprechend wuchs das Gewicht dieses Zweiges innerhalb des Gründungsgeschehens der wissensintensiven Dienstleistungen, und zwar von knapp 21 vH in 1995 auf knapp 29 vH im Jahr 2000. Spätestens 2002 ging die Gründungsintensität auch in dieser Branche spürbar zurück.

Abbildung 4-18: *Wissensintensive Unternehmensgründungen*

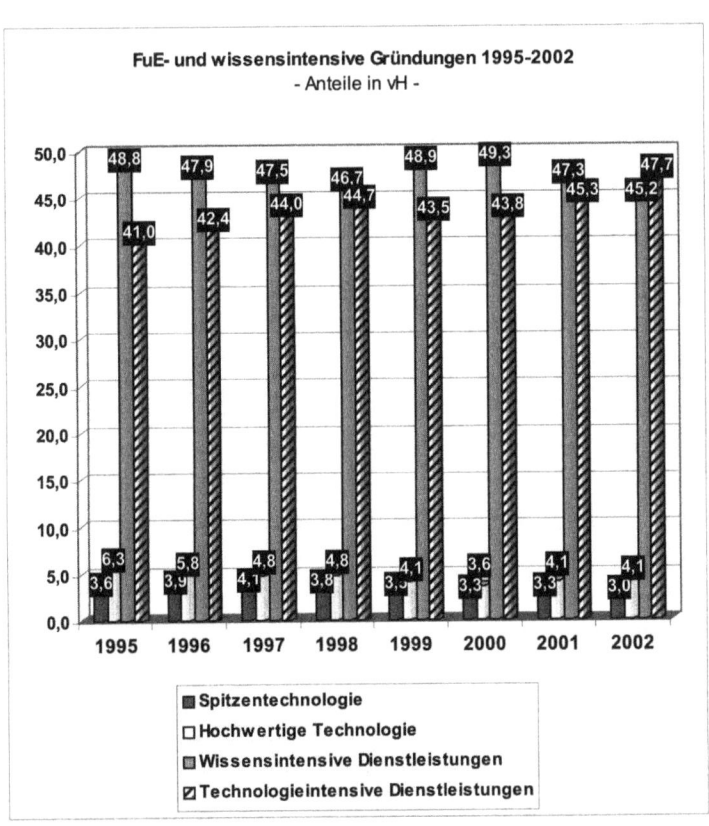

Quelle: eigene Darstellung in Anlehnung an BuFo 2004, S. 781; eigene Berechnungen

Der Verlauf des Gründungsgeschehens innerhalb des forschungsintensiven Sektors der Wirtschaft wird in Abbildung 4-19 genauer beleuchtet. Sie zeigt einen tendenziell steigenden Gründungsanteil der technologieintensiven Dienstleistungen (von 41 auf über 45 vH) sowie einen trendmäßigen Rückgang der forschungsintensiven Industriezweige von zusammen knapp 10 vH Anteil 1995 auf nur noch rund 7 vH in 2000, wobei der Rückgang beide Segmente dieses Zweiges betrifft.

Demgegenüber können die wissensintensiven Dienstleistungen den größten Anteil am Gründungsgeschehen des forschungsintensiven Sektors im Beobachtungszeitraum in etwa halten, bei ebenfalls deutlichen Schwankungen im Zeitablauf (1995: 48,8; 2000: 49,3 und 2002: 47,7 vH).

B. Wachsende Qualifikationsanforderungen an Arbeitskräfte

a. Nachfrage und Angebot am Arbeitsmarkt für Hochqualifizierte

Zunehmender Innovationswettbewerb und beschleunigter technologischer Wandel führen keineswegs – wie in früheren Jahrzehnten immer wieder befürchtet – zu einer Entqualifizierung der menschlichen Arbeit, im Gegenteil: Die Erfahrungen der letzten beiden Jahrzehnte zeigen, dass die Anforderungen an die Qualifikationen der Arbeitskräfte mit der Anwendung neuer Techniken steigen. Das lässt sich im einzelnen auf folgende **Einflussfaktoren** zurückführen:

- der Innovationsdruck nimmt zu, Innovationsprozesse werden immer komplexer und erfordern ausgeprägte wissenschaftlich fundierte, methodische und fachliche Fähigkeiten,

- die Ausweitung anspruchsvoller tertiärer Funktionen in allen Wirtschaftsbereichen (Forschung und Entwicklung, Planung, Organisation, Management, Finanzierung, Marketing etc.) ist mit steigendem Qualifikationsbedarf verbunden,

- die höheren Qualifikationserfordernisse verändern die Struktur der eingesetzten Arbeitskräfte, es findet eine zunehmende „Wissensintensivierung" der Beschäftigung statt,

- innovative Branchen und Unternehmen, das heißt Produktionsbereiche mit hoher Forschungs- und Wissensintensität gewinnen im Strukturwandel an Gewicht.[137]

Aufgrund dieser Faktoren beobachten wir eine anhaltend steigende **Nachfrage** nach hochqualifizierten Arbeitskräften. Ob diese Arbeitskräftenachfrage tatsächlich abgedeckt werden kann, hängt von der Verfügbarkeit bzw. vom **Angebot** entsprechend gut qualifizierter Menschen am Arbeitsmarkt ab. Hier können wir langfristig feststellen, dass das Ausbildungsniveau der erwerbsfähigen Bevölkerung aufgrund steigender

---

137 Vgl. zu diesem Punkt Abschnitt C dieses Kapitels

Investitionen in „Humankapital" zunimmt. Dass es zu **Lücken** zwischen dem Angebot und der Nachfrage auf den Arbeitsmärkten für Hochqualifizierte kommen kann, zeigt die gegen Ende der 1990er Jahre in Deutschland anschwellende Debatte über zunehmenden „Fachkräftemangel" in wissensintensiven Wirtschaftsbereichen.[138]

b. Messziffern und Datenquellen

Für die quantitative Erfassung dieser Prozesse der zunehmenden Qualifikationsanforderungen und der Wissensintensivierung der Beschäftigung stehen verschiedene Indikatoren zur Verfügung. Grundlage ist die Schätzung von hochqualifizierten Beschäftigtengruppen („Hochqualifizierte"), welche nach formalen Bildungsabschlüssen und nach Inhalten der Tätigkeit erfolgt. Zu den Hochqualifiziertengruppen zählen zum einen jene mit akademischem Bildungsabschluss, entweder mit einem allgemeinen Abschluss oder mit einem Abschluss in einem natur- bzw. ingenieurwissenschaftlichen Bereich, zum anderen Beschäftigte, die zwar keinen formalen akademischen Abschluss besitzen, jedoch in anspruchsvollen Funktionen arbeiten, welche gleichwertige Qualifikationen voraussetzen. Diese hochqualifizierten Beschäftigungsgruppen werden unter dem Begriff „human resources in science and technology" (HRST) gemäß dem Canberra Manual der OECD[139] zusammengefasst und dort im einzelnen beschrieben. Die für Innovationsprozesse relevanten Beschäftigtengruppen werden im Rahmen der ISCO 88 (Internationale Berufsklassifikation) unter Kennziffer 2 und 3 erfasst.

Wir wollen hier für die **Nachfrageseite** des Hochqualifiziertenarbeitsmarktes folgende Messziffern herausgreifen:

- **Akademikeranteile an der Beschäftigung**: der Anteil der Beschäftigung von Arbeitskräften mit akademischen Abschlüssen wird in Beziehung gesetzt zur Gesamtheit der Arbeitskräfte eines Sektors;

- Umfang und Entwicklung der **Beschäftigung von Hochqualifizierten in forschungs- und wissensintensiven Wirtschaftsbereichen**.

Für die **Angebotsseite** dieses Marktes stellen die Bildungs- und Ausbildungsaktivitäten der Universitäten und Fachhochschulen die entscheidende Quelle des Nachwuchses dar. Die Hochschulen bilden die hochqualifizierten Arbeitskräfte aus, welche in Wirtschaft, Wissenschaft, Lehre und im Schulsystem benötigt werden. Für die Quantifizierung des verfügbaren Hochqualifiziertenpotenzials bezieht man sich auf drei Personengruppen:
1. die **Studienberechtigten**,
2. die **Studienanfänger**,
3. die **Hochschulabsolventen**.

Die auf diese Gruppen bezognen Kennziffern werden wir weiter unten kennen lernen.

---

138 Vgl. dazu ausführlich Welsch (2001)
139 OECD (Canberra Manual)

c. Empirische Befunde

c1. Nachfrage nach Hochqualifizierten

Die Akademikerbeschäftigung hat in Deutschland langfristig erheblich an Gewicht gewonnen. Der **Akademikeranteil an allen Erwerbstätigen** ist seit Mitte der 1980er Jahre um rund 50 vH gestiegen, von knapp 10 vH in 1985 auf rund 15 vH in 2002.[140]

Ähnliche Prozesse der Wissensintensivierung der Beschäftigung finden wir in allen Ländern, die sich im Übergang zur Wissensära befinden. In den Ländern der Europäischen Union lag der Akademikeranteil an der Gesamtbeschäftigung im Jahre 2000 bei rund 13, in Deutschland bei 12,7 vH (s. Abb. 4-20).

Abbildung 4-19: *Akademikerbeschäftigung in ausgewählten Ländern*

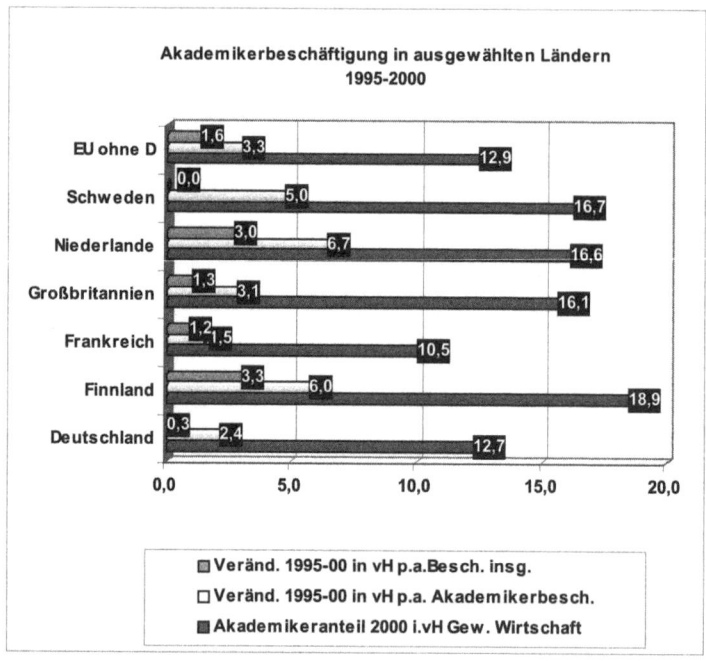

Quelle: eigene Darstellung in Anlehnung an BMBF (Technologische Leistungsfähigkeit 2001), S. 26

---

140 BuFo 2004, S. 494

Deutlich über dem Durchschnitt liegen die Akademikerquoten in Finnland und Schweden, gefolgt von den Niederlanden und Großbritannien. Deutschland hängt damit – zusammen mit Frankreich – gegenüber diesen Ländern im Prozess der Wissensintensivierung weit zurück. Es ist auch nicht erkennbar, dass in den 90er Jahren ein Aufholprozess der nachhinkenden Länder stattfindet: zwischen 1995 und 2000 liegen die jährlichen Zuwachsraten der Akademikerbeschäftigung dieser Länder sogar unterhalb des Durchschnitts der EU-Länder außer Deutschland, während die führenden Länder ihren Vorsprung durch höheren Zuwachsraten vergrößert haben.

Für die Innovationsdynamik einer Wirtschaft ist die **Akademikerintensität der Beschäftigung in den forschungs- und wissensintensiven Wirtschaftsbereichen** von besonderer Bedeutung (s. Tab. 4-7)

Bei den **forschungsintensiven Industrien** liegt Deutschland im Jahre 2000 mit seiner Quote von 12,6 vH oberhalb des Anteils im EU-Raum (ohne Deutschland), nur Finnland und Großbritannien schneiden hier besser ab, allerdings ist die Dynamik des Anstiegs dieser Quote in der zweiten Hälfte der 1990er Jahre nur durchschnittlich.

Tabelle 4-7:   *Akademikerbeschäftigung in wissensintensiven Branchen 1995-2000*

	Akademikeranteil 2000		Veränderung der Beschäftigung 1995-2000 in vH p.a.		
	FuE-int. Ind.	Wissensint. DL	FuE-int. Industrie	Wissensint. DL	Veränd. d. Ges.besch.
Deutschland	12,6	18,2	3,9	5,7	0,3
Finnland	16,7	31,1	11,0	6,2	3,3
Frankreich	11,3	14,6	1,8	2,1	1,2
Großbritannien	14,4	24,6	4,1	4,7	1,3
Niederlande	11,0	22,7	2,0	10,7	3,0
Schweden	9,6	20,3	-4,0	6,8	0,0
EU ohne D	9,6	21,3	3,2	5,3	1,6

Quelle: Zusammenstellung aus BMBF (Technologische Leistungsfähigkeit 2001), S. 26

Bei der Akademikerbeschäftigung in den **wissensintensiven Dienstleistungen** liegt Deutschland wiederum mit einer Quote von gut 18 vH unterhalb des Durchschnitts der restlichen EU. Der jahresdurchschnittlich Anstieg von 5,7 vH entspricht allenfalls der durchschnittlichen europäischen Dynamik der Expansion der Akademikerbeschäftigung in diesem Segment.

Für den Indikator des Umfangs und der Entwicklung von **Hochqualifizierten in wissensintensiven Wirtschaftsbereichen** finden wir weitere Angaben im Bundesforschungsbericht 2004.[141] (Vgl. Tab. 4-7 sowie Abb. 4-20)

Hier die wichtigsten Aussagen, die sich diesen Daten für den Bereich der **Gewerblichen Wirtschaft** entnehmen lassen:

- im Jahre 2002 arbeiteten im Bereich der Gewerblichen Wirtschaft insgesamt fast 1.8 Mio. Akademiker, rund drei Viertel von ihnen in forschungs- und wissensintensiven Sektoren (einschl. des übrigen produzierenden Gewerbes);

- zwischen 1998 und 2002 wurden insgesamt fast 230.000 zusätzliche Arbeitsplätze für Akademiker geschaffen, sie entstanden fast ausschließlich in forschungs- und wissensintensiven Wirtschaftszweigen;

- differenziert man zwischen forschungsintensiven Industrien und wissensintensiven Dienstleistungen, so arbeitet fast jeder zweite aller Akademiker der Gewerblichen Wirtschaft im letztgenannten Bereich, 22 vH in forschungsintensiven Zweigen der Industrie;

- innerhalb des wissensintensiven Dienstleistungssektors liegen die Schwerpunkte der Akademikerbeschäftigung in den Zweigen Beratung und Forschung sowie Gesundheit;

- bei den forschungsintensiven Industrien liegt der Schwerpunkt der Akademikerbeschäftigung bei den Hochwertigen Technik-Zweigen;

- hinsichtlich der Dynamik der Akademikerbeschäftigung zwischen 1998 und 2002 zeigen sich für alle wissensintensiven Zweige der Gewerblichen Wirtschaft beachtliche Zuwachsraten. Dabei ist die Beschäftigungsdynamik bei den Technischen und wissensintensiven Dienstleistungen mit fast einem Fünftel besonders groß; sie wird getragen von den Zweigen Informations-, Kommunikations- und Mediendienstleistungen sowie Gesundheitsdiensten. Die Akademikerbeschäftigung bei den forschungsintensiven Industrien ist im Spitzensektortechnik höher als im Sektor Hochwertige Technik.

---

141 BuFo 2004, S. 772

Tabelle 4-8:   *Beschäftigte mit Hochschulabschluss in wissensintensiven Wirtschaftsbereichen*

	2002	Anteile i.vH	1998-2002 i.vH	1998-2002 i.Tsd.
FuE-intensive Industrie	387624	22,1	15,3	51522
davon: **Spitzentechniksektor**	131904	7,5	19,8	21765
Sektor Hochw. Technik	255720	14,6	13,2	29757
Techn- u. wissens-int. DL	859827	49,1	24,2	167633
davon: **Beratung, Forschung**	308714	17,6	18,0	47106
IuK, Medien	152035	8,7	38,6	42344
Gesundheit	225679	12,9	35,8	59540
übrige	173399	9,9	12,0	18643
FuE-u.wissens-int.Bereiche insg.	1247451	71,2	21,3	219155
Gewerbliche Wirtschaft insg.	1752754	100,0	14,9	227482
davon: **FuE- u. wissensintensiv**	1322594	75,5	19,7	217512
übrige	430160	24,5	2,4	9970

Quelle: Zusammenstellung aus BuFo 2004, S. 772

Mittels der Abbildung 4-20 lässt sich der **Bereich der Akademikerbeschäftigung,** der Beschäftigte mit natur- bzw. ingenieurwissenschaftlicher Ausbildung umfasst, herausschälen. Diese Arbeitskräfte, deren Umfang in der Gewerblichen Wirtschaft in 2002 692.000 Personen ausmacht, stehen im Mittelpunkt technologischer Innovationsprozesse. Gemessen an der gesamten Akademikerbeschäftigung in der Gewerblichen Wirtschaft liegt ihr Anteil bei rund 42 vH. Innerhalb des forschungs- und wissensintensiven Sektors liegt ihr Schwerpunkt eindeutig bei den forschungsintensiven Industrien mit Hochwertiger Technik sowie dem technik- und wissensintensiven Bereich Beratung und Forschung mit jeweils 33 vH Anteil. Es folgt der industrielle Spitzentechniksektor mit 16 vH Anteil an allen forschungs- und wissensintensiven Techniker- und Ingenieurarbeitsplätzen.

Abbildung 4-20: *Hochqualifiziertenstruktur im wissensintensiven Sektor*

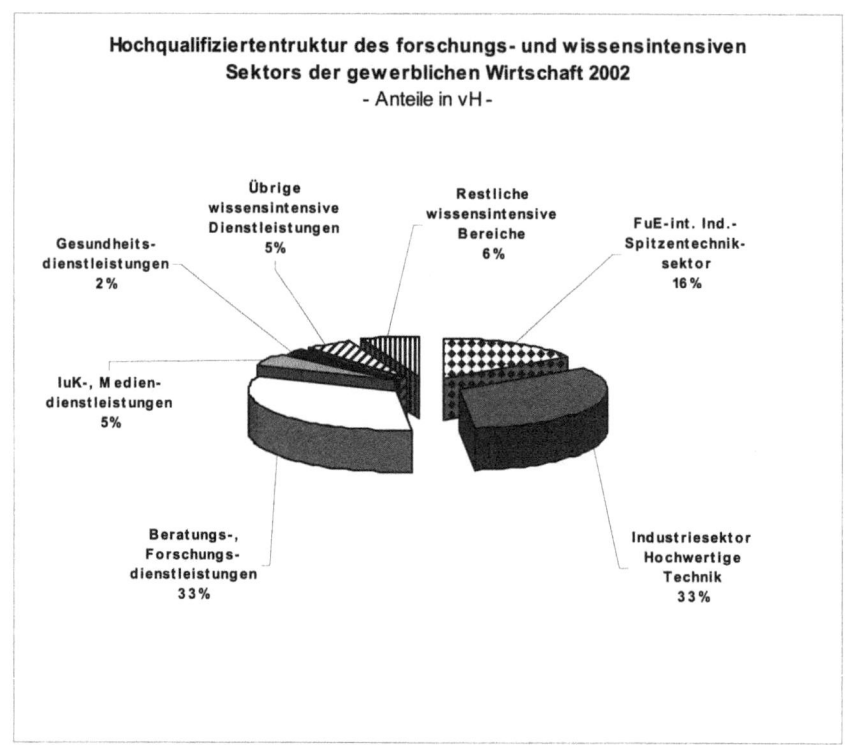

Anm.: 1) Beschäftigte mit natur- bzw. ingenieurwissenschaftlicher Ausbildung;
Quelle: eigene Darstellung in Anlehnung an BuFo 2004, S. 772

C2. Angebot an Hochqualifizierten

Für die **Angebotsseite** des Hochqualifizierten-Arbeitsmarktes wollen wir drei Messziffern kennen lernen:

1. den Anteil der Studienberechtigten an einem Altersjahrgang,
2. den Anteil der Studienanfänger an einem Altersjahrgang,
3. den Anteil der Hochschulabsolventen an einem Altersjahrgang.

Zu 1.: Zu den **Studienberechtigten** eines Jahrgangs zählen alle Personen, welche die Berechtigung zum Zugang zu einem Hochschulstudium (zum Beispiel durch Erwerb des Abiturs) erworben habe. Ihre Zahl wird gemessen an der Anzahl der Menschen des Durchschnittsjahrgangs der 18- bis unter 21-jährigen Bevölkerung.

Abbildung 4-21: *Studienberechtigte in Deutschland*

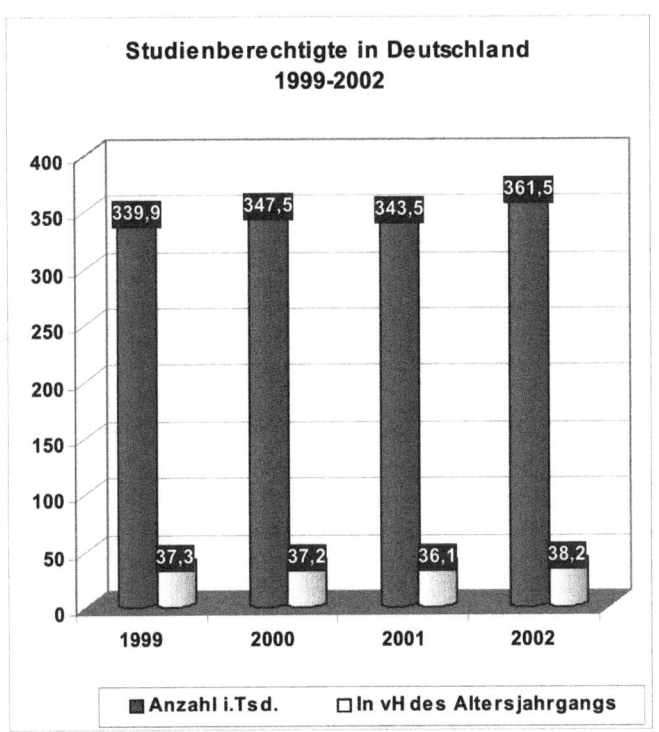

Quelle: eigene Darstellung in Anlehnung an BuFo 2004, S. 757

Im Jahre 2002 haben in Deutschland über 360.000 Menschen eine Berechtigung zum Hochschulstudium erworben (vgl. Abb. 4-21). Der Anteil der Studienberechtigten, gemessen am Altersjahrgang, hat sich seit den frühen 1960er Jahren sehr stark erhöht: Betrug der Anteil der Studienberechtigten 1960 noch 6 vH, so liegt er heute bei über 38 vH, wobei in den 1990er Jahren allerdings eine verhaltenere Steigerung dieser Quote gegenüber früheren Jahrzehnten zu verzeichnen ist. „Bis 2020 prognostiziert die Kultusministerkonferenz (KMK) auch nur noch einen geringfügigen Anstieg der Studienberechtigtenquote auf etwa 39,5 vH."[142] Der deutsche Studienberechtigtenanteil ist im internationalen Vergleich niedrig, was sich auch in entsprechend unterdurchschnittlichen Studienanfängerquoten niederschlägt.

---

142 BuFo 2004, S. 495

Abbildung 4-22: *Studienanfänger in Deutschland*

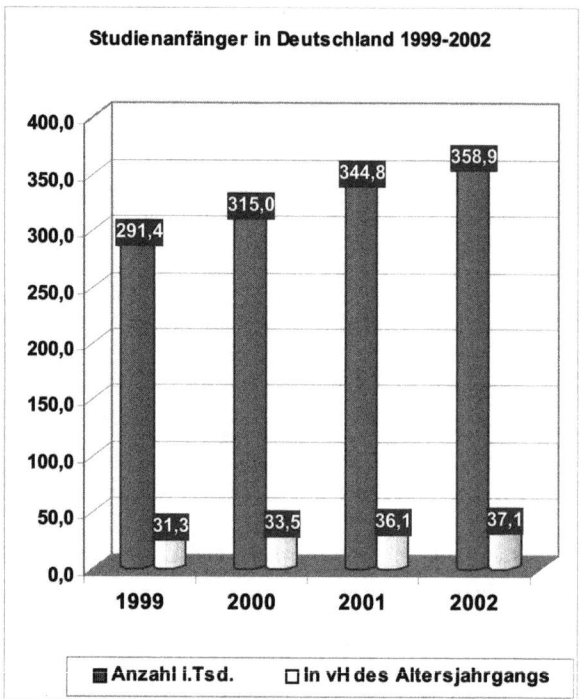

Quelle: eigene Darstellung in Anlehnung an BuFo 2004, S. 757

Zu 2.: Der Anteil der **Studienanfänger** wird an der Bevölkerung des entsprechenden Alters nach einem bestimmten OECD-Verfahren gemessen. Als "Studienanfänger" gelten Personen, die sich zum ersten Mal im Hochschulbereich einschreiben, also keine Studienwechsler oder „Rückkehrer" ins Studium. In Deutschland hat die Anzahl der Studienanfänger seit 1999 deutlich – von gut 290.000 auf fast 360.000 in 2002 – zugenommen, was auf drei Faktoren zurückzuführen ist: zunehmende Jahrgangsstärken, höhere Neigung, ein Studium aufzunehmen und starker Anstieg der Zahl ausländischer Studienanfänger (vgl. Abb. 4-22).

Üblicherweise wird bei internationalen Vergleichen die **„Nettostudienanfängerquote"** zugrundegelegt, wenn es um den Anteil der Studienanfänger am Altersjahrgang geht. Diese erhält man, „indem man die Anzahl der Studienanfänger im Hochschulbereich in einer bestimmten Altersgruppe durch die Gesamtbevölkerung der entsprechenden

Altersgruppe dividiert." [143] Im Durchschnitt der OECD-Länder liegt diese Quote bei 47 vH, Deutschland liegt mit einem Wert von 35 vH (nach OECD-Berechnung; nach nationaler Berechnung: 37 vH) weit unterhalb dieses Durchschnitts (vgl. Abb. 4-23) Es ist auch nicht erkennbar, wie in absehbarer Zeit die weit höheren Werte der skandinavischen Länder Finnland oder Schweden erreicht werden können, selbst die Studienanfängerquoten von Großbritannien, USA oder Japan, welche zwischen 41 und 45 vH angesiedelt sind, müssen für Deutschland kurz- und mittelfristig als nicht erreichbar angesehen werden. Es gelingt anderen vergleichbaren Ländern offenbar erheblich besser, junge Menschen zum Studium zu bewegen.

Abbildung 4-23:   *Anteil der Studienanfänger am Altersjahrgang*

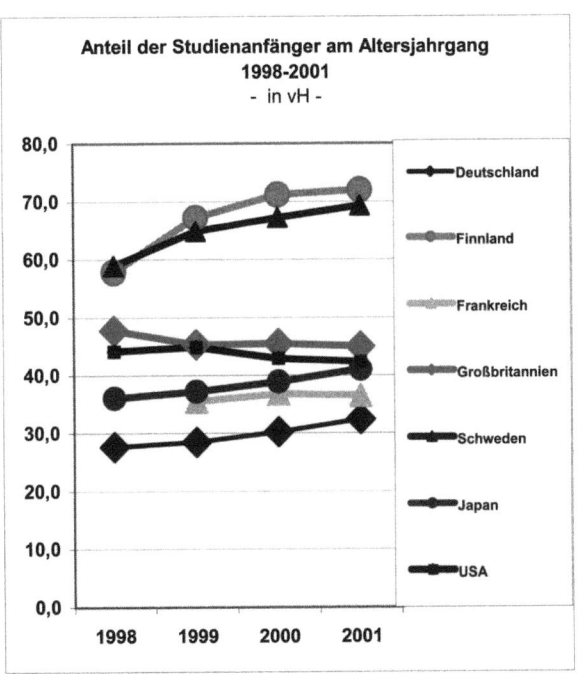

Anm.: 1) Nettoquoten nach OECD-Berechnungsmethode; Japan: Bruttoquoten;
Quelle: eigene Darstellung in Anlehnung an BuFo 2004, S. 766

---

143 OECD (1997), S. 163

Abbildung 4-24: *Studienanfänger nach Fächergruppen*

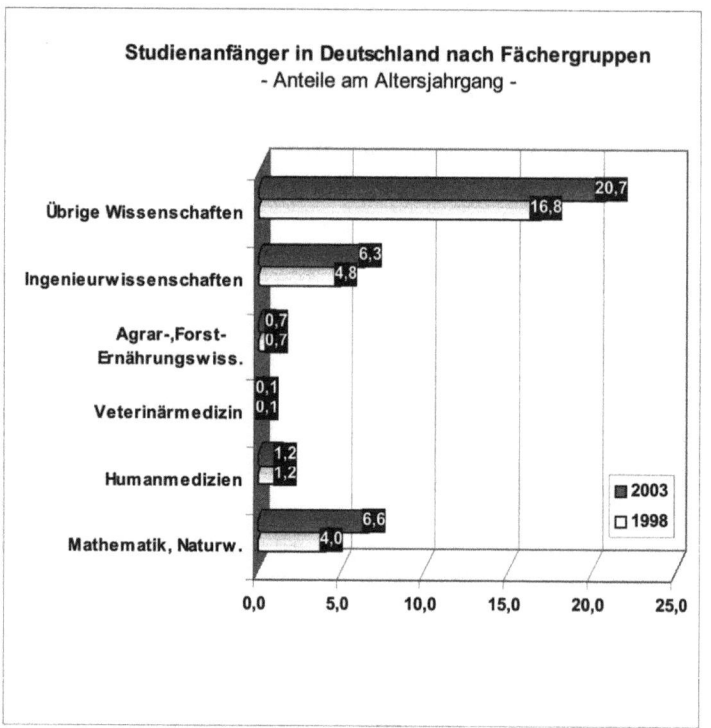

Quelle: eigene Darstellung in Anlehnung an BuFo 2004, S. 757; eigene Berechnungen

Ein weiteres Problem zeigt sich bei der Betrachtung der **Studienanfänger nach Fächergruppen**. In den 1990er Jahren war der Zustrom junger Menschen in die technisch-ingenieurwissenschaftlichen Fachgebiete stark zurückgegangen. In den letzten Jahren ist wieder ein deutlicher Anstieg der Studienanfänger in diesen Studienfächern zu verzeichnen. In den Ingenieurwissenschaften betrug die Anzahl der Studienanfänger in 2005 knapp 61.000 Personen, was einen Zuwachs gegenüber 1998 von mehr als einem Drittel bedeutet. Der Anteil der Studienanfänger am Altersjahrgang liegt in den technischen Fächern aktuell bei 6,3, 1998 hatte er noch bei 4,8 vH gelegen (vgl. Abb. 4-24). Auch die Fächergruppe Mathematik und Naturwissenschaften hat einen Aufschwung dieser Quote von vier auf 6,6 vH im Beobachtungszeitraum erlebt. Für diesen Aufschwung spielt das Fachgebiet Informatik, welches zu dieser Gruppe gehört, eine wichtige Rolle; dessen Studienanfängerzahlen haben im Zuge der „new economy" seit Ende der 1990er Jahre außerordentlich stark zugenommen.

Zu 3.: Das eigentliche Angebot an hochqualifizierten Arbeitskräften in einem bestimmten Jahr wird durch die Anzahl der **Hochschulabsolventen** gestellt. Im Jahre 2002 verzeichneten die Hochschulen in Deutschland rund 176.000 Hochschulabgänger, das ist ein Anteil von 17,5 vH am Altersjahrgang. Diese Quote ist gegenüber 1998, wo sie 16 vH ausmachte, leicht gestiegen. Dennoch zeigen sich vor allem zwei Herausforderungen für die Bildungs- und Ausbildungspolitik der nächsten Jahre:

1. Das Potenzial an frisch ausgebildeten Hochqualifizierten ist im internationalen Vergleich zu niedrig, was die Position der einheimischen Wirtschaft im internationalen Wettbewerb auf Dauer gefährdet (vgl. Abb. 4-25). Die Vergleichszahlen für 2001 zeigen, dass Deutschland mit einer Quote von knapp 17 vH weit hinter den konkurrierenden Ländern herhinkt.

Abbildung 4-25: Hochschulabgängerquote

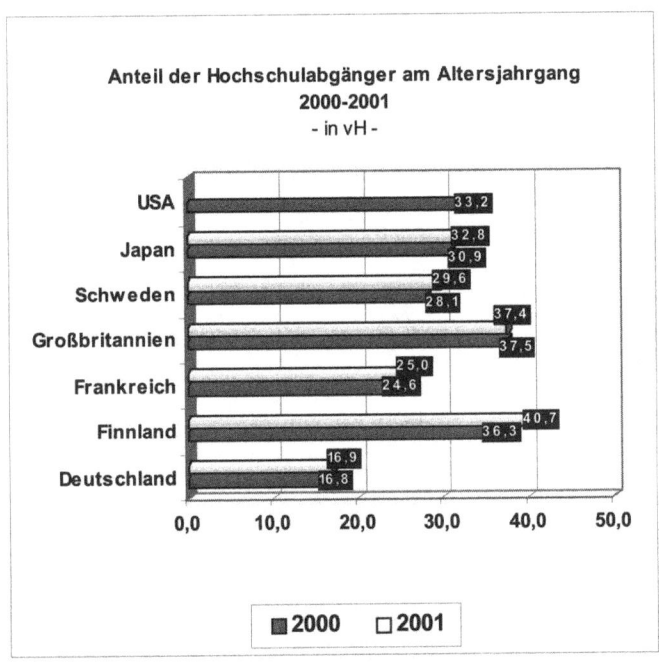

Quelle: eigene Darstellung in Anlehnung an BuFo 2004, S. 769

---

2. Rückläufige Absolventenzahlen in den für die innovatorische Leistungs- und Wettbewerbsfähigkeit zentralen Fächergruppen (vgl. Abb. 4-26): Sowohl in den Ingenieurwissenschaften (minus ein Fünftel) als auch bei Mathematik und Naturwissenschaften (minus 14.6 vH) sind seit 1998 spürbare Rückgänge der Hochschulab-

gängerzahlen zu beobachten. Bezieht man die **Anzahl der Absolventen in ingeni-
eur- und naturwissenschaftlichen Fächern auf jeweils 100.000 Erwerbstätige** des
betreffenden Landes, so wird die potenzielle Gefährdung der zukünftigen Innovationsleistung hier zu Lande noch deutlicher:[144] In Großbritannien liegt diese Ken-
ziffer bei über 1.600, in Frankreich und Finnland bei etwas unter 1.600 und in
Schweden zwischen 1.100 und 1.200, in Deutschland dagegen bei 700. Und was
Sorgen bereiten muss ist die Tatsache, dass in den genannten, bei dieser Quote
führenden Ländern eine klare Aufwärtsdynamik in den letzten Jahren zu erkennen
ist, während der Wert dieser Kennziffer für Deutschland stagniert.

Abbildung 4-26: *Hochschulabsolventen nach Fächergruppen*

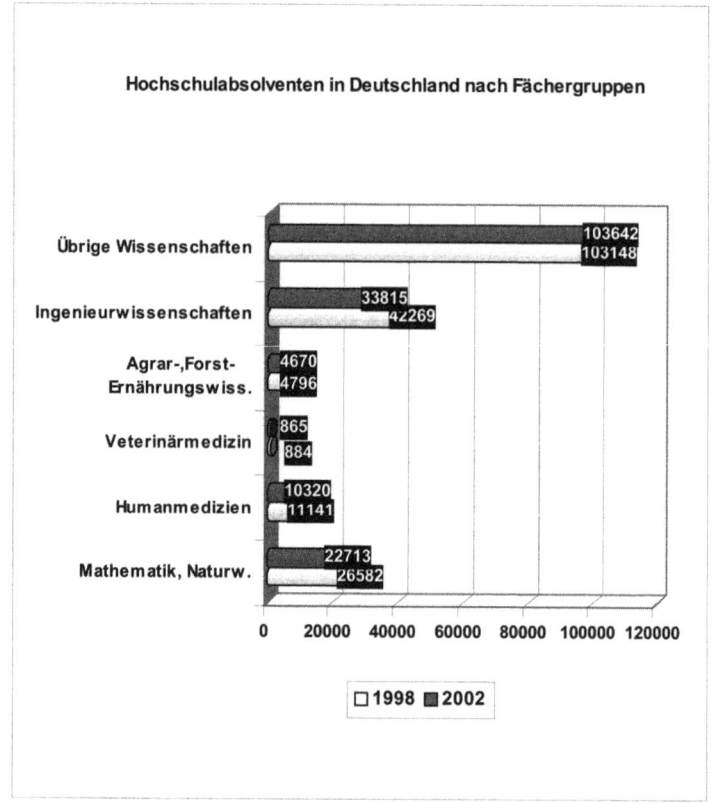

Quelle: eigene Darstellung in Anlehnung an BuFo 2004, S. 769

---

144 Vgl. BuFo 2004, S. 499

C. Strukturwandel zugunsten FuE-intensiver Branchen

Wissens- und forschungsintensive Wirtschaftszweige verfügen über besonders leistungsfähige Innovationspotenziale und damit über eine überdurchschnittliche Innovationskraft. Auf dieser Grundlage sind sie im Vergleich zu weniger innovativen Wirtschaftsbereichen besonders wettbewerbsfähig in der Konkurrenz um Märkte und Ressourcen. Volkswirtschaften, deren Produktion und Beschäftigung in hohem Maße durch solche Branchen geprägt wird, haben im globalen Wettbewerb um Wirtschaftswachstum und Einkommen Vorteile. Es ist zu erwarten, dass solche Volkswirtschaften über zwei Charakteristika der sektoralen Struktur und ihrer Veränderung im Zeitablauf verfügen: zum einen dürfte das Gewicht der wissens- und forschungsintensiven Branchen besonders ausgeprägt sein, zum anderen ist davon auszugehen, dass das Tempo des Strukturwandels in Richtung dieser Branchen überdurchschnittlich ausfällt.

Abbildung 4-27:   *Struktur der industriellen Nettoproduktion*

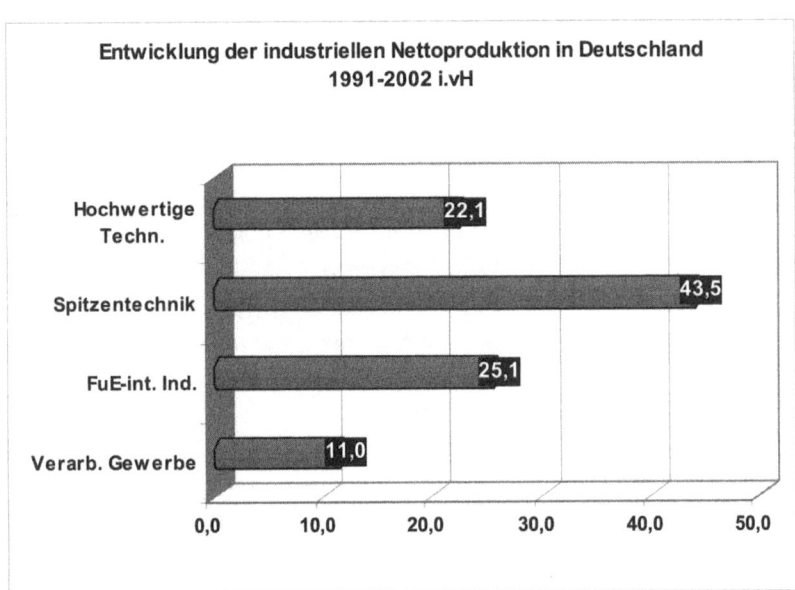

Quelle: eigene Darstellung in Anlehnung an BuFo 2004, S. 769; eigene Berechnungen

---

Der gesamte Industriesektor erlebte nach dem Auslaufen des deutschen „Vereinigungsbooms" in den Jahren nach 1992 einen drastischen Produktionseinbruch, der erst in der zweiten Hälfte der 1990er Jahre wieder kompensiert werden konnte. Per

Saldo wuchs die **industrielle Nettoproduktion** des Verarbeitenden Gewerbes zwischen 1991 und 2002 um 11 vH (vgl. Abb. 4-27). Der sektorale Strukturwandel der Produktion lief in diesem Zeitraum – mit einem weit überdurchschnittlichen Plus von gut 25 vH - eindeutig zugunsten der forschungs- und wissensintensiven Industrien. Vor allem die Produktion von Spitzentechnologiegütern – insbesondere aus dem Bereich der IuK-Technologien wie zum Beispiel Elektronische Bauelemente, EDV-Geräte und Nachrichtentechnik – entwickelte sich äußerst dynamisch.

Entsprechend vermochten die forschungs- und wissensintensiven Zweige ihre Gewichte bei der Inanspruchnahme von Ressourcen – vor allem in der zweiten Hälfte der 1990er Jahre zu erhöhen (vgl. Abb. 4-28): Während die **Beschäftigung** im gesamten Verarbeitenden Gewerbe 1996 bis 2002 per Saldo um über 5 vH zurückging, konnten die forschungs- und wissensintensiven Industrien um 1,1 vH, die Zweige der Hochwertigen Technologien sogar um 1,3 vH zusätzliche Arbeitsplätze bereitstellen.

In 2002 lag der Beschäftigungsanteil der wissensintensiven Industrien, der 1995 noch 37,5 vH der industriellen Gesamtbeschäftigung betragen hatte, bei über 40 vH, wobei die Zweige der Hochwertigen Technologie wie schon seit jeher eine besondere Stellung einnehmen.

Abbildung 4-28: *Beschäftigung in forschungsintensiven Wirtschaftsbereichen*

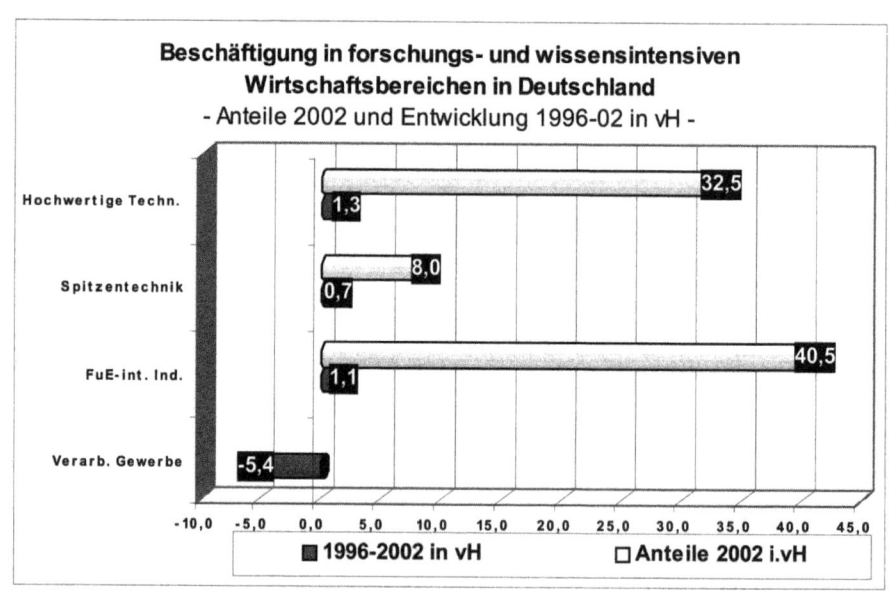

Quelle: eigene Darstellung in Anlehnung an BuFo 2004, S. 784; eigene Berechnungen

---

Abbildung 4-29: *Gesamtwirtschaftliches Gewicht der Beschäftigung in forschungsintensiven Wirtschaftsbereichen in ausgewählten EU- Ländern*

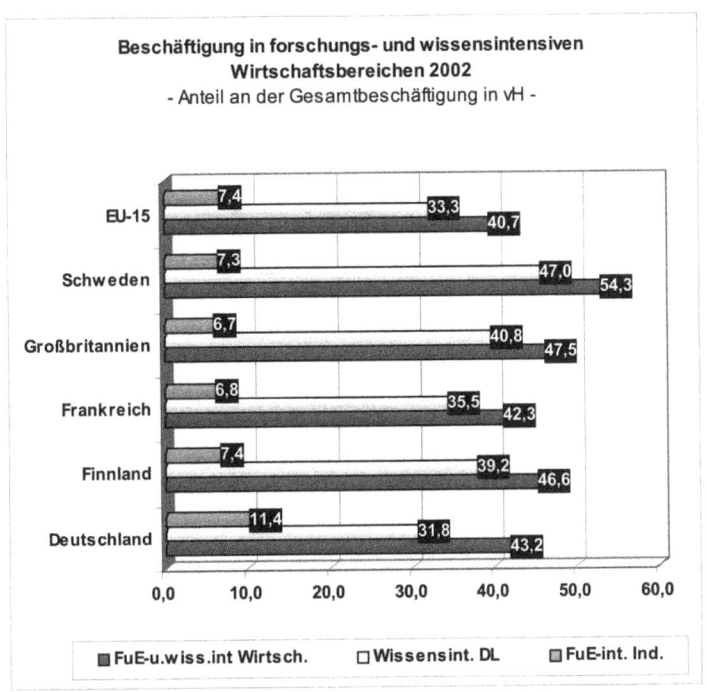

Quelle: eigene Darstellung in Anlehnung an European Commission/ Eurostat
(Statistics 2003) Figure 6.1., S. 112; eigene Berechnungen

Vertieft werden kann die Analyse durch **internationale Vergleiche** von Strukturen und deren Veränderungen (vgl. Abb. 4-29). Der durchschnittliche **Anteil des forschungs- und wissensintensiven Sektors an der Gesamtbeschäftigung** lag in 2002 in der Europäischen Union (der 15 Länder) bei 40,7 vH, wovon der Anteil der wissensintensiven Dienstleistungen allein ein Gewicht von einem Drittel besaß. Deutlich überdurchschnittlich fällt das Gewicht des forschungs- und wissensintensiven Sektors in Schweden (54,3 vH), Großbritannien (47,5 vH) und Finnland (46,6 vH) aus. In allen drei Ländern tragen die wissensintensiven Dienstleistungen den Gesamtsektor.

Abbildung 4-30: *Beschäftigungsentwicklung in forschungsintensiven Wirtschaftsbereichen 1997-2002*

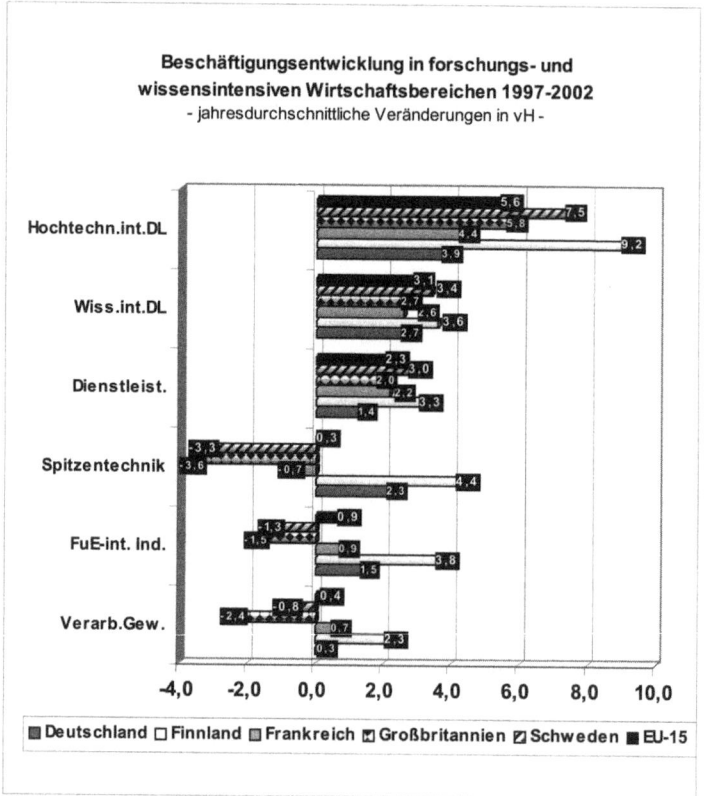

Quelle: eigene Darstellung in Anlehnung an European Commission/ Eurostat
(Statistics 2003) Figure 6.3., S. 116; eigene Berechungen

Demgegenüber wird die Struktur des forschungs- und wissensintensiven Sektors in
Deutschland überdurchschnittlich durch die forschungsintensiven Industrien geprägt.
Die besondere Rolle dieser Zweige in Deutschland zeigt sich auch in der **Expansion
im Zeitraum 1997 bis 2002** (vgl. Abb. 4-30). Die Beschäftigung insgesamt wurde in
dieser Periode in Deutschland im Jahresdurchschnitt kaum ausgedehnt, während der
Bereich der forschungsintensiven Industrien sein Arbeitsplatzpotenzial um 1,5 vH
jährlich (Spitzentechnologien sogar um plus 2,3 vH) aufstockte und den Strukturwandel in Richtung der Wissenswirtschaft kräftig vorantrieb. Damit steht Deutschland
nach Finnland an zweiter Stelle dieser Rangliste.

Anders bei den wissensintensiven Dienstleistungen: Auch hier liegt Finnland bei der Dynamik der Beschäftigungsaufstockung im Beobachtungszeitraum (mit jahresdurchschnittlich plus 3,6 vH) an der Spitze der betrachteten Länder, mit einigem Abstand vor Schweden (3,4 vH). Besonders auffällig ist für diese beiden Länder der starke Beschäftigungsanstieg der Hochtechnologie-Dienstleistungen, der in Finnland jahresdurchschnittlich 9,2 und in Schweden 7,5 vH betrug. Demgegenüber liegt das Tempo des Strukturwandels in Richtung wissensorientierte Tertiärökonomie in Deutschland mit einem jahresdurchschnittlichen Plus von 2,7 vH unterhalb des europäischen Durchschnitts (3,1 vH).

4.3.5 Innovationsstandort Deutschland im internationalen Vergleich

4.3.5.1 Benchmarking für Innovationspolitik

Innovationspolitik hat zum Ziel, Innovationsprozesse anzuregen, zu beschleunigen und – falls sinnvoll und möglich – in eine bestimmte Richtung (zum Beispiel ökologischer Strukturwandel) zu steuern. Zudem geht es darum, die Leistungsfähigkeit des Innovationssystems auf nationaler und regionaler Ebene zu verbessern. Dazu benötigt eine Gesellschaft eine leistungsfähige Informationsgrundlage, da nur auf einer solchen Basis gezielte Strategien sowie eine sachorientierte Diskussion um die besten Maßnahmen möglich sind. „Benchmarking" ist eine Methode, die Informationsgrundlage zu verbessern. Der Ansatz kommt aus der Unternehmenspolitik. „Benchmarks" – Kennzahlen – sollen helfen, eigene Schwächen im Vergleich zu „best practises" anderer Unternehmen zu erkennen, um sich in die Lage zu versetzen, diese Defizite gezielt überwinden zu können. Dieser Ansatz lässt sich auch auf Länder übertragen.[145] Internationale Kennziffern-Vergleiche unterstützen die Schwachstellenanalyse im eigenen Land und ermöglichen das Lernen von erfolgreicheren Volkswirtschaften. Sie erlauben eine Beurteilung des eigenen Innovationssystems und geben Hinweise für eine Verbesserung der Innovationspolitik.

Definition „Benchmarking"

Benchmarking „ist die Suche nach Lösungen, die auf den besten Methoden und Verfahren der Industrie, den "Best Practices", basieren und ein Unternehmen zu Spitzenleistungen führen".

Robert C. Camp 1994

---

145 Vgl. für Deutschland: Eichhorst (2001)

In diesem Sinne wollen wir gezielt die Frage nach der Beurteilung des Innovationsstandorts Deutschland im internationalen Vergleich aufgreifen und bisherige Kennziffervergleiche, die an verschiedenen Stellen dieses Buches zu finden sind, vertiefen und ergänzen.

Bisher angesprochene Ergebnisse von Benchmarking: Wir haben an verschiedenen Stellen dieses Buches bereits einzelne Kennziffern mit denen anderer Länder verglichen. Zusammenfassend wissen wir bereits u.a.,

- dass Deutschland beim jährlichen **Output an wissenschaftlichen Publikationen** innerhalb der Europäischen Union eine starke Stellung einnimmt, jedoch gegenüber Japan und den USA weit zurück liegt,

- dass dieser Rückstand exorbitant groß wird, wenn man die jeweilige Bevölkerungsgröße der Länder berücksichtigt (Pro Kopf-Betrachtung),

- dass sich Deutschland bei der Kennziffer „Zitatrate" innerhalb Europas im Mittelfeld bewegt, allerdings mit erheblichem Rückstand gegenüber den USA,

- dass deutsche Unternehmen im europäischen Raum jährlich das Gros der „**Triade-Patente**" hervorbringen, dass Deutschland jedoch unter Berücksichtigung der Bevölkerungsgröße (Triade-Patente pro Million Einwohner) weit hinter Finnland und Schweden zurückliegt,

- dass Deutschland bei der technologischen Spezialisierung (Indikator „**Relativer Patentanteil**") erhebliche Schwächen im Segment der Spitzentechnologiegüter besitzt, dafür jedoch bei den Hochwertigen Technologien die Patentaktivitäten international anführt,

- dass der **Akademikeranteil an allen Erwerbstätigen** für Deutschland einen durchschnittlichen Wert innerhalb Europas aufweist und dass der Grad der Wissensintensivierung der Beschäftigung gerade bei den wissensintensiven Dienstleistungen hier zu Lande unterdurchschnittlich ausfällt,

- dass die **Studienanfängerquote** in Deutschland gegenüber Konkurrenzländern am Weltmarkt weitaus zu niedrig ist, was sich in einer ebenso weit unter dem internationalen Durchschnitt liegenden Quote der Hochschulabgänger niederschlägt,

- dass Deutschland beim **Strukturwandel in Richtung des forschungs- und wissensintensiven Sektors** innerhalb Europas durchaus mithält, dass dieser Strukturwandel hier zu Lande jedoch vor allem durch die forschungsintensiven Industrien, nicht durch wissensintensive Dienstleistungen getragen und vorangerieben wird.

4.3.5.2 Weitere Messziffern und Datenquellen

Wir wollen an dieser Stelle diese Erkenntnisse durch die Darstellung weiterer „benchmarks" im Rahmen internationaler Vergleiche ergänzen und vertiefen. Dazu wählen wir Indikatoren aus, welche die Input- und Outputseite des Innovationssystems betreffen. Für die **Inputseite** relevant sind die Indikatoren, welche Ressourceneinsatz und Investitionen in Forschung und Entwicklung quantifizieren:

- die Forschungs- und Entwicklungsaufwendungen sowie FuE-Intensität
- das Forschungs- und Entwicklungspersonal in Relation zur Erwerbspersonenzahl
- die Investitionen in Wissensgüter

Über die **Outputseite** lassen sich für den internationalen Vergleich Informationen gewinnen aus den Kennziffern

- Grenzüberschreitende Einnahmen und Ausgaben für Forschung und Entwicklung sowie Technologie („Technologische Zahlungsbilanz")
- Welthandelspositionen der deutschen Wirtschaft bei forschungs- und entwicklungsintensiven Waren- und Dienstleistungsgruppen
- Export-Import-Relationen bei diesen Gruppen

4.3.5.3 Ressourcen und Investitionen in Forschung und Entwicklung

A. Forschungs- und Entwicklungsaufwendungen

Die OECD-Länder investierten im Jahre 2001 insgesamt fast 650 Mrd. US-Dollar in Forschung und Entwicklung.

Den Großteil der OECD-Ausgaben bestreiten die USA mit rund 44 vH, weit vor den Ländern der Europäischen Union (28,3 vH) und Japan (17 vH) (vgl. Abb. 4-31). Innerhalb Europas wendet Deutschland mit 8,6 vH vor Frankreich (5,3 vH) und Großbritannien (4,3 vH) die meisten Mittel für Forschungs- und Entwicklungszwecke auf. Analysiert man die Dynamik, mit der die FuE-Aufwendungen in den 1990er Jahren gesteigert worden sind, so liegen die EU-Länder zusammengenommen mit einem Zuwachs von rund 190 vH weit vor den USA mit einem Plus von 53 vH. Innerhalb Europas hat Großbritannien mit einem Zuwachs von knapp 136 vH seine Ausgaben am stärksten gesteigert.

Abbildung 4-31: *FuE-Ausgaben im internationalen Vergleich*

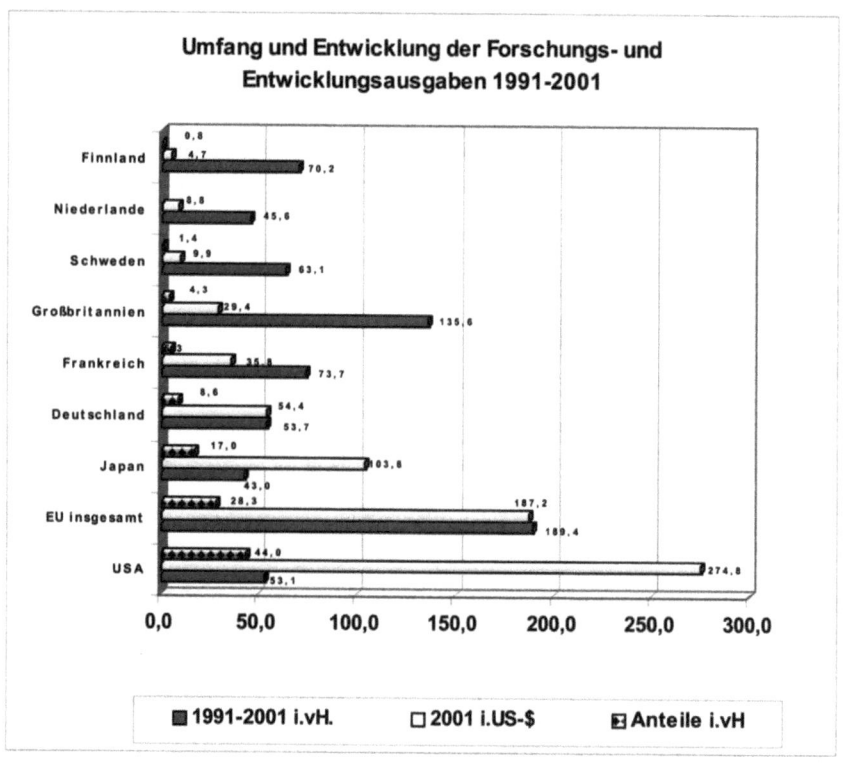

Quelle: eigene Darstellung in Anlehnung an BuFo 2004, S. 688ff.; eigene Berechnungen

Die Forschungs- und Entwicklungsausgaben werden vor allem von der Wirtschaft und vom Staat getragen (vgl. Abb. 4-32). Dabei hat die Wirtschaft in Japan, Schweden und Finnland mit jeweils über 70 vH die größten Anteile im internationalen Vergleich. In Deutschland beträgt der Finanzierungsanteil der Wirtschaft 66 vH, er ist damit im Verlaufe der 1990er Jahre um 4 Prozentpunkte gewachsen. Die größere Dynamik der Wirtschaftsausgaben findet sich in auch in fast allen anderen Ländern. Die große Ausnahme bildet Großbritannien, wo allerdings sowohl der Anteil der Wirtschaft als auch der des Staates rückläufig ist zugunsten der Finanzierungsmittel aus anderen Quellen und dem Ausland. Generell rückläufig ist der staatliche Anteil an der Finanzierung der gesamtwirtschaftlichen Forschungs- und Entwicklungsaufwendungen. Hier bildet Japan die Ausnahme, wo der Staatsanteil im Beobachtungszeitraum leicht zugenommen hat.

Abbildung 4-32: Anteile an der FuE-Finanzierung in ausgewählten Ländern

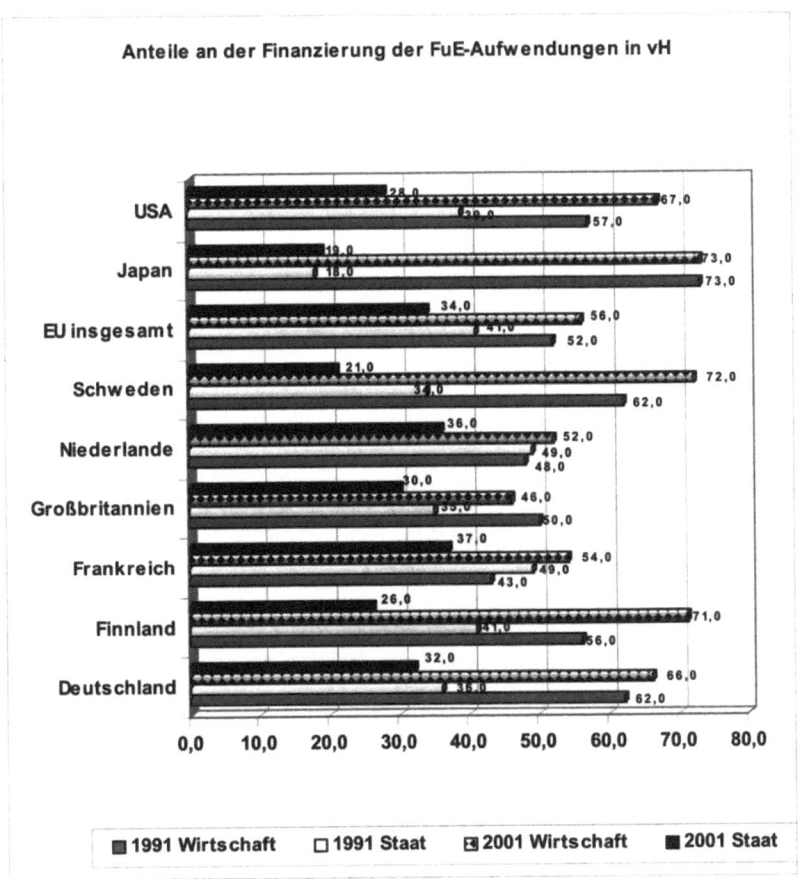

Anteile an der Finanzierung der FuE-Aufwendungen in vH

Land	Werte
USA	28,0 / 67,0 / 57,0
Japan	19,0 / 18,0 / 73,0 / 73,0
EU insgesamt	34,0 / 56,0 / 41,0 / 52,0
Schweden	21,0 / 72,0 / 34,0 / 62,0
Niederlande	36,0 / 52,0 / 49,0 / 48,0
Großbritannien	30,0 / 46,0 / 39,0 / 50,0
Frankreich	37,0 / 54,0 / 49,0 / 43,0
Finnland	26,0 / 71,0 / 31,0 / 56,0
Deutschland	32,0 / 66,0 / 35,0 / 62,0

■ 1991 Wirtschaft   □ 1991 Staat   ▣ 2001 Wirtschaft   ■ 2001 Staat

Quelle: eigene Darstellung in Anlehnung an BuFo 2004, S. 688ff.; eigene Berechnungen

B. Forschungs- und Entwicklungsintensitäten

Um der unterschiedlichen Wirtschaftskraft Rechnung zu tragen und um Forschungs-
und Entwicklungsanstrengungen der Länder unter den jeweiligen wirtschaftlichen
Bedingungen herauszukristallisieren, ist der Indikator „Forschungs- und Entwicklungsintensität" (Anteil der FuE-Ausgaben am BIP) am geeignetsten (Abb. 4-33).

Abbildung 4-33: *FuE-Intensitäten im internationalen Vergleich*

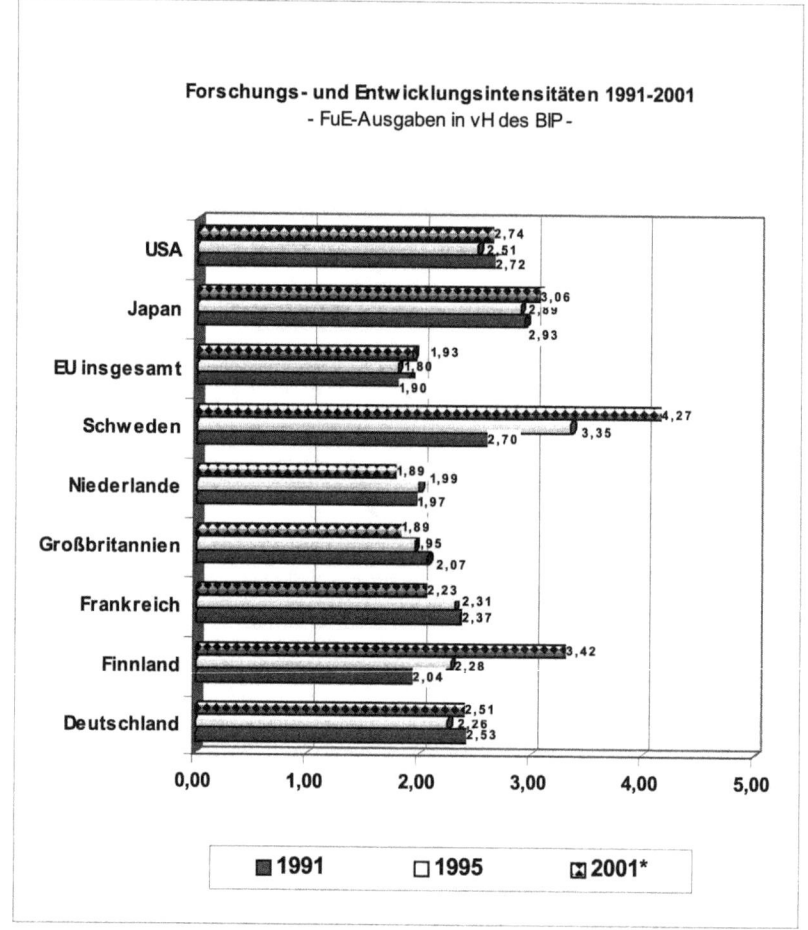

Forschungs- und Entwicklungsintensitäten 1991-2001
- FuE-Ausgaben in vH des BIP -

USA: 2,74 / 2,51 / 2,72
Japan: 3,06 / 2,89 / 2,93
EU insgesamt: 1,93 / 1,80 / 1,90
Schweden: 4,27 / 3,35 / 2,70
Niederlande: 1,89 / 1,99 / 1,97
Großbritannien: 1,89 / 1,95 / 2,07
Frankreich: 2,23 / 2,31 / 2,37
Finnland: 3,42 / 2,28 / 2,04
Deutschland: 2,51 / 2,26 / 2,53

■ 1991   □ 1995   ◪ 2001*

Quelle: eigene Darstellung in Anlehnung an BuFo 2004, S. 688ff., eigene Berechnungen

Hier liegen in 2001 Japan mit einem Anteil der Forschungs- und Entwicklungsausgaben am Bruttoinlandsprodukt von über 3 und die USA mit 2,74 vH weit vor der Europäischen Union, die einen Wert von unter 2 vH aufweist. Innerhalb der EU verfügen Schweden (4,27 vH) und Finnland (3,42 vH) über weit überdurchschnittliche Forschungsintensitäten. Deutschland liegt mit einem Wert von gut 2,5 vH im Mittelfeld und hat nach einem Tiefpunkt Mitte der 1990er Jahre seine Forschungsintensität in den Jahren seit 1999 wieder gesteigert.

Bei der Analyse der EU-Länder muss man sich vor Augen halten, dass die EU-Kommission die Forschungs- und Entwicklungsintensität in 2002 zu einer expliziten **Zielgröße der Innovationspolitik** erklärt hat: ihr Wert soll bis 2010 in der EU wieder auf 3 vH gesteigert werden, nachdem in den 1990er Jahren der Wert von 2 vH nachhaltig unterschritten wurde. Die Realisierung dieses Zieles bedarf im Rest dieses Jahrzehnts noch gewaltiger Anstrengungen, zumal erkennbar ist, dass in einigen EU-Ländern die FuE-Intensitäten selbst in der zweiten Hälfte der 1990er Jahre weiterhin rückläufig sind, zum Beispiel in Frankreich, Großbritannien und den Niederlanden.

C. Personelle Ressourcen in Forschung und Entwicklung

Um unterschiedliche Arbeitszeiten und Arbeitsverhältnisse in den verschiedenen Ländern auszuklammern, werden die Zahlen des Forschungs- und Entwicklungspersonals in Vollzeitarbeitsplätze („Vollzeitäquivalente") umgerechnet. In den OECD-Ländern arbeiteten im Jahr 2000 insgesamt rund 3,4 Mio. Menschen in Forschung und Entwicklung, das waren 6,5 vH aller Erwerbstätigen.

Abbildung 4-34: *FuE-Personal im internationalen Vergleich*

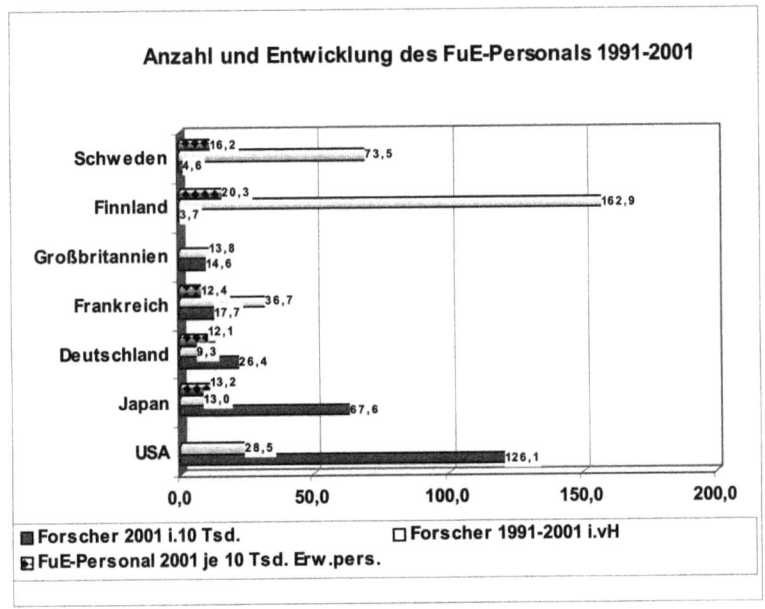

Anm.: Forscher: Vollzeitäquivalente; USA: 2001=1999, Großbritannien 2001=1997;
FuE-Personal insgesamt: USA k.A.; Großbritannien k.A. für 2001.
Quelle: eigene Darstellung in Anlehnung an BuFo 2004, S. 733ff.

In 2001 kamen auf je 10.000 Erwerbstätige in Deutschland rund 12 Personen, die in Forschung und Entwicklung tätig waren, sei es als Forscher, als technisches oder als sonstiges Personal (vgl. Abb. 4-34). In Schweden betrug diese Kennziffer rund 16, in Finnland sogar 20 Personen.

Schält man die eigentlichen „Produzenten" neuen Wissens, die Forscherinnen und Forscher, aus dieser Zahl heraus,, so liegen die USA mit weitem Abstand vorn, sie beschäftigen über 1,2 Mio. Personen unmittelbar mit Forschungszwecken, weit vor Japan (676.000) und Deutschland (264.000).

Dabei zeigen sich sehr unterschiedliche Zuwächse über die 1990er Jahre. Finnland (plus 163 vH) und – mit Abstand Schweden (plus 73,5 vH) – haben ihre personellen Forschungskapazitäten enorm aufgestockt, weit vor Frankreich (plus 36,7 vH) und Großbritannien (plus 12,4 vH). Deutschland hat die Zahl seiner Forscher lediglich um knapp 10 vH gesteigert und bleibt damit deutlich hinter den Vergleichsländern zurück.

D. Investitionen in Wissen

Um die investiven Anstrengungen im Hinblick auf die Transformation der reifen Volkswirtschaften in Wissensökonomien zu messen, berechnet die OECD den Indikator „Investment in knowledge" und stellt dieser Größe die Investitionen in Real- bzw. Sachkapital gegenüber. Die „Investitionen in Wissen" fassen die Ausgaben für Forschung und Entwicklung, tertiäre Bildung und Ausbildung sowie für Software zu einer Größe zusammen und setzt sie zum Bruttoinlandsprodukt in Beziehung. Dabei werden Überlappungen dieser Größen (zum Beispiel zwischen FuE und tertiären Bildungsausgaben) sowie nicht-investive Anteile (zum Beispiel Software für den privaten Konsum) so weit wie möglich herausgerechnet.

Die Abbildung 4-35 zeigt die Anteile der verschiedenen Arten an Wissensinvestitionen am Bruttoinlandsprodukt für das Jahr 1998. In Japan und in den USA wird im Vergleich zu den EU-Ländern insgesamt mit Quoten von 3 bzw. 2,6 vH relativ viel in Forschung und Entwicklung investiert, die EU liegt bei dieser Kennziffer unterhalb von 2 vH. Die USA sind bei diesen Dreier-Vergleich eindeutig führend bei Investitionen in die höhere Bildung und Ausbildung, ebenso bei den Investitionen in Software. Innerhalb Europas sind Schweden und Finnland bei den FuE-Investitionen, Schweden ist allein bei den Softwareinvestitionen und Finnland allein bei den Investitionen in tertiäre Bildung führend. Deutschland liegt mit einem Anteil von 1,2 vH bei den Investitionen in Software in Europa im Mittelfeld, bei den Investitionen in tertiäre Bildung am unteren Ende.

Abbildung 4-35: *Investitionen in Wissen*

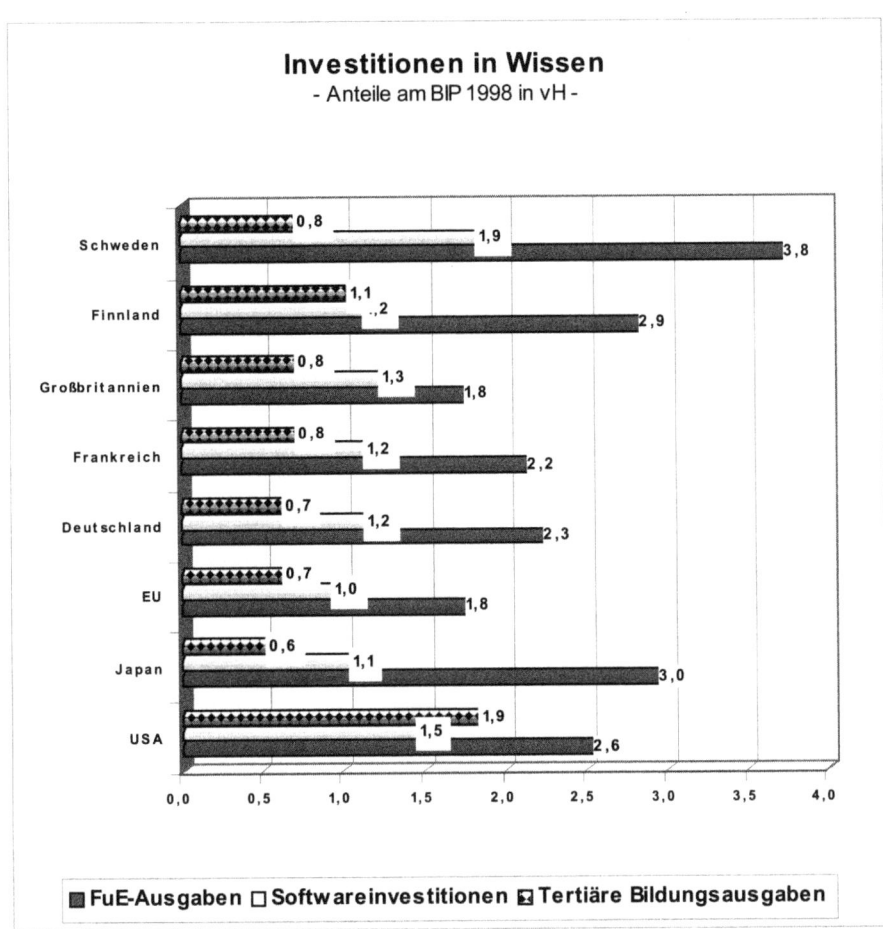

Quelle: eigene Darstellung in Anlehnung an OECD (2002), S. 285

Der Vergleich der Investitionen in Wissen einerseits, in Realkapital andererseits sagt etwas aus über den Grad des Fortschritts eines Landes in Richtung Wissensökonomie im Vergleich zu anderen Ländern. Auch wenn dieser Indikator aufgrund seiner methodischen Probleme und der je unterschiedlichen Gegebenheiten in den verschiedenen Ländern nicht allzu ernst genommen werden sollte, so weist er doch darauf hin – gerade unter Hinzuziehung der Zuwächse bei den beiden Investitionsarten – dass zwischen den Ländern teils deutliche Unterschiede bestehen (vgl. zum folgenden die Abbildungen 4-41 sowie 4-42). Schweden und die USA haben vergleichsweise große

Anteile an Investitionen in Wissen, während das Gewicht der Realkapitalinvestitionen in Japan weit über dem der anderen Länder liegt. Schweden und Finnland haben ihre Wissensinvestitionen in den 1990er Jahren am stärksten ausgedehnt, während die USA bei der Steigerung der Realkapitalinvestitionen weit voran marschierte.

Abbildung 4-36: *Investitionen in Wissen und Sachkapital in ausgewählten Ländern*

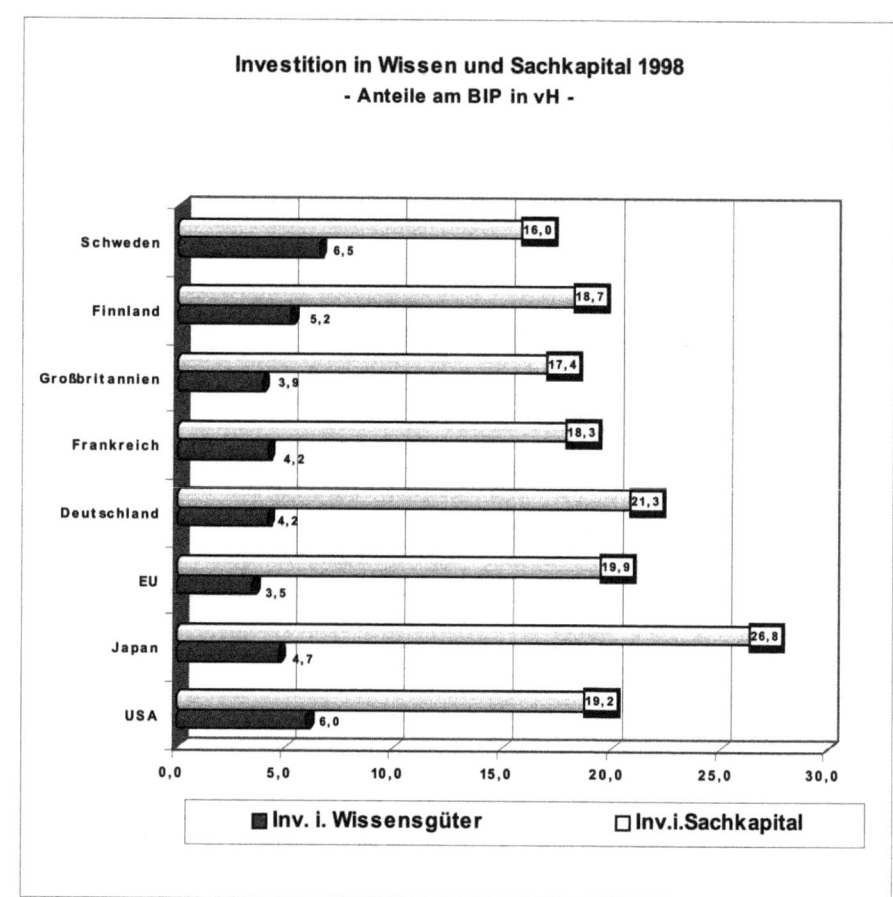

Quelle: eigene Darstellung in Anlehnung an OECD (2002), S. 285

Abbildung 4-37:   *Entwicklung der Investitionen in ausgewählten Ländern*

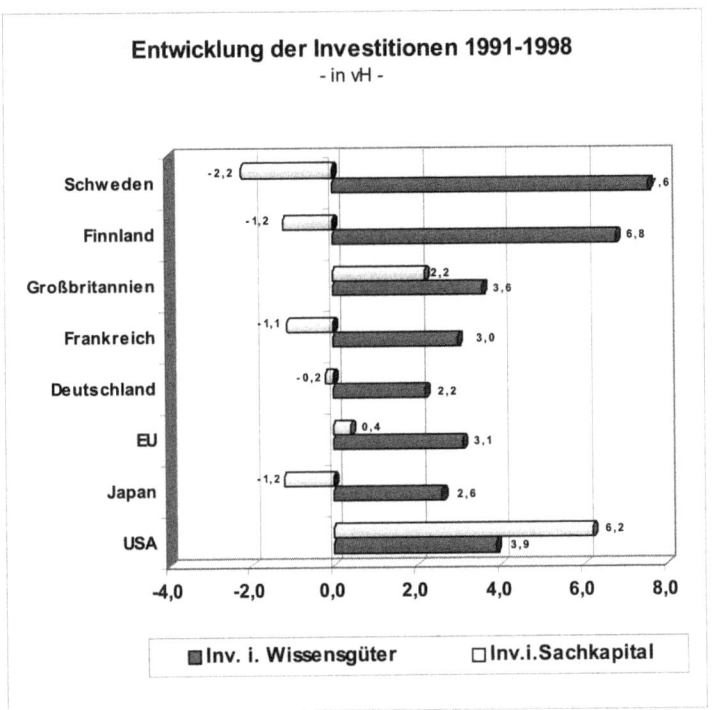

Quelle: eigene Darstellung in Anlehnung an OECD (2002), S. 285.

Deutschland liegt bei den Wissensinvestitionen mit einem Anteil von 4,2 vH im Mittelfeld der Vergleichsländer, bei den Sachinvestitionen dagegen hinter Japan mit 21,3 vH an zweiter Stelle. Die hohen Sachkapitalquoten dürften zum Teil die große Bedeutung widerspiegeln, welche der Industriesektor in diesen beiden Ländern auch heute noch hat. Dass die Investitionen in Sachkapital jedoch stagnieren bzw. rückläufig sind, zeigt die Krise, die der Industriesektor in den 1990er Jahren durchlebte. Auch in Schweden, Finnland und Frankreich sind die Sachkapitalinvestitionen in der letzten Dekade durch starke Rückgänge gekennzeichnet.

4.3.5.4 Technologische Zahlungsbilanz

Die Technologische Zahlungsbilanz misst internationale Technologietransfers. Es werden die Einnahmen und Ausgaben aus dem grenzüberschreitenden Transfers von Patenten, Lizenzen, Erfindungen und Verfahren erfasst und gegenübergestellt. Ein negativer Saldo der Technologischen Zahlungsbilanz muss nicht bedeuten, dass das betreffende Land im Innovationswettbewerb nicht leistungsfähig ist, sondern sagt zunächst lediglich aus, dass das Land mehr technologisches Wissen importiert als exportiert. Länder mit positivem Saldo weisen allerdings einen vergleichsweisen hohen Grad an „Technologieautonomie" auf, sie stützen sich bei Innovationen vorrangig auf selbst generiertes Wissen. Die Aussagekraft der Technologischen Zahlungsbilanz wird durch zwei Faktoren weiter eingeengt:

1. Sie erfasst nicht den gesamten Technologietransfer: Es gibt viele Kanäle desselben, die nicht berücksichtigt werden (können), zum Beispiel der Außenhandel mit forschungs- und entwicklungsintensiven Gütern und Dienstleistungen, der grenzüberschreitende Kauf und Verkauf von Industrieanlagen oder der Bau von Produktionsstätten im Ausland. Auch der Wissenstransfer durch die grenzüberschreitende Mobilität von wissenschaftlichem Personal wird nicht berücksichtigt.

2. Sie erfasst vor allem die grenzüberschreitenden technologiebezogenen Zahlungen zwischen verbundenen Unternehmen: Deshalb spiegeln sich in dieser Statistik vor allem die Aktivitäten zwischen und innerhalb von großen Unternehmen. „Der Saldo in der technologischen Zahlungsbilanz spiegelt daher im Wesentlichen Besitzverhältnisse und Finanzierungsvorgänge beim grenzüberschreitenden Technologietransfer zwischen großen multinationalen Unternehmen wider."[146]

Diese Einschränkungen der Aussagekraft der Technologischen Zahlungsbilanz sollten bei der Interpretation der Daten im Auge behalten werden. Deutschland hat traditionell einen negativen **Saldo** in dieser Zahlungsbilanz. Er betrug 2001 knapp 4,8 Mrd. US-Dollar und war fast achtmal so groß wie im Jahre 1990. Gemessen am Bruttoinlandsprodukt waren dies knapp 0,2 vH (1999). Von den ausgewählten Ländern waren – gemessen am Bruttoinlandsprodukt - die USA und Großbritannien mit Anteilen von 0,25 bzw. 0,21 vH die bedeutendsten Technologieexporteure.

Die Relation zwischen Einnahmen und Ausgaben im technologischen Zahlungsverkehr zeigt die **„Deckungsquote"**, das heißt den Grad, in dem technologiebezogene Zahlungen an das Ausland durch entsprechende Einnahmen gedeckt werden. Diese Kennziffer lag 1999 für Deutschland bei 77 vH, 1990 lag sie noch bei 91 vH. Außerordentlich hohe Deckungsquoten weisen die Technologieexportländer wie USA und Großbritannien, aber auch Japan auf.

---

146 BuFo 2004, S 486

Tabelle 4-9:   Technologische Zahlungsbilanzen ausgewählter Länder 1990-2001

Mio. US-$	Saldo der Einnahmen und Ausgaben		Saldo in vH des BIP	Deckungsquote i.vH	
	1990	**2001***	**1999**	**1990**	**1999**
USA	13499	22476	0,25	531	275
Japan	-225	4833	0,11	91	234
EU	k.A.	k.A.	-0,13	77	80
Deutschland	-607	-4760	-0,18	91	77
Frankreich	-611	-414	-0,04	76	83
Großbritannien	-664	7173	0,21	76	192
Finnland	-266	-305	0,04	k.a.	157
Schweden	164	353	k.A.	276	k.A.

Quelle: in Anlehnung an OECD (2002), Statistischer Anhang; OECD (2001), Statistischer Anhang

4.3.5.5   Anteil am Welthandel mit FuE-Intensiven Waren

Die Teilnahme am Wettbewerb auf internationalen Märkten setzt eine starke Innovationsfähigkeit voraus. Insofern sind die im Welthandel errungenen und behaupteten Marktanteile bei forschungs- und entwicklungsintensiven Warengruppen ein „Prüfstein" für die Innovationskraft von Unternehmen und Branchen. Marktanteile bei diesen Warengruppen sind darüber hinaus von erheblicher wirtschaftlicher Bedeutung, da die internationale Nachfrage nach diesen Warengruppen langfristig besonders dynamisch wächst – fast 54 vH aller Industriewarenexporte der OECD-Länder entfielen 2001 bereits auf diese Gruppen – und hierdurch für die beteiligten Länder erhebliche Wachstumsimpulse generiert werden. Insbesondere Waren der Spitzentechnik – welche ein Drittel des Welthandelsanteils der forschungsintensiven Warengruppen ausmachen - wuchsen seit 1991 mit rund 8 vH jahresdurchschnittlich außerordentlich schnell, und ließen Produkte der hochwertigen Technik (jahresdurchschnittliches Wachstum etwa 6,5 vH) und erst recht nicht-forschungsintensive Produktgruppen (4 vH) weit hinter sich.

Die Länder der Europäischen Union lieferten zusammengenommen über die Hälfte der weltweit nachgefragten FuE-intesiven Erzeugnisse (vgl. Tab. 4-10). Auf der Ebene der einzelnen Länder sind die USA der Hauptexporteur dieser Waren mit einem Welthandelsanteil von 19,4 vH, gefolgt von Deutschland (knapp 15 vH) und Japan (12,4 vH).

Die Betrachtung der einzelnen Marktsegmente ergibt, dass die USA ihre Stärke bei den Spitzentechnikprodukten besitzen, während die Domäne von Deutschland und Japan bei Waren der Hochwertigen Technik liegt. Allerdings haben die „Verfolgerländer" in den 1990er Jahren gegenüber den USA an Boden verloren: Während letztere zwischen 1991 und 2001 ihren bereits starken Anteil sogar weiter ausbauen konnten, verloren Deutschland (minus 3,5 Prozentpunkte) und – stärker noch - Japan (minus 6,2 Prozentpunkte) auf diesen wirtschaftlich bedeutsamen Weltmärkten an Anteilen. Dennoch stellte die internationale Nachfrage nach forschungsintensiven Industriegütern für Deutschland gerade in der zweiten Hälfte der 1990er Jahre eine wichtige Triebkraft des wirtschaftlichen Wachstums dar: der überwältigende Teil der Umsatzzuwächse (90 vH!) bei forschungsintensiven Waren wurde zwischen 1995 und 2002 im Ausland erzielt.[147]

Tabelle 4-10: *Welthandelsanteile bei FuE-intensiven Waren 1991-2001*

	2001	1991-01 Veränderung in vH-Punkten	2001	
	FuE-Erzeugnisse insg.	FuE-Erz. Insg.	Spitzentechnik	Hochw. Technik
Deutschland	14,9	-3,5	10,6	17,2
Frankreich	7,2	-0,8	7,3	7,1
Großbritannien	7,5	-0,3	9,9	5,6
Niederlande	3,5	0,0	4,9	2,8
EU insgesamt	50,9	-3,5	46,5	52,8
Japan	12,4	-6,2	9,5	14,0
USA	19,4	0,6	28,0	14,9

Quelle: in Anlehnung an BuFo 2004, S. 755f.

Deutschland gründet seine starke Position auf den Weltmärkten für FuE-intensive Industriegüter vor allem auf zwei Produktbereiche: Fahrzeugbau (Anteil 2001: 18,7 vH) und Maschinen (Anteil 18,2 vH) (vgl. Abb. 4-38). Starke Positionen bestehen auch noch – wenn auch mit Abstand – in der Elektrotechnik, bei Chemieerzeugnissen und bei Instrumenten. Allerdings ist auch erkennbar, dass die deutsche Industrie bei all diesen Produktgruppen – außer dem bei Gütern des Fahrzeugbaus –in der letzten Dekade zum Teil deutlich an Gewicht verloren hat.

---

147 Vgl. BuFo 2004, S. 512

Abbildung 4-38: Welthandelsanteile Deutschlands bei FuE-intensiven Waren

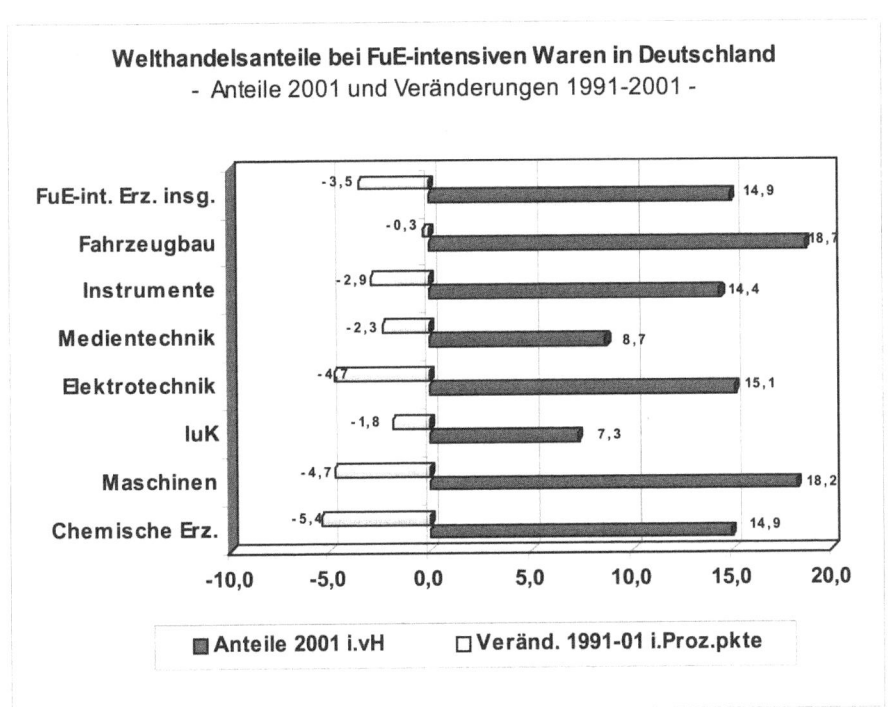

Welthandelsanteile bei FuE-intensiven Waren in Deutschland
- Anteile 2001 und Veränderungen 1991-2001 -

	Veränd. 1991-01	Anteile 2001
FuE-int. Erz. insg.	-3,5	14,9
Fahrzeugbau	-0,3	18,7
Instrumente	-2,9	14,4
Medientechnik	-2,3	8,7
Elektrotechnik	-4,7	15,1
IuK	-1,8	7,3
Maschinen	-4,7	18,2
Chemische Erz.	-5,4	14,9

■ Anteile 2001 i.vH   □ Veränd. 1991-01 i.Proz.pkte

Quelle: eigene Darstellung in Anlehnung an BuFo 2004, S. 755f.

4.3.5.6 Beitrag des FuE-intensiven Sektors zum Außenbeitrag

Ein weiterer Indikator für die gesamtwirtschaftliche Bedeutung des forschungsintensiven Sektors ist sein Beitrag zum Außenhandel. Je höher der Wert dieses Indikators - der den tatsächlichen Außenhandelssaldo einer Warengruppe mit einem hypothetischen, errechneten Außenhandelssaldo dieser Gruppe vergleicht und in Beziehung zu deren Außenhandelsvolumen setzt – desto größer ist die Bedeutung dieser Warengruppe für das gesamte Außenhandelsergebnis des Landes. Ist der Wert im positiven Bereich, bedeutet dies strukturelle Überschüsse und damit komparative Vorteile des Landes bei dieser Warengruppe et vice versa.

Die Tabelle 4-11 zeigt, dass in 2001 der Beitrag der FuE-inteniven Güter zum Außenhandelsüberschuss in Deutschland knapp 4 vH des Außenhandelsvolumens ausmachte, und dass dieser Beitrag ausschließlich von Gütern der Hochwertigen Technik getragen wird (plus 6 vH), während bei Spitzentechnologiegütern ein strukturelles Defizit (minus 2,4 vH) verkraftet werden muss. Deutlich wird auch, dass der Beitrag des forschungsintensiven Sektors zum Außenhandelsüberschuss in Deutschland über die 1990er Jahre abgenommen hat, von 5,2 vH in 1991 auf nur noch 3,7 vH in 2001.

Tabelle 4-11:   *Beitrag[1] des FuE-intensiven Sektors zum Außenbeitrag*

	1991			2001		
	FuE-int. Erz. insg.	Spitzen-technik	Hochw. Techn.	FuE-int. Erz. insg.	Spitzen-technik	Hochw. Techn.
Deutschland	5,2	-1,5	6,6	3,7	-2,4	6,0
Finnland	-9,0	-3,2	-5,7	-4,3	1,4	-5,7
Frankreich	1,4	0,5	0,8	2,4	1,0	1,5
Großbritannien	4,8	2,1	2,8	4,2	3,6	0,7
Schweden[2]	0,5	-0,9	1,3	0,4	1,1	0,3
EU insgesamt	1,0	-0,8	1,8	1,0	-0,5	1,5
Japan	16,0	2,0	14,0	12,6	-2,2	14,8
USA	4,4	6,2	-1,9	4,2	5,6	-1,3

Anm.: 1) Interpretation: Der Beitrag ist positiv, wenn der Saldo bei der betrachteten Warengruppe günstiger ausfällt als bei verarbeiteten Industriewaren insgesamt; je höher die Kennziffer ausfällt, desto bedeutungsvoller ist die Warengruppe für das Außenhandelsergebnis des Landes;
2) Schweden: 2001=2000
Quelle: Zusammenstellung aus: BuFo 2004, S. 782f.

Im internationalen Vergleich profitiert vor allem Japan im Außenhandel von seinem forschungsintensiven Wirtschaftssektor mit einem weit über dem internationalen Durchschnitt liegenden strukturellen Überschuss von 12,6 vH in 2001, wobei auch in diesem Land die komparativen Vorteile allein durch Güter der Hochwertigen Technik getragen werden. Allerdings musste auch Japan gegenüber 1991 Federn lassen, der Beitrag der FuE-intensiven Industrien zum Außenhandelsüberschuss ist im Beobachtungszeitraum zurückgegangen.

5 Innovationspolitik in der Marktwirtschaft

5.1 Was ist „Innovationspolitik"?

5.1.1 Begriff der Innovationspolitik

Trotz der in den letzten Jahren zu beobachtenden immer häufigeren Verwendung des Begriffs „Innovationspolitik" gibt es bislang keine eindeutige Definition und begriffliche Abgrenzung dieses staatlichen Handlungsfeldes. Das liegt nicht zuletzt daran, dass sich die wissenschaftliche Literatur im deutschsprachigen Raum weitgehend auf die Erörterung der „Forschungs- und Technologiepolitik" oder gar nur auf die „Technologiepolitik" beschränkt. In der ökonomischen Literatur verwendet Littman den Begriff der „Innovationspolitik" bereits Mitte der 1970er Jahre sehr häufig, gibt jedoch keine präzise Definition des Begriffs und bezieht sich in seinen inhaltlichen Ausführungen vorrangig auf die staatliche Forschungs- und Technologieförderung.[148]

Wir wollen unter Innovationspolitik **alle staatlichen Aktivitäten** verstehen, **welche sich auf die Steuerung und Beeinflussung von Innovationsprozessen richten**.

Begriff der Innovationspolitik

Staatliche Innovationspolitik umfasst alle Strategien und Maßnahmen des Staates, welche darauf ausgerichtet sind, den Umfang, die Art und die Richtung von Innovationsprozessen in Wirtschaft und Gesellschaft zu beeinflussen.

Dabei müssen folgende inhaltliche **Differenzierungen** beachtet werden:

- nach **Akteuren**: Akteur der staatlichen Innovationspolitik ist nicht allein der Nationalstaat bzw. in Deutschland die **Bundesebene**. Im Zuge der Globalisierungsprozesse und der Veränderungen der Art des technischen Wandels verliert diese Ebene sogar an innovationspolitischen Einflussmöglichkeiten, auch wenn sie aufgrund der großen Verfügungsmöglichkeiten über Ressourcen und der Kompetenz der Rechtssetzung und Rechtsumsetzung noch lange der wichtigsten innovationspolitische Akteur bleiben wird. Demgegenüber wächst die innovationspolitische Rolle

---

148 Littman (1975)

von Akteuren, die lange Zeit im Schatten der nationalstaatlichen Politik standen: Aufgrund des fortschreitenden europäischen Integrationsprozesses gewinnt die **europäische Ebene** ein zunehmendes Gewicht und die Rolle der Innovationspolitik auf der **regionalen Ebene** wird aufgrund des Stellenwertes regionaler Innovationsnetzwerke für die allgemeine Innovationsfähigkeit immer wichtiger;

- nach **politischen Handlungsfeldern**: Nicht allein Wissenschaftspolitik, Forschungsförderung und Technologiepolitik wirken auf den gesamtwirtschaftlichen Innovationsprozess ein, sondern auch andere staatliche Handlungsfelder, wobei deren Einfluss unterschiedlich groß ist. Eine wachsende Bedeutung hat die Bildungs- und Ausbildungspolitik, welche das den Innovationsprozess immer mehr tragende „Humankapital" verbessert und entwickelt. Wesentlichen Einfluss hat auch die Wettbewerbspolitik, da der Wettbewerb und seine jeweilige Intensität auf den verschiedenen Märkten das Tempo von Innovationsprozessen entscheidend bestimmt.[149] Einfluss auf den Innovationsprozess haben zweifelsohne auch die Steuerpolitik, die Gestaltung der geistigen Eigentumsrechte oder die Umwelt- und Energiepolitik.

Wir wollen unter **„Innovationspolitik im engeren Sinne"** die Bildungs-, die Wissenschafts-, die Forschungs- und die Technologiepolitik verstehen. Nimmt man weitere politische Handlungsfelder, welche ebenfalls spürbar den gesamtwirtschaftlichen Innovationsprozess in Tempo und Richtung beeinflussen hinzu, so sprechen wir von **„Innovationspolitik im weiteren Sinne"**.

5.1.2 Begriffsbestimmung der EU-Kommission

Die EU-Kommission hat versucht, die politischen Handlungsfelder im Hinblick auf ihren Einfluss auf Innovationsprozesse zu klassifizieren. Sie unterscheidet dabei drei Elemente des Innovationsprozesses, auf welche Politik einwirken kann und ordnet ihnen die jeweils relevanten Politiken zu:

1. Politiken, welche die **Treiberfaktoren des Innovationsprozesses** beeinflussen und deshalb in Marktprozesse intervenieren: hierzu zählen die Wettbewerbspolitik, die Handelspolitik, der Schutz der geistigen Eigentumsrechte und die Politik, welche auf eine Verbesserung unternehmensinterner Organisationsstrukturen abzielt.

2. Politiken, welche die **Inputs für Innovationsprozesse** bereitstellen: Hierzu werden die Forschungsförderung, die Politik zur Beschleunigung der Diffusion von IuK-Technologien, die Förderung der Bereitstellung von Risikokapital und der Verbesserung von Finanzdienstleistungen, die Bildungspolitik und die Steuerpolitik gerechnet.

---

149 Vgl. dazu Abschnitt 2.4 in diesem Buch

3. Politiken, die an der **Outputseite des Innovationsprozesses** ansetzen und auf die Gewährleistung der sozialen und ökologische Nachhaltigkeit der Wissensökonomie (einschl. der Umverteilung generierter Kosten und Nutzen) orientiert sind: die Politik der Verbesserung der Umweltqualität und der Nachhaltigkeit des Wirtschaftens, die Politik der Förderung von Beschäftigung und neuen Arbeitsformen und die Regionalpolitik.

Die Ansatzpunkte der verschiedenen Handlungsfelder der Innovationspolitik sind in der Abbildung 5-1 zusammengefasst.

Abbildung 5-1:   *Ansatzpunkte und Handlungsfelder der Innovationspolitik i.w.S.*

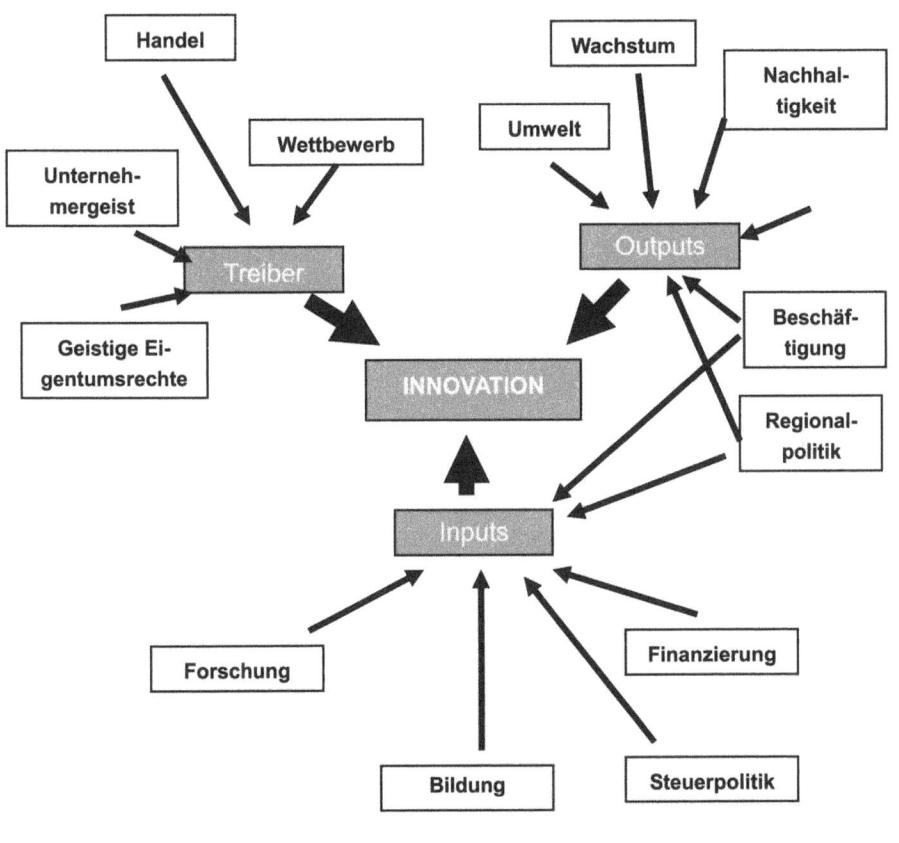

Quelle: eigene Darstellung

5.2   Ordnungspolitische Bewertung der Innovationspolitik

Bereits mit der ersten Wahl zum Deutschen Bundestag hat sich in der Geschichte der nach dem zweiten Weltkrieg neu gegründeten Bundesrepublik Deutschland das Konzept der „Sozialen Marktwirtschaft" als Wirtschaftsordnung in der Konkurrenz mit planwirtschaftlichen Ordnungsvorstellung durchgesetzt. Dieses Konzept einer marktwirtschaftlichen Ordnung , welche Marktprinzipien mit dem Streben nach sozialem Ausgleich zwischen den gesellschaftlichen Gruppen verbindet, war von dem Freiburger Ökonomen Walter Eucken[150] theoretisch erarbeitet und später von dem Kölner Wirtschaftswissenschaftler Alfred Müller-Armack, der ihm auch seinen Namen gab, weiterentwickelt und für die Politik fruchtbar gemacht worden. Der spätere Bundeswirtschaftsminister Ludwig Erhard focht mit diesem Konzept im Wahlkampf um den ersten Bundestag und konnte sich damit im politischen Raum durchsetzen. Auch wenn die „Soziale Marktwirtschaft" noch lange Zeit in der ordnungspolitischen Debatte umstritten war, so kann man heute feststellen, dass dieses Konzept von allen politischen Parteien und in der Gesellschaft – trotz aller Kritik im Einzelnen – weitgehend akzeptiert und mitgetragen wird.

Konstituierendes Element der „Sozialen Marktwirtschaft" ist ein funktionsfähiger Wettbewerb auf den Märkten, der die Herausbildung von Preisen und Preisrelationen gemäß den Angebots- und Nachfrage-Verhältnissen gewährleistet. Weitere **Elemente des marktwirtschaftlichen Ordnungsrahmens** sind die Stabilität des Geldwerts, offene Märkte, weitgehend privates Eigentum an Produktionsmitteln, die Freiheit der Vertragsschließung, die Haftung des Unternehmensmanagements für Risiken wirtschaftlicher Entscheidungen sowie eine kontinuierliche, berechenbare Politik des Staates. Wesentliche Aufgaben des Staates sind

- die Überwachung und Aufrechterhaltung der Funktionsfähigkeit des Wettbewerbs,

- die Sicherung der Geldwertstabilität (über die Einrichtung einer vom Staat unabhängigen Zentralbank),

- die Gewährleistung eines hohen Beschäftigungsstandes,

- eine an der wirtschaftlichen Leistungsfähigkeit orientierte Steuerpolitik sowie

- die Organisation der Absicherung der Bevölkerung gegen allgemeine Lebensrisiken wie Arbeitslosigkeit, Krankheit oder Altersarmut, wobei auch hier eine Umverteilung von Einkommen von den durch die Risiken weniger zu den dadurch stärker Belasteten erfolgen soll.

Mit der wachsenden Bedeutung der staatlichen Innovationspolitik für die Aufrechterhaltung und Weiterentwicklung des gesellschaftlichen Wohlstands musste es darum

---

150 Vgl. Eucken (1989), S 279ff. sowie ders. (1990), S. 398ff.

gehen, dieses Politikfeld in das Konzept der „Sozialen Marktwirtschaft" einzupassen. Über diese Frage gibt es bis heute allerdings keinen echten Konsens. Umstritten ist dabei weniger die Frage, ob der Staat im Hinblick auf Innovationssteuerung in das Wirtschaftsgeschehen überhaupt intervenieren soll, sondern vielmehr, **in welchem Umfang** und **auf welche Art und Weise** er Innovationssteuerung betreiben kann und soll. Selbst wenn man – wie das die meisten tun - dem Grundsatz zustimmt, dass in einer marktwirtschaftlichen Ordnung die Funktion der Generierung und der Anwendung neuen Wissens in erster Linie eine Aufgabe privater Unternehmen ist, und gleichzeitig einräumt – wie das ebenfalls die meisten tun -, dass die Steuerung des gesamtwirtschaftlichen Innovationsprozesses allein durch die Kräfte des Marktes kaum zu gesellschaftlich optimalen Ergebnissen führen dürften, so beginnt spätestens nach dieser grundsätzlichen Zustimmung zur Notwendigkeit staatlicher Innovationssteuerung der Dissens. Dabei geht es grundlegend um die Frage, welche Leistungen die Marktsteuerung des technischen Fortschritts erbringen kann und bei welchen Aufgaben sie überfordert ist und durch staatliche Aktivitäten ergänzt oder ersetzt werden muss.

Einvernehmlich wird gefordert, der Staat müsse die **Grundlagenforschung** finanzieren oder gar selbst organisieren, da aufgrund des Charakters von technologischem Wissen als „öffentliches Gut" eine marktwirtschaftliche Steuerung dieses Bereiches nicht funktioniert: private Unternehmen sind wegen der entstehenden „positiven Externalitäten" nicht bereit, in diesen Bereich zu investieren, da sie sich die Erträge der Investitionen nicht voll aneignen können, aus gesamtwirtschaftlicher Sicht deshalb zu wenig Grundlagenforschung betrieben werden würde.[151]

5.2.1 Streng ordnungspolitische Innovationspolitik

Je marktnäher Forschung jedoch betrieben wird, desto kritischer wird staatliche Finanzierung und Förderung aus ordnungspolitischer Sicht bewertet. Streng ordnungspolitische Innovationspolitik geht davon aus, dass der Wettbewerb in erheblichem Umfang Anreize zur Innovation bildet. Das wesentliche Argument gegen eine gezielte Förderung marktnaher Forschung und Entwicklung lautet, dass der Staat nicht über ausreichende Informationen verfüge, um die lohnendsten Forschungsprojekte und darüber hinaus die wirksamsten Fördermaßnahmen bestimmen zu können („Hayek'sches Informationsproblem"). Allein der Markt könne über Versuchs- und Irrtumsprozesse die ertragreichsten Projekte letztlich herausfinden. **Anwendungsorientierte, marktnahe Forschung** wird deshalb als primäre Aufgabe der Unternehmen angesehen. Ein funktionsfähiges Patentschutzsystem soll dem privaten Investor für eine gewisse Zeit die alleinige Verwertung seiner Forschungsergebnisse und damit die Abschöpfung von Monopolgewinnen sichern. Damit sind Anreize für private For-

---

151 Vgl. dazu Abschnitt 2.2.3 dieses Buches

schung durch den rechtlichen Rahmen gewährleistet. Sollten dennoch zusätzliche Forschungsanstrengungen aus gesellschaftlicher Sicht erforderlich sein, kann der Staat solche Aktivitäten fördern, was aber dann in einem viel geringerem Ausmaß notwendig wäre. Zudem solle der Staat keine Auswahl der zu fördernden Projekte vornehmen, sondern alle Anstrengungen in gleicher Weise unterstützen. Aus ordnungspolitischer Sicht wird deshalb eine generelle, indirekte Förderung der Forschung bevorzugt.

Kritisch bewertet wird auch die **Zusammenarbeit von Unternehmen** bei der Bewältigung von Forschungsaufgaben. Die Bildung „strategischer Allianzen" wird als Gefahr für die Funktionsfähigkeit des Wettbewerbs auf den Absatzmärkten gesehen, da die forschungs- und entwicklungsbezogene Zusammenarbeit auch zu Preisabsprachen bei den fertigen Produkten führen könne.

Ordnungspolitisch streng ausgerichtete Innovationspolitik beschränkt sich auf wenige Ausnahmefälle und stellt den Grundsatz der **„Subsidiarität"** in den Vordergrund, wie das zum Beispiel die konservativ-liberale Regierung im Bundesforschungsbericht 1993 hervorhebt : „Nur dann, wenn die Unternehmen selbst nicht, nicht in ausreichendem Umfang oder nicht rasch genug bestimmte Technologien von erheblicher gesamtwirtschaftlicher Bedeutung entwickeln können, sieht die Bundesregierung grundsätzlich die Voraussetzungen für staatliche Forschungsförderung in der gewerblichen Wirtschaft gegeben. Sie beschränkt sich dabei generell auf Hilfe zur Selbsthilfe."[152]

Schwierig wird die Abgrenzung des Handlungsbedarfes staatlicher Innovationspolitik dort, wo die **Marktnähe oder Marktferne von Forschung** nicht eindeutig zu bestimmen ist. Das gilt zum Beispiel für Grundlagenforschung, deren Ergebnisse für die breite industrielle Anwendung unmittelbare Relevanz besitzt („anwendungsorientierte Grundlagenforschung"). Oder dort, wo Forschung für „öffentliche Güter" (zum Beispiel Umweltqualität, Energieversorgung) zwar auch teilweise von privaten Unternehmen betrieben wird, wo aber die Zeithorizonte sehr langfristig, die wirtschaftlichen Risiken hoch und der Finanzbedarf für Forschungs- und Entwicklungsprojekte oft groß ist. In diesen Bereichen würde das Vertrauen auf die Marktkräfte in der Regel zu verspäteten und aus gesellschaftlicher Sicht nicht ausreichenden Ergebnissen führen. Deshalb finanziert der Staat für solche Bereiche „Vorsorgeforschung" im Hinblick auf die ausreichende und rechtzeitige Abdeckung gesellschaftlicher Bedarfe.

Auch wenn es um den Wissensfluss und Wissenstransfer über die gesamte Wirtschaft hinweg geht, ist der Markt ein nicht ausreichender **Mechanismus der Wissensverteilung**. Die Effizienz von Innovationsstrukturen und der Technologiediffusion müssen ständig gewährleistet und verbessert werden, was ohne staatliche Innovationspolitik nicht geht. Deshalb muss zum Beispiel die Zusammenarbeit zwischen kleinen Unternehmen sowie dieser Unternehmensgruppe und Forschungseinrichtungen gefördert werden, eine technologische Infrastruktur zur Beschleunigung des Wissenstransfers muss aufgebaut und unterhalten werden.

---

152   BuFo 1993, S. 17

5.2.2 Aktiv gestaltende Innovationspolitik

All das können auch die Verfechter einer aktiven, gestaltenden Innovationspolitik unterschreiben, allerdings gehen sie in ihren Vorstellung teils weit darüber hinaus. Sie setzen viel weniger auf die Leistungsfähigkeit der Marktkräfte im Hinblick auf die Realisierung langfristiger gesellschaftlicher, vor allem auch wirtschaftlicher Ziele. Im Rahmen des globalen Innovationswettbewerbs – so ein wesentliches Argument – komme es zur Förderung der wirtschaftlichen Leistungs- und Wettbewerbsfähigkeit sowie des Wachstums auf die Erschließung und Behauptung von Schlüsseltechnologien an. Überlasse man diese allein den privaten Unternehmen, so würden sich aufgrund von **„First-Mover-Vorteilen"** Monopolpositionen in einzelnen Ländern herausbilden und verfestigen, so dass sich die wirtschaftlichen Erträge (Einkommenssteigerungen, neue anspruchsvolle Beschäftigungsmöglichkeiten, vermehrtes Steueraufkommen etc.) dauerhaft in diesen Ländern konzentrieren könnten. Wolle man an den Erträgen von Schlüsseltechnologien partizipieren, müsse staatliche Innovationspolitik die einheimischen Unternehmen bei der Identifizierung, Entwicklung und Ausschöpfung von Schlüsseltechnologiefeldern unterstützen.

Dabei wird eine erhebliche **Unsicherheit** bei der langfristigen Bestimmung des Technologiebedarfs eingeräumt. Allerdings lasse sich diese Unsicherheit verringern, zum Beispiel

- durch einen besseren Ausbau des staatlichen technisch-wissenschaftlichen Informationswesens, welche die Diagnose- und Prognosekapazität innovationspolitischer Akteure erhöht,

- durch systematische Beobachtung der Forschung und Entwicklung in Ländern, die sich international an der Spitze des technischen Fortschritts bewegen,

- durch Vorgabe von Qualitätsstandards in gesellschaftlichen Bedarfsbereichen (zum Beispiel Humanisierung der Arbeitswelt, Schutz der Umwelt), welche zu ihrer Einlösung Innovationen der Unternehmen herausfordert,

- durch die massive Förderung von Forschung in den Bereichen, in denen die Entwicklung des gesellschaftlichen Bedarfs absehbar ist, wo aber für private Unternehmen Forschung und Entwicklung noch sehr risikoreich erscheinen,

- durch Bündelung der öffentlichen Nachfrage nach neuen Techniken, die für die Bewältigung öffentlicher Aufgaben in großem Umfang benötigt werden (zum Beispiel im Verkehrsbereich, im Energiebereich, im Verwaltungsbereich usw.).

5.3 Phasen der Innovationspolitik

5.3.1 Phasenkonzepte

Zur Analyse und Systematisierung der staatlichen Innovationspolitik sind Phasenkonzepte entwickelt worden. Wir wollen zwei davon vorstellen: zum einen das Phasenkonzept für die Innovationspolitik in Deutschland und zum anderen das Phasenkonzept der Europäischen Kommission.

Zunächst zum **deutschen Phasenkonzept:** Um die Herausbildung, Gestaltung und Entwicklung der Innovationspolitik in Westdeutschland und später im vereinigten Deutschland nachvollziehen zu können, ist es wichtig, diese Politik im jeweiligen Kontext der wirtschaftlichen und sozialen Entwicklung der Gesellschaft zu analysieren. Hilfreich ist dabei die Anwendung eines Phasenkonzeptes, wie es von der Kommission für wirtschaftlichen und sozialen Wandel Mitte der 1970er Jahre vorgestellt worden ist[153] und welches sich auf die Forschungs- und Technologiepolitik bis 1972 bezieht. Das Konzept versucht, die historische Abfolge und Entwicklung des Politikfeldes zu ordnen und systematisch darzustellen. Wir werden an dieses Konzept in modifizierter Form anknüpfen und es bis in die Gegenwart hinein weiterentwickeln. Dabei werden wir nicht nur die Forschungs- und Technologiepolitik, sondern auch andere Felder der Innovationspolitik mit einbeziehen. Darüber hinaus haben wir den Kreis der Unterscheidungskriterien für die Phaseneinteilung modifiziert. Die verschiedenen Phasen der Innovationspolitik lassen sich unterscheiden nach den jeweiligen sozioökonomischen Bedingungen der Gesellschaft, Zielen, Instrumente und Ansatzpunkte sowie den jeweiligen Feldern der Innovationspolitik, in denen die politischen Akteure wesentliche Aktivitäten durchführten.

Vor diesem Hintergrund lassen sich 8 **Phasen der Innovationspolitik** herausarbeiten, welche sich in den Übergängen durchaus überlappen können:

I.   Wiederaufbau und Laissez-faire-Periode (1949-1955)
II. Imitationsphase (1955-1967)
III. Nachhol- und Innovationsphase (1965-1972)
IV. Phase der aktiven Gestaltung des Strukturwandels und der Effizienzsteigerung (1973-1982)
V.   Phase marktorientierter Innovationspolitik (1983-1990)
VI. Phase verschärften globalen Innovationswettbewerbs und der deutschen Vereinigung (1990-1997)
VII. Phase der Netzwerkorientierung durch integrierte Innovationspolitik (1995-2000)
VIII. Phase des Ausbaus und der Effizienzsteigerung des nationalen Innovations- und Bildungssystems (ab 1998)

Die herausragenden Merkmale der Phasen der Innovationspolitik in Deutschland sind in der Tabelle 5-1 zusammengestellt.

---

153 Vgl. KomiSoWa (1977), S. 244ff.

Tabelle 5-1: *Übersicht: Phasen der Innovationspolitik in Deutschland 1949 bis zur Gegenwart*

Phasen	Bedingungen	Ziele	Instrumente/Ansatzpunkte	Aktive Felder der Innovationspolitik
I. Wiederaufbau und Laissez-faire-Periode (1949-1955)	– Arbeitslosigkeit, – großes Potential auch qualifizierter Arbeitskräfte, – geringe private FuE	– Förderung der Nutzung vorhandener Technologien, – Aufbau der Wissenschaftsinfrastruktur	– Öffentliche Finanzierung von Forschungseinrichtungen – Indirekte Investitionsanreize	– Allg. Wissenschaftspolitik (Hochschulen, Bundeseigene FuE-Institutionen)
II. Imitationsphase (1955-1967)	– Hohes Wirtschaftswachstum, – Beseitigung der Arbeitslosigkeit und Erreichung von Vollbeschäftigung – wachsende private FuE	– Technischer Fortschritt wird staatliche Aufgabe – Schaffung von Bundeskompetenzen für Innovationspolitik – Orientierung an US-FuT-Politik	– Bundesministerium für Atomforschung (1955), – Aufbau von staatlichen Großforschungszentren – Fachprogramm zur Förderung der Kernforschung und kerntechnischen Entwicklung (1956) – FuE-Förderung für Militär-, Luft- und Raumfahrtforschung	– Allg. Wissenschaftsförderung – Konstitution staatlicher Forschungs- und Technologiepolitik – selektive FuE-Förderung für Großtechnologien,
III. Nachhol- und Innovationsphase (1965-1972)	– Erste Wirtschaftskrise der Wiederaufbauphase 1966/67 – Debatte über technologische Lücke zwischen Europa und USA, – Drosselung privater FuE	– Beseitigung und Vermeidung von „technology gaps" – ergänzende Orientierung der Innovationsbeeinflussung am gesellschaftlichen Bedarf (Umweltschutz, Humanisierung der Arbeit)	– Ablösung der Global- durch Programmförderung – direkte Projektförderung – Ausbau der institutionellen Förderung – verstärkte indirekte steuerpolitische FuE-Förderung – Diffusionsorientierte Innovationsförderung	– Forschungs- und Technologieförderung – FuE-Förderung via Steuerpolitik

Tabelle 5-1:   *Fortsetzung*

Phasen	Bedingungen	Ziele	Instrumente/Ansatzpunkte	Aktive Felder der Innovationspolitik
IV. Phase der aktiven Gestaltung des Strukturwandels und der Effizienzsteigerung (1973-1982)	– Tiefgreifende (Welt-)Wirtschaftskrise, angestoßen durch Ölpreis-Krise – sich abflachendes Wachstum, Umweltkrise, Massenarbeitslosigkeit – Stagnation der FuE-Aufwendungen	– Steuerung des Strukturwandels in Richtung einer technologisch anspruchsvollen Industriestruktur – Mobilisierung und Steuerung des gesellschaftlichen Bedarfs an neuen Technologien – Effizienzsteigerung der FuT-Politik	– s.o. - Ergänzend: – Gründung des Bundesministeriums für Forschung und Technologie 1972/73, – Institutionalisierung eines technologiepolitischen Dialogs zur Abstimmung unterschiedlicher gesellschaftlicher Technologieinteressen – Ausbau der Hochschulen zur Förderung der „Humankapitalbildung"	– Forschungs- und Technologiepolitik – Bildungspolitik
V. Phase marktorientierter Innovationspolitik (1983-1990)	– Anhaltende Massenarbeitslosigkeit – Wirtschaftskrise 1981-83 – Beschleunigung des technischen Wandels (Mikroelektronik; Personalcomputer) – Verschärfung der Umweltprobleme	– Erweiterung und Vertiefung der wissenschaftlichen Erkenntnis – Ressourcen- und Umweltschonung, – humane Lebens- und Arbeitsbedingungen – Steigerung der wirtschaftlichen Leistungs- und Wettbewerbsfähigkeit – Stärkung des marktwirtschaftlichen Wettbewerbs bei Rücknahme technologiepolitischer Interventionen im Innovationsprozess – Förderung von Schlüsseltechnologien und gesellschaftsrelevanten Großtechnologien: Rüstungs-, Weltraum-, Energietechnologien, Meeresforschung etc.	– Verbesserung der Koordination der verschiedenen Phasen des technischen Wandels – Stimulierung des Technologietransfers – Förderung technologieorientierter Unternehmensgründungen – Verstärkung der indirekten gegenüber der direkten Förderung von Unternehmens-FuE – Ausbau der Vorsorgeforschung, systematische Technikfolgen- und Technikpotenzialabschätzung zur Minimierung der Risiken des technischen Wandels	– Forschungs- und Technologiepolitik – Innovationsfördernde Steuerpolitik – Wettbewerbspolitik

Tabelle 5-1: *Fortsetzung*

Phasen	Bedingungen	Ziele	Instrumente/ Ansatzpunkte	Aktive Felder der Innovationspolitik
VI. Phase verschärften globalen Innovationswettbewerbs und der deutschen Vereinigung **(1990-1997)**	– Zusammenbruch des realsozialistischen Wirtschaftsblocks und Vereinigung Deutschlands – Wachsende internationale Konkurrenz aus Niedriglohnländern – Verschärfung der Technologiekonkurrenz durch neue Wettbewerber (ostasiatische „Tiger-Staaten") – Neue Merkmale des wissenschaftlich-technischen Fortschritts: wachsende Komplexität, Beschleunigung der Innovationszyklen; stark steigende FuE-Kosten; Durchsetzung des „Rückkopplungs-Modells" und Wissensintensivierung des technischen Fortschritts in Schlüsseltechnologien – nachlassende Dynamik der FuE-Ausgaben	– Vision „Wachstum aus Intelligenz" – Aufbau und Ausbau der Forschung in den neuen deutschen Bundesländern – Förderung strategischer Technologien im vorwettbewerblichen Bereich (IuK-Technologien, Biotechnologie, Material-, Verkehrs- und Energieforschung) – Stärkung der Innovationskraft von KMU – Ausbau der Vorsorgeforschung – Intensivierung internationaler FuE-Kooperation – Fortführung staatlicher Langzeitprogramme (Kernfusion, Raumfahrt)	– Neugründung von Forschungseinrichtungen in Ostdeutschland bei paralleler „Abwicklung" überholter Kapazitäten der außeruniversitären Forschung – Erneuerungsprogramm für Hochschulforschung – Unterstützung des Aufbaus leistungsfähiger marktorientierter FuE-Kapazitäten des Unternehmenssektors, u.a. durch Aufbau einer FuE-fördernden Infrastruktur, technologieorientierte Existenzgründungs- und Mittelstandsförderung – Zusammenlegung des BMBF mit dem BMBW – Einrichtung eines „Rats für Forschung, Technologie und Innovation" beim Bundeskanzler zur Förderung des gesellschaftlichen Zukunftsdialogs.	– Forschungs- und Technologiepolitik – Intensivierung der Förderung des wissenschaftliches Nachwuchses zur Sicherung der Hochschulforschung – Entbürokratisierung und Deregulierung zur Beseitigung von Innovationshemmnissen – Intensivierung der innovationsfördernden Steuerpolitik – Wettbewerbspolitik

Tabelle 5-1: *Fortsetzung*

Phasen	Bedingungen	Ziele	Instrumente/ Ansatzpunkte	Aktive Felder der Innovationspolitik
VII. Phase der Netzwerkorientierung durch integrierte Innovationspolitik (1995-2000)	– Globalisierung der Märkte, Internationalisierung der Wirtschaftsstrukturen – Wachsende grenzüberschreitende Mobilität von Wissen, Kapital und Produkten – Zunehmende Durchsetzung der Wissensökonomie – Verschärfter globaler Wettbewerb um FuE-Standorte – Anhaltende Massenarbeitslosigkeit – Unterdurchschnittliches Wirtschaftswachstum in Europa – Aufstieg der „new economy" – Beschleunigung der Umweltbelastung und Überforderung der Ökosysteme.	– Generierung von Spitzentechnologien mit Querschnittscharakter als „Innovationsmotoren" – Beschleunigung des Übergangs zur Informationsgesellschaft – Verbesserung der Zusammenarbeit Wirtschaft-Wissenschaft – Förderung kooperativer Netzwerke des nationalen Innovationssystems – Gezielte Förderung von KMU zur Technologiediffusion – Stärkung des Dialogs Wissenschaft-Gesellschaft zur Förderung der Technologieakzeptanz; – Sicherung und Ausbau wissenschaftlicher Exzellenz im globalen Technologiewettbewerb – Förderung der Verzahnung von Grundlagen- und anwendungsorientierter Forschung – Ausbau der FuE-Kapazitäten in Ostdeutschland – Internationalisierung der deutschen Forschung	– „Integrierter Ansatz" der Innovationspolitik: Frühe Koppelung von Wissenschaft und Wirtschaft – durch Verbesserung innovationsfördernder Rahmenbedingungen und Förderung kooperativer Netzwerke, – durch Leitprojekte zur Förderung der Entstehung grundlegender Innovationen und zum Aufbau innovativer Netzwerke – durch Einleitung einer strategischen Kooperation zwischen staatlichen Großforschungseinrichtungen und Wirtschaft – durch Neuorganisation des Technologietransfers. – Neukonzeption der Förderung technologieorientierter Existenzgründer und Jungunternehmen, – Initiative „Schulen ans Netz"	– Neuausrichtung der Forschungs- und Technologiepolitik – Engere Koordination von Wissenschafts-, Forschungs- und Technologiepolitik – Verbesserung der Innovationsfreundlichkeit rechtlicher Rahmenbedingungen – Bildungspolitik: Bildungsoffensive zur breiten Vermittlung von Medien- und Informationskompetenz

Tabelle 5-1:   *Fortsetzung*

Phasen	Bedingungen	Ziele	Instrumente/ Ansatzpunkte	Aktive Felder der Innovationspolitik
VIII. Phase des Ausbaus und der Effizienzsteigerung des nationalen Innovations- und Bildungssystems (ab 1998)	– s.o. – zusätzlich: – Zusammenbruch der „new economy", – Anhaltende Wachstumsschwäche, – Erneut steigende Massenarbeitslosigkeit – Sichtbare Schwächen im Innovations- und Bildungssystem	– Wiederherstellung der Leistungs- und Konkurrenzfähigkeit Deutschlands im internationalen Wettbewerb durch Stärkung der Leistungsfähigkeit des Wissenschafts- und Forschungssystems, – Forcierung des Übergangs zur Wissensgesellschaft, – Intensivierung der Zusammenarbeit zwischen öffentlich geförderten Forschungsinstitutionen, Hochschulen und Wirtschaft zur Stärkung der Anwendung neuen Wissens, – Steigerung der Studierendenquote – Steigerung der Forschungsqualität und der Attraktivität Deutschlands als Forschungsstandort durch Entwicklung von „Spitzenuniversitäten", – Internationalisierung des Bildungs- und Forschungssystems, – Intensivierung und Verbreiterung der gesellschaftlichen Zukunftsdebatte, – Gestaltung eines gemeinsamen europäischen Forschungs- und Innovationsraumes,	– Deutliche Ausweitung der Mittel für Forschung und Bildung, – Aufbrechen unflexibler und ineffizienter Strukturen des Forschungssystems, – Stärkung der Projektförderung bei Einführung wettbewerblicher Vergabeverfahren im Rahmen der FuE-Förderung, – Verstärkung strategisch angelegter Leitprojekte, – Förderung regionaler Kompetenzzentren und überregionaler Kompetenznetze zur Bildung wissenschaftlicher Exzellenz, – Konzentration der Innovationsförderung für KMU beim BMWA, – „High-Tech-Masterplan" zur Förderung des innovativen Mittelstands, – Rahmenkonzept für alle Politikbereiche zur Gestaltung und Beschleunigung der Entwicklung zur Informations- und Wissensgesellschaft, – Einrichtung der Bund-Länder-Initiative „Forum Bildung" zur Verbesserung der Qualität und Zukunftsfähigkeit des deutschen Bildungssystems, Förderung des Auf- und Ausbaus von Ganztagsschulen.	– Wissenschaftspolitik – Forschungs- und Technologiepolitik – Bildungspolitik

Quelle: eigene Darstellung

Neben dem Phasenkonzept, welches historisierend und systematisch die Innovationspolitik in Deutschland aufarbeitet, gibt es das **Phasenkonzept der Europäischen Kommission**, welches wir anschließend erörtern.[154]

Tabelle 5-2: *Phasenmodell der Europäischen Union*

Kriterien	1. Generation	2. Generation	3. Generation
Historische Einordnung	Bis in die 90er Jahre des 20. Jahrhunderts	Ab Beginn der 1990er Jahre bis zur Gegenwart	Zukünftige Wissensgesellschaft
Interpretation, Verständnis des Innovationsprozesses	Kaskadenmodell des technischen Fortschritts	Rückkoppelungsmodell des technischen Fortschritts	Netzwerkmodell des technischen Fortschritts
Hauptakteure der Innovationspolitik	Staatlicher Träger der Innovationspolitik im Nationalstaat bzw. Zentralregierung eines Landes	Staatliche Träger der Innovationspolitik im Nationalstaat, zunehmend auch Europäische Kommission sowie die regionalpolitischen Akteure innerhalb der nationalen Innovationssysteme	Wie in der 2. Generation, zusätzlich: innovationspolitische Verantwortung für alle innovationsrelevanten Politikfelder, wachsende Bedeutung der Koordination untereinander

Quelle: eigene Darstellung

5.3.2   Phasen der Innovationspolitik in Deutschland

Im einzelnen lassen sich die Phasen der Innovationspolitik in Deutschland wie folgt darstellen und erläutern:

5.3.2.1   I. Wiederaufbau und Laissez-faire-Periode (1949-1955)

Die Handlungsbedingungen dieser Phase sind durch die kriegsbedingten Zerstörungen vieler Städte und des Produktionsapparates sowie durch hohe Arbeitslosigkeit gekennzeichnet. Es ging darum, die Wirtschaft und die Siedlungsstrukturen wieder aufzubauen, die Wirtschaft anzukurbeln und die durch Kriegsheimkehrer und Flüchtlinge wachsende Zahl der Arbeitslosen in den Produktionsprozess einzugliedern. Dabei konnte man auf das Potenzial an Technologien zurückgreifen, welches vor und während des Krieges entwickelt worden war. Zudem ermöglichte eine hohe Zahl

---

154 S. Abschnitt 5.1.3 dieses Buches

qualifizierter Arbeitskräfte eine schnelle und effiziente Nutzung dieses Potenzials. Vor diesem Hintergrund blieb das Niveau privater Forschungs- und Entwicklungsausgaben zunächst gering. Staatliche Innovationspolitik förderte die Nutzung der vorhandenen Technologien mit indirekten Investitionsanreizen und konzentrierte sich vor allem auf den Wiederaufbau einer funktionsfähigen wissenschaftlichen Infrastruktur, das heißt der Hochschulen und staatlicher Forschungseinrichtungen. Hauptaktionsfeld der Innovationspolitik in dieser Phase war somit die Wissenschaftspolitik.

5.3.2.2 II. Imitationsphase (1955-1967)

Zunehmende Auslastung der Produktionskapazitäten aufgrund des enormen Nachholbedarfs beim privaten Konsum sowie des Exportaufschwungs, hohe Produktivitätsfortschritte und niedrige Löhne führten schnell zu einem dynamischen Wachstumsprozess, der das vorhandene Arbeitskräftepotenzial absorbierte und in Vollbeschäftigung einmündete. Die einheimische Industrie musste sich zunehmend mit Kostensteigerungen und einem härteren internationalen Wettbewerb auseinandersetzen, was die Suche nach effizienten Technologien vorantrieb. Die privaten Forschungs- und Entwicklungsaufwendungen haben sich vor diesem Hintergrund in den zehn Jahren bis Mitte der 1960er Jahre in etwa versiebenfacht. In dieser Phase konstituierte sich hinsichtlich der Innovationspolitik das Politikfeld der Forschungs- und Technologiepolitik durch die Erweiterung und Zentralisierung entsprechender Kompetenzen beim Bund, technischer Fortschritt war nicht mehr allein eine Aufgabe der privaten Wirtschaft und einzelner Erfinder, sondern entwickelte sich zu einem Aktionsfeld des Staates, wie es in anderen Industrieländern seit langem der Fall war. Damit avancierte die Steuerung des gesamtwirtschaftlichen Innovationsprozesses zu einer staatlichen Aufgabe. Die friedliche Nutzung der Atomenergie war eine Perspektive, welche zum Teil gegen heftigen Widerstand aus der Gesellschaft durchgesetzt wurde. Bereits 1955 wurde ein Bundesministerium für Atomfragen etabliert, ein Jahr später wurde das erste Atomforschungsprogramm gestartet. Der Wissenschaftsrat wurde 1957 gegründet, der Aufbau von staatlichen Großforschungseinrichtungen vorangetrieben. Die Erforschung anderer Großtechnologiebereiche wurden gezielt gefördert, wie Militärtechnologien sowie die Luft- und Raumfahrtforschung. Das Problem der Selektion der förderungswürdigen und förderungsbedürftigen Technologiefelder wurde durch Orientierung an den technologisch führenden USA „gelöst". Als Begründung für die selektive Politik wurden zudem wirtschaftliche Argumente ins Feld geführt, nämlich die Hoffnung auf produktivitätssteigernde „spin-offs" aus diesen Technologiefeldern für den Unternehmenssektor. Die Forschungsintensität, das Verhältnis von Forschungs- und Entwicklungsaufwendungen und Bruttoinlandsprodukt, konnte bis Mitte der 1960er Jahre auf rund 1,75 vH gesteigert werden. Im Betrachtungszeitraum wurde somit der Aktionsradius staatlicher Innovationspolitik spürbar erweitert, die allgemeine Wissenschafts- und Forschungsförderung wurde durch eine selektive Forschungs- und Technologieförderung ergänzt.

5.3.2.3 III. Nachhol- und Innovationsphase (1965-1972)

Die zweite Hälfte der 1960er Jahre war in Europa geprägt durch die Debatte um einen gravierenden „technology gap" zu den USA.. Am besten hat der Franzose Jacques Servan-Schreiber die Besorgnisse der Europäer auf den Punkt gebracht und in seinem Bestseller „Die amerikanische Herausforderung" 1967 nachhaltig vor einer Gefährdung des Wohlstands durch technologische Lücken gewarnt. Diese Argumentation schien durch die reale Entwicklung auch in der Bundesrepublik Deutschland eindrucksvoll bestätigt zu werden, da die Dynamik des Wirtschaftswachstums zurückging und mit der Wirtschaftskrise 1966/67 erstmals wieder Arbeitslosigkeit in größerem Umfange zum Problem wurde. Damit war nicht nur der Begründungszusammenhang für eine kurzfristig ausgerichtetes makroökonomische Globalsteuerung der Nachfrage gegeben, sondern ebenso für den Ausbau der Wachstumspotenziale durch eine aktivere Innovationspolitik. Das Technologiedefizit gegenüber den USA, die Verschlechterung der internationalen Wettbewerbsfähigkeit und die Wachstumsschwäche konnten nachhaltig nur überwunden werden, wenn es gelang, den technischen Fortschritt zu beschleunigen. Die innovationspolitische Globalförderung wurde als immer noch dominantes Prinzip durch mehr Programmförderung und direkte Projektförderung[155] zurückgedrängt; mittels der neuen Programme zur gezielten Förderung der Datenverarbeitung und der neuen Technologien sollten gezielte Impulse gesetzt und die Verbreitung neuen technologischen Wissens gefördert werden. Ergänzt wurde die diffusionsorientierte, wachstumsstützende Politik durch Ausweitung auch der indirekten Technologieförderung mittels Sonderabschreibungen und Investitionszulagen. Hinzu kam mit dem Ausbau der die anwendungsorientierte Forschung unterstützende Fraunhofer-Gesellschaft im Rahmen der institutionellen Förderung die Verbesserung der Forschungs- und Technologieinfrastruktur. Nicht zuletzt erhält die Innovationspolitik in dieser Phase neue Akzente auch durch die beginnende stärkere programmatische Orientierung am gesellschaftlichen Bedarf, da Probleme wie die spürbar werdende ökologische Krise und die Verschlechterung der Arbeitsbedingungen vor allem in der Industrieproduktion mit der schnellen Überwindung der ökonomischen Krise in den Jahren nach 1968 zunehmend in den Vordergrund der öffentlichen Debatte rückten.

5.3.2.4 IV. Phase der aktiven Gestaltung des Strukturwandels und der Effizienzsteigerung (1973-1982)

Der vor allem durch den Export getragene Boom Anfang der 1970er Jahre war aus heutiger Sicht der Nachhall der wirtschaftlichen „Rekonstruktionsperiode" der Bundesrepublik Deutschland, der nur eine kurze Verschnaufpause gewährte. Mit der Veröffentlichung des Club-of-Rome-Berichts „Die Grenzen des Wachstums" und dessen scheinbarer Bestätigung durch die erste Ölpreiskrise sowie die dadurch ausgelöste

---

155 Vgl. zu den Instrumenten der Innovationspolitik ausführlich Kapitel 5.5 dieses Buches

Weltwirtschaftskrise 1973/74 war eine historische Zäsur in der Wirtschaftsentwicklung Westdeutschlands zu verzeichnen, die mit wachsenden sozialen Spannungen zwischen Arbeit und Kapital verbunden war und sich auch in der weiteren Gestaltung der Innovationspolitik niederschlug. Die sozioökonomischen Bedingungen waren durch eine Gemengelage von Problemen gekennzeichnet, die vom Einbruch des Wirtschaftswachstums und der Entstehung einer anhaltenden Massenarbeitslosigkeit über sich beschleunigende Inflationsraten und verschärfte soziale Auseinandersetzungen bis hin zur Verstärkung der Umweltkrise reichten. Der Unternehmenssektor reagierte auf diese Situation nicht mit einer Intensivierung seiner Forschungsanstrengungen, im Gegenteil: er drosselte seine Forschungs- und Entwicklungsaufwendungen, um seine Kapitalrentabilität kurzfristig halten zu können.

In der Innovationspolitik war dies die Geburtsstunde eines für Deutschland völlig neuen Konzeptes: des Politikkonzeptes der aktiven Gestaltung des strukturellen Wandels. Dieses wurde am klarsten formuliert von dem späteren Bundesforschungsminister Volker Hauff und dem Wissenschaftler Fritz W. Scharpf in einer kleinen Schrift von 1975.[156] Die Autoren haben bereits damals, das heißt am Beginn des starken Anstiegs der Arbeitslosigkeit die Gefahr einer dauerhaften strukturellen Arbeitslosigkeit in Deutschland gesehen. Sie gründeten ihre Vermutung, die sich in den folgenden Jahrzehnten als zutreffend herausstellen sollte, auf die Diagnose von Strukturverwerfungen, denen sich die deutsche Wirtschaft vermehrt ausgesetzt sah: Das Gewicht des Agrarsektors würde durch den fortschreitenden Schrumpfungsprozess weiter reduziert; der im internationalen Vergleich übergewichtige Industriesektor würde seine Expansionskraft nicht halten können: Die starken Investitionsgüterindustrien gerieten stärker unter den Druck technologischer Stagnation durch das Auslaufen der vorherrschenden Kondratieffwelle, durch die Verschärfung der internationalen Konkurrenz und das relativ hohe Lohnniveau; die bereits kriselnden Konsumgüterindustrien würden weiterhin unter der Aufwertungstendenz der Deutschen Mark, unter der Importkonkurrenz der nachrückenden industriellen Schwellenländer sowie unter zunehmenden Sättigungstendenzen der Märkte leiden. Der in Deutschland im internationalen Vergleich unterdurchschnittlich ausgeprägte Dienstleistungssektor hätte längerfristig durchaus Expansionschancen, könne aber die durch den Industriesektor verursachten Beschäftigungsprobleme nicht kompensieren. Dazu sei sein Produktivitätsfortschritt zu gering, die Lohnkosten zu hoch und einer weiteren Ausweitung des öffentlichen Dienstes stünden die wachsenden Finanzierungsprobleme in den öffentlichen Haushalten entgegen. Die Schlussfolgerung aus dieser Diagnose lautete: Anhaltende strukturelle Arbeitslosigkeit und Wohlstandsverluste könnten nur durch eine „Strategie des aktiven Strukturwandels" vermieden werden.

Im Mittelpunkt einer solchen Strategie steht die staatliche Innovationspolitik. Es gehe, so Hauff/ Scharpf, darum, die Innovations- und Investitionsspielräume für jene Branchen zu sichern, in denen auf längere Sicht der Großteil des Volkseinkommen erwirt-

---

156 Hauff/ Scharpf (1975)

schaftet wird. Innovationspolitik müsse eine „Spezialisierungsstrategie" zugunsten der Produktionszweige mit hohen Wertschöpfungspotenzialen fahren. Neben der Förderung neuer industrieller Technologien gehe es auch um Technologien zur Deckung gesellschaftlicher Bedarfe, zum Beispiel die „Erschließung neuer Energiequellen und energiesparender Verfahrensweisen, die Erschließung neuer Rohstoffquellen und die Wiederaufbereitung von Abfallstoffen, Umweltschutz, öffentliche Verkehrs- und Kommunikationssysteme, der Einsatz neuer Technologien zur besseren Befriedigung von ‚nicht-marktfähigem' Bedarf in der Medizin, bei den kommunalen Technologien oder bei neuartigen und leistungsfähigen Einrichtungen im Dienstleistungssektor".[157] Neben der Förderung industrieller und am gesellschaftlichen Bedarf orientierter Produktinnovationen sehen die Autoren weitere wichtige Aufgaben der Innovationspolitik, vor allem:

- die Förderung von Prozessinnovationen im Produktionsprozess, um die Produktionskosten und damit die Preise gängiger Industriegüter drastisch zu senken, sowie

- gezielte Umstrukturierungen und Vorantreiben des Produktivitätsfortschritts im Dienstleistungssektor.

Diese neue „Philosophie" der Innovationspolitik hat in Politik und Wissenschaft zu heftigen Kontroversen geführt. Dabei stand weniger die Einrichtung eines Ministeriums für Forschung und Technologie auf Bundesebene 1973, eine durchaus entscheidende Neuerung, im Fokus der Aufregung. Dieser Schritt war sinnvoll, nicht nur um die Effizienz der Innovationspolitik zu verbessern, sondern auch um der Zersplitterung der Ressortforschung entgegenzuwirken. Mit dem Bundesministerium für Forschung und Technologie gab es nunmehr einen zentralen innovationspolitischen Akteur, der neben die Bundesministerien für Wirtschaft und für Bildung und Wissenschaft trat und hinsichtlich der Innovationspolitik nunmehr die entscheidende Rolle übernehmen sollte. Streit gab es vor allem wegen der neuen Zielsetzungen, weniger wegen der genutzten Instrumente und Maßnahmen. Neu war vor allem das dezidierte Ziel, den Strukturwandel in Richtung einer technologisch anspruchsvollen Wirtschaftsstruktur steuern zu wollen. Bereits in der vorangegangenen Phase der Innovationspolitik eingeführt, nunmehr aber stark in den Vordergrund gerückt wurde das Ziel der Mobilisierung und Steuerung des gesellschaftlichen Bedarfs an neuen Technologien. Weniger aufregend, aber angesichts der wachsenden Finanzprobleme in den öffentlichen Haushalten unabweisbar, war die Intention, die öffentlichen Forschungs- und Entwicklungsgelder effizienter einzusetzen. Im Bereich der innovationspolitischen Instrumente wurde besonderes Gewicht auf die direkte Projektförderung als geeignetes Instrument für die selektive und bedarfsorientierte Innovationssteuerung gelegt. Zudem wurde das vorhandene Instrumentarium durch „technokorporative Arrangements" weiter ausgebaut: mit der Einführung des „technologiepolitischen Dialogs" sollte eine Konsensgrundlage für innovationspolitische Strategien in der

---

157 Ebenda, S. 39

Bevölkerung geschaffen werden, unterschiedliche gesellschaftliche Interessen sollten artikuliert und sachlich zum Ausgleich gebracht werden können. Flankiert wurde die „neue" Innovationspolitik durch eine stärkere Förderung der Humankapitalbildung, vor allem durch Ausbau der Hochschulen als „Produktionsstätten" für hochqualifizierte Arbeitskräfte.

5.3.2.5 V. Phase marktorientierter Innovationspolitik (1983-1990)

Mit dem Scheitern der sozial-liberalen Koalition 1982 und der Regierungsübernahme durch ein konservativ-liberales Parteienbündnis ist in der Innovationspolitik ein erneuter „Bruch" zu verzeichnen. Es wird die Phase einer betont marktwirtschaftlichen Innovationspolitik eingeläutet. Für die „Neuausrichtung der Forschungs- und Technologiepolitik" werden vor allem folgende Eckpunkte herausgestellt, um Unterschiede zur vorhergehenden innovationspolitischen Konzeption der sozial-liberalen Ära deutlich zu machen:[158]

- ein dezidiertes „**Bekenntnis zur Freiheit der Forschung**, insbesondere der staatlich geförderten Grundlagenforschung",

- die Herausstellung des **Subsidiaritätsprinzips**: im Hinblick auf private Forschung und Entwicklung soll sich der Staat insbesondere bei inhaltlichen Vorgaben zurückhalten: „(...) Einsatz öffentlicher Mittel grundsätzlich nur dort, wo eigene staatliche Verantwortung liegt und wo aus übergeordneten gesellschaftlichen oder gesamtwirtschaftlichen Gründen Forschung und Entwicklung einer Unterstützung bedürfen", ansonsten soll der technische Fortschritt durch die Wettbewerbskräfte des Marktes gesteuert werden; diese streng marktwirtschaftliche Ausrichtung wird an anderer Stelle nochmals – deutlich zur Abgrenzung gegenüber der vorhergehenden strukturpolitisch ausgerichteten Innovationspolitik - hervorgehoben: „In einer marktwirtschaftlichen Ordnung ist industrielle Forschung, Entwicklung und Innovation originäre Aufgabe der Unternehmen (...) Staatliche Forschungs- und Technologiepolitik darf nicht (...) die Produktionsstruktur der Wirtschaft in bestimmte Bahnen lenken wollen."

- Betont wird deshalb die Schaffung eines **innovationsfreundlichen Klimas** durch geeignete Rahmenbedingungen, das heißt durch die Gestaltung eines „Ordnungsrahmens, in dem sich Privatinitiative und unternehmerische Eigenverantwortung voll entfalten, in dem das Zusammenspiel von Forschung, Entwicklung und Innovation funktioniert und in dem sich der für die Volkswirtschaft lebenswichtige Innovationsprozess auf marktwirtschaftliche Weise vollzieht und daraus seine Vitalität gewinnt (...)";

---

158 Vgl. BuFo 1984, S. 13ff.; alle in diesem Abschnitt folgenden Zitate beziehen sich auf diese Quelle

▪ unterstrichen wird auch die **„Bejahung des technischen Fortschritts"**: dieser wird als eine gesamtwirtschaftliche Schlüsselgröße dezidiert positiv interpretiert – „unter Wahrnehmung der Chancen und Minimierung der dem technischen Fortschritt innewohnenden Gefahren". Damit wird demonstrativ ein Signal gegen die seit den frühen 1970er Jahren anschwellende Kritik an der modernen Technik, welche die Umwelt zerstöre (zum Beispiel Argument der „Umweltvergiftung" durch moderne Chemie), Arbeitsplatzverluste verursache („Job-Killer-Argument" gegen die Mikroelektronik) und die Privatsphäre sowie das gesellschaftliche Zusammenleben bedrohe (Orwell's „Große Bruder-Vision" gegen moderne Kommunikationstechnik), gesetzt. Bemerkenswert ist, dass trotz früherer Kritik aus konservativ-liberalen Kreisen an der Technikfolgenabschätzung dieses Instrument beibehalten und ihm – erweitert um Technikpotenzialanalysen, sozialer und ökologischer Wirkungsforschung sowie Klimasystemforschung - sogar eine „hohe Priorität" eingeräumt wird; diese Vorsorgeforschung wird im Verlaufe der 1980er Jahre deutlich aufgestockt. Ebenso bemerkenswert ist die Weiterführung des in der sozial-liberalen Ära als Zugeständnis an die Gewerkschaften eingeführten und ebenfalls oft von konservativen Marktwirtschaftlern harsch kritisierten Programms „Humanisierung des Arbeitslebens".

▪ Als allgemeine **Ziele** der Forschungs- und Technologiepolitik werden die Erweiterung und Vertiefung der wissenschaftlichen Erkenntnis, Ressourcen- und Umweltschonung, Humanisierung der Lebens- und Arbeitsbedingungen sowie die Steigerung der wirtschaftlichen Leistungs- und Wettbewerbsfähigkeit herausgestellt; zudem wird die Verstärkung der internationalen Zusammenarbeit in Forschung und Technologie als wichtiges Ziel genannt, welches wiederum zur Realisierung außen-, sicherheits- und umweltpolitischer Zielen beitragen soll.

▪ Die Informationstechnologie, die neuen Materialtechnologien, die Biotechnologie und die Lasertechnologie werden als wirtschaftliche **„neue Schlüsseltechnologien"** interpretiert, aus deren Reihen sich die – aus gesamtwirtschaftlichen Gründen dringend erforderliche - nächste Welle an Basisinnovationen entwickeln könnte. Das besondere Merkmal dieser Technologiefelder ist, wie bereits angesprochen, das engere Zusammenrücken von Grundlagenforschung , anwendungsorientierter Forschung und Entwicklung sowie wirtschaftlicher Innovation. Darüber hinaus ist festzuhalten: „Sie entwickeln sich in schnell aufeinanderfolgenden Schüben weiter, was sehr kurze Innovationszyklen für die Unternehmen bedeutet, und sie haben eine breite, weil branchenübergreifende Wirkung. Vor allem das letztere macht ihre wirtschaftliche Schlüsselfunktion aus, und erklärt das weltweite Interesse, in diesen Bereichen nicht den Anschluss zu verlieren."[159] Diese Gefahr sah die neue Regierung allerdings bereits als real an, wenn sie – trotz der konstatierten guten aktuellen Wettbewerbsfähigkeit der deutschen Industrie – auch auf Schwächen verwies: „Offensichtlich sind bei der Entwicklung und industriellen Nutzung eini-

---

159 Ebenda, S. 23

ger wichtiger Schlüsseltechnologien deutsche Unternehmen in Rückstand geraten", womit auf die erkennbaren Rückstände der einheimischen Wirtschaft gegenüber den USA und Japan im Welthandelssegment der Hochtechnologiegüter angespielt wird.

Dass diese Sorgen um die wirtschaftliche Dynamik berechtigt waren, das schien auch die anhaltend ungünstige wirtschaftliche Situation in der ersten Hälfte der 1980er Jahre zu bestätigen: ein erneuter Wachstumseinbruch in den Jahren nach 1981, der erneute drastische Anstieg der Massenarbeitslosigkeit und die allgemeine Beschleunigung des technischen Wandels, wo Deutschland offenbar in wichtigen Schlüsselfeldern wie der Mikroelektronik und der Biotechnologie immer weiter zurückblieb. Verstärkt wurde dieser negative Eindruck durch die öffentliche Debatte um die „Eurosklerose" und wachsende technologische Lücken zwischen Europa auf der einen und die USA und Japan auf der anderen Seite. Der amerikanische Journalist Bruce Nussbaum hat diese Befürchtungen vor allem auch um die technologische Leistungsfähigkeit der deutschen Wirtschaft mit seinem Buch „Das Ende unserer Zukunft" im Jahre 1983 auf den Punkt gebracht.[160] Er behauptete: Die technologische Basis des deutschen Wirtschaftswunders veralte unmerklich, Deutschland rase „blind" auf eine „ökonomische Katastrophe" zu, da es das „Hochtechnologiewettrennen mit Japan, den Vereinigten Staaten und wahrscheinlich sogar Frankreich" vermutlich verliere, so dass die industrielle Basis des Landes erodiere. „Es gibt nur eine einzige Lösung für dieses Problem, eine Lösung, der sich Japan bereits zugewandt hat und um deren Annahme Amerika jetzt kämpft – die Schaffung neuer Industrien, die auf energiesparenden Technologien aufbauen, in der Hoffnung, dass sie mehr Jobs abwerfen, als durch den Zerfall der alten ‚Dinosaurier'-Schwerindustrien verloren gehen. Hier aber versagt die Bundesrepublik."[161]

Zur Überwindung der Probleme setzte die marktwirtschaftliche Innovationspolitik vor allem auf die **Mobilisierung der Innovationsbereitschaft der privaten Wirtschaft**, sah sich jedoch „aus übergeordneten oder gesamtwirtschaftlichen Gründen" gefordert, „besonders risikoreiche, aufwendige, die Privatwirtschaft überfordernde längerfristige Forschung und Entwicklung (wie zum Beispiel in der Kernenergie oder der Luft- und Raumfahrt), oder in besonders wichtigen, branchenübergreifenden Schlüsseltechnologien (zum Beispiel Informationstechnologie)" zu fördern. Somit trat auch bei der marktwirtschaftlichen Innovationspolitik neben die **Verbesserung der Rahmenbedingungen** durch den „Ausbau der Infrastruktur für die Technologieinformation", den Abbau von Hemmnissen des Technologie-Transfers", die „Intensivierung der Kooperation in Forschung und Entwicklung" zwischen Wirtschaft und Forschungssystem, die „Bereitstellung von mehr Risikokapital" für technologieorientierte Unternehmensgründungen und innovationsori-

---

160 Nussbaum (1984)
161 Ebenda, S. 100

entierte öffentliche Beschaffungspolitik auch die **Förderung von Schlüsseltechnologien und gesellschaftsrelevanten Großtechnologien.**

■ Eine Neuorientierung der staatlichen Innovationspolitik sollte auch im Bereich der **Instrumentenwahl** verdeutlicht werden, indem vor allem die **direkte Projektförderung** von Unternehmens-FuE – im Zeitraum 1982 bis 1987 um rund eine Milliarde DM - zurückgeführt wurde. Dieses Förderinstrument und seine verstärkte Anwendung im Rahmen einer selektiven Innovationspolitik durch die Vorgängerregierung waren stets heftiger Kritik von Seiten marktwirtschaftlicher Politiker und Wissenschaftler ausgesetzt. Demgegenüber wurde die – von dieser Seite als „marktwirtschaftskonform" eingeschätzte - **indirekte FuE-Förderung** der Wirtschaft, mit der allgemeine FuE- und Innovationsprobleme der Unternehmen gelöst und deren Innovationspotenzial generell gestärkt werden soll, der Staat also nicht selektiv auf den Innovationsprozess einwirkt, von knapp 800 Mio. in 1982 auf über 1,1 Mrd. DM 1987 aufgestockt. Der Ausbau der indirekten Fördermaßnahmen umfasste u.a. die „Wiedereinführung der Sonderabschreibungen für FuE-Investitionen ab 1984, die Verdreifachung der Mittel zur Förderung der Auftragsforschung und – entwicklung für Unternehmen, die Fortführung der Förderung der industriellen Gemeinschaftsforschung der Arbeitsgemeinschaft Industrieller Forschungsvereinigungen (AIF) sowie die Förderung technologieorientierter Unternehmensgründungen im Rahmen eines mehrjährigen Modellversuchs. Ergänzt wurde dies durch Verstärkung der indirekt-spezifischen Fördermaßnahmen, mit denen ausgewählte Technologiefelder gefördert werden, ohne den Unternehmen bestimmte Lösungen der Innovationsprobleme vorzugeben. In diesem Zusammenhang gab es ein Sonderprogramm Anwendung der Mikroelektronik (1982-84), ein CAD/CAM-Anwendungs und Roboterentwicklungs-Programm (1984-87) sowie ein Sonderprogramm Mikroperipherik (1985-88). Nicht zuletzt ist auf die **Förderung der Verbundforschung** einzugehen, welche ebenfalls vermehrt an Stelle der direkten Projektförderung eingesetzt werden sollte . Hiermit werden Forschungskooperationen zwischen Unternehmen und Forschungsinstitutionen bei der „Bearbeitung übergreifender, thematisch funktionell zusammenhängender Problemstellungen" angereizt und unterstützt. Zu erwähnen sind in diesem Zusammenhang das Programm Fertigungstechnik (1984-87), das Förderkonzept Informationstechnik (ab 1984) sowie das Programm Umweltforschung und Umwelttechnologie (1984-87).

■ Angesichts der zunehmenden öffentlichen Finanzprobleme und des Auftauchens neuer innovationspolitisch bedeutsamer wissenschaftlicher Fragestellungen (zum Beispiel Umwelt-, Klima-, Gesundheitsforschung) hat die Bundesregierung Mitte der 1980er Jahre einen Prozess der Umstrukturierung der staatlichen Großforschungseinrichtungen eingeleitet. Da sich der technische Wandel beschleunigte und der Anpassungsdruck langfristig eher zunehmen würde, bedeutete dies nach Auffassung der politischen Akteure für diese Einrichtungen, „dass die einrichtungsinterne Umorientierung ständig weitergehen muss, wobei durchaus auch wissenschaftlich interessante Bereiche im Interesse der Ressourcenkonzentration und Prioritätensetzung aufgegeben sein werden".[162]Die Perspektiven der Umorientierung waren durch die Grundlinien der staatlichen Innovationspolitik vorgegeben: „Stärkung der Grundlagenforschung und der staatlichen Langzeitprogramme, Ausbau der Vorsorgeforschung und Aufgreifen chancenreicher technologischer Entwicklungen in Bereichen wie Informationstechnik, Fertigungs- und Handhabungstechnik, Materialforschung und Biotechnologie."[163]

5.3.2.6 VI. Phase verschärften globalen Innovationswettbewerbs und der deutschen Vereinigung (1990-1997)

Zwei - zusammenhängende – Ereignisse gleich zu Beginn prägen diese Phase der Innovationspolitik und bedeuten eine Zäsur im sozioökonomischen Kontext dieser Politik: der Zusammenbruch des realsozialistischen Wirtschaftsblocks und die in diesem Zusammenhang genutzte Chance der Vereinigung der beiden deutschen Staaten. Das erstgenannte Ereignis hat die langfristige Konsequenz, dass die bereits zunehmende internationale Konkurrenz aus Niedriglohnländern weiter verschärft wurde. Die deutsche Vereinigung stellte darüber hinaus die deutsche Innovationspolitik vor die historisch einmalige Herausforderung, zwei völlig unterschiedliche Innovationssysteme zu integrieren.

Diese Aufgabe stellte enorme Herausforderungen, da sich schnell zeigte, dass im Innovationssystem der ehemaligen DDR

- die außerhochschulischen Forschungseinrichtungen personell überbesetzt waren,

- die Forschung durch erhebliche Ineffizienz gekennzeichnet war,

- die Forschung unter der Abschottung vom internationalen Forschungsgeschehen erheblich gelitten hatte,

- viele Forschungskapazitäten eine Imitation westlicher Forschung darstellten und somit diese „Doppelung" der Kapazitäten bewältigt werden musste, und

- viele Leitungspositionen im Forschungssystem nicht nach fachlich-wissenschaftlichen, sondern nach politischen Kriterien besetzt waren.

Vor diesem Hintergrund unternahm die Innovationspolitik folgende Schritte:

- Gesamtevaluierung des ostdeutschen Wissenschafts- und Forschungssystems,

- Neugründung von mehr als 100 außeruniversitären Forschungseinrichtungen,

- Schaffung von Ressortforschungseinrichtungen einzelner Bundesressorts in den neuen Ländern,

---

162 BuFo 1988, S. 40
163 Ebenda

▪ fachliche und personelle Neustrukturierung des Hochschulsektors,

▪ zeitlich befristete Verstärkung der Förderung von Unternehmens-FuE in den neuen Ländern.

Trotz des erheblichen Mittelaufwands zur Realisierung dieser Schritte ist es im Verlaufe der 1990er Jahre nicht gelungen, - von einzelnen bemerkenswerten Ausnahmen („Leuchttürme") abgesehen - das Innovationssystem in den neuen Ländern im Bereich der Wirtschafts-FuE zu einer ausreichenden Leistungs- und Wettbewerbsfähigkeit zu bringen. Noch im Jahr 2000 musste – trotz beachtlicher Fortschritte – konstatiert werden,

▪ dass die Integration der neuen Bundesländer in den internationalen Technologiewettbewerb nur langsam vorankommt,

▪ dass die Anzahl der FuE-treibenden Unternehmen zu gering ist,

▪ dass das Gewicht wissens- und forschungsintensiver Wirtschaftszweige an der gesamtwirtschaftlichen Struktur zu niedrig ist,

▪ dass die vereinzelten, branchenmäßig und regional konzentrierten Technologie- und Wachstumspole zu wenig Ausstrahlkraft auf das Umfeld besitzen, und

▪ dass insgesamt die Frage aufgeworfen werden muss, „ob an der bisherigen Förderpraxis der technologischen Leistungsfähigkeit in den neuen Bundesländern Korrekturbedarf besteht".[164]

Die Integration der beiden deutschen Innovationssysteme musste bewältigt werden vor dem Hintergrund des sich weiter verschärfenden weltweiten Innovationswettbewerbs. Die Bundesregierung wollte „Zukunft möglich machen" durch Nutzung von Chancen im internationalen Wettbewerb und rückte die Innovationspolitik in den Mittelpunkt ihrer Zukunftsstrategie[165], was sich angesichts der wachsenden Strukturprobleme als notwendig erwies. Die deutsche Wirtschaft geriet zunehmend in die „Zange" des Wettbewerbs von nachrückenden Niedriglohnländern einerseits und die sich verstärkende Technologiekonkurrenz zwischen den führenden Industrieländern, welche durch neue Wettbewerber aus Südostasien noch verschärft wurde andererseits. Der Wettbewerb um Waren- und Dienstleistungsmärkte wurde dabei zunehmend flankiert durch eine härter werdende Konkurrenz um Produktions- und Forschungsstandorte. Die Art des technischen Wandels veränderte sich: Innovationsvorhaben wurden komplexer, Fortschritte waren auf Kombination unterschiedlicher Technologiefelder angewiesen, die Schlüsseltechnologiefelder waren durch ansteigenden Wissensintensität gekennzeichnet, die Innovationszyklen beschleunigten sich auf breiter Front, Innovationsprozesse wurden zunehmend durch Rückkoppelungs- und Feedback-Schleifen geprägt, die Kosten von Forschung und Entwicklung stiegen spürbar

---

164 BMBF (Technologische Leistungsfähigkeit 2001), S. 61
165 Vgl. BuFo 1996, S. .5ff.

an. Die allgemeine Situation wurden dramatisch verschlechtert durch eine tiefe Wirtschaftskrise in den Jahren nach 1991. Die Wirtschaft reagierte zunächst defensiv auf diese Lage, sie setzte auf kurzfristige Kostensenkung und Strukturbereinigung, FuE-Aufwendungen wurden zurückgefahren und viele Arbeitsplätze sowie ganze Abteilung im Forschungs- und Entwicklungsbereich wurden gestrichen.

Innovationspolitik geriet immer stärker unter den Druck der wachsenden Krise in den öffentlichen Haushalten. Gleichzeitig waren gewaltige Anstrengungen für den Aufbau und die Umstrukturierung der ostdeutschen Forschungs- und Innovationslandschaft erforderlich. Innovationspolitik gelang es vor diesem Hintergrund nicht, ihre propagierte Zukunftspolitik durch offensive Innovationspolitik umzusetzen, im Gegenteil: Sie wirkte der Drosselung der Forschungs- und Entwicklungsinvestitionen im privaten Sektor nicht entgegen, sondern verstärkte sogar noch den rückläufigen Trend: Von 1990 bis 1996 wurde die gesamtwirtschaftliche Forschungs- und Entwicklungsintensität von 2,75 auf 2,26 vH zurückgefahren. Der Umfang des für Forschungs- und Entwicklungsaufgaben eingesetzten Personals fiel im gleichen Zeitraum von knapp 60 auf rund 58 Personen pro 10.000 Erwerbspersonen, während diese Kennziffer in wichtigen Konkurrenzländern zum Teil deutlich zunahm: in Japan von 75 auf 92, in Frankreich von 50 auf 61, im EU-Durchschnitt von 42 auf 49! Die Regierung wollte angesichts knapper Finanzmittel Prioritäten setzen. Als innovationspolitische Vision verfolgte sie ein „Wachstum durch Wissen"[166], der Rohstoff Wissen und Information sollten gezielt mobilisiert und ausgeschöpft werden. Deshalb stand das Ziel der „Generierung von Spitzentechnologien," und Ausschöpfen ihrer Anwendungsmöglichkeiten im Mittelpunkt der Innovationspolitik, wobei der Informationstechnik (einschl. Fertigungstechnik) aufgrund ihrer „strategischen Bedeutung" eine besondere Stellung eingeräumt wurde: dieses Feld erhielt unter den Schlüsseltechnologien die meisten Mittel, diese wurden trotz Sparzwänge nicht zurückgefahren, sondern kontinuierlich gesteigert. Mit der 1995 gestarteten „Initiative Informationsgesellschaft Deutschland" sollte Deutschland als Forschungs- und Produktionsstandort für IT-Produkte und IT-Dienstleistungen gestärkt und ausgebaut werden. Neben der Informationstechnik wurden in der ersten Hälfte der 1990er Jahre die Vorsorgeforschung sowie wirtschaftsorientierte Technologie- und Innovationsförderung ausgeweitet. Rückläufige Anteile an den FuE-Ausgaben des Bundes hatten dagegen die Bereiche Weltraumforschung und Wehrforschung zu verzeichnen.

In der Betrachtungsphase wurden einige **institutionelle Neuerungen** realisiert: Das Bundesbildungsministerium wurde mit dem Forschungs- und Technologieministerium zusammengelegt. Zudem wurde im März 1995 ein „Rat für Forschung, Technologie und Innovation" beim Bundeskanzler gegründet. Dieser wurde durch hochrangige Mitglieder aus Bereichen der Politik, Wirtschaft und Gesellschaft besetzt und sollte Chancen und Handlungserfordernisse in zentralen Innovationsfeldern ausleuchten, gesellschaftlichen Zukunftsdebatten anstoßen und die Technikakzeptanz in der Ge-

---

166 Vgl. zum Beispiel BuFo 1996, S. 43ff.

sellschaft fördern. Der Rat ist eine der Aktivitäten in dieser Phase, der wie einige andere auch, in einer Übergangssituation zur nächsten Phase der Innovationspolitik ins Leben gerufen wurde und für letztere ebenfalls eine Rolle spielt.

5.3.2.7   VII. Phase der Netzwerkorientierung durch integrierte Innovationspolitik (1995-2000)

Die Überlappung der beiden Phasen kommt durch die allmähliche Herausbildung einer neuen ökonomischen Situation seit Mitte der 1990er Jahre zustande, welche allerdings erst mit dem Aufschwung der „new economy" ab 1997 in Erscheinung trat. Andererseits haben wir diese Phase – trotz des 1998 erfolgten Regierungswechsels - bis zum Ende des Jahrzehnts angesetzt, da die neue rot-grüne Regierung einige Zeit brauchte, um die programmatischen Linien „rot-grüner" Innovationspolitik zu bestimmen und in Strategievorstellungen umzusetzen. Die „new economy" bedeutete einen Schub in der Durchsetzung der Wissensökonomie, gleichzeitig brachte sie die Überwindung der Wachstumskrise der Jahre zuvor, auch wenn die Massenarbeitslosigkeit hierdurch nur geringfügig zurückgeführt werden konnte. Nicht zuletzt verstärkten sich einige Trends, welche bereits in den Jahren zuvor ihre Wurzeln hatten, jedoch nunmehr deutlicher in Erscheinung traten, so dass die Innovationspolitik bewusst darauf reagieren konnte und musste.

Einer dieser Trends ist die **Zunahme der Bedeutung von Netzwerkbeziehungen** für den technischen Fortschritt, welcher schon länger von der Wissenschaft erkannt worden war, jedoch erst seit Mitte der 1990er Jahre auch von der Innovationspolitik allmählich aufgegriffen wurde. So wurde bereits noch unter der konservativ-liberalen Regierung erkannt, dass unter den sich entwickelnden techno-ökonomischen Bedingungen ein bloßer Ausbau der Forschungs- und Technologieinfrastruktur nicht mehr ausreichend ist, Innovationspolitik musste sich zunehmend dem Problem einer dichteren Verknüpfung und Vernetzung der Stufen, Beziehungen und Institutionen insgesamt zuwenden und sah sich gefordert, „durch eine intelligente Mischung von klassischer Forschungsförderung, Stimulierung von Austauschprozessen zwischen Wissenschaft und Wirtschaft und Gestaltung innovationsfördernder Rahmenbedingungen einen wichtigen Beitrag zu einem dynamischen Innovations- und Wirtschaftssystem zu leisten."[167] Forschungs- und Technologieförderung war nur ein, wenn auch ein wichtiges, Element im Rahmen dieser Politik, in deren Mittelpunkt die „Förderung günstiger Rahmenbedingungen und kooperativer Netzwerke des Innovationssystems" gerückt werden sollte.

Ein neuer Trend im technischen Wandel war das engere **Zusammenrücken der verschiedenen Teilsysteme und Stufen**, die das gesamte Innovationsgeschehen insbesondere in den Schlüsseltechnologiefeldern ausmachen, vor allem von Grundlagen- und anwendungsorientierter Forschung. Das Problem war zwar bereits in den voran-

---

167   BuFo 1996, S. 7

gegangenen Jahren bereits erkannt worden, allerdings war man noch auf der Suche nach Wegen, wie Innovationspolitik diesem Trend optimal Rechnung tragen konnte. Eine neue Antwort war die Einführung eines **„integrierten Ansatzes der Forschungspolitik"**, der vier wesentliche Elemente umfassen und systematisch umsetzen sollte:

- neben die allgemeine Förderung innovativer Rahmenbedingungen sollte die verstärkte Förderung kooperativer Netzwerke zwischen Wissenschaft und Wirtschaft treten,

- über das neue Instrument der „Leitprojekte" sollte eine systematische, interdisziplinäre und branchenübergreifende Kooperation von Forschern und Anwendern in potenziellen Basisinnovationsfeldern gewährleistet werden,

- über die Einleitung einer strategischen Kooperation zwischen staatlichen Großforschungseinrichtungen und der Wirtschaft sollte die Innovationsorientierung der Forschung verstärkt sowie ersterer eine gewisse Dienstleistungsfunktion für KMU übertragen werden (zum Beispiel Zugang zu Labor- und Versuchseinrichtungen, personelle Unterstützung durch Spezialisten bei der Bewältigung von Innovationsprozessen, Zugang zu anwendungsrelevantem Grundlagenwissen),

- die Intensivierung des Technologietransfers, vor allem durch Anreize für das Forschungssystem, seine Wissensbestände offensiver an die Wirtschaft heranzutragen.

Angesichts der Beschleunigung und Wissensintensivierung des techno-strukturellen Wandels unter den Bedingungen anhaltend hoher Massenarbeitslosigkeit erhielten **technologieorientierte Neugründungen** – sowohl in ihrer Rolle als Triebkraft des Wandels als auch als Beschäftigungsmotor – eine immer größere Bedeutung. Das galt um so mehr, als der Bestand an kleinen Technologieunternehmen in der deutschen Industrie unter dem Level in vergleichbaren Ländern lag. Deshalb sollte der Zugang zu Risikokapital sowie zu Ergebnissen des Forschungssystems durch eine Neukonzipierung der Förderung technologieorientierter Existenzgründer und Jungunternehmer nachhaltig verbessert werden.

5.3.2.8 VIII. Phase des Ausbaus und der Effizienzsteigerung des nationalen Innovations- und Bildungssystems (ab 1998)

Mit dem 1998 durch die Bundestagswahlen zustande gekommenen Wechsel hin zu einer rot-grünen Regierungsmehrheit wurden im politischen System völlig neue Bedingungen gesetzt. Der gesamtwirtschaftliche Kontext gestaltete sich für die neue Regierung mit dem Aufschwung der „new economy" zunächst recht gut, allerdings geriet die Innovationspolitik mit dem Zusammenbruch der Neuen Ökonomie, dem erneuten Anstieg der Massenarbeitslosigkeit und dem Beginn einer anhaltenden Wachstumsschwäche bereits ab 2001 in äußerst schwierige Fahrwasser, welche vor allem den finanziellen Handlungsspielraum für die Politik empfindlich belasteten. Auch wenn die neue Regierung zunächst schnell eine Neuausrichtung der Innovationspolitik propagierte, so lassen sich doch viele der skizzierten Trends sowie die konzipierten Antworten auch in die neue Phase der Innovationspolitik hinein weiter verfolgen. Erkennbar ist allerdings, dass nunmehr der „Blick auf den gesamten Innovationsprozess"[168] sowie die **systemorientierte Sichtweise**, das heißt die Interpretation von Vorgängen unter dem Blickwinkel des gesamten nationalen Innovationssystems mit seinen zentralen Elementen Wissenschafts-, Forschungs-, Bildungs- und Wirtschaftssystem, bewusster als bisher in den Mittelpunkt gerückt wird. Vor diesem Hintergrund stellt die neu startende Regierung klarer die erkennbaren Defizite des deutschen Innovationssystems heraus.[169] Das betrifft vor allem

- die nachhaltige „Unterinvestition" ins deutsche Innovations- und Bildungssystem,

- deutliche Schwächen im „Output" des gesamten Systems, sowohl was die Bildung leistungsfähigen „Humankapitals"[170] als auch was die Innovationsstärke der einheimischen Wirtschaft anbetrifft;[171]

- der nur langsam vorankommende Umbau der Strukturen des Forschungssystems hin zu mehr Qualität und Leistungsfähigkeit,

- das Nachhinken in der Verbreitung und Nutzung des Internet.[172]

Deshalb wurden als **Ziele** einer neuen Innovationspolitik in den Vordergrund gestellt

- die Wiederherstellung der Leistungs- und Konkurrenzfähigkeit Deutschlands im internationalen Wettbewerb,

- die Forcierung des Übergangs zur Wissensgesellschaft,

- die Intensivierung der Zusammenarbeit zwischen öffentlich geförderten Forschungsinstitutionen, Hochschulen und Wirtschaft zur Stärkung der Anwendung neuen Wissens,

- die Steigerung der Studierendenquote,

- die Steigerung der Forschungsqualität und der Attraktivität Deutschlands als Forschungsstandort,

- die Internationalisierung des Bildungs- und Forschungssystems,

- die Gestaltung eines gemeinsamen Europäischen Forschungs- und Innovationsraumes,

- die Intensivierung und Verbreiterung der gesellschaftlichen Zukunftsdebatte.

---

168 BuFo 2000, S. 14

169 Vgl. dazu ausführlich Kapitel 3 dieses Buches

170 S. das Abschneiden Deutschlands in PISA-Studien und internationalen OECD-Bildungsvergleichen, zum Beispiel OECD (2004)

171 s. „Benchmarking"-Ergebnisse im Kapitel 4 dieses Buches

172 Vgl. dazu ebenda, S. 14ff.

Um diese Ziele zu realisieren, wurden die **staatlichen Mittel für Forschung und Entwicklung** seit 1998 deutlich erhöht. Allein der BMBF-Haushalt stieg bis 2004 um rund ein Drittel auf 9,7 Mrd. Euro, der Anteil der gesamten Forschungs- und Entwicklungsaufwendungen gemessen am Bruttoinlandsprodukt nahm von 2,26 vH 1996 auf 2,52 vH in 2002 zu. Dabei spielte auch die erneute, kräftige Aufstockung der privaten Forschungs- und Entwicklungsetats eine wichtige Rolle: zwischen 1997 und 2001 wurden diese Mittel um über ein Viertel ausgeweitet.

Der von der Vorgängerregierung geschaffene „Rat für Forschung, Technologie und Innovation" beim Bundeskanzler wird nicht aufrechterhalten. Stattdessen wird mit den Spitzenrepräsentanten von Wirtschaft, Gewerkschaften und Wissenschaft die **Initiative „Partner für Innovation"** verabredet mit dem Ziel, die Leistungsfähigkeit des Innovationssystems auf allen Ebenen zu stärken.

Um die Flexibilität des **Wissenschafts- und Forschungssystems** zu steigern, wurden und den Leitsätzen „Profilbildung" und „Konzentration" Strukturveränderungen in diesen Bereichen forciert, wobei auch Schließungen leistungsschwacher Forschungseinrichtungen nicht ausgeschlossen wurden. Das gesamte Forschungssystem wurde bereits seit längeren einem Evaluierungsprozess durch den Wissenschaftsrat unterworfen. Im Bereich der **außerhochschulischen Forschung** wurden die Helmholtzzentren umgestellt, ihre Forschungsaktivitäten werden nunmehr stärker über Programme und Programmbudgets gesteuert. Um Effizienz und Qualität in diesem Bereich zu verbessern, will die Regierung mit den Forschungsorganisationen einen „Pakt für Forschung und Innovation"" abschließen, der ein „Tauschgeschäft" von Planungssicherheit durch eine verlässliche Finanzbasis für einen bestimmten Zeitraum gegen vermehrte Anstrengungen der Forschungseinrichtungen für qualitäts- und effizienzsteigernde Reformmaßnahmen beinhaltet.

Für den **Hochschulsektor**, der in der Verantwortung der Bundesländer liegt, wurden Budgetierung und Globalhaushalte empfohlen. Zudem wurde eine Reform des Dienstrechts durchgesetzt, die eine stärker leistungsorientierte Bezahlung ermöglichen soll. Mit der Einführung der Juniorprofessur, welche später allerdings vom Bundesverfassungsgericht verworfen wurde, sollten die Qualifikationswege für Professoren verkürzt und bereits in einem früheren Alter Möglichkeiten zu eigenständigem Lehren und Forschen eröffnet werden. Für die Förderung wissenschaftlicher Exzellenz wurde die Förderung von „Spitzenuniversitäten" angekündigt, welche eine weltweite Ausstrahlungskraft entwickeln und die besten Forscher der Welt anlocken sollen.

Innerhalb der **Forschungsförderung** wurde wieder mehr Gewicht auf die **Projektförderung** gelegt, wobei dem Instrument der Leitprojekte – später wird dieser Begriff zugunsten der Bezeichnung „Verbundprojekte" in den Hintergrund gedrängt - große Bedeutung zuerkannt wurde. Diese sollen den Forschern Orientierung hinsichtlich „gesellschaftlicher Anforderungen an die Technologieentwicklung" vermitteln sowie „Wissenschaft, Forschung, Wirtschaft und Politik frühzeitig und kontinuierlich zu kooperativem Handeln zusammenführen".[173] Zwischen 1998 und 2004 wurden die Mittel für Projektförderung um 32 vH aufgestockt. Als neuer, auf Netzwerkbildung gezielt ausgerichteter Förderansatz wird die **Förderung regionaler Kompetenzzentren und überregionaler Kompetenznetze** entwickelt. Hiermit soll die kontinuierliche Zusammenarbeit von Akteuren des Forschungssystems und der Wirtschaft auf der regionalen Ebene zur Bildung regionaler Cluster stimuliert werden.

In den **Schlüsseltechnologiefeldern**, in denen die Projektförderung in Form von Leit- bzw. Verbundprojekten verstärkt zum Zuge kommt, wurden die Mittel für die Förderung der Informationstechnik und der Biotechnologie deutlich aufgestockt. Um die Entwicklung zur Informations- und Wissensgesellschaft zu beschleunigen legte die Regierung 1999 ein Aktionsprogramm „Innovation und Arbeitsplätze in der Informationsgesellschaft des 21. Jahrhunderts" vor, welches als politisches Rahmenkonzept für die Gestaltung des Weges in die Informations-, Wissens- und Bildungsgesellschaft" fungieren soll. Es umfasst die diesbezüglichen Maßnahmen in allem Politikfeldern, soll Aktionen bündeln und Wirtschaft und Gewerkschaften für die Realisierung des Gesamtziels, nämlich „Deutschland in den nächsten drei bis fünf Jahren bei der Nutzung moderner IuK-Techniken in die Spitzengruppe der führenden Industrienationen zu bringen", einbinden. Dieses Programm wird später als „Masterplan Informationsgesellschaft Deutschland 2006" fortgeschrieben. Neben den Bio- und Informationstechnologien werden auch den Physik-, Chemie- und Materialwissenschaften, und dabei insbesondere der Nanotechnologie und der Laserforschung, eine erhöhte Aufmerksamkeit geschenkt. Die Bundesregierung verkündete, „Deutschland zu einem hervorragenden Standort für die Nanotechnologie" machen zu wollen. Von dieser Technologie erhoffen sich die innovationspolitischen Akteure „den nächsten großen Innovationsschub".[174]

Neu ist auch das Bestreben, „der Innovationsförderung – insbesondere an der Schnittstelle zwischen Wissenschaft und Wirtschaft - ...ein klareres und effizienteres wettbewerbsorientiertes Profil" zu geben und ihre Anwendungsorientierung zu stärken. Im Mittelpunkt von **wirtschaftsorientierten Innovationsfördermaßnahmen** stehen weiterhin die kleinen und mittleren Unternehmen sowie Existenzgründer. Allerdings wird die Förderung neu geordnet und nunmehr beim Bundesministerium für Wirtschaft und Technologie (dem späteren Bundesministerium für Wirtschaft und Arbeit) konzentriert. Die Neuordnung der Förderung geschieht in Form der Gliederung in drei Förderlinien („Innovation", „Forschungskooperation" und „Technologische Beratung"). KMU sollen darüber hinaus in der Programmförderung stärker in Innovationsnetze integriert werden, die Projektbearbeitung soll beschleunigt sowie die Transparenz über Fördermöglichkeiten erhöht werden. Dieser Ansatz wird später weiterentwickelt zum „High-Tech Masterplan", ein Maßnahmenbündel, welches auf die Förderung des innovativen Mittelstands fokussiert wird.

---

173 BuFo 2000, S. 16
174 BuFo 2004, S. V

Die deutlichen Schwächen im **Bildungssystem** sollen durch gezielte Maßnahmen angegangen werden. Eine Bund-Länder-Initiative „Forum Bildung" wird ins Leben gerufen, um Initiativen und Maßnahmen zur Verbesserung der Qualität und Zukunftsfähigkeit des Bildungssystems zu eruieren und zu vereinbaren. Als weiterer Schritt wird das Investitionsprogramm „Zukunft Bildung und Betreuung" auf den Weg gebracht, mit dem der Auf- und Ausbau von Ganztagsschulen mit jährlich vier Mrd. Euro angereizt und unterstützt werden soll. Um die **Internationalisierung** des Forschungs- und Bildungssystems zu fördern sollen neue, attraktivere Angebote für ausländische Studierenden und Forscher geschaffen werden. Ein Ansatz ist die Initiative „Brain Gain statt Brain Drain".

Die **gesellschaftliche Zukunftsdebatte** soll neu belebt und verbreitert werden. Hierzu wurde die Initiative „Wissenschaft im Dialog" gemeinsam mit den Wissenschaftsorganisationen im Jahr 2000 auf den Weg gebracht, mit der Bevölkerung wichtige wissenschaftliche Erkenntnisse verständlich nahegebracht werden soll. Um die Debatte über Chancen und Risiken neuer Technologien zu versachlichen, wurden die Mittel zur Förderung der interdisziplinären Innovations- und Technikanalyse verdoppelt.

5.3.3 Das Phasenkonzept der Europäischen Kommission

Auch die Phaseneinteilung der Innovationspolitik durch die Europäische Kommission geht einerseits historisierend vor, versucht jedoch andererseits, die Phasen zusätzlich nach systematischen, inhaltlichen Kriterien zu ordnen und gegeneinander abzugrenzen. Dabei bezieht sich die Betrachtung nicht allein auf ein einzelnes Land wie zum Beispiel Deutschland, sondern auf die verschiedenen Länder der Europäischen Union und dort zu beobachtende allgemeine Trends des technischen Fortschritts sowie der staatlichen Innovationspolitik. Es werden drei „Generationen" der Innovationspolitik unterschieden, das heißt die erste, zweite und dritte Generation.[175]

5.3.3.1 Innovationspolitik der 1. Generation

Die Innovationspolitik der 1. Generation beschränkt sich auf die herkömmliche Wissenschaftspolitik und die Forschungs- und Technologieförderung, wie sie seit der Herausbildung eines eigenen Politikfeldes für diese Aufgaben betrieben wurde. Sie ist dadurch charakterisiert, dass sie sich auf den linearen, forschungsorientierten Innovationsbegriff stützte, wie er im **Kaskadenmodell** des technischen Fortschritts zum Ausdruck kommt. Innovationspolitik der 1. Generation konzentriert sich auf die Förderung von Schlüsseltechnologiefeldern und versucht, das Tempo der Innovationspro-

---

175 Vgl. zum folgenden European Commission (2003b); vgl. auch die zusammenfassende Übersicht „Phasenmodell der EU" am Ende des Kapitels (Tab. 5-2).

zesse zu steigern, das heißt den Wissensfluss entlang der Innovationskette zu beschleunigen.

Dieser Ansatz war allerdings spätestens Mitte der 1990er Jahre in Verruf geraten, obwohl es bis heute für die Politik schwer ist, sich von diesem Konzept und seinen Denkmustern zu lösen. Kritiker beklagten die Vernachlässigung der vielfältigen Rückkoppelungs- und Feedback-Effekte, welche die Stufen des Innovationsprozesses verknüpfen, und damit der zahlreichen Interaktionen zwischen den verschiedenen Akteuren der Stufen des „Kaskadenmodells". So wurde vor allem eingewandt,

- dass der Ausgangspunkt von Innovationen keineswegs in der Forschung liegen müsse, sondern Impulse für Innovationen von allen Stufen des Innovationsprozesses ausgehen könnten;

- dass die erfolgreichsten Innovatoren keineswegs die „first mover" sein müssen, wie meist unterstellt, sondern dass es sich oft um die Unternehmen handelt, die über die besten Komplementärpotenziale zur Vermarktung neuer Produkte oder zur erfolgreichen Mobilisierung vieler Firmen für ihre Standards verfügten;

- dass die Verbindung der Forschungs- und Entwicklungsabteilungen mit den Fertigungs- und Marketingabteilungen der Unternehmen ein entscheidender Faktor für erfolgreiche Innovationen sei, da hierdurch die enge Anbindung der Forschungs- und Entwicklungsaktivitäten an Kundenbedürfnisse gewährleistet werde,

- dass der Zugang zu Finanzquellen äußerst wichtig sei und nicht vernachlässigt werden dürfe, und

- dass erfolgreiche Innovationen heute kaum noch das Werk heroischer Einzelpersonen sei , sondern dass es auf die Qualität der Vernetzung unterschiedlichster Akteure aus verschiedenen Bereiche ankomme.

5.3.3.2 Innovationspolitik der 2. Generation

Die Innovationspolitik der 2. Generation hat sich in den 1990er Jahren allmählich herausgebildet und prägt auch die gegenwärtige Praxis der staatlichen Innovationspolitik in den meisten EU-Ländern. Ihre Besonderheit gegenüber der 1. Generation der Innovationspolitik liegt darin, dass sie sich auf ein „systemisches Innovationsmodell" bzw. das „Rückkoppelungsmodell" des technischen Fortschritts stützt. Die innovationspolitischen Akteure haben die Komplexität des Innovationssystems mit seinen vielfältigen feed-backs und Rückkoppelungs-Schleifen zwischen den Innovationsstufen erkannt und orientieren auf die systemischen Bedingungen und die Infrastrukturen, welche für Innovationen förderlich sind. Zudem versuchen sie, die Rückkoppelungs- und Interaktionseffekte zu verstärken, um die Leistungsfähigkeit des gesamten Innovationssystems zu verbessern. Dabei ist nicht mehr nur die **nationale** Ebene des Innovationssystems von Bedeutung, auch die **europäische** Ebene gewinnt an Stellenwert vor dem Hintergrund des europäischen Integrationsprozesses, und mehr noch die **regio-**

nale Ebene, da man erkannt hat, dass erfolgreiche innovative Systeme und Cluster eine sehr intensive lokale Verwurzelung aufweisen.

5.3.3.3 Innovationspolitik der 3. Generation

Diese Phase der Innovationspolitik ist noch nicht Realität, sie befindet sich allenfalls im status nascendi in dem einen oder anderen Land, stellt jedoch vor allem eine Vision der EU-Kommission für die zukünftige staatliche Innovationspolitik dar. Innovationspolitik der 3. Generation setzt am alles durchdringenden und bereichsübergreifenden Charakter der Innovation an und betont die Notwendigkeit, die Aufgabe der Innovationssteuerung in die traditionellen Politikbereiche zu integrieren. Dabei knüpft man an langjährigen Erfahrungen und Erkenntnissen an: Alle Politikfelder haben de facto Einfluss auf die Innovationstätigkeit, sie zählen im engeren oder weiteren Sinne zum Innovationssystem; und umgekehrt werden alle Politikfelder durch die Auswirkungen von Innovationen berührt. Würde diesen Wechselwirkungen in einer Phase der gesellschaftlichen Entwicklung, welche durch Wissen und Innovation so entscheidend geprägt wird wie die heraufziehende Wissensgesellschaft, nicht Rechnung getragen, so hätte dies unübersehbare negative Folgewirkungen. Als wichtige politische Handlungsfelder werden in diesem Zusammenhang vor allem Forschung, Bildung und Ausbildung, das Steuersystem, die Wettbewerbspolitik und auch die Verkehrs- und Umweltpolitik hervorgehoben, die sich alle auf die Förderung von Innovationstätigkeit konzentrieren bzw. dieser Aufgabe neben ihren originären Funktionen Rechnung tragen sollen. Bildung und Ausbildung erzeugen das Humankapital, welches Wissensgenerierung ermöglicht und verbessert. Umweltschutz forciert einige technologische Entwicklungen und diskriminiert umweltschädliche Technologielinien. Intellectual Property (IP)- Regeln zum Schutz des geistigen Eigentums beeinflussen die Verbreitung von Wissen und die Fähigkeit zur Imitation. Manche Politiken haben die Steigerung der Innovationsfähigkeit als unmittelbares Ziel, zum Beispiel die Forschungspolitik. Aber auch Politiken, die nicht unmittelbar mit Innovationen zu tun haben, entfalten trotzdem Einflüsse auf die Innovationsfähigkeit und Innovationsbereitschaft in Wirtschaft und Gesellschaft. Dabei sind die Ursache-Wirkungs-Zusammenhänge bis heute in vielen Fällen unklar und vage und müssen genauer erforscht werden. Innovationspolitik braucht auch weiterhin ein institutionelles „Zuhause", das heißt es gibt auch in Zukunft einen staatlichen Akteur, der die Hauptverantwortung für Innovationssteuerung trägt und Innovationspolitik im engeren Sinne betreibt, er hat jedoch zusätzlich die Verantwortung für die Koordination der innovationsrelevanten Politikressorts.

5.4   Ziele der Innovationspolitik

Die Ziele der Innovationspolitik werden zunächst aus den allgemeinen politischen und gesellschaftlichen Zielvorstellungen abgeleitet, wobei als zentrale allgemeine Zielsetzung die Mehrung des gesellschaftlichen Wohlstands vorangestellt werden kann. Der Beitrag zu Realisierung gesamtwirtschaftlicher Zielsetzungen - wie Herbeiführung eines hohen Beschäftigungsgrades, Gewährleistung eines „angemessenen Wirtschaftswachstums", Sicherung des außenwirtschaftlichen Gleichgewichts oder Sicherung eines stabilen Geldwertes - spielt eine wichtige Rolle. Ziele der Innovationspolitik werden unter den sich ständig verändernden gesellschaftlichen und (welt-) wirtschaftlichen Bedingungen auch jeweils im Hinblick auf anstehende Herausforderungen und Probleme gesetzt und konkretisiert, wie sich bei der Betrachtung der Phasen der Innovationspolitik in Deutschland recht gut erkennen lässt.

Im Bundesbericht Forschung von 1988 wird der Versuch unternommen, allgemeine Ziele, die Innovationspolitik verfolgen bzw. zu denen sie beitragen soll, zusammenzufassen. Diese **Ziele** sind:

- Die Erweiterung und Vertiefung der wissenschaftlichen Erkenntnis und hierzu die strukturelle und organisatorische Entwicklung der hiesigen Forschungslandschaft,

- Verwirklichung chancenreicher und menschengerechter Lebens- und Arbeitsbedingungen, wozu ein auf Dauer tragfähiger Umgang mit den natürlichen Ressourcen sowie positive Umweltgestaltung gehört,

- Verbesserung der technologischen Innovationschancen und Steigerung der Leistungs- und Wettbewerbsfähigkeit der Wirtschaft,

- Stärkung der internationalen Kooperation in Forschung und Technologie, um die Chancen wissenschaftlich-technischer Innovationen gemeinsam zu erschließen, den europäische Integrationsprozess und die weltweite Kooperation voranzubringen und der gemeinsamen Verantwortung für die Ökologie besser gerecht zu werden.[176]

5.5   Instrumente der Innovationspolitik

5.5.1   Überblick

Zur Verwirklichung der innovationspolitischen Ziele benötigen die staatlichen Akteure Instrumente, das heißt die Möglichkeit, Maßnahmen zu ergreifen, um bei den wirtschaftlichen und gesellschaftlichen Akteuren des Innovationsprozesses ein zielorientiertes und zielförderndes Verhalten zu bewirken.

---

176   Vgl. BuFo 1988, S. 18

Solche Instrumente können von der inhaltlichen Gestaltung und den Ansatzpunkten her prinzipiell in zwei Klassen eingeteilt werden:

1. **„Harte"** Instrumente, welche unmittelbar auf das Verhalten der Adressaten einwirken, wie Geld, Recht bzw. Gebote und Verbote, Standards, Normen, technische Vorschriften etc. Die Steuerung mit „harten" Instrumenten arbeitet also mit gesetzlich legitimierten Direktionskompetenzen, mit Verboten, mit monetären Anreizen und Diskriminierungen wie zum Beispiel die selektive Gewährung von Subventionen, verbilligten Krediten, Lizenzen oder aber auch mit der gezielten Vergabe von öffentlichen Aufträgen und von Importgenehmigungen.

2. **„Weiche"** Instrumente, welche das Verhalten der Adressaten durch Beeinflussung ihrer Einstellungen, Werthaltungen und ihres Umfelds zu steuern versucht, zum Beispiel über Kommunikation, Dialoge und Diskurse, Sozialverträgliche Technikgestaltung, Netzwerke, „moral suasion", interaktives Lernen, „visions" bzw. sozioökonomische Leitbilder. Die Steuerung mit weichen Instrumenten setzt damit auf Informationsinputs, Aufklärung über faktische wechselseitige Abhängigkeiten, Informationsaustausch, Beratung, Überzeugung, Koordination und Organisation von Entscheidungsträgern, Prozessen und Ressourcen, Förderung der Artikulation von partikularen Interessen und der Konsensbildung durch Etablierung „technokorporativer Arrangements"[177] wie zum Beispiel „technologiepolitischer Dialogforen" u.Ä.

Ein **anderer Klassifizierungsversuch** hinsichtlich der innovationspolitischen Instrumente stammt von Meyer-Krahmer und Kuntze[178]. Die Autoren untersuchen u.a. das Instrumentarium staatlicher Technologiepolitik und unterscheiden zwischen Technologiepolitik im engeren und im weiteren Verständnis (vgl. Tab. 5-2) In der erstgenannten Abgrenzung werden die Einzelinstrumente nach den Gruppen institutionelle Förderung, finanzielle Anreize und innovationsorientierte Infrastruktur einschließlich Technologietransfer klassifiziert. Als Instrumente der Technologiepolitik im weiteren Sinne wird unterschieden zwischen „öffentlicher Nachfrage", „korporatistischen Maßnahmen", Maßnahmen der Aus- und Fortbildung sowie ordnungspolitischen Instrumenten.

---

177 Vgl. zu diesem Begriff: Weber (1986) 285: "Technokorporatistische Arrangements sind pluralistisch zusammengesetzte Organisationsformen, „über die Personen und unterschiedliche Präferenzen, Interessen und Rationalitäten repräsentiert und damit einer kommunikativen Änderung und Steuerung zugänglich gemacht werden können (...)."

178 Meyer-Kramer/ Kuntze (1992)

Tabelle 5-2: *Instrumente der Technologiepolitik*

Technologiepolitik im engeren Verständnis	Technologiepolitik im weiteren Verständnis
1. Institutionelle Förderung – Großforschungseinrichtung – Fraunhofer-Gesellschaft, Max-Planck-Gesellschaft – Hochschulen – Andere Einrichtungen **2. Finanzielle Anreize** – Indirekte Förderung – Indirekt-spezifische Förderung – FuE-Projekte/ -Verbünde – Risikokapital **3. Übrige Infrastruktur sowie Technologietransfer** über – Information und Beratung – Demonstrationszentren – Kooperation, Netzwerke, Menschen – Technologiezentren	**4. Öffentliche Nachfrage** **5. Korporatistische Maßnahmen** – Targeting, Langfristvisionen, Technikfolgenabschätzung – Technologiebeirat – Awareness **6. Aus- und Fortbildung** **7. Ordnungspolitik** – Wettbewerbspolitik – Rechtlicher Rahmen – Beeinflussung der privaten Nachfrage

Quelle: Meyer-Krahmer/ Kuntze (1992), S. 103

5.5.2 Ausgewählte „harte" Steuerungsinstrumente

In der wirtschaftswissenschaftlichen Diskussion stehen traditionell die „harten" Steuerungsinstrumente, vor allem die monetären Instrumente im Vordergrund.

Die **monetären Instrumente** der Innovationspolitik teilt man zunächst grob ein in direkte und indirekte Förderinstrumente.

5.5.2.1 Direkte staatliche Förderung

Mittels direkter Instrumente wirkt der Staat unmittelbar auf Forschungs- und Innovationsprozesse ein, stößt sie an, lenkt sie in eine bestimmte Richtung, legt Inhalt und/ oder Rahmen der Forschungs- und Entwicklungsprojekte fest. Das geschieht über finanzielle Zuwendungen an die Innovationsakteure. Solche Zuwendungen können entweder über die **Zahlung von Geldbeträgen** (Transferzahlungen bzw. Subventionen) zur Mitfinanzierung von Forschungsprojekten oder aber über die Vergabe **öffentlicher Aufträge** für die Bearbeitung von Forschungsfragen und die Suche benötigter technologischer Problemlösungen erfolgen.

Eine weiteres wichtiges Unterscheidungskriterium für direkte Fördermaßnahmen liegt darin, wie die staatlichen Mittel zugeordnet werden. Diese Zuordnung kann institutionen- oder aber projektorientiert erfolgen.

Abbildung 5-2:   *Harte Steuerungsinstrumente der Innovationspolitik*

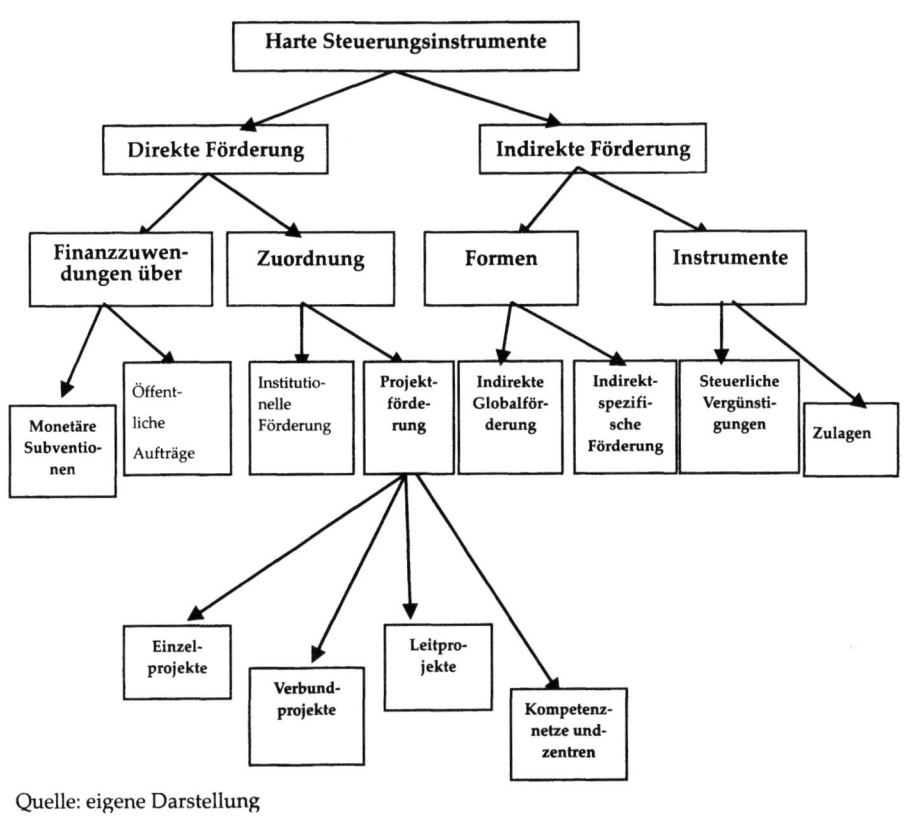

Quelle: eigene Darstellung

A. Institutionelle Förderung

Diese beinhaltet die Vergabe von Mitteln an Forschungsinstitutionen wie Hochschulen, Großforschungseinrichtungen, außerhochschulische Forschungseinrichtungen etc. Der Umfang der zur Verfügung gestellten Mittel soll in einem bestimmten Ausmaß und für einen definierten Zeitraum Forschungsaktivitäten der empfangenden Institution gewährleisten und richtet sich nach vorgegeben allgemeinen Aufgaben für die geförderte Einrichtung. Die Förderung der Forschungseinrichtungen kann global oder strukturell differenziert erfolgen.

Unter **globaler Förderung** versteht man die Bezuschussung von Einrichtungen, um ihnen die Bewältigung ihrer Aufgaben in einem Mindestumfang zu ermöglichen. Oft werden solche Grundmittel recht knapp angesetzt, um die geförderten Institutionen – unter der Annahme, dass diese das Niveau ihrer Forschungsaktivitäten aufrechterhalten oder gar steigern wollen – zur Einwerbung von Drittmitteln für Forschungsprojekte bei externen Geldgebern anzuhalten.

Strukturorientierte Förderung zielt auf den Aufbau oder die Weiterentwicklung der Strukturen des Forschungssystems. Mittel werden in diesem Zusammenhang zum Beispiel gewährt für den Aufbau von Sonderforschungsbereichen im Hochschulsektor, für den Aufbau neuer Forschungseinrichtungen oder aber für den Ausbau der forschungsorientierten Infrastruktur (Bibliotheken, Dokumentationszentren, Forschungslaboratorien u.Ä.)

B. Projektförderung

Diese setzt gezielt an bestimmten Forschungs- und Entwicklungsprojekten an. Für deren Bearbeitung werden Zuschüsse oder Darlehen gewährt; es können aber auch gezielte Forschungs- und Entwicklungsaufträge vergeben werden. Denkbar ist darüber hinaus der Kauf von technologisch neuen Gütern und Dienstleistungen zur Abdeckung öffentlicher Bedarfe. Als Adressaten der direkten Projektförderung kommen Hochschulen, Großforschungseinrichtungen, internationale Forschungseinrichtungen und private Unternehmen in Frage. Gefördert werden Aktivitäten in einem konkreten Forschungsfeld, welches in den Rahmen eines Förderbereichs bzw. Förderprogramms gekleidet wird, mit dem Ziel, ein international herausragendes Qualitätsniveau der Forschung zu erreichen. Ein Forschungsbereich in der Innovationsförderung des Bundes ist zum Beispiel die Meeres- und Polarforschung; innerhalb dieses Förderbereichs werden die beiden Programme „Meeresforschung" und „Polarforschung" mit jeweils festgelegten Laufzeiten und Finanzvolumina durchgeführt. Weitere Förderbereiche mit entsprechenden Förderprogrammen sind zum Beispiel Weltraumforschung und Weltraumtechnik, Energieforschung und Energietechnologie, Forschung für Nachhaltigkeit, Forschung und Entwicklung im Dienste der Gesundheit oder Informationstechnik.

a. Einzelprojekte und Verbundprojekte

Bei der Projektförderung können zum einen Einzelprojekte gefördert werden, zum anderen nimmt die Förderung von **Verbundprojekten** einen immer größeren Raum ein. In solchen Projekten arbeiten mehrere gleichrangige Partner auf der Grundlage einer Kooperationsvereinbarung zusammen. Das Instrument der Förderung der Verbundforschung wurde in der Phase marktorientierter Innovationspolitik in der zweiten Hälfte der 1980er Jahre eingeführt. Als wesentliches Argument hierfür wurde erläutert: „Industrielle Verbundforschung will durch gemeinsame Beteiligung möglichst mehrerer Unternehmen und Forschungseinrichtungen an einem Projekt erreichen, dass knappe Forschungskapazität durch Bündelung von Ressourcen besser genutzt wird, der Technologietransfer zwischen Wirtschaft und Wissenschaft beschleunigt wird, Synergieeffekte entstehen und weniger selektiv als vielmehr breitenwirksam gefördert wird. Industrielle Verbundforschung kann auch kleinen und mittleren Unternehmen eine bessere Chance zur Teilhabe an Forschungsvorhaben liefern."[179]

b. Leitprojekte

Eine besondere Form von Verbundprojekten sind Leitprojekte. Sie wurden in der zweiten Hälfte der 1990er Jahre entwickelt und in den Vordergrund gerückt, vor allem im Hinblick darauf, dass der zunehmend erkannten „Netzwerkbasierung" grundlegender Innovationen sowie der erforderlichen frühzeitigen Verknüpfung von anwendungsorientierter Grundlagen- und Industrieforschung Rechnung getragen werden sollte: Leitprojekte sollen anspruchsvolle Aufgabenstellungen mit einer konkreten Anwendungsperspektive bündeln und verschiedene Disziplinen und Anwendungen zusammenführen. Sie sollen von kooperationswilligen Partnern „bottom up" vorgeschlagen und erarbeitet werden.

Leitprojekte

„Leitprojekte sind ein neues Element der staatlichen Forschungsförderung, mit Hilfe dessen zukunftsweisende Ideen auf strategisch wichtigen Feldern rascher in marktfähige Produkte, Verfahren und Dienstleistungen umgesetzt werden. Der Erfolg basiert auf dem Prinzip, nur solche Projekte auszuwählen, bei denen Universitäten, Forschungseinrichtungen und Anwender in Netzwerken branchen- und disziplinübergreifend eng an der Problemlösung zusammenarbeiten. Industrie und Nutzer sind dabei direkt in den Forschungsprozess und die Umsetzung eingebunden. Leitprojekte behandeln gesellschaftlich besonders relevante Themenfelder:

- Innovative Produkte auf der Grundlage neuer Technologien sowie zugehöriger Produktionsverfahren,
- Nutzung des weltweit verfügbaren Wissens für Aus- und Weiterbildung sowie für Innovationsprozesse,
- Diagnose und Therapie mit den Mitteln der Molekularen Medizin,
- Mobilität in Ballungsräumen, Energieerzeugung und –speicherung für den dezentralen und mobilen Einsatz,
- Mensch-Technik-Interaktion in der Wissensgesellschaft und
- Ernährung – moderne Verfahren zur Lebensmittelerzeugung.

Quelle: BuFo 2000, Infobox S. 55

---

179 BuFo 1988, S. 95

Die gegenseitige Befruchtung von Marktbedürfnis und technologischer Fähigkeit soll zu einem Wettbewerb der besten Lösungsideen um zukunftsgerichtete Innovationsprojekte führen."[180] Auch die 1998 neu gewählte rot-grüne Regierung hat dieses Instrument in ihrem ersten Bundesforschungsbericht als „strategisch wichtiges Instrument" herausgestellt (vgl. Kasten „Leitprojekte"). Umso überraschender ist die Beobachtung, dass dieser Begriff im nächsten Bundesforschungsbericht von 2004 kaum noch Erwähnung findet.

c. Kompetenznetze und Kompetenzzentren

Dafür werden im Bundesforschungsbericht 2004 Kompetenznetze und Kompetenzzentren als besondere Form von Verbundprojekten in den Vordergrund gerückt und als „zentrales Instrument in der Förderung" eingestuft.

Kompetenzzentren orientieren sich am Leitbild des Silicon Valley, in der Hoffnung, eine ähnliche regionale Clusterbildung in hiesigen Regionen anstoßen zu können: „Aus exzellenten Forschungszentren gehen High-Tech-Unternehmen hervor, die wiederum als Kondensationskeime für die Ansiedlung von neuen Unternehmen mit komplementären Kompetenzen in der Region wirken. Ein solches Zentrum wirkt wie ein Magnet, der weitere Ansiedlungen von komplementären Unternehmen und Einrichtungen anzieht und so seine Sogwirkung weiter verstärkt. Aus einem zunächst nur regional sichtbaren Zentrum kann so ein international bekanntes werden."[181]

Das Förderverfahren wird folgendermaßen beschrieben: „Im Wettbewerbsverfahren werden Innovationscluster identifiziert und gefördert, deren Akteure über verschiedene Branchen, Technologien und Wertschöpfungsketten hinweg gemeinsam an der Lösung einer Aufgabe arbeiten."[182]

Seine Wurzeln hat dieser Förderansatz bereits in der vorhergehenden Phase der Innovationspolitik, als 1995 mittels des Bio-Regio-Wettbewerbs begonnen wurde, Zentren für die Biotechnologie aufzubauen. Später wird dieser Ansatz auf weitere Technologiefelder – die Nanotechnologie, die Optischen Technologien, die Medizintechnik – übertragen. Auch für die Innovationsförderung in Ostdeutschland spielt dieser Ansatz inzwischen eine wichtige Rolle, wo der thematisch nicht gebundenen Regionen-Wettbewerb „InnoRegio" sowie die Förderung „innovativer regionaler Wachstumskerne" und von „Zentren für Innovationskompetenz" eingeführt wurden. Auch das Programm „Förderung von innovativen Netzwerken" ist in diesen Zusammenhang einzuordnen.

---

180 BuFo 1996, S. 29
181 BuFo 2004, S. VIf.
182 Ebenda, S. 5

Während die Förderung von Kompetenzzentren auf die Bildung regionaler Cluster zielt, geht es bei der Förderung von **Kompetenznetzen** um den Aufbau und die Unterstützung von überregionalen Netzwerken in hoch spezialisierten oder neu entstehenden Forschungs- und Technologiefeldern. Diese sollen herausragende Kompetenzen einheimischer Institutionen und Personen zur besseren Positionierung im internationalen Standortwettbewerb nach draußen „stärker als bisher sichtbar machen und Ausstrahlungs- und Anziehungskraft entfalten".[183]

5.5.2.2   Indirekte staatliche Förderung

Indirekte Förderinstrumente sollen die wirtschaftlichen Rahmendaten für Innovationsträger so beeinflussen, dass diese sich aus eigenem Interesse in ihrem Innovationsverhalten an den Zielen der staatlichen Innovationspolitik orientieren. Der **indirekte Charakter** der Maßnahmen bezieht sich darauf, dass der Staat für die Förderung nicht von vornherein vorgibt, welche Institutionen oder Forschungsprojekte gefördert werden.

A. Formen

Die Förderung erfolgt entweder **global** bzw. allgemein bei Vorliegen der gesetzten Förderkriterien, wie zum Beispiel Forschungsinvestitionen privater Unternehmen, Erstinnovationen privater Unternehmen o.Ä. („**Indirekte Globalförderung**") Oder aber indirekte Förderung erfolgt **selektiv** („**Indirekt-spezifische Förderung**"). In diesem Fall nimmt der Staat ebenfalls keinen Einfluss auf die Inhalte der einzelnen Forschungs- und Entwicklungsvorhaben (deshalb „indirekte" Förderung), fördert jedoch solche Vorhaben nur auf ausgewählten Technologiefeldern (deshalb „spezifische" Förderung).

Neben dem Bestreben, Forschungsinstitutionen, einzelne Forscher und – vor allem kleine und mittlere – Unternehmen zu Forschungs- und Entwicklungsvorhaben anzureizen und sie bei der Durchführung materiell zu unterstützen, geht es in den letzten Jahren zunehmend auch um das Ziel, die systemischen Voraussetzungen für Forschung, Entwicklung und Innovation zu verbessern: durch Stärkung der Forschungsinfrastruktur, der Zusammenarbeit in der Forschung, von innovativen Netzwerken sowie des Personalaustauschs zwischen Forschungsinstitutionen und Unternehmen.[184]

Indirekte Fördermaßnahmen können inhaltlich einerseits als steuerliche Vergünstigungen, andererseits als Transferzahlungen bzw. Zulagen gestaltet werden.

---

183 BuFo 2004, S. VII
184 Vgl. BuFo 2004, S. 5

B. Instrumente

a. Steuerliche Vergünstigungen

Steuerliche Vergünstigungen können unterschiedliche Formen annehmen: zum einen geht es um Sonderabschreibungsmöglichkeiten für Forschungs- und Entwicklungsinvestitionen, welche zusätzlich zur üblichen linearen Abschreibung eingeräumt werden; hierdurch können die Innovatoren Zinsvorteile, Steuerersparnisse und Liquiditätseffekte erzielen. Zum zweiten können steuerliche Vergünstigungen in Form der Abzugsfähigkeit laufender Forschungs- und Entwicklungsaufwendungen bei der Ermittlung des steuerpflichtigen Gewinns gewährt werden. Als dritte Form der Steuervergünstigung kann in diesem Zusammenhang die steuerliche Abzugsfähigkeit von Spenden für wissenschaftliche Zwecke erwähnt werden.

b. Zulagen

Zulagen für Forschungs- und Entwicklungsinvestitionen haben gegenüber steuerlichen Vergünstigungen den Vorteil, dass sie einen größeren Adressatenkreis an Innovatoren erreichen: während steuerliche Vergünstigungen Innovationsanreize nur für jene Unternehmen entfalten können, welche einen zu versteuernden Gewinn erwirtschaften, kommen Zulagen auch Unternehmen zugute, welche sich in einer Verlustphase befinden. Bei potenziellen Adressaten aus dem letztgenannten Kreis dürfte es sich vor allem um kleine und mittlere Unternehmen handeln, deren Innovationsverhalten somit in vielen Fällen über Zulagen eher erreicht werden kann als durch steuerliche Maßnahmen.

5.5.3 Voraussetzungen für den Einsatz direkter und indirekter Förderinstrumente

Welche Instrumentenart bei konkreten Förderungen zum Zuge kommt, hängt von den jeweiligen Einsatzbedingungen ab. Vor allem der **Grad der Kenntnis des voraussichtlichen Technologiebedarfs** ist dabei ein wichtiges Differenzierungskriterium. Ist der Bedarf weitgehend bekannt oder lässt sich relativ gut prognostizieren oder aber möchte die Politik fest vorgegebene Ziele realisieren, so kann Innovationsförderung gezielt vorgehen. In einem solchen Fall ist die direkte Forschungs- und Entwicklungsförderung das geeignete Instrument. Anders ist die Situation bei Bedarfsungewissheit. Je weniger Informationen über zukünftige Technologie- und Innovationsbedarfe vorhanden sind, desto riskanter wäre eine direkte Förderung mit staatlicher Zielvorgabe. In dieser Situation sind demgegenüber Such- und Lernprozesse im Hinblick auf neue Technologie- und Marktchancen erforderlich, die nicht behindert und eingeschränkt werden dürfen. Den im marktwirtschaftlichen Wettbewerb stehenden Institutionen muss der Freiraum erhalten bleiben, jeweils im Eigeninteresse über Forschungs- und Entwicklungsziele zu entscheiden.

5.5.4 Gebote und Verbote

Mit Geboten und Verboten sollen gesellschaftliche Ziele der Innovationssteuerung dort realisiert werden, wo der Markt zu einer politisch akzeptablen Steuerung nicht in der Lage ist, zum Beispiel weil seine Resultate unzureichend ausfallen, einen zu großem Zeitbedarf benötigen oder aber den Zielen zuwiderlaufen. Deshalb muss der marktwirtschaftliche Allokationsmechanismus begrenzt oder ergänzt werden, das heißt durch die Vorgabe staatlicher Normen, welche Regeln für den Entwurf, die Herstellung und/ oder die Anwendung von Techniken und Techniksystemen beinhalten, werden die Handlungs- und Entscheidungsspielräume privater Entscheidungsträger eingeschränkt. Technische Umweltnormen zum Beispiel schreiben maximal zulässige Belastungen der natürlichen und körperlichen Umwelt durch Techniken, sog. Grenzwerte, vor. Außer-technische Ziele wie Arbeitsschutz, Umweltschutz, Gesundheit oder Sicherheit können durch technische Normung angestrebt und realisiert werden. Verbote und Gebote beziehen sich auf vorgegebene Normen.

Verbote zwingen die privaten Entscheidungsträger, ihre Pläne und ihr Verhalten hinsichtlich der Technikwahl für Produktionsprozesse und/ oder Produkte zu verändern. Innovationen, welche gesellschaftlichen Zielen wie der Verbesserung der Umweltqualität oder der Verwirklichung humaner Arbeitsbedingungen zuwiderlaufen, weil sie nicht geeignet sind, staatlich vorgegebene Normen einzuhalten, werden auf diese Weise diskriminiert bzw. verhindert. Die Einhaltung der Normen erzwingt die Wahl einer anderen Technik. Ist diese nicht vorhanden, können solche Vorgaben starke Impulse für Innovationen bilden, nämlich dann, wenn die angestrebte Produktion als wirtschaftlich vorteilhaft beurteilt wird und die Einhaltung der Normen durch die Entwicklung neuer Techniken gewährleistet werden kann. Dann liegt es allenfalls am Zeitbedarf, den die Entwicklung neuer Techniken braucht, wenn die gesellschaftlichen Ziele nicht unmittelbar verwirklicht werden können. Insgesamt betrachtet sind Verbote ein starkes Instrument, um die Richtung des technischen Fortschritts zu beeinflussen.

Demgegenüber sind **Gebote** in einer Marktwirtschaft gerade im Hinblick auf Innovationen ein wenig durchschlagkräftiges Instrument, da der Staat aus ordnungspolitischen Gründen den privaten Entscheidungsträgern keine bestimmte Technik vorschreiben oder sie zur Entwicklung einer bestimmten Technik zwingen darf. Gebote haben deshalb allenfalls Aufforderungscharakter und können an die Privaten appellieren, in freier Entscheidung bestimmte Standards einzuhalten, wobei das gewünschte Verhalten durch die komplementäre Nutzung weiterer Instrumente, wie steuerliche Vergünstigungen und monetäre Zulagen, zusätzlich befördert werden kann.

5.5.5   Öffentliche Aufträge

Mit der Vergabe öffentlicher Aufträge an private Unternehmen wird deren Absatzpotenzial vergrößert. Richten öffentliche Haushalte ihr Beschaffungsverhalten gezielt auf gesellschaftlich wünschenswerte, aber noch nicht entwickelte oder in Entwicklung befindliche technische Problemlösungen aus, so können sie Innovationsprozesse anstoßen oder beschleunigen. Das gelingt um so besser,

1. je umfangreicher die staatliche Nachfrage – zum Beispiel durch Zusammenfassung und gezielte Bündelung von Aufträgen - ausfällt.,

2. je größer der Marktanteil der öffentlichen Hand auf den jeweiligen Einzelmärkten ist und

3. je präziser die im Hinblick auf die Realisierung gesellschaftlicher Ziele notwendigen Anforderungen an die nachgefragten Produkte spezifiziert werden.

Beispiele sind die gebündelte Beschaffung neuer informationstechnischer Systeme mit gewünschten Benutzereigenschaften (zum Beispiel Datensicherheit, Datenschutztechnik, Softwareergonomie) oder die Vorgabe positiver Umwelteigenschaften von Materialien bei Bauaufträgen im Hoch- und Tiefbau.

5.6   Ausgewählte „weiche" Steuerungsinstrumente

5.6.1   Technikfolgenabschätzung

Die Technikfolgenabschätzung (TA) ist eine interdisziplinäre Methode, um Auswirkungen des erstmaligen Einsatzes einer neuen sowie des breiteren oder modifizierten Einsatzes einer bekannten Technik systematisch zu identifizieren und zu beurteilen. Dabei sollen nicht nur direkte, sondern auch indirekte Auswirkungen erforscht und bewertet werden. Das Spektrum der zu untersuchenden Auswirkungen reicht von wirtschaftlichen über ökologische bis hin zu gesundheitlichen Folgen, welche durch Innovationen möglicherweise verursacht oder verstärkt werden. TA-Untersuchungen können **problem-** oder **technikinduziert** sein.

Bei **probleminduzierten** TA-Projekten geht es darum, nach Lösungsmöglichkeiten für bestehende Probleme zu suchen, wobei dem Lösungsbeitrag neuer oder zu entwickelnder Techniken besondere Aufmerksamkeit geschenkt wird.

Technikinduzierte TA-Projekte gehen dagegen von sich vollziehenden Innovationsprozessen aus und eruieren mögliche Folgen neuer Techniken oder potenzielle Weiterentwicklungen derselben, durch die mögliche Gefahren vermieden oder neue Chancen genutzt werden können. Da die Frage der Bewertung von Technikfolgen auf subjektiven Urteilen beruht, kommt es zur „Objektivierung" der Ergebnisse auf die Einbeziehung von möglichst vielen Akteuren, späteren Anwendern und potenziell Betroffenen der neuen Technik an.

Der TA-Ansatz ist als „technology assessment" in den Vereinigten Staaten in der zweiten Hälfte der 1960er Jahre des letzten Jahrhunderts entstanden und hat in Gestalt des 1972 gegründeten und viele Jahre betriebenen „Office of Technology Assessment" (OTA), dessen Aufgabe die Beratung des amerikanischen Kongresses war, einen Höhepunkt als Instrument der Politikberatung erlebt. In den 1970er Jahren konnte man von einer regelrechten TA-Bewegung nicht nur in der Politik, sondern auch in der Wissenschaft sprechen. Das OTA war Vorbild und hatte eine Katalysatorenfunktion bei der Verbreitung der Technikfolgenabschätzung in viele andere Länder. In Deutschland fasste dieses politische Beratungs- und Entscheidungsinstrument endgültig Fuß durch die Einrichtung des **Büros für Technikfolgen-Abschätzung beim Deutschen Bundestag (TAB)** im Jahre 1990. Dessen Aufgaben liegen in der Konzeption und Durchführung von TA-Projekten, in der Beobachtung und Analyse relevanter wissenschaftlich-technischer Trends, in der Beteiligung an der Weiterentwicklung von TA-Konzepten und –Methoden sowie in der politikorientierten Aufbereitung und Vermittlung der TA-Ergebnisse.

Auch für die Bundesregierung als Exekutive war die TA lange Zeit ein viel beachtetes Politikinstrument. Der Bundesforschungsbericht 1996 verwies stolz auf die Tatsache, dass sich in Deutschland bis Mitte der 1990er Jahre eine „vielfältige TA-Landschaft" mit 262 TA-Institutionen und über 1.000 geförderten Projekten herausgebildet habe. Noch 1993 heißt es im Bundesforschungsbericht der Regierung: „Die Bundesregierung misst der Technikfolgenabschätzung eine hohe politische Bedeutung bei. Sie hat im Zuge der Wiedervereinigung deshalb aufmerksam registriert, dass TA als Instrument der Politikberatung in der ehemaligen DDR nicht etabliert war (...) Der Problemdruck in den neuen Ländern (Umwelt, Verkehr, Informationstechnik usw.) erfordert daher neben Sofortmaßnahmen auf mittlere Sicht den Aufbau geeigneter TA-Kapazitäten."[185]

Nach der Schließung des OTA im September 1995 wurde es um die Technikfolgenabschätzung still, heute fristet dieses Politikinstrument – trotz des zunehmenden Tempos und der wachsenden Komplexität des technischen Fortschritts – eher ein „Mauerblümchendasein". Ausgerechnet unter der 1998 neu gewählten rot-grünen Regierungsmehrheit verschwindet TA als Politikberatungsinstrument allmählich aus der innovationspolitischen Debatte und Praxis. Zunächst werden ab 2000 der Begriff und Konzept des TA durch die Innovations- und Technikanalyse (ITA) ersetzt. Heute ist beides als wichtiges Instrument innovationspolitischer Steuerung auf Bundesebene nicht mehr erkennbar.

---

185 BuFo 1993, S. 260

5.6.2 Sozialverträgliche Technikgestaltung

Das Instrument der Sozialverträglichen Technikgestaltung (SoTech) geht über die bloße Abschätzung von Technikfolgen hinaus und bezieht sich unmittelbar auf die zielorientierte Gestaltung neuer Techniken. Dabei stützt man sich auf die Erkenntnis, dass neue Techniken im Frühstadium ihrer Entwicklung – nicht nur unter wirtschaftlichen, sondern auch gesellschaftlichen Zielsetzungen - noch in erheblichem Umfang gestaltbar sind und erst im Verlaufe des fortschreitenden Entwicklungsprozesses an Gestaltbarkeit verlieren. In den 1980er Jahren wurde das Förderprogramm „Mensch und Technik – Sozialverträgliche Technikgestaltung" zum Markenzeichen nordrhein-westfälischer Technologiepolitik.. Es war verbunden mit dem Anspruch der sozialorientierten Erneuerung der wirtschaftlichen Strukturen dieses Bundeslandes und stellte einen Ansatz experimenteller und partizipativer Innovationssteuerung dar: Modelle der Entwicklung, Einführung und Anwendung sozialverträglicher Techniken sollten erprobt und demonstriert werden. Dabei sollte den Beteiligten und Betroffenen des Modernisierungs- und Innovationsprozesses Möglichkeiten eröffnet werden, „sich sachkundig und wirksam in diesen Prozess einzuschalten und zu gemeinsamen, der Gesellschaft, der Natur und zukünftigen Generationen gegenüber verantwortbaren Lösungen beitragen zu können."[186] Im Zeitraum zwischen 1985 und 1992 wurden rund 60 Mio. DM für das SoTech-Programm bereitgestellt und fast 200 Projekte gefördert. Heute ist der Ansatz der Sozialverträglichen Technikgestaltung aus der innovationspolitischen Debatte verschwunden.

5.6.3 Langfristvisionen

Langfristvisionen bzw. deren Erarbeitung erfüllen verschiedene innovationspolitische **Funktionen**:

- Sie fixieren langfristige ökonomische und gesellschaftliche Ziele für ein Land und seine Bevölkerung,

- sie fördern eine intensive Kommunikation zwischen den Akteuren und Beteiligten innovativer, wirtschaftlicher und gesellschaftlicher Prozesse,

- sie bewirken damit die Herbeiführung eines gewissen Grades an Gemeinsamkeit in der Situationsinterpretation, in den Zukunftsbildern und Zukunftserwartungen, im Problemverständnis und in der Abklärung von Handlungsoptionen,

- sie gewährleisten damit Prozesse der Konsensbildung und des Interessenausgleichs,

---

186 BuFo 1993, S. 303

▪ sie stärken die Legitimationsgrundlage für Maßnahmen und Strategien der staatlichen Innovationspolitik, indem sie ein hohes Maß an Orientierungswissen und Folgebereitschaft erzeugen,

▪ insgesamt erweisen sie sich deshalb als ein langfristig gut wirksames und effizientes Lenkungsinstrument.

Das Instrument der „long range visions" wurde in Japan entwickelt. Es ist ein Instrument der indikativen Wirtschaftsplanung bzw. der „administrative guidance", welche in den 60er und 70er Jahren des 20. Jahrhunderts ihre Blütezeit erlebte und ohne die der rasante Aufstieg Japans zu einer weltweit führenden Wirtschafts- und Technologiemacht nicht denkbar gewesen wäre. Langfristvisionen beschreiben eine wünschbare Zukunft von Wirtschaft und Gesellschaft, wobei die Initiierung und gezielte Verstärkung von Innovationsprozessen eine wichtige Realisierungsstrategie darstellen. Innovationspolitischer Hauptakteur in Japan war das MITI (Ministry of International Trade and Industry), unter dessen Moderation Sachverständige und aus Vertretern der gesellschaftlichen Gruppen zusammengesetzte Gremien auf der Grundlage ausgefeilter wirtschaftswissenschaftlicher Analyse- und Prognosetechniken langfristige Zukunftsszenarien entwarfen. Nicht zu vergessen ist allerdings, dass die besondere Durchschlagskraft dieses Instrumentes in den 1960er und 1970er Jahren wesentlich an die besonderen gesellschaftlichen und wirtschaftlichen Bedingungen des damaligen Japan gebunden war.

5.6.4 Technologiepolitische Dialoge

Die Organisation von Dialogen und Diskursen zu Technologie- und Zukunftsfragen ist ein weiteres Instrument der Kommunikationsverstärkung und Konsensbildung, welches im Rahmen der bereits genannten „weichen" Instrumente eingebunden sein kann (zum Beispiel „TA-Dialoge" oder die „CIM-Kommission"[187]), aber auch als eigenständiges Instrument genutzt werden kann. Technologiepolitische Dialoge können auf verschiedenen Ebenen verankert werden, zum Beispiel:

▪ auf der **Ebene einzelner Technologieförderprogramme**, welche die Interessen eines überschaubaren Kreises von Akteuren und Betroffenen tangieren. So versuchten Ende der 1970er, Anfang der 1980er Jahre die damaligen Forschungsministern Hauff und Bülow zur Entwicklung des BMFT-Förderprogramms „Fertigungstechnik" einen „technologiepolitischen Dialog" zu institutionalisieren, in dessen

---

187 Die CIM-Kommission war Ende der 1980er, Anfang der 1990er Jahre vom Bundesforschungsministerium eingerichtet worden. Sie setzte sich aus Vertretern von Wissenschaft, Wirtschaft und Gewerkschaften zusammen und sollte „die Auswirkungen der rechnergestützten, vernetzten Produktion in ihren verschiedenen Reife- und Einführungsstadien" abschätzen, bewerten und einen Katalog von Handlungsempfehlungen für die Politik und die Tarifparteien erarbeiten. Vgl. dazu BuFo 1993, S. 262

Rahmen die Beteiligung von Repräsentanten der Wirtschaft, der Gewerkschaften und der Wissenschaft realisiert werden sollte. Ähnliches war seit vielen Jahren Praxis im Bereich des Förderprogramms zur Humanisierung des Arbeitslebens, welches in den 1980er Jahren in Programm „Arbeit und Technik" umbenannt wurde. Andere Ebenen der Etablierung technologiepolitischer Dialoge sind die regionale und die nationale Ebene.

■ Die **regionale Ebene** spielte im nordrhein-westfälischen „SoTech"-Programm eine wichtige Rolle, wo über verschiedene Regionalprojekte die Zusammenarbeit der regionalen Akteure beim Entwurf „regionaler Entwicklungsszenarien" sowie bei der Diskussion von Leitideen der Technikentwicklung für die Region angestoßen werden sollte.

■ Beispiele für die Einrichtung von Dialogforen auf der **nationalen Ebene** sind

■ der Rat für Forschung, Technologie und Innovation beim Bundeskanzler: Dieses Gremium wurde im März 1995 eingerichtet und setzte sich aus 17 Mitgliedern aus Politik, Wirtschaft und Gesellschaft zusammen. Seine Aufgaben waren die Herausarbeitung von Chancen und Handlungserfordernissen in zentralen Innovationsfeldern, die Generierung von Impulsen für gesellschaftlichen Zukunftsdebatten und die Förderung der Technikakzeptanz in der Gesellschaft.

    – Die Initiative „Partner für Innovation", welche von der rot-grünen Regierung nach 2002 ins Leben gerufen wurde: Beteiligt sind hierbei führende Vertreter aus Wirtschaft, Gewerkschaften und Wissenschaft. Diese Initiative soll die Innovationsbereitschaft und Innovationsfähigkeit in Wirtschaft und Gesellschaft verbessern helfen. „Ziel ist, das deutsche Innovationssystem auf allen Ebenen zu stärken. Hemmnisse sollen abgebaut und neues Vertrauen in die Leistungsfähigkeit unseres Landes geweckt werden."[188]

    – Der FUTUR-Prozess, der vor einiger Zeit vom BMBF etabliert wurde: Diese Initiative hat den Charakter eines Dialogprozesses, in den Sachverständige aus Wissenschaft, Wirtschaft, Verbände und Nicht-Regierungsorganisationen, Querdenker, Etablierte und Nachwuchskräfte eingebunden sind. Zweck dieses Dialogs ist die Identifizierung von Beiträgen, welche die Forschungs- und Technologiepolitik zur Lösung gesellschaftlicher Probleme und Zukunftsfragen leisten könnte. „Wesentliches Ergebnis von FUTUR sind Leitvisionen für die Forschungspolitik. Sie zeigen auf, wohin die gesellschaftliche Entwicklung gehen könnte und was Forschungs- und Technologieentwicklung dazu beitragen können."[189]

---

188   BuFo 2004, S. VIII
189   Ebenda

5.7 Ebenen der staatlichen Innovationspolitik

5.7.1 Überblick

Bis in die 1970er Jahre hinein ist in der Bundesrepublik Deutschland ein Prozess der Zentralisierung innovationspolitischer Maßnahmen und Strategien beim Bund, sprich auf der Ebene des Nationalstaats, zu beobachten. Es gab weder eine konsistente Forschungs- und Technologiepolitik auf der europäischen Ebene, noch sind von Seiten der deutschen Bundesländer oder auf der Ebene der Regionen gezielte Aktivitäten der Innovationssteuerung zu registrieren. Allerdings hatten die Bundesländer die Zuständigkeit für die Wissenschaft, der Bund hatte die konkurrierende Gesetzgebungskompetenz auf dem Gebiet von Wissenschaft und Forschung. Die Bundesregierung nutzte die damit eingeräumten Politikmöglichkeiten und trieb die Ausweitung der Förderanstrengungen in Großtechnologiefeldern voran. Dieser Prozess der Zentralisierung fand seinen Höhepunkt in der Schaffung eines eigenständigen Technologieministeriums im Jahre 1973. War Forschungs- und Technologieförderung bis dahin auf der nationalstaatlichen Ebene in verschiedene Bundesministerien zersplittert (vor allem Bildungs- und Wissenschafts-, Wirtschafts-, Atom-, Postministerium; auch andere Bundesministerien finanzierten Ressortforschung), so sollte nunmehr die Aufgabe der Innovationssteuerung in einem Ministerium gebündelt und koordiniert werden. Das Bundesministerium für Forschung und Technologie wurde zum herausragenden Akteur der staatlichen Innovationspolitik.

Erst im Verlaufe der 1980er Jahre regten sich zunehmend innovationspolitische Aktivitäten auf der europäischen und auf der subnationalen Ebene. Aufgrund der fortschreitenden Globalisierungsprozesse im Allgemeinen und des europäischen Integrationsprozesses im Besonderen sowie der tiefgreifenden Veränderungen der Art des technischen Wandels erhalten diese Ebenen zunehmende Bedeutung für die Innovationssteuerung. Die innovationspolitischen Steuerungsmöglichkeiten der nationalstaatlichen Ebene gehen zurück bzw. werden relativiert. Dennoch bleibt der Bund – und damit die nationalstaatliche Ebene – auch weiterhin der bedeutendste Akteur staatlicher Innovationspolitik, da er die größten finanziellen Ressourcen mobilisieren kann sowie über zentrale Kompetenzen der Rechtssetzung und Rechtsumsetzung verfügt. Tabelle 5-3 fasst die Verteilung wichtiger Aufgaben der Innovationspolitik auf die verschiedenen staatlichen Akteure zusammen.

Tabelle 5-3: *Wichtige innovationspolitische Handlungsfelder nach staatlichen Ebenen*

Handlungsfelder der Innovationspolitik	Regionen	Bundesländer	Bund	Europa
Förderung des Humankapitals		Kultur- und Bildungspolitik, Koordination durch KMK		Mehrjährige Forschungsrahmenprogramme
		Bund-Länder-Kommission für Bildungsplanung zur Koordination der Bildungspolitik mit dem Bund		
Förderung der Wissenschaft		Hochschulbau als Gemeinschaftsaufgabe von Bund und Ländern		
		Hochschulpolitik	Kompetenz für Rahmengesetzgebung;	
Förderung der Forschung		Gemeinsame Forschungsförderung		
		Projektorientierte und Verbundforschungsförderung	Projektorientierte und Verbundforschungsförderung	
Förderung der technologischen Entwicklung		Ausbau regionaler Schlüsseltechnologiepotenziale	Schlüsseltechnologiefelder	
Förderung der Technikanwendung und -diffusion	Technologietransfer; Technologieorientierte Unternehmensgründungen; innovative Netzwerke	Risikokapital, Technologietransfer; Technologieorientierte Unternehmensgründungen; innovative Netzwerke		
Gestaltung und Verbesserung der Rahmenbedingungen für Innovationen			Gewährleistung eines innovationsfördernden Patentwesens; Förderung der Entwicklung privater Risikokapitalmärkte; Erhöhung der Anpassungsfähigkeit der Arbeitsmärkte an den innovationsgetriebenen Strukturwandel; Optimierung der Genehmigungsverfahren für neue Produkte	Gewährleistung von Rechtssicherheit im europäischen Rahmen; Überwachung der Einhaltung von Wettbewerbsregeln; Förderung des grenzübergreifenden Transfers von „best practises" in der Innovationspolitik durch benchmarking u.Ä.

Quelle: eigene Darstellung

5.7.2 Innovationspolitische Maßnahmen der Bundesländer und Regionen

5.7.2.1 Entstehung, Rahmenbedingungen und erste Politikansätze

Hinsichtlich der Innovationspolitik deutscher Bundesländer sind seit der zweiten Hälfte der 1970er Jahre erste Ansätze komplementär zur Innovationspolitik auf nationaler und europäischer Ebene zu beobachten. Sie stehen zunächst im Zusammenhang mit Strukturkrisen in regionale bedeutsamen Branchen, welche als Erste Bundesländer wie zum Beispiel Nordrhein-Westfalen (Strukturkrise der Montanindustrien) oder Baden-Württemberg und Bayern (anhaltende Schrumpfungsprozesse im Agrarsektor) zu struktur- und innovationspolitischen Gegenmaßnahmen zwingen. Im Laufe der 1980er und 1990er Jahre sind allmählich alle deutschen Bundesländer zu einer eigenen Innovationspolitik vor allem zur Stärkung ihrer regionalen wirtschaftlichen Basis im internationalen Innovationswettbewerb übergegangen.

Der Erfolg staatlicher Innovationspolitik auf der Bundesländerebene ist von zahlreichen Faktoren abhängig, die von den Landesregierungen kaum oder gar nicht beeinflussbar sind. Die Handlungsspielräume und Erfolgschancen der Innovationspolitik werden vor allem geprägt durch

- die vorhandenen, gewachsenen Wirtschaftsstrukturen,

- die auf diesen Strukturen aufbauenden bzw. mit diesen kompatibel zu entfaltenden und entwicklungsfähigen Potenziale,

- die Entwicklung der finanziellen Spielräume in den Landeshaushalten sowie

- den Grad der Konsensbereitschaft und Kooperationsfähigkeit der Akteure.

Das bedeutet nicht, dass keine Freiräume für Alternativen der Politik bestünden. Wie diese Freiräume ausgefüllt werden, hängt von den Ideologien und der Handlungsbereitschaft der jeweiligen Landesregierungen ab. Dies hat bereits die in den 1980er Jahren vor dem Hintergrund der zunehmenden regionalen Standortkonkurrenz auflebende Debatte um unterschiedliche Strategien der Innovations- und Technologiepolitik der Bundesländer deutlich gemacht.[190] Zwei Pole bildeten bereits damals die Eckpunkte der Palette der innovationsbezogenen Bundesländerpolitiken: die von sozialdemokratischen Zielen geprägte politische Strategie in Nordrhein-Westfalen einerseits und das neokonservative Modell der Innovationspolitik, wie es in Baden-Württemberg unter Ministerpräsident Späth praktiziert wurde, andererseits. Unter dem Druck der Globalisierung der Märkte und der Verschärfung des Standortwettbewerbs haben sich diese „ideologischen" Profile im Laufe der 1990er Jahre deutlich abgeschliffen, so dass heute festzustellen ist, dass sich die verschiedenen Länderinno-

---

190 Vgl. dazu vor allem die Beiträge von Becher, Bickenbach/ Canzler, Erdmenger/ Fach, Maier, Pollmann Simonis, Väth, Von Einem und Welsch in: Hucke/ Wollmann, H. (1989)

vationspolitiken sehr stark pragmatisch an den Handlungsmöglichkeiten orientieren, welche ihnen durch die regionalen Wirtschaftsstrukturen und Innovationspotenziale vorgezeichnet werden.[191]

Abbildung 5-3:   *Forschungs- und Entwicklungsausgaben der Bundesländer*

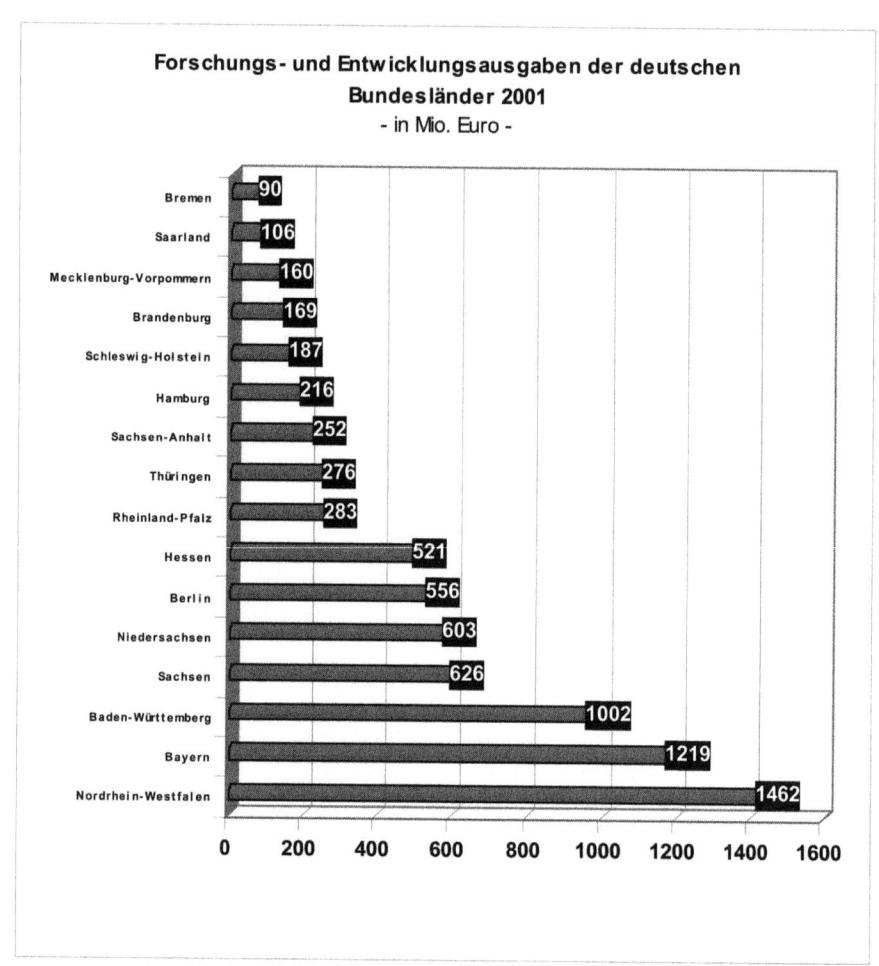

Forschungs- und Entwicklungsausgaben der deutschen
Bundesländer 2001
- in Mio. Euro -

Bundesland	Mio. Euro
Bremen	90
Saarland	106
Mecklenburg-Vorpommern	160
Brandenburg	169
Schleswig-Holstein	187
Hamburg	216
Sachsen-Anhalt	252
Thüringen	276
Rheinland-Pfalz	283
Hessen	521
Berlin	556
Niedersachsen	603
Sachsen	626
Baden-Württemberg	1002
Bayern	1219
Nordrhein-Westfalen	1462

Quelle: eigene Darstellung in Anlehnung an BuFo 2004, S. 738

---

191 Ausführlicher zu den verschiedenen Profilen der Innovationspolitik deutscher Bundesländer
vgl. Welsch, J., Innovations- und Technologiepolitik in Hessen, in: Krumbein/ Ziegler (2005)

5.7.2.2 Mittelaufbringung

Im Rahmen der verfassungsrechtlich vorgegebenen föderalen Struktur des Staatswesens in der Bundesrepublik Deutschland betreiben die Bundesländer gemeinsam mit dem Bund nach Artikel 91 GG die Finanzierung des Hochschulausbaus und der Forschung. Zur Regelung der gemeinsamen Forschungsförderung wurde eine „Rahmenvereinbarung" geschlossen, welche im einzelnen die zu fördernden Bereiche und Institutionen sowie die Finanzierungsschlüssel festlegt. So werden die öffentlichen Mittel für die 77 Institutionen der für Grundlagenforschung zuständigen Max-Planck-Gesellschaft jeweils zu 50 vH von Bund und Ländern finanziert, die 57 Forschungseinrichtungen der für angewandte Forschung zuständigen Fraunhofer-Gesellschaft erhalten ihre öffentlichen Mittelanteile im Verhältnis 90 zu 10 vom Bund und von den Ländern. Nach dem gleichen Schlüssel werden die 15 in der Herrmann von Helmholtz-Gemeinschaft Deutscher Forschungszentren zusammengeschlossenen Großforschungseinrichtungen finanziert. Und die Finanzierung der in der Leibniz-Gemeinschaft zusammengefassten 80 außerhochschulischen Forschungs- und Serviceeinrichtungen erfolgt jeweils zur Hälfte von Bund und Ländern.

Im Jahre 2001 haben die Bundesländer insgesamt Forschungs- und Entwicklungsaufwendungen von rund 7,7 Mrd. Euro finanziert (s. Abb. 5-5). Davon wurde fast die Hälfte von den großen Ländern Nordrhein-Westfalen (Anteil knapp 19 vH), Bayern (knapp 16 vH) und Baden-Württemberg (13 vH) getragen. Es folgten mit ebenfalls beachtlichen Anteilen Sachsen (8,1 vH), Niedersachsen (7,8 vH), Berlin (7,2 vH) und Hessen (6,7 vH).

5.7.2.3 Ziele und Instrumente

A. Ziele

Im Fokus der Innovationspolitik auf Bundesländer- und Regionenebene stehen – neben der (Mit-)Finanzierung der Hochschul- und außerhochschulischen Forschung vor allem die Unterstützung der kleinen und mittleren Unternehmen. Hinsichtlich der **Ziele** der Innovationspolitik lässt sich in allen Ländern ein ähnlicher Zielkatalog ausmachen, der folgende Ziele umfasst:

▪ Förderung der jeweiligen (regions-) **endogenen Entwicklungspotenziale** (insbes. Forschungsschwerpunkte und –potenziale),

▪ Aufbau und Stärkung **komplementärer, neuer** Forschungs- und Entwicklungspotenziale,

▪ **Modernisierung bedeutender regionaler Branchenstrukturen** zur Gewährleistung von deren internationaler Leistungs- und Wettbewerbsfähigkeit,

▪ Förderung ausgewählter **Schlüssel- und Hochtechnologiefelder**,

▪ Steigerung der **Leistungsfähigkeit des Wissens- und Technologietransfersystems**.

B. Instrumente

Das Instrumentarium der Länderinnovationspolitiken umfasst folgende Maßnahmentypen, welche gemäß den jeweiligen länderspezifischen Gegebenheiten ausgestaltet und eingesetzt werden:

■ Förderung von **Forschungs- und Entwicklungsprojekten,** und zwar sowohl Einzelprojekte als auch Verbundforschungsprojekte (zwischen Hochschul-, außerhochschulischen Forschungseinrichtungen und Wirtschaftsunternehmen): Diese Forschungsförderung kann – je nach Bundesland – auf ausgewählte Schlüsseltechnologiefelder begrenzt werden, sie kann sich auf einzelne Phasen des Innovationsprozesses beschränken und kann in Form besonderer Technologieprogramme gestaltet werden;

■ Ausbau einer **Innovationsberatungs**infrastruktur und Förderung von Maßnahmen in diesem Bereich;

■ Förderung von **Gründungen neuer Unternehmen,** insbesondere in wichtigen Technologiefeldern: die Maßnahmen reichen von günstigen Krediten über die Bereitstellung von Risikokapital bis hin zur Schaffung und/ oder Förderung von Technologie- und Gründerzentren;

■ Förderung des **Wissens- und Technologietransfers**: An fast allen Hochschulen sind inzwischen Technologietransferstellen eingerichtet worden. Teilweise wird der Personaltransfer zwischen Forschungssystem und Wirtschaft stimuliert, zum Beispiel durch das Instrument des „Innovationsassistenten".

In Tabelle 5-4 sind Ziele und Instrumente beispielhaft für die beiden „Pionierländer" der Innovationspolitik auf Länderebene zusammengestellt.

5.7.3 Innovationspolitik des Bundes

5.7.3.1 Grundlagen und wichtige Institutionen

Das Staatswesen der Bundesrepublik Deutschland ist föderal strukturiert. Dies hat zur Konsequenz, dass die Verteilung von Aufgaben zu regeln ist, was bedeutet dass staatliche Aufgaben den verschiedenen Ebenen des Staates zugewiesen werden müssen. Entsprechend muss die Verteilung und Verausgabung öffentlicher Ressourcen entweder in der Verfassung oder durch Vereinbarungen geregelt werden. Neben dem Bildungswesen sind Wissenschaft und Forschung Gegenstand gemeinsamer Anstrengungen von Bund und Ländern. Kriterien für ein Zusammenwirken sind

wenn es um Aufgaben geht, welche **für die Gesellschaft insgesamt** von großer Bedeutung und zur Verbesserung der Lebensverhältnisse notwendig sind, so dass die Bundesländer überfordert sind und die Mitwirkung des Bundes sinnvoll und erforderlich ist („Gemeinschaftsaufgaben" nach Artikel 91a GG): So wirkt der Bund bei der Finanzierung des Aus- und Neubaus von Hochschulen und Hochschulkliniken mit;

Tabelle 5-4: *Innovationspolitik in zwei ausgewählten Bundesländern*

Kriterium		Baden-Württemberg	Nordrhein-Westfalen
Zielebene	**Überge-ordnete Ziele**	– Internationale Wettbewerbsfähigkeit von Wissenschaft, Forschung und Technologie – Ausbau des Forschungsstandorts – Exzellenz der Forschung – Stärkung der Innovationsfähigkeit und -bereitschaft der Wirtschaft – Solide Ausbildung des wissenschaftlichen Nachwuchses	– Sicherung eines leistungsstarken Forschungsstandorts mit Orientierung an „Bestenstandards" – Stärkung der Innovationskraft der Wirtschaft – Erweiterung und Vertiefung der wissenschaftlichen Erkenntnis – Weiterentwicklung der Grundlagen für die Ausbildung – Orientierung der Wissenschaft auf anwendungsbezogene Problemlösungen – Stärkung der sozialen und kulturellen Grundlagen der demokratischen Gesellschaft
Instrumentarium	**For-schungs- und Tech-nologie-förderung**	– Förderung von Forschungsstrukturen (fakultäts- und institutionenübergreifende Kooperation) zum Aufbau von Centers of Excellence; – Gewährleistung einer am Bedarf der Wirtschaft orientierten Forschungsinfra-struktur; – Aus Privatisierungserlösen finanzierte Sonderprogramme zur Sicherung der Leistungsfähigkeit der Forschung; – Förderung ausgewählter Zukunftstechnologien (Photonik, Quanteninformationsverarbeitung, Funktionelle Nanostrukturen etc.) und des wissenschaftlichen Nachwuchses	– Förderung der Clusterbildung und Vernetzung der Hochschul-, außerhochschulischen und Industrieforschung; – Konzentration der Förderung von Einzel- und Verbundprojekten auf inhaltliche Schwerpunkte: Biotechnologien, IuK-Technologien, Materialwissenschaften und Produktionstechnik, Nachhaltige Umwelt- und Energieforschung, Verkehr und Mobilität der Zukunft, Intensivierung der geistes- und gesellschaftsbezogenen Forschung (zur Bewältigung des technologischen Wandels, Erforschung von gesellschaftlichen Problemlösungen, Ethische Normen für die Forschung)
Instrumentarium	**Innovati-onsbera-tung**	Stark an Vernetzung orientierte Förder-strategie Verbreitung des Wissens aus dem Forschungssystem durch Förderung – der Verwertung von Forschungserfindungen,	
	Unterneh-mensgrün-dung	– des personengebunden Technologietransfers (Spin-off-Förderung aus dem FuE-System) – der Verbesserung der Transferinfrastruktur (Transferberatungsstellen der Hochschulen, der Steinbeis-Stiftung) – der Einrichtung transferorientierter Forschungsverbünde und Kompetenzzentren, – der Verbundforschung von FuE-Einrichtungen und Unternehmen	Förderung – der Patentverwertung der Hochschulen („Patentführerschein") – von Existenzgründungen aus dem Forschungssystem („Gründungsprogramm PFAU")
	Wissens- und Tech-nolo-gietransfer		– Verbesserung des Zugangs von Unternehmen zur Wissenschaft (Internetplattform „NRW-Wissenstransfer") – Förderung des Personalaustauschs Wissenschaft-Wirtschaft – Förderung von Kompetenznetzwerken (z.B. „Kompetenznetzwerk Brennstoffzelle NRW")

Quelle: eigene Zusammenstellung in Anlehnung an BuFo 2004; nach Angaben der jeweiligen Bundesländer

■ wenn es um Forschungsvorhaben von **überregionaler Bedeutung** geht: So können nach Artikel 91b Bund und Länder vereinbaren, bei der Förderung solcher Forschungseinrichtungen und Forschungsprojekte zusammenzuarbeiten;

■ wenn die „Natur der Sache" bzw. der **Sachzusammenhang** eine Kooperation erzwingt: Das gilt vor allem für Großforschungsprojekte mit erheblicher wissenschaftlicher und gesellschaftlicher Bedeutung, die finanzielle Mittel von enormem Umfang erfordern wie die Luft- und Raumfahrtforschung sowie die Meeres- und Nuklearforschung;

■ wenn es um die Erfüllung von **Aufgaben der Ressorts** geht: Hier bestehen Kompetenzen zur Finanzierung von Ressortforschung.

Um das Zusammenwirken inhaltlich und konzeptionell zu fundieren und organisatorisch zu gestalten sind geeignete Institutionen erforderlich, welche per Verwaltungsabkommen im Laufe der Zeit geschaffen wurden. Im Bereich Bildung, Wissenschaft und Forschung sind dies vor allem:

■ Die **Bund-Länder-Kommission für Bildungsplanung und Forschungsförderung,** welche 1970 ins Leben gerufen wurde. Ihre Aufgaben sind die Koordination der Forschungspolitiken von Bund und Ländern, die mittelfristige Planung und wechselseitige Information hinsichtlich wichtiger Forschungsaufgaben, die Erarbeitung von Empfehlung zur Aufnahme oder zum Ausscheiden von Forschungsinstitutionen und Forschungsprojekten aus der Gemeinschaftsförderung, die Erarbeitung von Vorschlägen zur Planung des Finanzierungsvolumens für die Gemeinschaftsförderung.

■ Der **Wissenschaftsrat**: Dieser wurde bereits 1957 als Beratungsorgan in Wissenschafts- und Forschungsfragen von Bund und Ländern etabliert. Er besteht aus zwei Kommissionen, der Wissenschaftlichen und der Verwaltungskommission. Erstere setzt sich aus Vertretern der Wissenschaft und aus Personen des öffentlichen Lebens, letztere aus Vertretern von Bund und Ländern zusammen. Der Wissenschaftsrat erarbeitet Vorschläge zur Weiterentwicklung der Hochschulen und des Hochschulbaus sowie zur zukünftigen Gestaltung der Wissenschafts- und Forschungslandschaft.

Die öffentlichen Institutionen der Bildungs-, Wissenschafts-, Forschungs- und Technologiepolitik sind Teile des gesellschaftlichen Innovationssystems, wie es an anderer Stelle dieses Buches ausführlich beschrieben wird. Hinsichtlich der Durchführung von Innovationspolitik spielen die Ressorts der Exekutive auf Bundesebene eine herausragende Rolle. In diesem Zusammenhang ist an erster Stelle das Bundesministerium für Bildung und Forschung zu nennen, , darüber hinaus spielen das Bundesministerium für Wirtschaft und Arbeit und das Bundesministerium für Verteidigung für die Forschungs- und Technologiepolitik eine bedeutende Rolle.

5.7.3.2 Innovationssteuerung durch Ausgaben für Forschung und Entwicklung

Der Innovationspolitik fördert Innovationsprozesse durch die gezielte Verausgabung staatlicher Finanzmittel. Für die Steuerungswirkung spielen der Umfang der Mittel sowie ihre Verteilung auf verschiedene Forschungsaufgaben und Forschungsinstitutionen eine zentrale Rolle. Die Darstellung der Bundesausgaben für Forschung und Entwicklung erfolgt nach zwei Kriterien:

1. nach **Ressorts**: Die Bundesministerien haben unterschiedliche Aufgaben der Forschungs- und Technologieförderung, mit denen sie die Realisierung gesellschaftlicher Ziele zu verbessern suchen. Die Aufgliederung nach Ressorts zeigt, in welchem Umfang welches Ressort Forschungs- und Entwicklungsausgaben getätigt hat. Ein wesentliches Problem dieser Darstellung liegt darin, dass sich im Laufe der Zeit der Zuschnitt und die Zuständigkeiten von Ressorts immer wieder geändert haben. So ist in der letzten Legislaturperiode das Bundesministerium für Arbeit und Sozialordnung aufgelöst worden, seine Aufgaben wurden den Ressorts für Wirtschaft und Arbeit sowie für Gesundheit und Soziales zugeordnet. Ebenso wurde die Zuständigkeit für die Aufgabe der Förderung erneuerbarer Energien neu geregelt;

2. nach **Förderbereichen** und **Förderschwerpunkten**: Hier werden die Forschungs- und Entwicklungsausgaben – bis auf die Ausnahme der FuE-Ausgaben für Wehrforschung und Wehrtechnik - unabhängig vom verausgabenden Ministerium nach inhaltlichen Kriterien gegliedert. Das gilt grundsätzlich auch für die Mittel, welche für die institutionelle Förderung verausgabt werden. Ausnahmen hiervon bilden die Grundmittel für den Hochschulbau, hochschulbezogene Sonderprogramme, Max-Planck-Gesellschaft, Deutsche Forschungsgemeinschaft und Fraunhofer-Gesellschaft, welche in einem eigenen Förderbereich – „Trägerorganisationen; Hochschulbau und überwiegend hochschulbezogene Sonderprogramme" – zusammengefasst werden.

A. Forschungs- und Entwicklungsausgaben des Bundes nach Ressorts

Im Jahre 2002 verausgabte die Bundesregierung Mittel in Höhe von gut 9 Mrd. Euro für Forschungs- und Entwicklungszwecke (Ist-Zahlen), für 2003 sind Mittel im Umfang von knapp 9,2 Mrd. Euro veranschlagt (Soll-Zahlen).

Das Gros der Mittel für 2003 – nämlich zwei Drittel – wird vom **Bundesministerium für Bildung und Forschung** verausgabt (vgl. Abb. 5-4). Dieses Ministerium konnte als innovationspolitischer Hauptakteur seinen Anteil an den FuE-Ausgaben des Bundes seit 1993 um rund 7 Prozentpunkte erhöhen; dies bedeutet eine prozentuale Steigerung der Mittel von knapp 20 vH in den letzten 10 Jahren.

Abbildung 5-4: *FuE-Ausgaben des Bundes nach Ressorts*

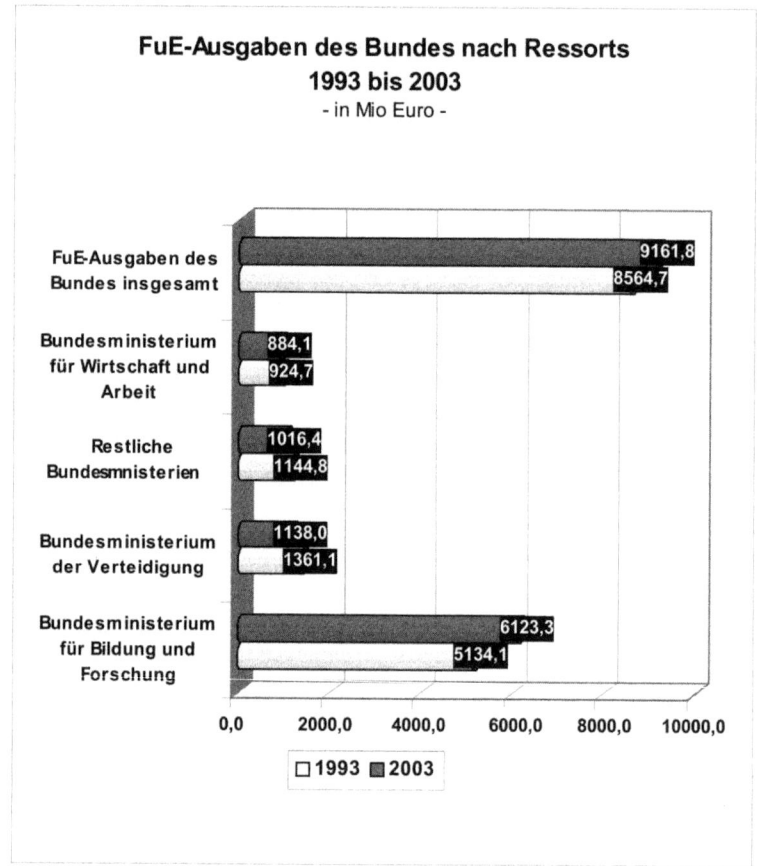

Quelle: eigene Darstellung in Anlehnung an BuFo 2004, S. 612ff.

Den zweitgrößten Anteil an FuE-Mitteln hat traditionell das **Bundesministerium für Verteidigung**, welches für den Förderbereich Wehrforschung und Wehrtechnik zuständig ist. Sein Anteil in 2003 beträgt rund 12,4 vH, was gegenüber 1993 einen Gewichtsverlust von 3,5 Prozentpunkten bzw. einen prozentualen Rückgang von über 16 vH bedeutet. An dritter Stelle als Financier von FuE-Ausgaben auf Bundesebene rangiert das **Bundesministerium für Wirtschaft und Arbeit** mit einem Anteil von 9,6 vH. Auch dieses Ministerium hat gegenüber 1993 verloren – es verzeichnet einen Anteilsverlust von gut einem Prozentpunkt, was einer prozentualen Schrumpfung des Mittelvolumens von 4,4 vH entspricht. Alle anderen Bundesministerien fallen kaum ins Gewicht, ihre FuE-Ausgaben betragen in 2003 lediglich zusammengenommen eine

Milliarde Euro, was einem Anteil von rund 11 vH an allen FuE-Ausgaben des Bundes entspricht; auch dieser Anteil ist in den letzten zehn Jahren rückläufig (minus 11,2 vH).

Tabelle 5-5: FuE-Ausgaben des Bundes nach Förderbereichen

Förderbereiche	FuE-Ausg. in Mio. € 2003	Zuwachs i.vH 1993-2003	Anteile i.vH 2003
Trägerorg.; Hochschulbau, Sonderprogramme	1711,5	25,3	18,7
Großgeräte der Grundlagenforschung	617,3	18,7	6,7
Meeres-, Polarforschung; Meerestechnik	184,2	39,0	2,0
Weltraumforschung, Weltraumtechnik	818,1	-11,3	8,9
Energieforschung, Energietechnologie	425,5	-18,0	4,6
Umweltgerechte, nachhaltige Entwicklung	527,2	1,5	5,8
Gesundheit und Medizin	557,9	42,7	6,1
FuE zur Verbesserung der Arbeitsbedingungen	48,6	-6,7	0,5
Informationstechnik (inkl. Multimedia, Fertigungstechnik)	681,6	28,4	7,4
Biotechnologie	258,9	30,5	2,8
Materialforschung; physik. u. chem. Technologien	326,7	4,1	3,6
Luftfahrtforschung u. Hyperschalltechnologie	103,1	-67,5	1,1
FuT für Mobilität und Verkehr	96,2	-17,2	1,1
Geowissenschaften und Rohstoffsicherung	54,2	-58,9	0,6
Raumordnung und Städtebau; Bauforschung	49,6	-46,3	0,5
FuE im Ernährungsbereich	30,0	-43,2	0,3
FuE in Land- u. Forstwirtschaft, Fischerei	136,7	-7,3	1,5
Bildungsforschung	70,8	23,8	0,8
Innovation und verbesserte Rahmenbedingungen	507,0	49,2	5,5
Geistes-; Wirtschafts-, Finanz-, Sozialwissenschaft	273,4	13,1	3,0
Übrige FuE-Aktivitäten	567,7	121,3	6,2
Wehrforschung und Wehrtechnik	1115,6	-17,2	12,2
Bundesausgeben für FuE insgesamt	9161,8	7,0	100,0
Zivile Förderbereiche insgesamt	8046,2	11,5	87,8
Wehrforschung und Wehrtechnik	1115,6	-17,2	12,2

Quelle: eigene Zusammenstellung aus BuFo 2004, S. 622ff.; eigene Berechnungen

B. Forschungs- und Entwicklungsausgaben des Bundes nach Förderbereichen und Förderschwerpunkten

Die Forschungs- und Entwicklungsausgaben werden zunächst grob nach Förderbereichen und innerhalb derselben nochmals – verfeinert - nach Förderschwerpunkten untergliedert. Wir skizzieren hier nur die Aufgliederung nach Förderbereichen. Fasst man alle Förderbereiche außer Wehrforschung und Wehrtechnik zum Block „Zivile Förderbereiche" zusammen, so ergibt sich für diesen Block in 2003 ein Anteil von knapp 88 vH (vgl. zum folgenden Tab. 5-6). Während dieser Block gegenüber 1993 einen Zuwachs von 11,5 vH verzeichnet, nimmt der restliche Bereich Wehrforschung und Wehrtechnik um über 17 vH ab; die FuE-Ausgaben des Bundes werden somit zunehmend auf zivile Forschungszwecke ausgerichtet.

Innerhalb der zivilen Förderbereiche lassen sich weit überdurchschnittliche Zuwächse bei „Innovation und verbesserte Rahmenbedingungen" (plus 49,2 vH) , „Gesundheit und Medizin" (plus 39 vH), „Biotechnologie (plus 30,5 vH), „Trägerorganisationen etc." (plus 25,3 vH) sowie „Bildungsforschung" (plus 23,8 vH) beobachten. Im Durchschnitt nehmen die Bundesausgaben für Forschung und Entwicklung im Beobachtungszeitraum um sieben vH zu. Stark abnehmend sind die Bereiche „Luftfahrtforschung und Hyperschalltechnologie" (minus 67,5 vH), „Geowissenschaften und Rohstoffsicherung (minus 58,9 vH), „Raumordnung und Städtebau; Bauforschung" (minus 46,3 vH) sowie „FuE im Ernährungsbereich" (minus 43,2 vH).

Volumens- und anteilmäßig stehen die „Trägerorganisationen etc." an der Spitze der entsprechenden Rangskala mit einem Anteil von 18,7 vH an allen FuE-Ausgaben des Bundes. Mit weitem Abstand folgen die Bereiche „Wehrforschung und Wehrtechnik" (12,2 vH), Weltraumforschung und Weltraumtechnik (8,9 vH), Informationstechnik" (7,4 vH) und „Großgeräte der Grundlagenforschung" (6,7 vH).

5.8   Innovationspolitik der Europäischen Union

Von einer Innovationspolitik der Europäischen Union im eigentlichen Sinne kann man erst seit den frühen 1980er Jahren sprechen, als die EU-Kommission begann, ihre forschungs- und technologiepolitische Fördermaßnahmen in Form von Forschungsrahmenprogrammen zu kleiden. Davor lassen sich im Nachhinein einzelne Etappen in der Forschungs- und Technologieförderung auf der europäischen Ebene identifizieren. Bevor diese skizziert werden, wollen wir uns grundlegende Prinzipien, nach denen europäische Innovationspolitik gestaltet wird, vor Augen führen. Diese Prinzipien sind deshalb wichtig, da sich mit dem Bedeutungszuwachs anderer Ebenen der Innovationspolitik neben der nationalstaatlichen Ebene vor allem die Frage der **Aufgabenverteilung zwischen den Ebenen** immer dringlicher stellt.

5.8.1 Prinzipien

5.8.1.1 Subsidiarität

Das Prinzip der Subsidiarität besagt, dass die Ebene eine Aufgaben übernehmen soll, die aus Gründen der Problemnähe, der Nähe zu den Betroffenen, der Verfügbarkeit über ausreichende Ressourcen, der Effizienz des Ressourceneinsatzes sowie aufgrund des besten Überblicks über die Auswirkungen zur besten Aufgabenbewältigung in der Lage ist. Dabei sollen Aufgaben möglichst dezentral, das heißt auf der untersten Ebene, die gerade diese Kriterien noch erfüllt, angesiedelt werden. Dies bedeutet für die Arbeitsteilung zwischen nationaler und europäischer Innovationspolitik, dass die EU-Kommission überall dort aktiv werden sollte, wo Probleme auf der Gemeinschaftsebene am besten angegangen und bewältigt werden können. Da dieses Kriterium in der Praxis schwer verifizierbar ist, hat es über die Frage der Aufgabenteilung immer wieder Diskussionen gegeben, da jede Ebene – zumindest in Grenzfällen oder dort, wo potenzielle Auswirkungen von Maßnahmen nur vage vorhergesehen werden können – das Subsidiaritätsprinzip zu ihren Gunsten auszulegen versucht.

Artikel 3b (Einzelermächtigung; Subsidiarität)

„Die Gemeinschaft wird innerhalb der Grenzen der ihr in diesem Vertrag zugewiesenen Befugnisse und gesetzten Ziele tätig.

In den Breichen, die nicht in ihre ausschließliche Zuständigkeit fallen, wird die Gemeinschaft nach dem Subsidiaritätsprinzip nur tätig, sofern und soweit die Ziele der in Betracht gezogenen Maßnahmen auf Ebene der Mitgliedstaaten nicht ausreichend erreicht werden können und daher wegen ihres Umfangs oder ihrer Wirkungen besser auf Gemeinschaftsebene erreicht werden können.

Die Maßnahmen der Gemeinschaft gehen nicht über das für die Erreichung der Ziele dieses Vertrages erforderliche Maß hinaus."

Quelle: Vertrag zur Gründung der Europäischen Gemeinschaft in der Fassung vom 07.Februar 1992 („Maastrichter Vertrag")

So streben die großen, wirtschaftsstarken Nationen der EU danach, ihre nationalen innovationspolitischen Handlungsspielräume möglichst weit zu ziehen und die Verlagerung innovationspolitischer Kompetenzen auf die europäische Ebene zu bremsen; umgekehrt ist es der europäischen Kommission im Laufe der Jahrzehnte gelungen, u.a. mit dem Hinweis auf das Subsidiaritätsprinzip zusätzliche Kompetenzen der Innovationspolitik an sich zu ziehen, vor allem mit dem Argument, dass im globalen Innovationswettbewerb gegenüber den USA und Japan Europa seine Strategien bündeln müsse. Um den expansiven Bestrebungen der europäischen Ebene entgegenzuwirken, wurde im Maastrichter Vertrag von 1992 ein entsprechender Artikel zur Präzisierung des Subsidiaritätsprinzips ergänzt (s. Kasten „Artikel 3b").

5.8.1.2 Additionalität

Das Prinzip der Additionalität knüpft hieran an. Es besagt, dass die europäische Ebene vor allem dort handeln solle, wo ein „europäischer Mehrwert" erwartet werden könne. Dies bedeutet, eine Verlagerung von innovationspolitischen Kompetenzen auf die EU-Kommission ist dann sinnvoll, wenn durch gemeinschaftliches Handeln „externe Effekte", „Skaleneffekte", „Verbundvorteile" und ähnliche größen- und kooperationsbedingte Zusatznutzen erzielt werden können. Additionalität impliziert auch, dass der Umfang nationaler Fördermaßnahmen durch ergänzende europäische Maßnahmen nicht geschmälert werden darf.

5.8.1.3 Grenzüberschreitende Kooperation

Dieses Prinzip rückt aufgrund der fortschreitenden wirtschaftlichen Globalisierungsprozesse immer mehr in den Vordergrund. Es besagt, dass in Forschungs- und Entwicklungsprojekten Personen und Institutionen aus verschiedenen europäischen Ländern möglichst zusammenarbeiten sollten. Begründet wird dieses Prinzip damit,

- dass die Internationalisierung der Unternehmensstrukturen im europäischen Rahmen auch grenzüberschreitende Forschungsförderung erzwinge;

- dass die Kosten zur Erzielung von technischen Fortschritten stark wachsen und eine Kostenteilung notwendig sei,

- dass die Vertiefung wissenschaftlicher und technologischer Erkenntnisse eine immer größere Spezialisierung bewirke, wodurch die für technologische Durchbrüche notwendige Kombination unterschiedlicher Technologiefelder nur durch Zusammenarbeit möglich werde,

- dass durch neue Vernetzungstechnologien wie die IuK-Technologien Netzwerkeffekte nur dann erzielt werden können, wenn die Anzahl der Teilnehmer nicht durch nationale Grenzen begrenzt werde.

Im Rahmen der Innovationspolitiken auf nationaler Ebene spielt grenzüberschreitende Zusammenarbeit bislang nur eine geringe Rolle. Die Umsetzung des Prinzips der grenzüberschreitenden Kooperation in der Innovationspolitik ist deshalb eine wichtige Domäne gemeinschaftlicher Politik.

5.8.2 Etappen

Vor dem Start bzw. der endgültigen Etablierung der europäischen Forschungsrahmenprogramme fand zwar keine gezielte und systematische gemeinschaftliche Innovationspolitik im heutigen Sinne statt, dennoch lassen sich Aktivitäten der Forschungs- und Technologiepolitik der Kommission auch in den vorangegangenen Jahrzehnten ausmachen. Dabei können verschiedene Meilensteine bzw. Etappen identifiziert werden:

- In den 1950er Jahren des letzten Jahrhunderts begann europäische Forschungs- und Technologieförderung im Rahmen der Nuklearforschung auf der Grundlage der Gründung der Europäischen Atomgemeinschaft **EURATOM**;

- 1972 kamen die Regierungen der Europäischen Gemeinschaft überein, den Artikel 235 des EWG-Vertrages („**Generalermächtigung**") auch auf die Forschungs- und Technologiepolitik anzuwenden;

- 1973 erfolgte die Etablierung der **Generaldirektion XIII** der Kommission, welche ab diesem Zeitpunkt **für Forschung, Entwicklung und Bildung** zuständig war;

- 1974 wurde **CREST** (Comité de la Recherche Scientifique et Technique) eingerichtet, ein beratender Ausschuss, der aus Beamten der nationalen Regierungen und einem Repräsentanten der Kommission zusammengesetzt war und den Rat und die Kommission beraten sowie nationale Forschungsinteressen bereits im Vorfeld abstimmen sollte;

- 1981 wurde vom Ministerrat das Forschungsprogramm **ESPRIT** zur Förderung der europäischen Informations- und Kommunikationstechnischen Industrie verabschiedet. Das Programm war gemeinsam mit Industrievertretern ausgearbeitet worden und hatte für weitere ähnliche Programme, die folgen sollten, Pilot- und Modellcharakter;

- 1984 bis 1987 wurde das **erste Forschungsrahmenprogramm** als erstes eigenständiges Programm der Europäischen Gemeinschaft, welches über die bloße Koordination nationaler Politiken hinausging und mit einem Mittelvolumen von 3,75 Mrd. Euro ausgestattet wurde, durchgeführt. Damit gelang es der Kommission, sich die Tür für Förderbereiche und Förderaufgaben zu öffnen, für welche bisher allein die nationalstaatliche Ebene zuständig war; die Förderung bezog sich auf 8 als strategisch angesehene Technologiefelder, vor allem die IuK-Technologien, die Material-, die umwelt- und Energietechnologien;

- 1987 wurde die **Einheitliche Europäische Akte** in Kraft gesetzt, welche einen „qualitativen Sprung" im europäischen Integrationsprozess darstellte: Die europäische Ebene erhielt zahlreiche neue politische Kompetenzen, u.a. auch auf dem Gebiet von Forschung und Technologie; die Europäische Kommission wurde in die Lage versetzt, Forschungsrahmenprogramme zu initiieren, welche von den Mitgliedstaaten allerdings einstimmig verabschiedet werden mussten.

5.8.3 Forschungsrahmenprogramme

Auf dieser Grundlage etablierte die Kommmission nunmehr endgültig das Instrument der **Forschungsrahmenprogramme**. Seitdem wurden zahlreiche dieser Förderprogramme durchgeführt:

■ Für den Zeitraum 1987 bis 1991 wurde **das zweite** Forschungsrahmenprogramm auf den Weg gebracht, welches mit 5,4 Mrd. Euro dotiert war und dessen Schwerpunkt eindeutig bei den neuen IuK-Technologien lag;

■ im **dritten** Forschungsrahmenprogramm von 1990 bis 1994 wurde ein Budget von insgesamt 6,6 Mrd. Euro vereinbart. Auch hier spielte die Förderung der IuK-Technologien eine herausragende Rolle; zunehmendes Gewicht erhielten die Umweltforschung sowie die Biowissenschaften und Biotechnologien; neu ins Leben gerufen wurde das Programm „Mensch und Mobilität", welches die „Nutzung der natürlichen Ressourcen" durch die „Nutzung der geistigen Ressourcen" ergänzen sollte;

Abbildung 5-5:   Forschungsrahmenprogramme der Europäischen Union

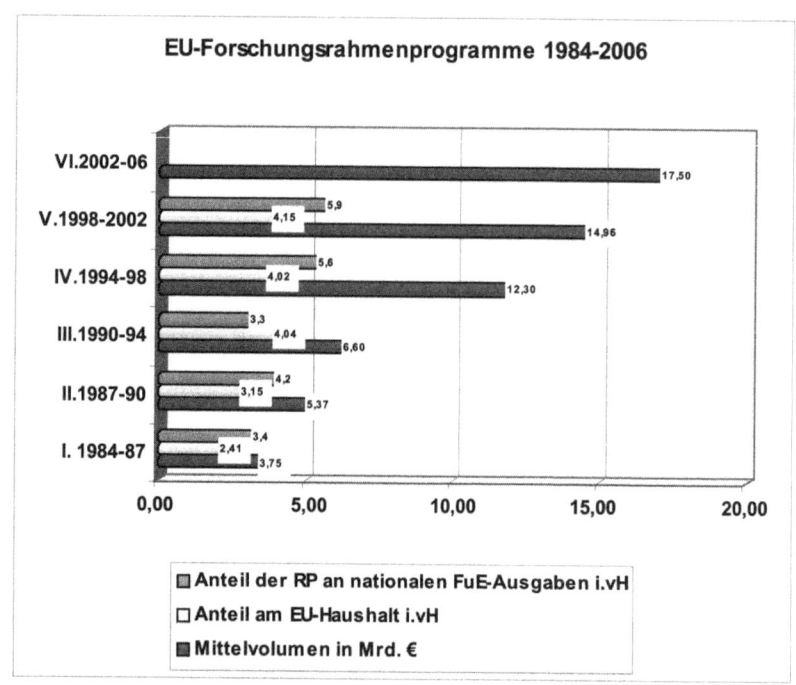

Quelle: eigene Darstellung in Anlehnung an EU und Berechnungen des ZEW

■ erst mit dem **vierten** Forschungsrahmenprogramm von 1994 bis 1998 konnte das Mittelvolumen deutlich gesteigert werden: mit der Veranschlagung eines Gesamtbetrages von 12,3 Mrd. Euro wurde der Umfang der Forschungs- und Entwicklungsausgaben gegenüber dem vorhergehenden Programm verdoppelt. Ausschlaggebend hierfür war die Vereinbarung des **Maastrichter Vertrages** im Jahre 1992. Er schrieb die Zusammenfassung aller Forschungsfördermaßnahmen, welche von den unterschiedlichen Ressorts bislang isoliert durchgeführt wurden, im Forschungsrahmenprogramm vor. Das vierte Rahmenprogramm war mit einigen Neuerungen verbunden: Während seiner Laufzeit wurde der **Amsterdamer Vertrag** von 1997 beschlossen, durch den die Forschungsrahmenprogramme nicht mehr einstimmig beschlossen werden mussten, sondern mit einer qualifizierten Mehrheit verabschiedet werden konnten.

Technologische Vorausschau wurde als Element der Forschungs- und Technologiepolitik eingeführt. Ein entsprechendes Forschungsinstitut wurde 1994 in Sevilla ins Leben gerufen, das Institut für Prospektive Technologiestudien (IPTS) und drei Jahre später wurde das European Science and Technology Observatory (ESTO) aus der Taufe gehoben;

■ das **fünfte** Forschungsrahmenprogramm 1998 bis 2002 brachte eine Steigerung der Mittel auf knapp 15 Mrd. Euro. Mit der Straffung des Programms und einer Konzentration auf wenige Schwerpunkte reagierte die Kommission auf die Kritik, die Fördermaßnahmen seien zu diffus und zersplittert, um Wirkung erzielen zu können. Zusätzlich wurden sog. „Task Forces" eingerichtet, gemischte Arbeitsgruppen aus Wissenschafts- und Industrievertretern, welche die Aufmerksamkeit auf die relevanten Innovationsprobleme lenken sollten. Die Idee der „Task Forces" ging bereits auf das Weißbuch des früheren Kommissionsvorsitzenden Delors von 1993 zurück und wurde von den EU-Kommissaren Cresson (Forschung, Technologie) und Bangemann (Industrie) 1995 erneut aufgegriffen. Die „Task Forces" sollten Forschungsprioritäten für wichtige Innovationsfelder (zum Beispiel Das Auto von morgen; eine neue Flugzeuggeneration, multimediale Lernsoftware, der Schienenverkehr der Zukunft oder umweltfreundliche Wassertechnologien) definieren, Innovationshemmnisse identifizieren und Vorschläge zur schnelleren Diffusion technologischen Wissens in der europäischen Wirtschaft erarbeiten;

■ die Vorbereitung und Umsetzung des fünften Rahmenprogramms war neuen **Meilensteinen** in der Weiterentwicklung der europäischen Technologiepolitik verbunden: Zum einen erweiterte die Kommission das **Selbstverständnis der Politik der Beeinflussung des technischen Wandels** über die bloße Forschungs- und Technologieförderung hinaus hin zu einer breit angelegten Innovationspolitik, in der auch die Bildungs-, die Umwelt-, die Wettbewerbs- und weitere innovationsrelevante Politiken mit einbezogen werden sollten, zum anderen fielen in die Zeit der Umsetzung des fünften Rahmenprogramms bedeutende Beschlüsse der europäischen Staatschefs, welche der europäischen Innovationspolitik einen weiteren enormen Bedeutungszuwachs verschafften: Im März 2000 wurde auf der Tagung des Europäischen Rats das ehrgeizige Ziel verkündet, „die Europäische Union bis 2010 zum ‚**wettbewerbsfähigsten und dynamischsten wissensbasierten Wirtschaftsraum der Welt** umzugestalten'". Auf der folgendes Tagung des Rates zwei Jahre später in Barcelona wurden weitere Festlegungen mit nachhaltigen Auswirkungen getroffen: die **Investitionen für Forschung und Entwicklung** sollten – gemessen am Bruttoinlandsprodukt - in allen europäischen Ländern von gegenwärtig durchschnittlich 1,9 auf **3 vH bis 2010** gesteigert werden. Dabei sollte der private Sektor in diesem Zeitraum seinen Anteil an den Forschungs- und Entwicklungsaufwendungen von gegenwärtig 56 vH auf zwei Drittel erhöhen;

- das **sechste** Forschungsrahmenprogramm 2002 bis 2006 brachte eine weitere Steigerung des Budgets auf 17,5 Mrd. Euro. Aufgrund des Beitritts neuer Mitgliedsstaaten ist eine Steigerung des Mittelvolumens auf rund 19,2 Mrd. Euro geplant. Die neuen Beitrittsländer sind erstmals gleichberechtigte Partner im sechsten Rahmenprogramm. Mit dem Programm soll neben den innovationspolitischen Zielen als weiteres Ziel die Verwirklichung eines „Europäischen Raumes der Forschung und Innovation", der die immer noch bestehende Zersplitterung und Fragmentierung von Forschungs- und Entwicklungsanstrengungen überwinden soll, vorangetrieben werden.

5.8.4 Das Sechste Forschungsrahmenprogramm der Europäischen Union

Dieses Programm wurde am 27. Juni 2002 vom Europäischen Rat und dem Europäischen Parlament beschlossen. Vertragliche Grundlage ist der Vertrag von Amsterdam von 1997, mit dem der Vertrag von Maastricht modifiziert und ergänzt wurde. Die Artikel 130f bis 130o, welche im Maastricht-Vertrag den Titel XV (Forschung und technologische Entwicklung") ausmachten, finden sich nun im Vertrag von Amsterdam in den Artikeln 163 bis 173 (s. Kasten).

Der Vertrag von Amsterdam

Artikel 163: Die Gemeinschaft hat zum Ziel, die wissenschaftlichen und technologischen Grundlagen der Industrie der Gemeinschaft zu stärken und die Entwicklung ihrer internationalen Wettbewerbsfähigkeit zu fördern sowie alle Forschungsmaßnahmen zu unterstützen, die aufgrund anderer Kapitel dieses Vertrags für erforderlich gehalten werden.

Artikel 164: Zur Erreichung dieser Ziele trifft die Gemeinschaft folgende Maßnahmen, welche die in den Mitgliedstaaten durchgeführten Aktionen ergänzen:

1. Maßnahme: Durchführung von Programmen f. FTE u. Demonstration unter Förderung der Zusammenarbeit mit und zwischen Unternehmen, Forschungszentren und Hochschulen

---

2. Maßnahme: Förderung der Zusammenarbeit mit Drittländern und internationalen Organisationen

3. Maßnahme: Verbreitung und Auswertung der Ergebnisse

4. Maßnahme: Förderung der Ausbildung und Mobilität der Forscher aus der Gemeinschaft.

Artikel 166: Der Rat stellt ... ein mehrjähriges Rahmenprogramm auf, in dem alle Aktionen der Gemeinschaft zusammengefasst werden. In dem Rahmenprogramm werden

- die wissenschaftlichen und technologischen Ziele sowie die jeweiligen Prioritäten festgelegt
- die Grundzüge dieser Maßnahmen angegeben
- der Gesamthöchstbetrag und die Einzelheiten der finanziellen Beteiligung ... festgelegt
- das Rahmenprogramm wird je nach Entwicklung der Lage angepasst oder ergänzt

Die Durchführung des Rahmenprogramms erfolgt durch spezifische Programme, die innerhalb einer jeden Aktion entwickelt werden. In jedem spezifischen Programm werden die Einzelheiten seiner Durchführung, Laufzeit und die notwendig erachteten Mittel festgelegt.

Artikel 167: Zur Durchführung des Rahmenprogramms legt der Rat folgendes fest:

- die Regeln für die Beteiligung
- die Regeln für die Verbreitung der Ergebnisse

Artikel 169: Die Gemeinschaft kann im Einvernehmen mit den betreffenden Mitgliedstaaten bei der Durchführung des mehrjährigen Rahmenprogramms eine Beteiligung an Forschungs- und Entwicklungsprogrammen mehrerer Mitgliedstaaten, einschließlich der Beteiligung an den zu ihrer Durchführung geschaffenen Strukturen, vorsehen.

5.8.4.1 Ziele

Die Ziele des sechsten Forschungsrahmenprogramms sind sehr stark industriepolitischer Natur, beziehen sich jedoch auch auf die Unterstützung der Ziele anderer Politikfelder. Sie lassen sich auf drei wesentliche Punkte verdichten:

1. die wissenschaftlichen und technologischen Grundlagen der europäischen Industrie soll gestärkt werden;

2. die Verbesserung ihrer internationalen Wettbewerbsfähigkeit soll gefördert werden;

3. alle Forschungsmaßnahmen, die zur Durchführung anderer Politiken der Gemeinschaft erforderlich sind, sollen unterstützt werden.

Im Rahmen dieser allgemeinen Ziele geht es der Kommission mit dem sechsten Forschungsrahmenprogramm vor allem um die Verwirklichung des seit einiger propagierten **„Europäischen Forschungsraums"**. Diese Idee hatte ihre Wurzel in der Tagung des Europäischen Rates von Lissabon im März 2000 und wurde in den letzten Jahren breit debattiert; sie stellt den Bezugsrahmen dar, innerhalb dessen zukünftig europäische Forschungspolitik entworfen und gestaltet wird. Ihre Umsetzung wurde mit der Gestaltung des sechsten Rahmenprogramms begonnen. Vor allem ist die Gestaltung eines „Europäischen Forschungsraumes" die notwendige Basis dafür, die ehrgeizigen innovations- und wirtschaftspolitischen Zielsetzungen, wie sie in Lissabon formuliert worden sind, tatsächlich erreichen zu können. Hierzu müssen die europäischen Forschungsanstrengungen und Forschungskapazitäten stärker gebündelt und strukturiert werden, vor allem auch, um die Effizienz des Mitteleinsatzes zu steigern.

5.8.4.2   Verfahren

Der Rat der Europäischen Union und das Europäische Parlament entscheiden gemeinsam über das mehrjährige Forschungsrahmenprogramm und fällen damit eine Grundsatzentscheidung über die zu fördernden Forschungsgebiete und die Größe des Budgetvolumens.

Die Durchführung des Rahmenprogramms erfolgt durch spezifische Programme. Diese werden vom Rat mit qualifizierter Mehrheit auf Vorschlag der Kommission und nach Anhörung des Europäischen Parlaments und des Wirtschafts- und Sozialausschusses beschlossen. Die spezifischen Programme sind die Grundlage für die Ausschreibungen und die Vergabe der Fördermittel an die Projektbearbeiter, die anschließend von der Kommission durchgeführt werden. Zum Procedere der Generierung eines Forschungsrahmenprogramms gibt die Abbildung 5-8 einen Überblick.

5.8.4.3   Maßnahmen

Das sechste Rahmenprogramm beinhaltet drei Maßnahmenbereiche (vgl. Tab. 5-7):

1. Bündelung und Integration der Forschung,

2. Ausgestaltung des Europäischen Forschungsraums,

3. Stärkung der Grundpfeiler des Europäischen Forschungsraums.

Zu 1.: Bündelung und Integration der Forschung

Sieben thematische Prioritäten sollen gefördert werden:

1. Biowissenschaften, Genomik und Biotechnologie im Dienste der Gesundheit

2. Technologien für die Informationsgesellschaft

3. Nanotechnologien und Nanowissenschaften, wissensbasierte multifunktionelle Werkstoffe, neue Produktionsverfahren und -anlagen

4. Luft- und Raumfahrt

5. Lebensmittelqualität und –sicherheit

6. Nachhaltige Entwicklung, globale Veränderungen und Ökosysteme

7. Bürger und modernes Regieren in der Wissensgesellschaft

Abbildung 5-6: *Mitentscheidungsverfahren nach Art. 251 EGV (189b des Maastrichter Vertrages)*

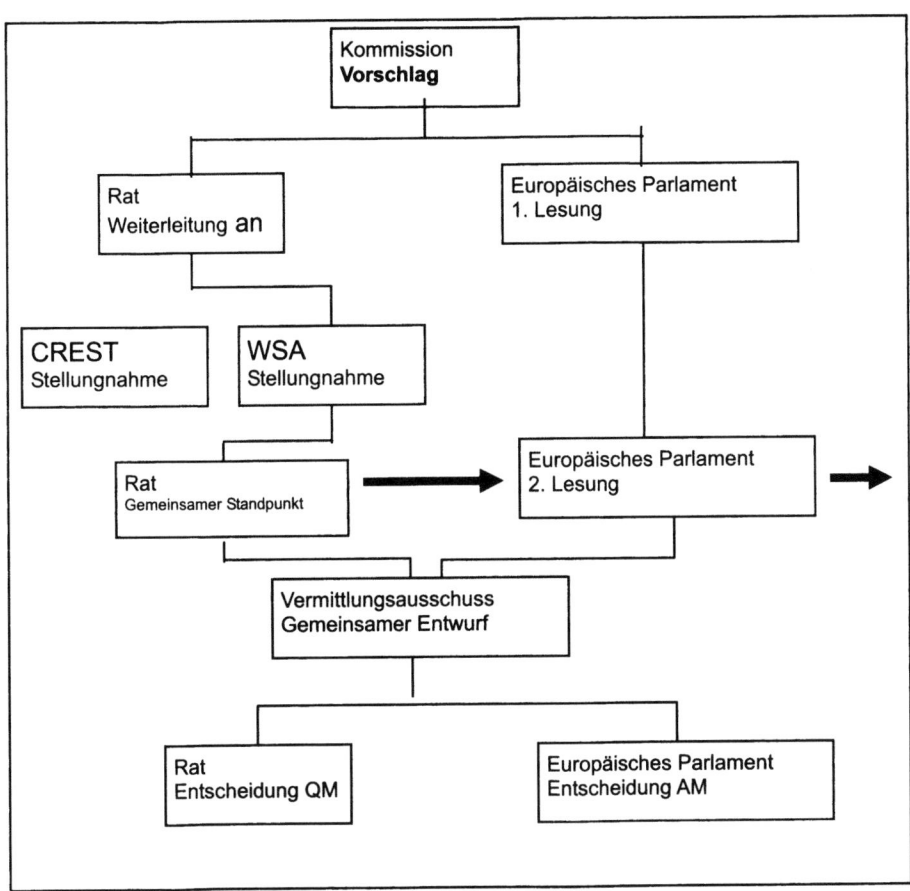

Quelle: EU-Kommission

Daneben werden spezielle Maßnahmen, welche nicht in die thematischen Prioritäten eingeordnet sind, unterstützt. Dabei geht es um Maßnahmen der Förderung von Forschungen

- zur Unterstützung anderer Politiken der EU (politikorientierte Forschung): Hier soll vor allem dem Wissens- und Forschungsbedarf für Maßnahmen und Strategien der EU in den Politikfeldern wie zum Beispiel der Agrar- und Fischereipolitik, der Umwelt-, Energie- und Verkehrspolitik oder der Regional-, Beschäftigungs-, Sozial- und Bildungspolitik Rechnung getragen werden,

- zur Erforschung neuer und neu entstehender Wissenschafts- und Technologiebedarfe (Forschung zu neuen Fragen und in Reaktion auf unerwartete Entwicklungen),

- zur Unterstützung von kleinen und mittleren Unternehmen, welche unter Beteiligung solcher Firmen durchgeführt wird (Kooperations- und Kollektivforschung),

- zur Unterstützung der internationalen Zusammenarbeit: Hierdurch wird die Beteiligung von Forschern und Institutionen aus Drittländern an besonders relevanten Projekten gefördert; hinzu kommen spezielle Kooperationsmaßnahmen für ausgewählte Länder Osteuropas und des Mittelmeerraumes.

Zu 2. Ausgestaltung des Europäischen Forschungsraums

Die thematischen Prioritäten werden durch vier Gruppen von Maßnahmen ergänzt, welche die Herausbildung des Europäischen Forschungsraums voranbringen sollen. Diese Maßnahmenpakete sind:

1. **Forschung und Innovation**: Dieses Paket umfasst Maßnahmen zur Förderung technologischer Innovationen, zur Verwertung der Forschungsergebnisse, des Wissens- und Technologietransfers und der Gründung von technologieorientierten Unternehmen. Darüber hinaus geht es um

   - die Vernetzung der Akteure und Nutzer im europäischen Innovationssystem, Analysen und Erfahrungsaustausch zum Innovationsprozess,
   - die Förderung grenzüberschreitender Kooperation,
   - die Erprobung neuer Instrumente und Ansätze,
   - die Einführung von innovationsbezogenen Diensten,
   - die Innovationsförderung bei kleinen und mittleren Unternehmen.

2. Analyse und Verbreitung von Informationen über wissenschaftliche und technologische Entwicklungen. **Humanressourcen und Mobilität des Forschungspersonals**: Ziel dieses Maßnahmenpakets ist es, den wissenschaftlichen Nachwuchs zu fördern und die Attraktivität der europäischen Forschung für Forscher aus Drittländern zu vergrößern. Zu diesem Zweck werden Stipendien vergeben, Ausbildungsnetze und Konferenzen gefördert, Maßnahmen zum Wissenstransfer und zur Förderung von Exzellenz unterstützt.

3. **Forschungsinfrastrukturen**: Dieses Maßnahmenbündel zielt auf die Schaffung und Verbesserung der infrastrukturellen Voraussetzungen für grenzüberschreitende , integrierte Initiativen: zum Beispiel Ermöglichung des grenzüberschreitenden Zugangs, der Vernetzung sowie von Forschungsprojekten und Dienstleistungen mit europäischer Dimension. Auch Durchführbarkeitsstudien für neue Infrastrukturen wie GRID (Breitbandkommunikationsinfrastruktur für die Forschung) und GEANT (Giga Bit European Academic NeTwork) werden gefördert.

Tabelle 5-6: Struktur des Sechsten Forschungsrahmenprogramms

Bündelung und Integration der Forschung

Thematische Prioritäten	Spezielle Maßnahmen
Biowissenschaften, Genomik und Biotech-nologie im Dienste der Gesundheit	Forschung zur Politikunterstützung / Künftiger Wissenschafts- und Technologiebedarf (NEST)
Technologien für die Informationsgesellschaft	KMU-spezifische Forschungstätigkeiten
Nanotechnologien und Nanowissenschaften, wissensbasierte multifunktionelle Werkstoffe, neue Produktionsverfahren und -anlagen	Spezielle Maßnahmen zur Unterstützung der internationalen Zusammenarbeit
Luft- und Raumfahrt	
Lebensmittelqualität und -sicherheit	
Nachhaltige Entwicklung, globale Veränderungen und Ökosysteme	
Bürger und modernes Regieren in der Wissensgesell-schaft	

Ausgestaltung des Europäischen Forschungsraumes

Forschung und Innovation	Human-ressourcen und Mobilität	Forschungs-infrastrukturen	Wissenschaft und Gesellschaft

Stärkung der Grundpfeiler des Europäischen Forschungsraums

Koordinierung der FuE-Tätigkeiten	Kohärente Entwicklung der Forschungs- und Innovations-politik

Quelle: EU-Kommission

4. **Wissenschaft und Gesellschaft**: Diese Gruppe von Maßnahmen hat einen innovativen Charakter; es werden Vorhaben gefördert, die sich auf Themen an der Schnittstelle zwischen Forschungssystem und Gesellschaft beziehen, zum Beispiel zur Förderung von Frauen in der Wissenschaft, zum Strukturwandel in der Gesellschaft, zur Verantwortung und Ethik in Erforschung und Anwendung neuen Wissens oder zu Möglichkeiten einer „good governance", einer verantwortungsvollen Staatsführung.

Zu 3. Stärkung der Grundpfeiler des Europäischen Forschungsraums

Es gibt in der Europäischen Union eine Vielzahl unterschiedlicher innovationspolitischer Maßnahmen und Strategien auf europäischer und nationaler Ebene. Deshalb sind erhebliche Abstimmungsmaßnahmen und -prozesse notwendig, um die gemeinsame Zielorientierung der heterogenen Ansätze zu stärken. Maßnahmen, die in diese Richtung zielen, sind im dritten Bereich des sechsten Forschungsrahmenprogramms zusammengefasst. Sie bilden zwei große Gruppen:

a. **Koordinierungsmaßnahmen**: Hierbei geht es um

- die bessere Abstimmung der nationalen innovationspolitischen Maßnahmen,
- die Öffnung einschlägiger Programme auf der Grundlage der Gegenseitigkeit,
- die Unterstützung der wissenschaftlichen Zusammenarbeit, zum Beispiel mit Institutionen wie ESA (Europäische Raumfahrtbehörde), CERN (Europäische Organisation für Kernforschung)), EMBL (Europäisches Labor für Molekularbiologie) , ESRF (European Synchrotron RadiationFacility) sowie den Programmen EUREKA und COST,
- die Entwicklung eines integrierten Informationssystems.

b. **Förder- und Unterstützungsmaßnahmen für eine kohärente Entwicklung der Forschungs- und Innovationspolitik in Europa**: Hierzu zählen Vorhaben in den Bereichen

- Benchmarking,
- Kartierung herausragender wissenschaftlicher und technologischer Kapazitäten,
- Identifizierung von Mobilitätshindernissen,
- Zukunftsforschung,
- Statistiken,
- Wissenschafts- und Technologieindikatoren.

Tabelle 5-7: Das sechste Forschungsrahmenprogramm der EU 2002-2006: Mittelaufteilung

				Mio. Euro (vH)
Bündelung und Integration der Forschung der Gemeinschaft				**12.585 (72)**
Thematische Prioritäten			11.285 (64,5)	
Biowissenschaften, Genomik und Biotechnologie im Dienste der Gesundheit		2.255 (12,9)		
– Fortgeschrittene Genomik und Anwendungen für die Gesundheit	1.100			
– Bekämpfung schwerer Krankheiten	1.155			
Technologien für die Informationsgesellschaft		3.625 (20,7)		
Nanotechnologien und -wissenschaften, wissensbasierte multifunktionale Werkstoffe, neue Produktionsverfahren und -anlagen		1.300 (7,4)		
Luft- und Raumfahrt		1.075 (6,1)		
Lebensmittelqualität und -sicherheit		685 (3,9)		
Nachhaltige Entwicklung, globale Veränderungen und Ökosysteme		2.120 (12,1)		
– Nachhaltige Energiesysteme	810			
– Nachhaltiger Land- und Seeverkehr	610			
– Globale Veränderungen und Ökosysteme	700			
Bürger und Staat in der Wissensgesellschaft	225			
Spezielle Maßnahmen auf einem breiteren Feld der Forschung			1.300 (7,4)	
Politikorientierte Forschung und Planung im Vorgriff auf den künftigen Wissenschafts- und Technologiebedarf (NEST)		555 (3,2)		
Horizontale Forschungstätigkeiten mit Beteiligung von KMU		430 (2,5)		
Spezifische Maßnahmen zur Unterstützung der internationalen Zusammenarbeit		315 (1,8)		
Ausgestaltung des Europäischen Forschungsraums				**2.605 (14,9)**
Forschung und Innovation		290		
Humanressourcen und Mobilität		1.580		
Forschungsinfrastrukturen		655		
Wissenschaft und Gesellschaft		80		
Stärkung der Grundpfeiler des Europäischen Forschungsraums				**1.080 (6,2)**
Förderung der Koordinierung der Maßnahmen		270		
Förderung einer kohärenten Entwicklung der Politik		50		
Gemeinsame Forschungsstelle (GFS)		760		
EURATOM				**1.230 (7)**
Rahmenprogramm insgesamt (einschl. GFS und EURATOM				**17.500 (100)**

Quelle: EU-Kommission

5.8.4.4 Mittelverteilung

Zusammen mit den Nuklearforschungsmitteln des EURATOM-Programms hat der sechste Forschungsrahmenplan ein Gesamtvolumen von 17.500 Euro. Von diesem Gesamtvolumen entfallen fast zwei Drittel auf die Förderung im Rahmen thematischer Prioritäten und rund ein Fünftel auf Maßnahmen zur Ausgestaltung des Europäischen

Forschungsraums sowie zur Stärkung seiner Grundpfeiler (vgl. Tab. 5-7). Innerhalb der **thematischen Prioritäten** liegt der Schwerpunkt der Maßnahmen auf der Förderung von Technologien für die Informationsgesellschaft (Anteil an allen Fördermitteln: 20,7 vH). Es folgen nach Anteilen die Förderschwerpunkte

- Biowissenschaften, Genomik und Biotechnologie im Dienste der Gesundheit mit knapp 13 vH,
- Nachhaltige Entwicklung, globale Veränderungen und Ökosysteme mit gut 12 vH,
- Nanotechnologien und -wissenschaften, wissensbasierte multifunktionale Werkstoffe, neue Produktionsverfahren und –anlagen mit 7,4 vH und
- Luft- und Raumfahrt mit rund 6 vH.

Beim Block der speziellen Maßnahmen, der insgesamt auf einen Anteil von knapp siebeneinhalb des Gesamtmittelvolumens kommt, liegt das größte Gewicht auf Fördermaßnahmen für Politikorientierte Forschung und Planung im Vorgriff auf den künftigen Wissenschafts- und Technologiebedarf mit einem 3,2-prozentigen Anteil, gefolgt von Maßnahmen zur Förderung der Kooperations- und Kollektivforschung für kleine und mittlere Unternehmen (2,5 vH) sowie der Spezifischen Maßnahmen zur Unterstützung der internationalen Zusammenarbeit (1,8 vH).

5.8.4.5 Instrumente

Mit dem sechsten Rahmenprogramm werden über die bisherigen Förderansätze hinaus drei neue Instrumente eingeführt: die **„Integrierten Projekte"**, die **„Exzellenznetze"** und die **„Projekte nach Artikel 169 EG-Vertrag"**. Die neuen Instrumente werden in den folgenden Informationskästen im einzelnen erläutert.

Neue Instrumente: Integrierte Projekte

Ziel ist die Erarbeitung neuer Produkte, Verfahren oder Dienstleistungen, in vielen Fällen aber auch wissenschaftlicher und technologischer Erkenntnisse. Kernstück eines Integrierten Projekts sind die Forschungsarbeiten, die mit Maßnahmen zur technologischen Innovation und/oder Demonstration, Maßnahmen zum Wissensmanagement und weitere Maßnahmen zur Erreichung der Ziele des Projekts angereichert werden können. Diese Projekte sollen durch öffentlich/private Partnerschaften durchgeführt werden und zeichnen sich z.T. durch höhere Finanzvolumina aus als bisherige Projekte.

Quelle: BuFo 2004

Neue Instrumente: Exzellenznetze

Die Netze sollen die europäische wissenschaftliche und technologische Spitzenforschung stärken, indem sie die in verschiedenen europäischen Regionen vorhandenen Forschungskapazitäten auf Gebieten mit erstrangiger Bedeutung bündeln. Die in den Netzen beteiligten Forschungseinrichtungen führen so genannte „gemeinsame Arbeitsprogramme" aus, die letztendlich zur Entstehung von „virtuellen Exzellenzzentren" führen sollen. Die Exzellenznetze sind generell auf langfristige, multidisziplinäre Ziele ausgelegt.

Quelle: BuFo 2004

Neue Instrumente: Projekte nach Artikel 169 EG-Vertrag

Maßnahmen nach Artikel 169 EG-Vertrag werden erstmalig durch die Europäische Kommission im 6. Rahmenprogramm gefördert. Die Initiative geht von Mitgliedstaaten aus, da das Ziel dieser Maßnahme die Beteiligung der Gemeinschaft an gemeinschaftlichen nationalen Programmen mehrerer Mitgliedstaaten ist. Die Beteiligung der Gemeinschaft kann auch die zur Durchführung geschaffenen Strukturen an Forschungs- und Entwicklungsprogrammen mehrerer Mitgliedstaaten umfassen.

Quelle: BuFo 2004

5.8.5 Kooperationsfördernde Programme der Europäischen Union

Internationale Zusammenarbeit wird im Forschungs- und Bildungsbereich immer wichtiger. Sie erweitert den Zugang zur Nutzung der weltweit vorhandenen Wissensbestände, die enorm groß sind: Nur 15 vH des gegenwärtig bedeutsamen Wissens wird innerhalb von Deutschland generiert, der Rest außerhalb. Für Deutschland – wie für alle anderen europäischen Länder – ist es deshalb eminent wichtig, an internationalen Vernetzungsprozessen und Netzwerken zu partizipieren, was grenzüberschreitende Kooperation mit den weltweit besten Unternehmen und Forschungsinstitutionen voraussetzt. Nur so lassen sich spürbare Erkenntnisfortschritte und First-Mover-Vorteile erarbeiten, nur auf diese Weise ist auch die Erschließung radikal neuer Märkte möglich. Nicht zuletzt sichert internationale Kooperation in der Forschung auch die Basis für eine Bewältigung globaler Probleme der Menschheit.

Deshalb gibt es neben den europäischen Forschungsrahmenprogrammen weitere Programme, welche gezielt die Forschungs- und Entwicklungskooperation von Unternehmen und Forschungseinrichtungen innerhalb Europas vorantreiben sollen. Dazu zählen **EUREKA**[192] und **COST**[193] (s. Abb. 5-14 und 5-15). Diese Programme stehen als Rahmen für die Zusammenarbeit zur Verfügung und beinhalten keine direkte Projektförderung. Diese Kooperationsprogramme werden von den Interessen der wirtschaftlichen und wissenschaftlichen Institutionen zur Zusammenarbeit angetrieben und sollen die Forschungsrahmenprogramme ergänzen.

Für die Förderung der europäischen Integration im Bildungsbereich gibt es die Programme **SOKRATES** und **LEONARDO**. Ersteres ist für den Bereich Schulen-Hochschulen-Erwachsenenbildung vorgesehen, letzteres für die berufliche Bildung. Beide Programme zusammen sind im Zeitraum 2000 bis 2006 mit einem Finanzvolumen von 3 Mrd. Euro ausgestattet. Sie fördern den Austausch von Schülern und Studierenden zwischen den europäischen Ländern. Darüber hinaus werden grenzgreifende Projekte gefördert mit dem Ziel, die Qualität der Bildungssysteme zu verbessern. In diesem Zusammenhang ist auch die Förderung von transnationalen Netze in der Hochschul- und Bildungsforschung vorgesehen.

EUREKA-Programm der EU

EUREKA

Entstehung und Mitgliedschaft

Die europäische Forschungsinitiative EUREKA wurde 1985 in Hannover gegründet. Derzeit gibt es 34 Mitglieder: Die 25 EU-Mitgliedstaaten sowie Island, Israel, Kroatien, Norwegen, Rumänien, Russische Föderation, Schweiz, Serbien und Montenegro, Türkei und die Europäische Kommission. Darüber hinaus können sich grundsätzlich auch Teilnehmer aus Nichtmitgliedstaaten an einzelnen EUREKA-Projekten beteiligen.

EUREKA ist ein flexibler und offener Rahmen für Kooperationen in Forschung und Entwicklung im anwendungsnahen Bereich für zivile Zwecke, mit dem die Mitgliedstaaten ihre Unternehmen und Forschungseinrichtungen zur grenzüberschreitenden Zusammenarbeit in innovativen Projekten motivieren wollen.

EUREKA trägt dazu bei,

- das in Europa vorhandene Potenzial an Fachleuten, Know-how, Einrichtungen und finanziellen Ressourcen besser zu nutzen,
- die europäische Wettbewerbsfähigkeit auf den Weltmärkten zu fördern,
- länderübergreifende Probleme, insbesondere im Umweltbereich, zu lösen,
- europäische Infrastrukturen und Normen zu entwickeln,
- den europäischen Binnenmarkt zu verwirklichen.

---

192 Initiative für verstärkte technologische Zusammenarbeit in Europa

193 Cooperation européenne dans le domaine de la recherche scientifique et technique - Europäische Zusammenarbeit auf dem Gebiet der wissenschaftlichen und technischen Forschung

EUREKA stellt so auch eine instrumentelle Ergänzung zum Forschungsrahmenprogramm der Europäischen Union dar. EUREKA hat ferner eine Brückenfunktion zu den Staaten Mittel- und Osteuropas übernommen.

Besonderheiten

- Bottom-up: Projektanstöße „von unten", das heißt, die Initiative geht von den Projektteilnehmern aus, die in eigener Initiative Thema, Partner, Art und Umfang der Zusammenarbeit festlegen.
- „Schlanke" Administration mit einem einfachen und schnellen Antragsverfahren.
- Ziel sind anwendungsorientierte FuE-Vorhaben.
- Geeignete Plattform für die Zusammenarbeit zwischen Ost– und Westeuropa.
- EUREKA-Projekte erhalten nicht automatisch eine staatliche Förderung. Falls Projektteilnehmer eine Förderung benötigen, müssen sie sich in ihren eigenen Ländern darum bewerben. In Deutschland stehen ihnen dazu alle einschlägigen Programme (Bund, Länder, Stiftungen etc.) offen, es gibt jedoch keine speziell für EUREKA reservierten Mittel.
- Die Initiative bietet hierdurch besonders für KMU einen attraktiven Rahmen zur Verwirklichung von grenzüberschreitenden Innovationen.

Organisation

Ein besonderes Merkmal von EUREKA ist die dezentrale Struktur. Arbeitseinheiten in den Partnerstaaten bilden gemeinsam ein flexibles, mit wenig Bürokratie arbeitendes Netzwerk. Der Vorsitz wechselt jährlich unter den Mitgliedsländern.

- EUREKA-Ministerkonferenz - oberstes politisches Gremium; legt Ziele und Strukturen fest; tagt einmal jährlich zum Abschluss des jeweiligen Vorsitzes;
- Interparlamentarische Konferenz von Abgeordneten der nationalen Parlamente; tagt als Multiplikator- und Koordinierungsgremium einmal jährlich vor der Ministerkonferenz;
- Gruppe Hoher Repräsentanten - bereitet die Entscheidungen der Ministerkonferenz vor und überwacht die Umsetzung ihrer Beschlüsse; trifft zwischen den Ministerkonferenzen alle wichtigen Entscheidungen;

Aktuelle Entwicklung

Schwerpunkte des dänischen Vorsitzjahres (Juli 2002 bis Juni 2003) waren die politische Diskussion um die Positionierung von EUREKA im Europäischen Forschungsraum ERA, die Zusammenarbeit bzw. Synergie mit der Europäischen Union, eine Verbesserung der internen Organisation und der Entscheidungsprozesse in EUREKA sowie Maßnahmen zur weiteren Verbesserung der Projektqualität.

Das Projekt E! 417 EUROMAR MERMAID (Marine Environmental Remote-Controlled Measuring and Integrated Detection System) wurde mit dem EUREKA Lillehammer Award 2003 für seinen herausragenden Beitrag zum Umweltschutz in Europa ausgezeichnet. Unter Leitung des GKSS-Forschungszentrums und mit Fördermitteln des BMBF wurde im Rahmen von MERMAID ein intelligentes Küstenüberwachungssystem entwickelt, das heute von der 4H Jena Engineering GmbH produziert und vermarktet wird und weltweit im Einsatz ist.

Für den Zeitraum von Juli 2003 bis Juni 2004 hat Frankreich den EUREKA-Vorsitz übernommen, danach folgten die Niederlande.

Statistik

Während des dänischen Vorsitzes haben insgesamt 168 neue Projekte mit einem Gesamtvolumen von 396 Mio. € das EUREKA-Label erhalten. An 40 dieser Vorhaben sind deutsche Unternehmen und Forschungseinrichtungen beteiligt, eines dieser Projekte wurde aus Mitteln des BMBF gefördert. Innerhalb der strategischen EUREKA-Initiativen (den sog. Clustern) aus dem Bereich der Informationstechnologie E!2365 MEDEA+, E!2023 ITEA und E!1888 PIDEA sind darüber hinaus weitere 14 neue Unterprojekte mit einem Gesamtfinanzierungsvolumen von 460 Mio. € gestartet. Deutsche Partner sind an 8 dieser Vorhaben mit einem Finanzvolumen von über 55 Mio. € (davon knapp 19 Mio. € BMBF-Fördermittel) beteiligt. Mit Stand Juli 2003 liefen in EUREKA 728 Projekte mit einem Finanzvolumen von rund 2,0 Mrd. €, davon 179 Projekte mit deutscher Beteiligung und einem deutschen Anteil von 246 Mio. €. Zu den Schwerpunkten zählen die Umwelt- und Biotechnologie, die Fertigungstechnik sowie die Informations- und Kommunikationstechnik.

Quelle: BuFo 2004

COST-Programm der EU

COST

(Coopération Européenne dans le domaine de la recherche scientifique et technique) bildet seit 1971 einen Rahmen, in dem sich europäische Forschungseinrichtungen, Hochschulen und Unternehmen zusammenschließen, um an der Realisierung von gemeinsamen Vorhaben zu arbeiten - hauptsächlich in der Grundlagenforschung, aber auch der Forschung auf vorwettbewerblicher Ebene und der Forschung von öffentlichem Interesse. *Mitglieder:* zurzeit die 25 EU-Staaten sowie Bulgarien, Island, Kroatien, Norwegen, Rumänien, Schweiz, Türkei, Serbien-Montenegro, ehemalige jugoslawische Republik Mazedonien und Israel als kooperierendes Land.

Aufgaben und Ziele

Die COST-Zusammenarbeit, die grundsätzlich thematisch offen ist, konzentriert sich zurzeit hauptsächlich auf folgende Themenbereiche: Informations- und Kommunikationstechnologie, Verkehr und Transport, Meteorologie/Geowissenschaften, Umwelt, Land- und Forstwirtschaft sowie Biotechnologie und Lebensmitteltechnologie, die medizinische, physikalische und chemische Forschung, Materialforschung, Nanowissenschaften, Hoch- und Tiefbau in Städten, Sozialwissenschaften. Ziel ist auch hier die ständige weitere Integration der nationalen Forschungskapazitäten zu einer immer leistungsstärkeren „Science Community" im europäischen Binnenmarkt.

Bei der Zusammenarbeit gelten folgende Prinzipien:

- Alle Mitgliedstaaten einschließlich der Europäischen Gemeinschaft können Forschungsvorhaben als COST-Aktionen vorschlagen (Bottom-up-Prinzip).
- Die Teilnahme an COST-Aktionen folgt dem à-la-carte-Prinzip, d. h., jedes Mitgliedsland ist berechtigt, jedoch nicht verpflichtet, an einer jeweiligen Aktion teilzunehmen.
- Alle Vorhaben werden auf der Ebene der Mitgliedstaaten finanziert. Falls Teilnehmer sich um eine staatliche Förderung bemühen, geschieht dies im nationalen Rahmen.

- Die Zusammenarbeit findet in Form von „konzertierten Aktionen" statt, d. h. durch die Koordinierung nationaler Forschungsvorhaben.
- COST ergänzt die Arbeiten im 6. EU-Rahmenprogramm und hat den Weg für viele dort behandelte Themen vorbereitet. Auf eine noch stärkere Verbindung von COST- Aktivitäten mit den EUREKA-Initiative deckt COST dabei den Bereich der Grundlagenforschung ab.

Organisation

- Ministerkonferenz - oberstes Entscheidungsgremium; tagt in unregelmäßigen Abständen (letzte Konferenz im Mai 2003).
- Ausschuss Hoher Beamter - oberstes Entscheidungsgremium zwischen den Ministerkonferenzen; tagt viermal jährlich.
- COST Sekretariat beim Rat der EU - unterstützt den Ausschuss Hoher Beamter.
- COST Sekretariat bei der Europäischen Wissenschaftsstiftung (ESF) - unterstützt die Aktionsteilnehmer.
- Verwaltungsausschüsse - koordinieren innerhalb der einzelnen Aktionen.
- Technische Ausschüsse - für größere thematische Bereiche; bewerten Neuvorschläge, übernehmen das Monitoring laufender Vorhaben und sind für die Schlussevaluation der Aktionen zuständig.

Statistik

COST erfuhr mit Beginn der 80er Jahre einen stetigen Zuwachs. Seit 1990 ist das Interesse sprunghaft gestiegen und schlägt sich in einem kontinuierlichen Anwachsen der Zahl der Aktionen nieder. Insgesamt liegt die Anzahl der laufenden Aktionen zur Zeit bei etwa 180, darunter 175 Aktionen mit deutscher Beteiligung. Aufgrund von budgetären Begrenzungen können derzeit nicht mehr als 200 Aktionen durchgeführt werden.

Aktuelle Entwicklung

Inhaltlich: im Bereich Biomaterialien untersucht eine Adhoc-Gruppe die Möglichkeiten der Synergie innerhalb der einzelne Fachbereiche von COST und mit anderen internationalen Organisationen, um diesen Bereich gegebenenfalls stärker zu motivieren; das Gleiche gilt für die Aktivitäten im Bereich der Nanowissenschaften.

Organisatorisch: Im Zuge der Verlagerung des Sekretariates zur ESF werden die Verwaltungsabläufe in Organisation und Durchführung gestrafft und die Bewertungskriterien und -verfahren für Aktionsvorschläge überarbeitet, um die wissenschaftliche Qualität weiter zu erhöhen.

Quelle: BuFo 2004

6 Bedingungen, alternative Konzepte und Handlungsspielräume der Innovationspolitik

6.1 Bedingungen und Voraussetzungen der Innovationspolitik

Voraussetzungen der Innovationspolitik sind subjektiver und objektiver Natur. Subjektive Voraussetzungen liegen vor allem in den Interpretationsmustern, welche die Innovationspolitik vom Ablauf und den Triebkräften des technologischen Fortschritts hat. Sie lassen sich an den Antworten auf Fragen festmachen wie zum Beispiel: Wie kommen Innovationen zustande, wie werden sie angestoßen? Wie laufen Innovationsprozesse ab, woher beziehen sie ihre Dynamik? Gibt es Eingriffstellen in Innovationsprozessen, an denen Innovationspolitik von außen intervenieren, Prozesse in eine andere Richtung lenken und gestalten kann? Welche strukturellen, eigendynamischen und autonomen Elemente des technischen Fortschritts stehen Interventionen von außen entgegen?

Im folgenden sollen ausgewählte wichtige Voraussetzungen und Bedingungen der Innovationspolitik erörtert werden.

6.1.1 Interpretation der Triebkräfte des technischen Fortschritts

Eine wesentliche Unterscheidung in diesem Zusammenhang ist die Gegenüberstellung von angebots- und nachfrageseitigen Quellen und Anstößen von Innovationsprozessen.

6.1.1.1 Die „Science-Push-These"

Welches sind die Anlässe, die Innovationen verursachen und anstoßen? Angebotsseitig können **neue Erkenntnisse** der wissenschaftlichen Forschung zu technologischem Fortschritt führen. Das Innovationsgeschehen erhält nach der „Science-push-These" seine wesentlichen Impulse aus dem Erkenntnisfortschritt der Wissenschaft, technischer Fortschritt wird als vorrangig wissenschaftsgetrieben erklärt. Insbesondere bahnbrechende neue Erfindungen wie zum Beispiel die des Verbrennungsmotors, des

Telefons oder des Computers, welche auf neuen Erkenntnissen der Grundlagenforschung im Bereich der Thermodynamik, der Nachrichtentechnologie und der elektronischen Datenverarbeitung beruhen, sind die „Treiber" des technischen Wandels. Die neuen Erkenntnisse bahnen sich nach der „Science-push-These" den Weg durch die verschiedenen Stufen des Innovationsprozesses bis hin zur Phase der Markteinführung. Die Einführung der neuen Technik führt zu einer größeren wirtschaftlichen Leistungsfähigkeit der „Vorreiter-Unternehmen" und zwingt deren Konkurrenten letztlich zur Übernahme der neuen, leistungsfähigeren Technik, wollen sie nicht ihre wirtschaftliche Existenz aufs Spiel setzen. Auf diese Weise entsteht ein Druck zur Verbreitung der neuen Technik über den wirtschaftlichen Wettbewerb, auf neuem Wissen basierende Techniken verbreiten sich über die gesamte Wirtschaft beziehungsweise in Wirtschaftsbereichen, für die sie wirtschaftliche Vorteile bringen.

6.1.1.2   Die Demand-Pull-These"

Diese These vermutet die wesentlichen Quellen von Innovationsprozessen auf der Nachfrageseite, das heißt im Auftauchen neuer oder in der Mobilisierung vorhandener, latenter Bedürfnisse. Diese Bedürfnisse können solche von Individuen sein und im Wunsch nach neuen Konsummöglichkeiten (zum Beispiel Wunsch nach mehr Vielfalt in der Befriedigung von Unterhaltungsbedürfnissen, nach neuen technischen Kommunikationsmöglichkeiten o.Ä.) oder in der Suche nach neuen Problemlösungen im Bereich des privaten Verbrauchs (Überwindung von Mobilitätsgrenzen, Senkung von häuslichen Reparatur- und Instandhaltungskosten etc.) wurzeln. Neue Bedarfe, welche eine fehlende Abdeckung öffentlicher Bedürfnisse nach Kommunikation, Mobilität, Bildung, lebenswerten Siedlungsstrukturen usw. ausdrücken, können aber auch von staatlichen Instanzen formuliert und in Form von Nachfrage auf Märkten artikuliert werden. Beispiele sind die Nachfrage öffentlicher Instanzen nach neuen Personentransportsystemen, nach neuen Formen des ökologischen Siedlungsbaus oder nach Konzepten informations- und kommunikationsgestützter Bildung. Prozesse der Wissensgewinnung und –umsetzung werden nach der „Demand-Pull-These" durch den Sog neuer Nachfrage in Gang gesetzt und über die verschiedenen Stufen des Innovationsprozesses vorangetrieben.

6.1.1.3   Die „Interaktions-These"

Die Interaktions-These bestreitet die „Linearität" der Innovationsprozesse, welche eine eindeutig gerichtete Kette von zeitlich aufeinander folgenden Aktivitäten der Wissensverarbeitung über die verschiedenen Stufen des technischen Fortschritts beinhaltet. Demgegenüber wird ein (aus Sicht des späteren Innovationsergebnisses zunächst) teils zufallsbedingtes, „ungeordnetes" Zusammenwirken von Akteuren aus unterschiedlichen Bereichen des Innovationsprozesses behauptet, wie es dem an anderer Stelle dieses Buches behandelten „Netzwerk-Modell" des technischen Fortschritts entspricht. Akteure in diesem komplexen Interaktionsgeflecht streben danach, ihre

Innovationsziele zu realisieren, suchen nach ihnen fehlenden Wissenskomponenten und Fähigkeiten, kooperieren zu diesem Zweck mit geeigneten Partnern, bis am Ende (vielleicht) dieses gesamte System komplexen Zusammenwirkens in einer neuen Erfindung oder in einem marktreifen neuen Produkt resultiert.

6.1.1.4 Die These der „Policy-Netzwerke"

Die „Interaktions-These" zeigt: Moderne, komplexe Innovationen gründen auf dem Zusammenwirken zahlreicher Akteure, welche für das schließliche Hervorbringen der Innovation unverzichtbar sind. Zu diesen Akteuren zählen nicht nur private Akteure mit meist kommerziellen Zielen, in vielen Fällen spielen öffentliche Instanzen (zum Beispiel Forschungs- und Technologie-, Umwelt-, Verkehrs-, Telekommunikations-, Wirtschafts- und sonstige Ministerien; kommunale Behörden etc.) für das Gelingen und die Richtung von Innovationsprozessen eine nicht unwesentliche Rolle: Sie setzen finanzielle Anreize (zum Beispiel Forschungssubventionen), entfalten öffentliche Nachfrage (zum Beispiel „Road-pricing-Systeme") und genehmigen die Einführung neuer Produkte (zum Beispiel Pharmazeutika). Auf diese Weise besitzen öffentliche Instanzen auch die Möglichkeit, gesellschaftliche Ziele in Innovationsprozessen einzubringen.

Durch die Integration in Akteursnetzwerke („Policy-Netzwerke") bietet sich ein „Einfallstor" für staatliche Innovationssteuerung, allerdings nicht im Sinne einer zentralistischen Steuerung des gesamtwirtschaftlichen Innovationsprozesses durch eine Behörde, sondern in Form einer gezielten Beeinflussung der Richtung von Innovationsprozessen. In hochkomplexen modernen Wissensgesellschaften fehlt einem einzelnen staatlichen Akteur – und sei er noch so mächtig im Sinne von Ressourcen- und Machtbefugnissen – die Möglichkeit der zentralen Steuerung von Innovationsprozessen, da technologisches Wissen und Know-how angesichts der ausdifferenzierten Arbeitsteilung, Spezialisierung und Komplexität moderner Technologien nicht bei ihm selbst oder einem einzelnen gesellschaftlichen Akteur konzentriert, sondern über verschiedene Akteure in der Gesellschaft verteilt ist. Deshalb ist staatliche Innovationspolitik auf Kooperation mit solchen Know-how-Trägern und auf deren Einbindung in die Hervorbringung gesellschaftlich erwünschter Innovationen sowie in technische Standardisierungs- und Normungsprozesse angewiesen. Umgekehrt ist das Mitwirken staatlicher Akteure in Innovationsprozessen auch für private Akteure gerade bei großen, systemischen Innovationen attraktiv, da jene als einzige fähig sind, die Interessen der Gesamtwirtschaft und der Gesellschaft zu berücksichtigen und langfristige Perspektiven und Auswirkungen von Innovationen zur Geltung zu bringen.

6.1.2 Unterschiedliche Innovationsmuster

Für Innovationspolitik ist die Art des zu steuernden Innovationsprozesses nicht gleichgültig. Für die jeweilige Reichweite der Steuerungsstrategien ist die Art des Innovationsprozesses von erheblicher Bedeutung. Verschiedene Innovationsarten oder Innovationsmuster lassen sich unter dem **Blickwinkel ihrer Steuerbarkeit** unterscheiden:

6.1.2.1 Verbesserungs- und Folgeinnovationen

Hierbei handelt es sich um schrittweise erfolgende („**inkrementelle**") Innovationen, welche sich entlang vorgegebener und vorhersehbarer technologischer Entwicklungskorridore[194] vollziehen: ein vorhandenes Produkt, zum Beispiel ein Personenkraftwagen, erhält zusätzliche Funktionen (ABS, Klimaanlage, elektronisches Navigationssystem), die Qualität eines bekannten Produktionsverfahrens wird verbessert (Computersteuerung von Werkzeugmaschinen), eine bekannte Dienstleistung wird durch neue Technik verbilligt (Haarschneidemaschine) u.Ä. Für die Definition dieses „inkrementellen" Innovationsmuster ist nicht das Tempo der Veränderung entscheidend, sondern die Tatsache, dass die technologischen Neuerungen nicht aus dem bekannten Entwicklungskorridor ausbrechen.

6.1.2.2 Radikale Innovationen

Das ist anders bei radikalen Innovationen: sie brechen aus vorhandenen Entwicklungslinien aus, definieren neue Entwicklungskorridore und bewirken damit Technologiebrüche. Das trifft zum Beispiel auf die Erfindung des Dieselmotors oder des Wankelmotors zu, welche den technologischen Pfad des Benzinmotors verlassen. Beispielhaft genannt werden können in diesem Zusammenhang auch die Erfindung des Fernsehens oder synthetischer Farbstoffe. Durch die verbreitete Nutzung dieser Erfindungen wird die Entwicklung ganzer Wirtschaftsbereiche beeinflusst und verändert.

6.1.2.3 Basisinnovationen

Basisinnovationen haben noch weiterreichende Auswirkungen. Sie wälzen die technologischen Grundlagen der gesamten Wirtschaft um, indem sie gänzlich neue Technologiefelder eröffnen. Auf dieser technologischen Grundlage entstehen neue Branchen, während „alte" Wirtschaftszweige, welche nicht in der Lage sind oder es versäumen, die Potenziale der neuen Technologien rechtzeitig zu nutzen, zum Untergang verurteilt sind. Beispiele für neue Branchen sind die Mikroelektronik-Industrie oder die

---

194 Zu diesem Begriff vgl. Abschnitt 6.1.3 dieses Buches

Biotechnologie-Branche. Zum Untergang durch neue Technologien verurteilt waren zum Beispiel die klassische Uhrenindustrie und die herkömmliche Druckindustrie.

6.1.3 Technologische Entwicklungskorridore („trajectories")

Technologisches Wissen fällt nicht vom Himmel. Innovationen beruhen auch nicht auf plötzlichen Einfällen von Genies. Vielmehr baut sich die Wissensbasis von Erfindungen oft in langen Zeiträumen auf. Neue Erkenntnisse beruhen stets auf bereits vorhandenem Wissen. Das heißt: Wissen wird im Zeitablauf angesammelt, die Grundlage von Erfindungen und Innovationen ist kumuliertes Wissen. Die Ansammlung von Wissen geschieht erkenntnis- und interessegeleitet. Wissenschaftliche Neugier an der Lösung bestimmter Probleme oder kommerzielles Interesse an der Erschließung von Marktnischen oder gänzlich neuer Märkte treiben den Prozess der **Akkumulation von Wissen** voran. Da diese Prozesse in verschiedenen Wissensfeldern parallel erfolgen sowie jeweils von bestimmten Akteursgruppen mit einem gemeinsamen Grundverständnis und unter Verfolgung gemeinsamer Suchprozesse getragen werden, lassen sich verschiedene technologische Entwicklungskorridore („trajectories") gegeneinander abgrenzen.

Für die Herausbildung relativ stabiler Entwicklungskorridoren, welche sich oft über lange Zeiträume entfalten und erhalten können, lassen sich verschiedene Faktoren benennen:[195]

- Das gemeinsame Grundverständnis der beteiligten Akteure verfestigt sich ebenso wir die bevorzugten Verfahren und gewählten Regeln.

- Der Rahmen des technologischen Korridors vermindert die Unsicherheit im Hinblick auf die Suchrichtung nach neuem Wissen, da grundlegende Alternativen, die vorhandenes Wissen eventuell in Frage stellen könnten, ausgeblendet bleiben.

- Diese Sicherheit, die der Korridor vermittelt, erleichtert die Realisierung inkrementeller Verbesserungs- und Folgeinnovationen und schürt deren rasche Umsetzung, wodurch die wirtschaftlichen Potenziale des Technologiefeldes ausgeschöpft werden.

- Die Gefahr der wirtschaftlichen Entwertung von – oft mit erheblichen Kosten - realisierten Techniken und angesammelten Wissensbeständen wird durch technologische Korridore vermindert, was das Interesse an deren Beibehaltung stärkt.

- Je weiter ein technologischer Korridor entwickelt ist, desto größer werden vor diesem Hintergrund die Widerstände gegen radikale Innovationen. Das gilt auch, wenn erkennbar wird, dass die durch inkrementelle Innovationen noch erschließ-

---

195   Vgl. dazu Meyer-Stamer (Industriepolitik) 87ff.

baren ökonomischen Potenziale im vorhandenen Korridor immer geringer werden. „Kommt es – wofür in einer solchen Situation die Bedingungen günstig sind – zu einem technologischen Bruch in einer Branche, haben etablierte Unternehmen häufig große Probleme, auf die neue Technologie umzuschwenken. Die Marktzutrittsbarrieren sinken drastisch, das heißt es steigt die Wahrscheinlichkeit, dass Unternehmen mit radikalen Innovationen neu in einen Markt eintreten und etablierte Firmen verdrängen; die Schweizer Uhrenindustrie und die deutsche Schreibmaschinenindustrie lieferten in der jüngeren Vergangenheit Anschauungsmaterial für dieses Phänomen."[196]

6.1.4 Pfadabhängigkeit und Lock-in-Effekte

Eng verwandt mit dem Erhaltungs- und Fortschreibungsbestreben, was technologische Korridore auszeichnet, sind die Phänomene der Pfadabhängigkeit und des Lock-in.

„Pfadabhängigkeit" benennt den Umstand, dass die historische Entscheidung eines Unternehmens für eine bestimmte Produkttechnologie nicht ohne Probleme beziehungsweise Kosten rückholbar ist. Die Entscheidung eines Unternehmens für die Herstellung von Zubehörteilen für ein bestimmtes Computersystem bedeutet gleichzeitig eine Entscheidung gegen das konkurrierende System. Denn mit dieser Entscheidung sind weitere Entscheidungen für Investitionen in bestimmte Produktionstechnologien, in bestimmte Forschungs- und Entwicklungskapazitäten sowie für die Einstellung von Beschäftigten mit speziellen Qualifikationen vorgezeichnet. Mit der Herausbildung eines spezifischen Know-hows und mit zunehmenden Investitionsvolumina wächst die Bindung des Unternehmens an den eingeschlagenen technologischen Pfad, so dass die Hürden für einen Wechsel zu einem alternativen Technologiepfad immer höher werden.

„Lock-in" bezeichnet ebenfalls die nachhaltige Bindung eines Investors an ein bestimmtes technisches System. Das lässt sich am Beispiel eines Computerkäufers gut demonstrieren. Wer sich einmal für einen Macintosh-Computer entschieden und diesen periodisch an die jeweils aktuellste Hard- und Software angepasst hat, dem fällt es aus ökonomischen Gründen immer schwerer, auf einen PC umzusteigen: sein Knowhow, seine Software, seine Hardware-Ausrüstung – alles ist auf das System Macintosh ausgerichtet. Der Wechsel zu einem anderen Rechnersystem würde erhebliche Umstellungskosten verursachen, weshalb der Lock-in einen solchen Wechsel außerordentlich erschwert und der betroffene Investor nur bei Vorliegen unabweisbarer wirtschaftlicher Gründe bereit wäre, einen solchen Wechsel vorzunehmen.

---

196   Ebenda 88

6.1.5   Lead-Markets

Lead-Markets (Leitmärkte) sind aus innovationspolitischer Sicht sehr wichtige und förderliche Voraussetzungen für erfolgreiche Innovationen.[197] Hierunter versteht man regionale Märkte, welche eine weltweite Pionierrolle in der Durchsetzung neuer Nachfragetrends nach innovativen Produkten ausüben (genaue Definition s. Kasten „Definition: Lead Market"). Hierdurch ergeben sich Wettbewerbsvorteile für Unternehmen, die in solchen Märkten „beheimatet" sind. Die Wettbewerbsvorteile gründen auf den spezifischen Nachfragebedingungen der Region, nicht auf einem originären technologischen Wissensvorsprung. Dass beides auseinanderliegen kann, dafür gibt es zahlreiche Beispiele: das Telefax, das Antiblockiersystem für PKW und die zellulare Mobilkommunikation werden in diesem Zusammenhang häufig genannt (s. Kasten „Beispiele für die Funktionsweise von Lead-Märkten")

Festzustellen ist auch, dass die innovative Pionierrolle eines bestimmten regionalen Marktes nicht für alle Produkte oder Produktgruppen gilt beziehungsweise gelten muss. In der Regel beschränkt sie sich auf einzelne oder mehrere **„Innovationsdesigns"**. Darunter versteht man „alternative technische Lösungen, um einen bestimmten Nutzen für den Nachfrager eines Produkts oder einer Dienstleistung zu erzeugen."[198]

Definition: Lead Market

„Lead-Märkte sind regionale Märkte (in der Regel Länder), die ein bestimmtes Innovationsdesign früher als andere Länder nutzen und über spezifische Eigenschaften (Lead-Marktet-Faktoren) verfügen, die die Wahrscheinlichkeit erhöhen, dass in anderen Ländern das gleiche Innovationsdesign ebenfalls breit adoptiert wird."

Quelle: BMBF (Technologische Leistungsfähigkeit 2001), S. 108

Warum werden Länder zu Leitmärkten? Die Lead-market-Funktion eines geographischen Marktes wurzelt in seinen Besonderheiten auf der Nachfrageseite. Dabei spielen recht unterschiedliche Faktoren eine Rolle (**„Lead-market-Faktoren"**). Diese reichen von kulturellen Besonderheiten und spezifische Marktstrukturen über besondere Umweltbedingungen und natürliche Ressourcen bis hin zu ausgeprägten Präferenzen

---

197 Zu „Lead-markets" vgl insbesondere BMBF (Technologische Leistungsfähigkeit 2001), S. 107ff. sowie ZEW (2002)
198 ZEW (2002), S. 117

von Verbrauchern sowie spezifisch ausgeprägten Skalen-, Rückkoppelungs- und Netzwerkeffekten. Die wichtigsten Faktoren sind:[199]

▪ Niedriges Preis- und Kostenniveau: Marktseitig entstehen Kosten- und Preisvorteile durch einen großen und/ oder schnell wachsenden Markt, der Lernkurven- sowie Fixkostendegressionseffekte generiert. Leitmärkte erhalten ihre besondere Rolle dadurch, dass sie im Hinblick auf die Einführung bestimmter Innovationsdesigns eine besondere Dynamik zu entfalten vermögen.

▪ Antizipatorische Nachfrage: Leitmärkte können ihre Rolle auch übernehmen, weil die betreffende Innovation in diesem Land einen überdurchschnittlichen Nutzen für die Konsumenten erbringt und dieser Nutzen einem globalen Trend entspricht, der später auch auf andere Länder übergreifen wird. Das betreffende Land nimmt die bevorstehende, weltweite Nachfrageexpansion vorweg und ermöglicht den Unternehmen, die zur Abdeckung dieser Nachfrage benötigten Produkte frühzeitig zur Marktreife zu entwickeln und auf diese Weise Wettbewerbsvorteile zu erarbeiten.

▪ Exportvorteile: Hierbei geht es nicht um Exportorientierung einer nationalen Ökonomie im Allgemeinen, sondern es geht um Faktoren und Bedingungen, welche die Berücksichtigung der Nachfrage in anderen Ländern erzwingen oder vorteilhaft erscheinen lassen. Zum ersten Faktorenkreis lässt sich die geringe Größe eines nationalen Binnenmarktes beispielhaft anführen, welche die Unternehmen zwingt, Absatzmöglichkeiten im Ausland zu erschließen. Zum zweiten Faktorenbündel: Exportorientierung wird erleichtert, wenn die Präferenzstruktur der Bevölkerung des betrachteten Landes den Präferenzen in vielen anderen Ländern gleicht. Dann können die für den Inlandsmarkt entwickelten Innovationen auch im Ausland problemlos eingeführt werden.

Anreize zur Übernahme einer Innovation ergeben sich für das Ausland auch bei einem Innovationsdesign, welches in einem Lead-Market-Land bereits erprobt und seit langem erfolgreich angewendet wird.[200] Das die Innovation adoptierende Land reduziert damit seine Risiken, bei eigenen Innovationen Fehlschläge zu erleiden und hohe Kosten in Kauf nehmen zu müssen.

---

199 Ausführlich dazu ebenda, S. 25ff.

200 Das ZEW behandelt diesen Faktor als eigenständigen unter der Bezeichnung „Tranfervorteil", weil die Präferenzen des Lead-Market-Landes ins Ausland transferiert werden können. M.E. lässt er sich jedoch dem Bündel „Exportvorteile" gut zuordnen.

Beispiele für die Funktionsweise von Lead-Märkten

Beispiel 1: Das Telefax

„Das Fax-Gerät wurde schon recht frühzeitig entwickelt - das Prinzip der Bildübertragung geht bis in Jahr 1843 zurück -, aber erst Anfang der 80er Jahre schaffte es den Durchbruch, und zwar zunächst im japanischen Markt. Einige Jahre später setzte es sich auch in den USA durch und verdrängte das Telex in Europa. An der Technik lag es sicherlich nicht, dass Japan voranschritt; denn die Faksimilier-Elektronik wurde von US-amerikanischen und europäischen Firmen wie von japanischen Unternehmen gleichermaßen beherrscht. Es lag am Heimatmarkt, der den japanischen Unternehmen einen Vorsprung gab, den sie bis heute unangefochten verteidigen konnten."

Beispiel 2: Zellulare Mobilkommunikation

„Mobile Kommunikationsgeräte sind eine Erfolgsstory Europas, vor allem Nordeuropas. Auch hier waren die Karten zunächst gleich verteilt. Bei der Mobilfunktechnik und auch der zu der Zeit entstehenden Digitaltechnik hatte in den 70er und 80er Jahren kein Land „die Nase vorn". Erst die starke Nachfrage in den Nordischen Ländern hat die europäischen Unternehmen dazu veranlasst, einen digitalen Mobilfunk-Standard zu entwickeln und einzuführen, der sich später über die europäischen Länder hinaus als Weltstandard erweisen sollte. Auch hier haben die Unternehmen mit dem Heimvorteil, nahe bei den „richtigen" Kunden zu sein, am meisten profitiert und das Geschäft der Infrastruktur in vielen Ländern unter sich aufgeteilt. Die japanischen Unternehmen konnten dabei noch nicht einmal ihren Vorteil, Meister der Miniaturisierung zu sein, ausspielen. Der Weltmarkt für die Mobiltelefongeräte wird bis heute von europäischen und einem amerikanischen Hersteller beherrscht."

Quelle: ZEW (202), S. 3

■ Hohe Wettbewerbsintensität: Der Wettbewerbsgrad ist ein wichtiger Bestimmungsfaktor dafür, wie gut der Markt seine Funktion als „Entdeckungsverfahren" ausüben kann. Intensiver Wettbewerb bewirkt „trial-and-error-Prozesse" und treibt auf diese Weise eine Vielfalt von Innovationen hervor. Damit erhöht sich die Wahrscheinlichkeit, dass international relevante Innovationen als erste entdeckt und entwickelt werden.

Als Lead-Markets für **Deutschland** gelten vor allem der Automobilmarkt, der Markt für Maschinenbauerzeugnisse sowie der Bereich Mess- und Regelungstechnik, Optik. In diesen Produktionsbereichen werden nicht nur in hohem Maße Forschungs- und Entwicklungsaufwendungen getätigt, ihre gesamtwirtschaftlich bedeutsame Funktion ergibt sich auch aus der Tatsache, dass hier neben einer eigenen dynamischen Innovationstätigkeit auch in erheblichem Umfange Innovationsimpulse in andere Branchen, vor allem im Zuliefererbereich, vermittelt werden.

6.1.6 Übergang zur Wissensgesellschaft

6.1.6.1 Transformation des Wertschöpfungssystems

Die wirtschaftlich hochentwickelten Industriegesellschaften befinden sich mit dem Eintritt ins 21. Jahrhundert im Übergang zur Informations- und Wissensgesellschaft. Das ist von erheblicher Bedeutung hinsichtlich der Ansatzpunkte und Wirkungsmöglichkeiten von Innovationspolitik.

Mit der Wissensgesellschaft verändern sich grundlegende ökonomische Zusammenhänge:[201] Die industriegeprägte Wirtschaftsweise wird durch die Wissensökonomie abgelöst. Das System der Wertschöpfung wird transformiert. Die für die Schaffung neuer Tauschwerte bedeutenden Faktoren und Kräfte verschieben sich. Bisher stand industrielle Arbeit in der materiellen Produktion im Mittelpunkt des gesellschaftlichen Wertschöpfungsprozesses. In der **Industriewirtschaft**, das heißt der Ökonomie der Industriegesellschaft, haben jene Tätigkeiten die größte Bedeutung, welche sich auf die Gewinnung von Rohstoffen und deren Weiterverarbeitung zu Industriegütern beziehen. Hierzu zählen Tätigkeiten wie das Gewinnen von Rohstoffen, die Verformung von Werkstoffen und Gegenständen, die Bearbeitung von Dingen sowie das Bewegen und Transportieren von materiellen Produkten. Unterstützt werden diese Arbeiten durch die Nutzung von Sachkapitalgütern: Maschinen, Fabrikanlagen, Transportfahrzeuge usw. Der angehäufte Bestand und der Grad der technischen Modernität des Sachkapitalbestands sind für die Industriewirtschaft der entscheidende Engpass für die Steigerung der Arbeitsproduktivität und damit der Produktion. Je umfangreicher und je moderner dieser Sachkapitalstock wurde, desto größer war das zu erwirtschaftende Potential an Wertschöpfung und damit an gesellschaftlichem Reichtum.

Mit dem Umbruch zur **Wissenswirtschaft** verändern sich die für die Wertschöpfung entscheidenden Engpassfaktoren. Information und Wissen rücken nunmehr in das Zentrum des Wertschöpfungsprozesses. Informations- und Wissensarbeit wird zur wichtigsten Form der Erwerbsarbeit. Sammeln, Auswerten, Verändern, Übertragen und Verteilen von Informationen sind nun die Tätigkeiten, die mehr und mehr den Schwerpunkt menschlicher Arbeit bilden. Natürlich haben Information und Wissen auch in den bisherigen gesellschaftlichen Entwicklungsphasen als Inputfaktoren der Produktion eine Rolle gespielt. Wie sonst hätte die Produktivität der landwirtschaftlichen Arbeit in der früheren Agrarwirtschaft gesteigert werden können, wenn nicht durch die Anwendung des wachsenden Wissens über die Gesetzmäßigkeiten des Ackerbaus? Und die Gewinnung von Metall aus Erzen, die Umwandlung von Metall in Geräte und Maschinen, die Nutzung von fossilen Ressourcen zur Energiegewinnung usw. - all diese wirtschaftlichen Aktivitäten sind mit der Anwendung von Wissen im industriellen Arbeitsprozess verbunden. Auch agrarische und industrielle Produktion stützen sich auf die Nutzung von Wissen, was sich gerade in der wachsenden Bedeutung von neuen Technologien und Innovationen für das Gedeihen der Industriegesell-

---

201 Vgl. auch Tab. 6-1 und Abschnitt 6.1.6.4 unten

schaften seit Beginn dieses Jahrhunderts eindrucksvoll gezeigt hat. Was sich mit dem Übergang in die Informationswirtschaft jedoch verändert, das ist der **Stellenwert** von Information und Wissen im wirtschaftlichen Geschehen: Diese Faktoren werden zu den wichtigsten Produktionsfaktoren, da sie die entscheidenden Engpassfaktoren der zukünftigen wirtschaftlichen Wertschöpfung darstellen. Nur durch die verstärkte Entwicklung und Anwendung dieser Faktoren lässt sich die gesellschaftliche Wohlfahrt in den hochentwickelten Ländern dieser Erde weiter steigern. Weitere Wertschöpfung, welche den vorhandenen Bestand an gesellschaftlichem Reichtum auch in Zukunft erweitern soll, kann nur stattfinden, wenn es weiterhin gelingt, vorhandene Nicht-Ressourcen in nutzbare Ressourcen zu transformieren. Das wiederum ist nur möglich durch die verstärkte Schaffung und Anwendung von Information und Wissen: brachliegende Steppe wird durch Anwendung von Wissen zu fruchtbarem Ackerland; Meeressand, Silikon, plus Elektronikwissen ergibt mikroelektronische Bausteine; bislang ungenutzte Energieträger, das heißt Nicht-Ressourcen wie Sonnen- oder Meereswellenenergie, werden durch Wissensanwendung in erneuerbare Energiequellen für die Menschheit transformiert etc. Weitere Wertschöpfung für die hochentwickelten Länder ist nur durch den Übergang in eine Informationswirtschaft möglich.

6.1.6.2   Die Bedeutung von Information und Wissen

Information und Wissen gewinnen in der Wissenswirtschaft nicht nur eine herausragende Bedeutung als Inputfaktoren, sie spielen auch auf der Ergebnis- und Produktseite des wirtschaftlichen Geschehens eine immer wichtigere Rolle. Sie werden zu bedeutenden Waren, welche auf Märkten gekauft und verkauft werden. Die Wirtschaftszweige, welche Informationen und Wissen verkaufen, gehören zu den am schnellsten wachsenden Sektoren der Weltwirtschaft. Denken wir an die Entwicklung der Informations- und telekommunikativen Mehrwertdienste oder an den Boom der Beratungs- und Finanzdienstleistungen. Ein eindrucksvolles Beispiel liefert darüber hinaus der Boom der Unterhaltungs- und Medienindustrie in den 1990er Jahren, der zwar in 2001 in eine Krise umgeschlagen ist, die jedoch aus langfristiger Perspektive allenfalls als temporäre Konsolidierungsphase einzuschätzen ist.

Der Kern dieser „neuen" Dienstleistungen ist die Bereitstellung und der Verkauf von Informationen und Know-how. Dabei ist es nicht notwendig, dass Informationen nur als solche, das heißt „pur", verkauft werden, sie können auch in andere Güter und Dienstleistungen integriert werden und damit denselben zusätzlichen Wert hinzufügen. Industriegüter können als „intelligente Produkte", sogenannte „smart products", gestaltet werden. Neue Eigenschaften wie „bügelfrei" und „schmutzabweisend" können in Kleidungsstücke „eingebaut" werden. Integrierte technische Intelligenz ermöglicht dem Käufer das frühzeitige Erkennen von Funktionsstörungen, bevor diese wirksam werden und Schäden verursachen können: ein Automotor weist zum Beispiel auf den fortgeschrittenen Verschleiß des Zahnriemens hin, der die Ventile steuert, oder der

Fahrstuhl signalisiert einen bestimmten Grad an Verschleiß in den Zugseilen, Küchengeräte lassen sich per Zuruf anstellen und in ihrer Arbeitsweise steuern usw.

All das weist darauf hin: Wissensgesellschaften unterscheiden sich von der Industriegesellschaft nicht nur durch die Schwerpunktverlagerung auf der Inputseite der Produktion, auch charakteristische Veränderungen in der Zusammensetzung der Produktpalette und in der ökonomischen Führungsrolle von Wirtschaftszweigen im Wachstum zeugen von den tiefgreifenden Umwälzungen im Inneren des Wertschöpfungsprozesses.

6.1.6.3 Begriffliche Abgrenzungen: Daten, Informationen und Wissen

Im Mittelpunkt der Wissensökonomie steht die Schaffung und Anwendung von Information und Wissen als Wertschöpfungsquellen. Für das Verständnis der „Logik" und der Funktionsweise der Wissenswirtschaft ist es wichtig, diese Faktoren genauer zu beschreiben. Information und Wissen sind bei näherem Hinsehen nicht dasselbe. Genauer noch: Man muss zwischen Daten, Informationen und Wissen unterscheiden.

Informationen sind die Grundlage für Wissen und beruhen selbst auf **Daten**. Hierunter versteht man „eine Möglichkeit, Dinge auszudrücken".[202] Daten erlauben es uns, Dinge unserer Welt zu beschreiben und zu klassifizieren. Man kann dabei vier Formen von Daten unterscheiden: Zahlen, Wörter, Töne und Bilder. Diese verschiedenen Formen von Daten werden geschaffen, gespeichert, weiterverarbeitet, verändert, an andere Orte übermittelt und manipuliert.

Informationen bestehen aus Daten, sind jedoch wertvoller als diese. Sie beinhalten Daten, welche für bestimmte Ziele und Anwendungen angeordnet bzw. aufbereitet worden sind. Aus Informationen wird **Wissen**, wenn sie in bestimmter Weise organisiert und systematisiert worden sind. Unter Wissen versteht man eine organisierte Form von Information, die es uns ermöglicht, neue Erkenntnisse über Dinge und Prozesse zu gewinnen, die es uns z. B. erlaubt, reale Phänomene zu verstehen, bestimmte Vorgänge neu zu interpretieren o.ä.

Um das Verständnis dieser wichtigen begrifflichen Abgrenzungen zu erleichtern ein Beispiel: Zahlenwerte über die täglich gemessene Temperatur an einer bestimmten Stelle der Erde sind Daten. Werden diese Werte über einen längeren Zeitraum erfasst und in eine statistische Reihe umgesetzt, so nehmen diese Werte den Charakter von Informationen an. Sie geben Auskunft über die Entwicklung der Temperatur im Zeitablauf, lassen also erkennen, ob sich die Erdtemperatur im Verlaufe der Zeit verändert, ob sie zum Beispiel um eine bestimmte gleichbleibende Durchschnittstemperatur schwankt oder ob sich diese Durchschnittstemperatur allmählich nach unten oder nach oben verändert. Diese Informationen werden zu Wissen, wenn man sie nutzt, um

---

202 Vgl. Davis/ Botkin (1995), S. 33

Erklärungen dafür zu finden, ob, warum und in welcher Weise sich das Erdklima verändert. Unser vorhandenes Wissen über diese Fragestellungen kann durch die sinnvolle Nutzung der Informationen vergrößert werden.[203]

6.1.6.4 Die neuen „Spielregeln" der Wissensökonomie

Mit dem Übergang in die Wissensökonomie verändern sich die „Spielregeln", nach denen wirtschaftliches Verhalten und ökonomische Prozesse funktionieren (vgl. Tab. 6-1). Diese Veränderungen lassen sich an verschiedenen Faktoren festmachen: Die die gesamtwirtschaftliche Produktpalette prägenden Erzeugnisse sind Wissensprodukte und wissensintensive Dienstleistungen. Umfang, Qualität und Art von Wissen werden ebenso wie die Fähigkeit, Wissen schaffen und umsetzen zu können zu den wichtigsten Faktoren der Wertschöpfung. Hierbei kommt es mehr denn je auf Kommunikation und Kooperation zwischen unterschiedlichen Akteuren an, da das für große Innovationen erforderliche kombinatorische Wissen immer weniger von einzelnen, sondern nur im netzförmigen Zusammenwirken vieler geschaffen werden kann.

Die Produktion von Wissen unterscheidet sich darüber hinaus in vielen Aspekten von der Produktion materieller Güter: Im Unterschied zu materiellen Gütern muss bestimmtes Wissen nur einmal hergestellt werden. Seine Produktion verursacht nur einmalige Kosten, da die Vervielfältigung des erzeugten Wissens nahezu kostenlos möglich ist. Nehmen die Grenzkosten bei der Herstellung von Industriegütern zu, so sinken sie demgegenüber bei der Wissensproduktion. Deshalb kennt Wissensproduktion – im Unterschied zur Herstellung materieller Güter – keine Grenzen des herstellbaren Produktionsvolumens. Wird der Wert materieller Güter durch den wertmäßigen Aufwand an Produktionsfaktoren maßgeblich bestimmt, so bestimmt sich der Wert von Wissensgütern durch die Besonderheit und den Grad der Imitierbarkeit des verwendeten Wissens.

---

203 Diese begrifflichen Abgrenzungen machen deutlich: Eigentlich sind es nicht Informationen, sondern es ist Wissen, seine Schaffung durch Umwandlung und Verarbeitung von Daten und Informationen sowie seine „Implantierung" in neue Güter und Dienstleistungen, welche in den Mittelpunkt der wirtschaftlichen Aktivitäten und Beziehungen der zukünftigen Gesellschaft rücken. Deshalb ist der Begriff "Wissensgesellschaft" zur Bezeichnung der neuen Gesellschafts- und Wirtschaftsära treffender als der oft verwendete Begriff „Informationsgesellschaft".

Tabelle 6-1:   *Die neuen „Spielregeln" der Wissensökonomie*

	Industriewirtschaft	Wissensökonomie
Hauptprodukt- kategorien	Materielle Güter, Industriewaren, herkömmliche Dienstleistungen	Informations- und Wissensprodukte, Informations-intensive Dienstleistungen, Teledienste
Wertschöpfungs- faktoren	Umfang und Modernität des ange- häuften Sachkapitalbestandes, Qualifikation der Arbeitskräfte	Umfang, Art und Qualität von Informati- on und Wissen; Fähigkeit zur Schaf- fung von Information und Wissen und ihrer Umsetzung in Güter und Dienst- leistungen
Tausch	Materielle Güter verlassen den Verkäufer	Informationen/ Wissen verbleiben trotz des Tausches auch weiterhin beim Verkäufer
Produktion und Verwendung	Materielle Güter müssen für jeden Anwender neu produziert werden; es sind „Rivalitätsgüter"	Informationen/ Wissen müssen nur einmal hergestellt werden und können von allen Nutzern verwendet werden.
Produktions- kosten	Die Herstellung jedes neuen ma- teriellen Gutes verursacht zu- sätzliche Kosten	Herstellung von Informationen/ Wissen verursachen nur einmal Kosten; weitere Kopien sind kostenlos möglich
Produktions- kosten	Mit wachsender Produktions- menge steigen die Grenzkosten der Produktion materieller Güter	Wissensproduktion ist durch steigende Grenzerträge und sinkende Grenzkos- ten gekennzeichnet
Produktions- grenzen	Aufgrund steigender Grenzkosten ist das Wachstum der Pro- duktionsmenge bei materiellen Gütern begrenzt	Aufgrund sinkender Grenzkosten gibt es für die Produktion von Wissen/ Informationen keine Grenzen
Wert der Produkte	Der Wert materieller Produkte wird maßgeblich durch den Aufwand an Produktionsfaktoren (Arbeit, Be- triebsmittel, Werkstoffe usw.) bestimmt	Der Wert von Informations- und Wis- sensprodukten wird durch die Beson- derheit und den Grad der Imitierbarkeit ihrer Wissenskomponente bestimmt
Wettbewerbs- paradigma	Preis- und Qualitätswettbewerb	Zeit- und Innovationswettbewerb
Entscheidende Wettbewerbs- parameter	economies of scale	economies of speed

Quelle: eigene Darstellung

Auch in der Konsumtion zeigen sich bedeutsame Differenzen: Materielle Güter sind „Rivalitätsgüter", ihre Verwendung durch einen Konsumenten schließt die gleichzeiti- ge Verwendung durch weitere Nutzer aus. Anders bei Wissensgüter: Diese können von einer unbegrenzten Anzahl von Anwendern gleichzeitig genutzt werden, ohne dass die individuellen Nutzungen sich wechselseitig beschränken.

Nicht zuletzt zeigen sich wesentliche Unterschiede im Wettbewerb: Auf Industriegütermärkten herrscht Preis- und Qualitätswettbewerb vor, Skalenvorteile sind entscheidende Wettbewerbsparameter. Auf den Märkten für Wissensprodukte ist Zeit- und Innovationswettbewerb das prägende Wettbewerbsmuster, hinsichtlich der Leistungs- und Wettbewerbsfähigkeit kommt es vor allem auf Schnelligkeit an, „economies of speed" sind entscheidende Wettbewerbsparameter.

6.1.7 Globalisierung

Die Globalisierung wirft im Hinblick auf die Innovationspolitik eine Fülle von Fragen auf: Macht es noch Sinn, unter den Bedingungen des freien internationalen Waren- und Kapitalverkehrs einheimische Unternehmen, die weltweit agieren, zu unterstützen? Führen innovationspolitisch motivierte Subventionen nicht zu Arbeitsplätzen an ausländischen Produktions- und Forschungsstandorten? Hat nationale Innovationspolitik überhaupt ausreichende Wirkungsmöglichkeiten, um international operierende Unternehmen in ihren Strategien zu beeinflussen? Diesen pessimistischen Fragestellungen stehen allerdings auch optimistische Perspektiven, die sich mit Innovationspolitik verknüpfen, gegenüber: Sind Innovationen nicht die einzige Chance für Länder und Regionen, im Rahmen des internationalen Innovationswettbewerbs ihren Wohlstand zu erhalten und zu vergrößern? Besteht hierdurch nicht die große Chance, neue Beschäftigungsfelder im Rahmen der internationalen Arbeitsteilung zu erschließen? Ist Innovationspolitik deshalb nicht ein zentrales Handlungsfeld wohlfahrtssteigernder Politik? Diese Fragen weisen darauf hin, dass Globalisierung eine der wichtigsten Handlungsbedingungen von Innovationspolitik darstellt, weshalb dieser Prozess hier kurz skizziert werden soll.

Im wirtschaftlichen Globalisierungsprozess laufen zwei Entwicklungen ineinander, die analytisch zu trennen sind: einerseits das grenzüberschreitende Zusammenwachsen ehemals nationaler Produktmärkte, andererseits die Internationalisierung der Unternehmensstrukturen. Hinter diesen Entwicklungen stehen vielfältige Einflussfaktoren[204]: Zum einen die weltweite Liberalisierung der Güter- und Kapitalmärkte. Über Privatisierungsprogramme wurden darüber hinaus die politischen Rahmenbedingungen für Direktinvestitionen verbessert. Des weiteren wirken wirtschaftliche und technische Determinanten auf eine Internationalisierung der Produktionsstrukturen hin: Forschung und Entwicklung nehmen in den Aufwandstrukturen der Unternehmen aufgrund des verschärften Innovationswettbewerbs einen immer größeren Raum ein; gleichzeitig verkürzen sich die Produktlebenszyklen. Beides zwingt die Unternehmen, einerseits ihren höheren FuE-Aufwand durch Vergrößerung der Absatzmärkte schnel-

---

204 Vgl. Härtel/ Jungnickel,(1996), S. 63ff.

ler zu amortisieren und andererseits durch Aufbau von Forschungs- und Entwicklungsinvestitionen am technologischen Wissensfluss in anderen Ländern unmittelbar zu partizipieren.

Zum vierten führt die Verbreitung branchenübergreifender neuer Technologien dazu, dass Unternehmen weltweit verstärkt kooperieren müssen, um sich den Zugang zu fehlendem komplementären Wissen für komplexe Innovationen zu erschließen. Hinzukommt die Globalisierung der Forschungs- und Entwicklungsaktivitäten in Form der Einrichtung oder des Aufkaufs von Forschungs- und Entwicklungsstätten in anderen Ländern, wohinter unterschiedliche Motive der Unternehmen stehen: Anpassung oder Entwicklung von Produkten, welche den jeweiligen Bedürfnissen der Märkte entgegenkommen; Nutzung regional verfügbarer hochqualifizierter und spezialisierter Forscher und Entwickler und/ oder Partizipation an den positiven Effekten expansiverer regionaler Innovationsnetzwerke. Fünftens wirken verstärkte Bemühungen von Unternehmen aus dem asiatisch-pazifischen Raum – allen voran aus Japan, aber auch aus Singapur, Taiwan, Südkorea, Hongkong und Malaysia – dahingehend, dass auch deutsche Unternehmen ihre Internationalisierungsstrategien in Form von Direktinvestitionen intensivieren müssen. Nicht zuletzt eröffnen sich für hiesige Unternehmen durch die Öffnung ehemals verschlossener Märkte und Standorte in Osteuropa und China neue Chancen der Internationalisierung ihrer Produktionsstrukturen, sei es aus absatz-, sei es aus kostenstrategischen Erwägungen.

Auch wenn die skizzierten Prozesse nicht zu einem abrupten Schub der Globalisierung wirtschaftlicher Strukturen geführt haben, so stellt doch zumindest die erhebliche Zunahme der Direktinvestitionen seit den 1980er Jahren eine spürbare Intensivierung der weltwirtschaftlichen Verflechtung dar, welche in die einzelnen nationalen Volkswirtschaften auf die verschiedensten Weisen zurückwirkt. Damit werden Länder und Regionen zu Bestandteilen von weltweit offenen Märkten und Wirtschaftsprozessen und müssen sich mit den daraus entstehenden Zwängen und Erfordernissen auseinandersetzen. Die neuen Wettbewerbsbedingungen zwingen die Unternehmen zur Veränderung ihrer Strukturen: „Downsizing", „Just-in-time-Production", „Lean Production", „Outsourcing" etc. sind Schlagworte, welche den seit einigen Jahren laufenden Prozess der radikalen Umwälzung der Unternehmensstrukturen indizieren. Für Länder und Regionen bedeuten diese Prozesse zum Teil schmerzhafte Veränderungen: Unternehmenszusammenbrüche, Filialschließungen, Massenentlassungen, Unternehmensverkleinerungen usw. mit all ihren negativen Folgen wie zum Beispiel Anstieg der Arbeitslosigkeit, Anstieg der Sozialhilfeausgaben, Ausfall von Steuereinnahmen, Zwang zur verstärkten Schuldenaufnahme. Diesen Schattenseiten der Globalisierung lässt sich auf der nationalstaatlichen und regionalen Ebene nur durch eine offensive Innovationspolitik entgegenwirken.

6.2 Konzepte der Innovationspolitik

Über die Frage, wie Innovationspolitik am besten betrieben werden kann und sollte, gibt es keine einhellige Meinung. Die Analyse der vorgeschlagenen und/ oder praktizierten Strategien ergibt sehr unterschiedliche innovationspolitische Konzepte. Ein deutlicher Gegensatz zeigt sich zwischen marktkonformer und interventionistischer Innovationspolitik. Im folgenden werden diese beiden alternativen Grundkonzepte gegenübergestellt und ihre Unterschiede herausgearbeitet. Anschließend folgt ein Überblick über weitere Konzepte der Innovationspolitik, die in der wissenschaftlichen Diskussion und im politischen Diskurs immer wieder auftauchen.

6.2.1 Alternative Grundmuster der Innovationspolitik

Unterschiede in den strategischen Ausrichtungen der Innovations- und Technologiepolitik lassen sich an zahlreichen Parametern festmachen. Diese Parameter sind:

- Die vorrangig verfolgten **Ziele**: Diese können sich auf Zwischenziele wie „Verbesserung der internationalen Wettbewerbsfähigkeit" und „Beschleunigung des technischen Fortschritts" oder auf Finalziele wie „Steigerung des gesellschaftlichen Wohlstands" und „Ausweitung von qualitativ anspruchsvollen und inhaltsreichen Arbeitsmöglichkeiten" beziehen.

- Die zugrundeliegende **Interpretation des technischen Fortschritts** durch die politischen Akteure: Technischer Fortschritt kann als naturwüchsiger, nicht beeinflussbarer Prozess oder aber als zielgerichtet gestaltbare und steuerbare Variable aufgefasst werden.

- Der **Umgang mit Markt- und Innovationsprozessen**: Politik kann bestrebt sein, in Marktprozesse zu intervenieren, um ein gewünschtes Ergebnis zu erzielen; sie kann jedoch alternativ auch vom Markt und seiner Steuerung gesellschaftlich wünschenswerte Resultate erwarten und sich deshalb auf die Gestaltung von Rahmenbedingungen des Marktes beschränken.

- Die **Eingriffstiefe** der gewählten Steuerungsinstrumente: Dieser Parameter bezieht sich darauf, in welchem Umfang und mit welchen Instrumenten „von außen" steuernd in Marktprozesse eingegriffen wird.

- Die **institutionelle Ausgestaltung** des Politikfeldes: Hierbei geht es um die Organisation der Innovationspolitik: Welche Institutionen sind zuständig für dieses Politikfeld? Wie leistungsfähig sind ihre Informationsgrundlagen gestaltet? Verfügen sie über ausreichende wissenschaftliche Beratungskapazitäten?

- Der gewählte **Zeit- und Planungshorizont** der ergriffenen Maßnahmen: Werden innovationspolitische Maßnahmen ad-hoc und anlassorientiert oder aber im Rahmen einer umfassenden Politik- und Planungskonzeption durchgeführt?

- Der Grad der **Befassung mit den sozialen und ökologischen Folgen** des technischen Wandels: Inwieweit werden potenzielle Auswirkungen innovationspolitischer Strategien und Maßnahmen auf andere gesellschaftliche Subsysteme wie Arbeitsmarkt, Umwelt u.Ä. vor ihrer Durchführung untersucht und berücksichtigt? Gibt es Institutionen, die mit dieser Aufgabe betraut sind?

- Der Grad der **legitimatorischen Absicherung** der verfolgten politischen Strategie: Werden geplante innovationspolitische Strategien im Rahmen eines gesellschaftlichen Diskurses mit beteiligten und betroffenen Gruppen erörtert? Gibt es Prozesse der Konsensbildung und des Interessenausgleichs im Hinblick auf negativ Betroffene?

Auf der Grundlage dieser Parameter lassen sich stilistisch zwei alternative Grundströmungen der Innovationspolitik gegenüberstellen: marktkonforme und interventionistische Innovationspolitik (vgl zum folgenden auch Tab. 6-1).

6.2.1.1 Marktkonforme Innovationspolitik

Die vorrangigen Ziele marktkonformer Innovations- und Technologiepolitik sind die Beschleunigung des technischen Fortschritts und die Verbesserung der internationalen Wettbewerbsfähigkeit der regionalen Wirtschaft, um auf diese Weise das Wirtschaftswachstum und die Schaffung neuer Arbeitsplätze zu forcieren.

Das Phänomen der Innovation wird dabei grundlegend begriffen als eine unveränderliche, naturwüchsige Variable, welche nicht steuerbar ist und die deshalb der Gesellschaft Anpassungszwänge auferlegt.

Hauptsteuerungsmedium dieser Variablen ist der Markt, der den Innovationsprozess nach Rentabilitätskriterien zu bestimmten Resultaten hinlenkt. Diese Ergebnisse sind weitgehend zu akzeptieren, staatliche Politik beschränkt sich vorrangig auf die Gestaltung optimaler Rahmenbedingungen für die marktgesteuerten Prozesse und greift nur dann ein, wenn die Marktsteuerung versagt, das heißt in Fällen des „Marktversagens".

Um den Wirkungsmechanismus des Marktes nicht zu beeinträchtigen werden hierbei politische Steuerungsinstrumente mit geringer Eingriffstiefe gewählt, neben der Gestaltung der Rahmenbedingungen vor allem die Generierung eines innovationsfreundlichen Klimas und von Technikoptimismus in Wirtschaft und Gesellschaft. „Harte" Instrumente in Form der Steuerung mittels Geld richten sich auf die Finanzierung von Grundlagenforschung, weil hier „Marktversagen" diagnostiziert wird, sowie auf den

Ausbau der wissenschaftlich-technischen Infrastruktur und die Unterstützung des Wissens- und Technologietransfers zwischen Wissenschaft und Wirtschaft.

Institutionelle Arrangements beinhalten die Einrichtung von Technologieministerien oder die Integration technologiepolitischer Kompetenzen ins Wirtschaftsministerium. Darüber hinaus sind für die Umsetzung technologiepolitischer Maßnahmen auch öffentlich-privat gemischte Institutionen wie zum Beispiel Technologieagenturen denkbar.

Eine Befassung mit den gesellschaftlichen Folgen des technische Wandels wird im Rahmen der marktkonformen Innovationspolitik als nicht erforderlich angesehen, da der Markt den technischen Wandel nach der Auffassung der Promotoren dieser Konzeption in optimaler Weise gemäß den Bedürfnissen vor allem der Konsumenten steuert.

Der Staat gilt als starke Ordnungsinstanz, welche die erforderlichen innovationspolitischen Maßnahmen im Sinne gesellschaftlicher Ziele ergreift und durchsetzt, eine breite gesellschaftliche Konsensbildung wird als überflüssig erachtet, da der Staat als „guter Repräsentant" der Gesellschaft handelt.

6.2.1.2 Interventionistische Innovationspolitik

Die Befürworter einer aktiven, interventionistischen Innovations- und Technologiepolitik schätzen die Leistungsfähigkeit der Marktsteuerung erheblich pessimistischer ein als die Protagonisten einer marktkonformen Politik.

Sie erachten deshalb die Gestaltung, soziale Beherrschung und aktive Beeinflussung des technischen Wandels für unabdingbar, um gesellschaftliche Ziele und eine nachhaltige Steigerung des gesellschaftlichen Wohlstands realisieren zu können.

Diese aktive Gestaltungspolitik wird nicht nur als notwendig, sondern auch als möglich und gangbar erachtet, denn der Innovationsprozess wird als ein sozialer Vorgang und deshalb veränderbare und steuerbare Größe interpretiert.

Gezielte Eingriffe in Innovations- und Strukturwandlungsprozesse sind vor diesem Hintergrund ebenso eine Selbstverständlichkeit dieses strategischen Politikkonzeptes wie der zielorientierte Einsatz aller vorhandenen, das heißt sowohl „harter" wie auch „weicher", Lenkungsinstrumente.

Innovations- und technologiepolitische Kompetenzen sollten gemäß den hinter diesem Konzept stehenden Vorstellungen institutionell konzentriert werden in einem Innovations- oder Technologieministerium, welches mit den erforderlichen Instrumenten ebenso ausgestattet wird wie mit leistungsfähigen Informationsgrundlagen.

Letztere beinhalten nicht nur Institutionen der Technologieprognose, sondern auch solche, welche sich mit Aufgaben der Technikfolgenabschätzung, der Technologiebewertung und der Technikgestaltung befassen.

Tabelle 6-2:   Alternative Konzepte der Innovations- und Technologiepolitik (ITP)

	Industriewirtschaft	**Wissensökonomie**
Hauptprodukt-kategorien	Materielle Güter, Industriewaren, herkömmliche Dienstleistungen	Informations- und Wissensprodukte, Informations-intensive Dienstleistungen, Teledienste
Wertschöpfungs-faktoren	Umfang und Modernität des ange-häuften Sachkapitalbestandes, Qualifikation der Arbeitskräfte	Umfang, Art und Qualität von Informati-on und Wissen; Fähigkeit zur Schaf-fung von Information und Wissen und ihrer Umsetzung in Güter und Dienst-leistungen
Tausch	Materielle Güter verlassen den Verkäufer	Informationen/ Wissen verbleiben trotz des Tausches auch weiterhin beim Verkäufer
Produktion und Verwendung	Materielle Güter müssen für jeden Anwender neu produziert werden; es sind „Rivalitätsgüter"	Informationen/ Wissen müssen nur einmal hergestellt werden und können von allen Nutzern verwendet werden.
Produktions-kosten	Die Herstellung jedes neuen ma-teriellen Gutes verursacht zu-sätzliche Kosten	Herstellung von Informationen/ Wissen verursachen nur einmal Kosten; weitere Kopien sind kostenlos möglich
Produktions-kosten	Mit wachsender Produktions-menge steigen die Grenzkosten der Produktion materieller Güter	Wissensproduktion ist durch steigende Grenzerträge und sinkende Grenzkos-ten gekennzeichnet
Produktions-grenzen	Aufgrund steigender Grenzkosten ist das Wachstum der Pro-duktionsmenge bei materiellen Gütern begrenzt	Aufgrund sinkender Grenzkosten gibt es für die Produktion von Wissen/ Informationen keine Grenzen
Wert der Produkte	Der Wert materieller Produkte wird maßgeblich durch den Aufwand an Produktionsfaktoren (Arbeit, Be-triebsmittel, Werkstoffe usw.) bestimmt	Der Wert von Informations- und Wis-sensprodukten wird durch die Beson-derheit und den Grad der Imitierbarkeit ihrer Wissenskomponente bestimmt
Wettbewerbs-paradigma	Preis- und Qualitätswettbewerb	Zeit- und Innovationswettbewerb
Entscheidende Wettbewerbs-parameter	economies of scale	economies of speed

Quelle: eigene Darstellung

---

205 Hucke/ Wollmann (1989), S. 24

Innovationspolitik wird nicht allein zur – differenzierten, gezielten – Beschleunigung des technischen Wandels betrieben, sondern ist auf gesamtgesellschaftliche Ziele ausgerichtet, und muss deshalb eingebunden werden in eine gesamtwirtschaftliche Strategie der langfristigen Wohlstandssteigerung.

Eine solche Strategie erfordert im Rahmen des interventionistischen Konzepts eine legitimatorische Absicherung, welche mittels geeigneter flankierender Strategien und Strukturen der Konsensbildung und des gesellschaftlichen Interessenausgleichs gewährleistet werden soll.

6.2.2 Weitere Konzepte der Innovationspolitik

In der langen Debatte über das Für und Wider interventionistischer staatlicher Politik, über unterschiedliche Möglichkeiten der Innovations-, Industrie- und Strukturpolitik sowie über das Spannungsverhältnis von Staatsintervention und Markt tauchten in den letzten Jahrzehnten die unterschiedlichsten Bezeichnungen für Konzepte der staatlichen Beeinflussung des wirtschaftlich-technologischen Strukturwandels auf. Die meisten von ihnen lassen sich einer der beiden skizzierten alternativen Grundströmungen zuordnen. Die wichtigsten dieser Konzepte werden im folgenden kurz beschrieben.

6.2.2.1 Defensive versus vorausschauende Innovationspolitik

Die Gegenüberstellung zwischen defensiver, reaktiver und vorausschauender, aktiver Innovationspolitik hat ihre Wurzeln in der Debatte über eine Neuausrichtung der Strukturpolitik in den 1970er Jahren. Sie beruht auf der Erfahrung mit herkömmlicher Struktur- und Technologiepolitik, welche auf die Überwindung struktureller Engpässe und sektoraler Krisen im Strukturwandel ausgerichtet war. Die Krisen im Agrarsektor, im Steinkohlenbergbau, im Schiffbau sowie in der Textil- und Bekleidungsindustrie waren jeweils aufgrund der räumlichen Konzentration von Produktionskapazitäten dieser Branchen eng mit regionalen Strukturproblemen verknüpft (insbes. ländliche Regionen, Ruhrgebiet, Saarland und norddeutsche Küstenregion). Mit strukturellen Anpassungshilfen versuchte der Staat, die sektoralen Schrumpfungsprozesse sozial abzufedern und den regionalen Strukturwandel hin zu zukunftsträchtigeren Produktionsbereichen zu unterstützen. Diese Politik war mit wachsenden Kosten für die zunehmend kriselnden öffentlichen Haushalte verbunden. Zudem wurden im Ergebnis vorhandene Branchen- und Wirtschaftsstrukturen konserviert und der Strukturwandel zugunsten zukunftsträchtiger Bereiche verzögert. Die Beschreibung als „defensive“ und „reaktive“ Strategie bezieht sich auf den bloß reagierenden und einzelfallbezogenen Ad-hoc-Charakter dieses Politikansatzes. Diese Politik strebt nicht danach, aus Marktdefiziten resultierende Probleme von vornherein zu vermeiden, sondern beschränkt sich auf die Bearbeitung und Überwindung der Problemfolgen und Problemerscheinungen. Zur defensiven Struktur- und Innovationspolitik werden auch die forschungs- und technologiepolitischen Maßnahmen gezählt, welche sich auf die Überwindung von - tatsächlichen oder vermeintlichen - Rückständen gegenüber anderen Ländern, insbesondere den USA, in technologischen Schlüsselfeldern richten. Die Forschungs- und Technologiepolitik der 1960er Jahre reagierte mit Förderprogrammen auf „technologische Lücken", wie sie damals in den Feldern der Nukleartechnik, der Luft- und Raumfahrttechnik und in der Informationstechnik beziehungsweise elektronischen Datenverarbeitung diagnostiziert wurden.

Der defensiven, reaktiven Politikstrategie wurde das Konzept einer aktiven, **vorausschauenden Innovationspolitik** gegenübergestellt. Diese sollte nicht ad-hoc und einzelfallorientiert betrieben werden, sondern in eine langfristig ausgerichtete, struktur- und wachstumspolitische Konzeption der gesellschaftlichen Wohlfahrtssteigerung eingebunden werden. Nicht die Reaktion auf Strukturkrisen und „technologische Lücken", sondern die Generierung technologischer Alternativen im Hinblick auf die Gestaltung einer besseren Zukunft im Rahmen der fortschreitenden internationalen Arbeitsteilung ist in diesem Konzept die zentrale Politikperspektive. Die Promotoren dieses Politikansatzes plädieren für einen Ausbau der staatlichen Planungs- und Prognosekapazitäten sowie für eine offensive Förderung von Technologiefeldern mit gesellschaftlichen Problemlösungspotenzialen (Umweltprobleme, Verkehrsprobleme, Energieversorgungsprobleme, Effizienzprobleme des öffentlichen Sektors).[206] Auf diese Weise soll der wirtschaftlich-technologische Strukturwandel in Richtung qualitativ hochwertiger, beschäftigungsschaffender und einkommensmehrender gesamtwirtschaftlicher Strukturen gesteuert werden.

6.2.2.2 Picking-the-Winner-Strategie versus Gestaltung allgemeiner Rahmenbedingungen

Das „**Picking-the-Winner**"-Konzept war (und ist) ein beliebtes Streitthema in der langen Diskussion um die Frage, ob der Staat oder der Markt das bessere Steuerungsmedium für ökonomische Prozesse sei. „Picking-the-winner" meint die Konzentration der Förderanstrengungen auf ausgewählte Unternehmen, denen ein erhebliches Potenzial an Leistungs- und Wettbewerbsfähigkeit zugerechnet wird, so dass sie sich im internationalen Wettbewerb gegenüber der ausländischen Konkurrenz durchsetzen können sollten Als „winner" werden in der Regel aktuelle oder potenzielle „national champions" ausgewählt, das heißt große, marktführende oder mit dem Potenzial zur Marktführung ausgestattete Unternehmen, welche als „global player" auf internationalen Märkten eine Rolle spielen können.

Eine hohe Aktualität hat das Konzept der gezielten Förderung und Herausbildung von nationalen Champions in den letzten Jahren durch das offensive Gebaren der französischen Industriepolitik gegenüber Deutschland erhalten. Nicht zuletzt dieser

---

206 Vgl. ergänzend Ausführungen in diesem Buch zur Phase IV in Abschnitt 5.3.2.6

Politik, welche in Frankreich auf eine lange Tradition zurückblicken kann, ist es zu verdanken, dass französische Unternehmen heute beim Ranking der US-amerikanischen Wirtschaftszeitschrift „Fortune" unter den 50 Branchen der größten 500 Unternehmen in zehn Industriebranchen weltweit als Marktführer operieren, was bei deutschen Unternehmen nur in vier Produktionsbereichen (Chemie, Versicherung, Elektrotechnik und Industrieausrüstung) der Fall ist. Nach dem Zusammenschluss von Höchst AG und Rhone-Poulenc zum französisch-deutschen Pharmakonzern Aventis im Jahre 1999 unterstützt die französische Regierung in jüngster Zeit machtvoll die Übernahme der Aventis durch die französische Sanofi, um auch in der Pharmaindustrie eine Spitzenposition eines französisches Unternehmen herbeizuführen. Andererseits sperrt sich das französische Wirtschaftsministerium nachhaltig gegen eine Übernahme von Teilen des französischen Elektrotechnikkonzerns Alstom durch die deutsche Siemens AG.

Hintergrund der verschärften Auseinandersetzung um die Bildung von nationalen Champions ist die 2004 vollzogene Erweiterung der Europäischen Union um zehn osteuropäische Staaten. Dieser Schritt verschärft die bereits harte Konkurrenz um Produktionsstandorte in Europa zusätzlich. Mit der Bildung von nationalen Champions verfolgen nationale Regierungen das Ziel, diesen Unternehmen durch Unterstützungsmaßnahmen am Binnenmarkt einen „Heimvorteil" zu verschaffen, um die wirtschaftliche Leistungs- und Wettbewerbsfähigkeit der gesamten einheimischen Wirtschaft zu verbessern. Sie erhoffen sich insbesondere, dass hierdurch Unternehmenszentralen und damit wirtschaftliche Entscheidungszentren, welche über die Standorte von Produktionen, Forschungs- und Entwicklungszentren, Firmenschließungen und die Ausweitung oder Reduzierung von Arbeitsplatzpotenzialen verfügen, im eigenen Land gehalten werden können, um damit sozialen und politischen Konflikten entgegenzuwirken. Dies gilt ungeachtet der Tatsache, dass der gemeinsame europäische Binnenmarkt solche nationalstaatlichen Strategien aufgrund ihrer wettbewerbsbeschränkenden Wirkungen eigentlich verbietet. Um dieser Kritik zu begegnen, sprechen die Promotoren solcher „Picking-the-winner-Strategien" heute weniger von „nationalen", sondern lieber von „europäischen Champions".

Entschiedene Kritik an der „Picking-the-winner-Strategie" kommt seit Jahren von Vertretern einer strikt marktwirtschaftlich-ordnungspolitisch orientierten Struktur- und Innovationspolitik. Diese vertreten die Auffassung, dass eine gute **Gestaltung wirtschaftlicher Rahmenbedingungen** (Gewährleistung eines intensiven Wettbewerbs; klare arbeits- und umweltrechtliche Gesetze, transparente und einfache Steuergesetze etc.) die beste Industrie- und Innovationspolitik sei. Ihre Kritik an der „Picking-the-winner-Strategie" richtet sich auf mehrere Punkte:

1. Die hinter dieser Strategie stehende These, dass ganze Volkswirtschaften in wirtschaftlicher Konkurrenz zueinander stünden, sei falsch. Im Wettbewerb auf Güter-, Dienstleistungs- und Faktormärkten agierten allein Unternehmen und Perso-

nen.[207] Deren Durchsetzungsvermögen am Markt hänge davon ab, wie sie ihre Erlös-Kosten-Relationen gestalten könnten.

2. Ob der Wohlstand in einem Land verbessert werden könne, hänge davon ab, dass die vorhandenen produktiven Ressourcen (Realkapital, Arbeitskraft, Wissen) möglichst effizient genutzt und weiterentwickelt werden.

3. Die gezielte Förderung nationaler Champions habe gesamtwirtschaftlich eher negative Auswirkungen. Alle Erfahrungen zeigten, dass politisch geschützte Unternehmen an Wettbewerbsfähigkeit verlören, da sie dem Druck des Wettbewerbs weniger ausgesetzt seien und deshalb Anreize und Fähigkeiten zur Innovation einbüßten. Hierdurch würden volkswirtschaftliche Ressourcen nicht nur in ineffizienten Produktionen gebunden, sondern gleichzeitig auch anderen, zukunftsträchtigeren Bereichen der Volkswirtschaft vorenthalten. Hierzu schreibt die deutsche Monopolkommission: „Die staatliche Förderung der Wettbewerbsposition eines Unternehmens oder eines Sektors mag der Schaffung oder dem Erhalt von Arbeitsplätzen bei diesem Unternehmen oder Sektor dienen. Gleichzeitig aber werden die Arbeitsplätze bei den anderen Unternehmen und Sektoren gefährdet, deren Wettbewerbsfähigkeit durch die ‚Privilegierung' der ‚nationalen Champions' belastet wird. Der Umstand, dass der Wirkungszusammenhang für die Betroffenen im Allgemeinen nicht transparent ist, enthebt die Regierung nicht der Verantwortung für diese negativen Folgen ihrer Politik."[208]

4. Politik erliegt in diesem Zusammenhang oft dem starken politischen Druck der Begünstigten der „Picking-the-winner-Strategie", da diese sich ihrer Vorteile durch die staatliche Förderung bewusst sind und sich entsprechend laut artikulieren. Den Geschädigten dieser Politik, das heißt den zukunftsträchtigen Unternehmen und Branchen, denen wirtschaftliche Ressourcen vorenthalten werden, ist dieser Zusammenhang viel weniger bewusst, oft existieren sie noch gar nicht, da ihre Gründung und Entwicklung durch den belastenden Zusammenhang verhindert wird. Deshalb haben ihre Interessen in der öffentlichen Debatte keine Stimme.

6.2.2.3 Standortorientierte Innovationspolitik

Standortorienterte Innovationspolitik strebt ebenfalls wie die „Picking-the-winner-Strategie" nach Entwicklung einer wettbewerbsfähigen Produktionsbasis im eigenen Land, ist jedoch nicht an einzelnen Unternehmen oder Branchen orientierte, sondern setzt auf die Entwicklung von leistungsfähigen räumlichen Wirtschaftsstrukturen. Ansatzpunkte der Politik sind das nationale Innovationssystem beziehungsweise regi-

---

207 Zu diesem Argument vgl. vor allem Krugman (1994)
208 Monopolkommission (2002/ 03), S. 4*

onale Innovationsnetzwerke. Dabei geht es um die Entwicklung und Verbesserung der Effizienz des nationalen Innovationssystems und seiner Subsysteme.

Ziele standortorientierter Innovationspolitik sind vor allem

- die Stärkung der technologischen Basis der Unternehmen, insbesondere auch durch Gewährleistung von hoher Wettbewerbsintensität auf den relevanten Märkten (Lead-Märkten);

- die Verbesserung der Interaktion zwischen nationalen Unternehmen entlang der Wertschöpfungskette in vielen Wirtschaftszweigen;

- die Verbesserung der Kooperation zwischen Forschungs- und Wissenschaftssystem und Wirtschaft, und zwar sowohl hinsichtlich der Forschung als auch der Lehre;

- die Verbesserung des Bildungssystems auch unterhalb und oberhalb der tertiären Bildung (Schulsystem, Weiterbildung, lebenslanges Lernen);

- die Stärkung der Innovationsorientierung in anderen staatlichen Politikfeldern (insbes. Wettbewerbs-, Finanz-, Handelspolitik).

Es gibt Einwände gegen eine, an Innovationssystemen ansetzende standortorientierte Innovationspolitik, welche Impulse für eine kontroverse Debatte setzen. Sie beziehen sich vor allem auf folgende Punkte:

- gegen den Begriff des „nationalen Innovationssystems": „Der Begriff des Nationalen Innovationssystems ist insofern irreführend, als er ein einziges System suggeriert, das sich vermittels geographischer Grenzen definieren lässt. Die Vorstellung, dass sich in den Grenzen einer nationalen Volkswirtschaft ein einziger systematischer Zusammenhang von Innovationsaktivitäten herausbildet, ist indes falsch."[209] Als richtiger Aspekt allerdings ist festzuhalten, dass Innovationen nicht allein durch einzelne Akteure, sondern im Rahmen eines gegen eine Umwelt abgrenzbaren Systems zusammenwirkender Akteure produziert werden. Richtig ist auch, dass der nationalstaatliche Rahmen gegenüber anderen entsprechenden Rahmenbedingungen jeweils Besonderheiten aufweist, die für die Generierung von Innovationen relevant sind: „Was Nationalstaaten ausmacht, ist ihre spezifische Geschichte, das heißt der Entwicklungspfad, den ihre gesellschaftlichen und ökonomischen Institutionen genommen haben. Hinzu kommen soziokulturelle Spezifika, etwa ein mehr oder weniger hoher sozialer Status für Ingenieure."[210]

- gegen die Fokussierung auf die nationalstaatliche Ebene: Innovationssysteme und Innovationsnetzwerke haben meist einen starken regionalen Bezug. Hier liegen die eigentlichen Wurzeln von nationalen Innovationssystemen. Auf ihnen bauen nationale und grenzübergreifende Innovationsnetzwerke auf. Deshalb gilt es zu un-

---

209 Meyer-Stamer (1996), S. 129
210 Ebenda, S. 130

terstreichen: „Es ist ... für ein adäquates Verständnis von Innovationsprozessen und technologiepolitischen Handlungsmöglichkeiten unangemessen, allein Nationalstaaten als Referenzrahmen zu benutzen. Hilfreicher ... ist die Betrachtung der Zusammenhänge und Wechselwirkungen zwischen lokaler, nationaler und supranationaler Ebene, zwischen lokalen Clustern und globalen Allianzen."[211]

6.2.2.4 Merkantilistische versus Laissez-faire-Innovationspolitik

Standortorientierte Innovationspolitik ist in einer anderen Variante auf Abwehr von „zu starker" globaler Konkurrenz bedacht. Sie erhält damit einen stark merkantilistischen Charakterzug.[212] Diese Variante der „neuen" beziehungsweise **„strategischen Handels- und Industriepolitik"** stützt sich auf Erkenntnisse der „neuen Außenhandelstheorie".[213] Diese weisen darauf hin, dass die Aussagen der traditionellen Außenhandelstheorie, wonach der freie Handel in allen beteiligten Ländern zur Maximierung der gesellschaftlichen Wohlfahrt führt und protektionistische Maßnahmen unweigerlich Wohlfahrtseinbußen für die Bevölkerung des betreffenden Landes mit sich bringen, nicht in jedem Fall zutreffen. So gibt es im Falle der Existenz internationaler oligopolistischer Industrien theoretisch durchaus die Möglichkeit, durch Schutz oder Förderung einheimischer Oligopolisten die gesellschaftliche Wohlfahrt in einem Land mittels Senkung der inländischen Produktionskosten oder der Umlenkung von Einkommens- und Gewinnvorteilen vom Ausland ins Inland zu steigern. Als Instrumente der staatlichen Industriepolitik kommen Forschungs- und Exportsubventionen für einheimische Unternehmen sowie tariffäre und nichttariffäre Handelsbarrieren (Zölle; Ausschluss ausländischer Unternehmen aus inländischen Vertriebskanälen) in Betracht.

Kritisch gegenüber der strategischen Industrie- und Handelspolitik wird eingewendet, dass eine Vielfalt von Voraussetzungen gegeben sein muss, soll sie tatsächlich Erfolg haben. Zu diesen unverzichtbaren Voraussetzungen zählen u.a.,[214]

---

211 Ebenda

212 Der Begriff „Merkantilismus" stammt aus dem ausgehenden Mittelalter. Er charakterisiert die Wirtschaftspolitik der absolutistischen Staaten im 16. bis 18. Jahrhundert. „Oberstes Ziel der merkantilistischen Wirtschaftspolitik war es, Geld für die Staatskasse zu beschaffen, um so die Macht des Staates zu stärken. Denn für Söldnerheere und Berufsbeamtentum benötigten die Staaten viel Geld. Sie strebten eine aktive Handelsbilanz an, d. h. mehr Export als Import, um möglichst viel Gold und Silber ins Land zu holen. Die Exportindustrie (Manufakturen) wurde durch Privilegien gefördert. Der Export von Rohstoffen wurde gehemmt, ebenso der Import von Fertigprodukten. Das Bevölkerungswachstum wurde begünstigt, da dem Produktionsfaktor Arbeit große Bedeutung zugemessen wurde. Kolonien wurden gegründet und ausgebeutet, um die Mutterländer mit Edelmetallen zu versorgen und mit Rohstoffen, von denen die Exportindustrien abhingen." Aus: Microsoft Encarta. Enzyklopädie Plus (2000)

213 Vgl. ausführlich Bletschacher/ Klodt (1992), S. 6ff.

214 Ebenda, S. 171ff.

■ dass industriepolitische Strategien dieser Art nur bei Vorliegen unvollkommener Konkurrenz wirksam werden können,

■ dass der Staat zur Ausgestaltung der Maßnahmen die jeweils konkreten Verhaltensparameter der Marktteilnehmen genau kennen muss,

■ dass der Staat darüber hinaus auch das Wettbewerbsverhalten der Unternehmen prognostizieren können muss,

■ dass der Staat in der Lage sein muss, die Höhe der Marktschranken abzuschätzen,

■ dass der Staat die tatsächliche Durchsetzung seiner Industriepolitik glaubhaft machen muss, und

■ dass Gegenstrategien anderer Länder nicht die eigenen Strategien konterkarieren.

6.2.2.5 Industrial Targeting

Industrial targeting ist eine Variante merkantilistischer Politik und besitzt auch eine gewisse Nähe zur „Picking-the-winner-Strategie". Durch die nachhaltige Förderung ausgewählter Industriezweige, denen für die gesamtwirtschaftliche Wettbewerbsfähigkeit auf den Weltmärkten große Bedeutung zugeschrieben wird und/ oder von denen man sich überdurchschnittliche wirtschaftliche Wachstumschancen erhofft, soll die Position in der internationalen Arbeitsteilung verbessert und die nationale Wohlfahrt gefördert werden. Zum Gegenstand weltweiter Debatten wurde diese Strategie aufgrund der außerordentlichen Wachstums- und Exporterfolge, welche Japan in den vier Jahrzehnten nach dem zweiten Weltkrieg vorweisen konnte. Diese Erfolge wurden zu einem erheblichen – wenn auch seit den 1980er Jahren abnehmenden – Teil der Industrie- und Innovationspolitik des MITI (Ministry of International Trade and Industry) zugeschrieben, dem es offenbar gelang, die in den 1950 Jahren noch durch Leichtindustrien (Textil- und Konsumgüterbranchen) geprägte Struktur der japanischen Wirtschaft innerhalb von wenigen Jahrzehnten zunächst auf Schwerindustrien (Eisen- und Stahlindustrie, Chemieindustrie, schwere Investitionsgüterindustrien) und anschließend auf Hochtechnologiebranchen (Informationstechnik- und Elektronikindustrie, neue Werkstoffe, Bio- und Gentechnologie) gestalten.

Ohne hier alle Facetten der Industrie- und Innovationspolitik des MITI ausleuchten zu können, wollen wir doch kurz den Ansatz des **Industrial targeting** anhand des japanischen Beispiels beschreiben. Ziel ist die Verwirklichung einer wachstumsoptimalen Branchenpalette. Das zentrale Kriterium der Auswahl und Bewertung von förderungswürdigen Branchen ist ihre aktuelle oder zukünftige Position im internationalen Wettbewerb. So werden Industriezweige nach harten ökonomischen Merkmalen beurteilt: Technologie-, Kapital- und Arbeitsintensität, Kostenstrukturentwicklung, Humankapitalintensität, internationale Konkurrenzfähigkeit, Exportpotenziale. Vor diesem Hintergrund werden die Branchen in vier Gruppen klassifiziert:[215]

---

215 Nach McMillan (1985), S. 65ff.

a. „Star performers": Diese besitzen überdurchschnittliche Wachstumspotenziale und hohe gesamtwirtschaftliche Wertschöpfungsanteile;

b. „Potential future stars": Bei diesen erhofft man sich positive Entwicklungsperspektiven, wenn bestimmte Entwicklungsengpässe (wie zum Beispiel zersplitterte Betriebsgrößenstruktur, Mangel an Finanzierungsmitteln, Defizite an Sachkapital, an Forschungs- und Entwicklungskapazitäten und an qualifizierten Arbeitskräften, etc.) beseitigt werden;

c. Branchen im Endstadium ihres Produktlebenszyklus: Bei diesen handelt es sich oft um „yesterday's star performers"; ihre technologische Basis ist ausgereift, es besteht ein wachsender Konkurrenzdruck aus industriellen Schwellenländern mit geringen Lohn- und oft niedrigen Energiekostenniveaus. Durch beschleunigte Prozessinnovationen kann ihre Konkurrenzposition noch zeitweilig verteidigt werden, der Strukturwandel wendet sich jedoch mehr und mehr gegen diese Branchen und transformiert sie allmählich in „Throwaway-industries";

d. „Throwaway-industries": Hierbei handelt es sich um Wirtschaftszweige mit geringen Wachstumspotenzialen und niedrigen Wertschöpfungsquoten.

Das MITI unternahm nicht nur Anstrengungen, um die in den ersten beiden Gruppen zusammengefassten „sunrise"-Industrien gezielt aufzubauen und zu stärken. Seit der Verschärfung der gesamtwirtschaftlichen Probleme Mitte der 1970er Jahre wurden auch einschneidende Maßnahmen ergriffen, um einen beschleunigten Rückzug von Ressourcen aus strukturgefährdeten Branchen einzuleiten. Zu solchen „sunset"-Industrien zählten in Japan damals zum Beispiel die Aluminiumgießereien, der Schiffbau, die Stahlindustrie und die Petrochemie.

6.2.2.6 Missions- versus diffusionsorientierte Innovationspolitik

Die Unterscheidung stammt von Ergös[216] und macht sich vor allem an den unterschiedlichen Zielsetzungen fest, die unterschiedlichen Ziele wirken jedoch auch bis auf die Ebene der Ansatzpunkte, Instrumente und Ausgestaltung der jeweiligen Strategien.

Missionsorientierte Innovationspolitik formuliert weitreichende wirtschaftliche und/ oder gesellschaftliche Ziele und stimuliert und bündelt damit auf breiter Basis Anstrengungen, diese Ziele mittels technologischer Durchbrüche und Erschließung neuer Technologiekorridore zu realisieren. Auf diese Weise soll die gesellschaftliche Wissensbasis spürbar vergrößert werden. Missionsorientierte Innovationspolitik bedient sich technologischer Großprojekte, die ihren historischen Ursprung in militärischen Großprojekten der USA während des zweiten Weltkriegs haben. Hervorzuheben ist das Manhattan-Projekt, welches das Ziel hatte, den Wettlauf der USA mit Nazideutschland um den Bau der ersten Atombombe zu gewinnen. Technologische Groß-

---

216 Ergös (1986)

projekte wurden auch in den Jahrzehnten nach dem Krieg immer wieder gestartet, vor allem in der Luft- und Raumfahrt (zum Beispiel Apollo-Programm), um „große" Ziele wie die Landung eines Menschen auf dem Mond zu erreichen. Technologische Ziele waren in den USA stets verflochten mit militärischen und sicherheitspolitischen Zielsetzungen. Viele aus Gründen der nationalen Sicherheit umgesetzte Großprojekte führten zu Techniken, für die auch im zivilen Bereich Anwendungsmöglichkeiten erschlossen werden konnten („dual-use-"Technologien). Auch die heute als Schlüsseltechnologiefelder geltende Bio- und Gentechnologien oder die neuen Informations- und Kommunikationstechnologien erhielten wichtige Impulse aus sicherheitspolitisch motivierten Technologieprogrammen. In Europa, vor allem in Deutschland, ist diese Tradition missionsorientierter Innovationspolitik weniger stark verwurzelt. Allenfalls Frankreich und Großbritannien können auf gewisse Erfahrungen mit sicherheitsorientierten technologischen Großprojekten zurückgreifen (zum Beispiel Concorde-Projekt). Und festzuhalten bleibt: „Ohne entsprechende Initiativen Frankreichs im Bereich der Luft- und Raumfahrtindustrie wäre die heutige Existenz der Airbus- oder Arianespace-Industrie nicht vorstellbar. Deutschland trat diesen Initiativen meist nur als zweitrangiger Kooperationspartner bei, ohne dabei jedoch die Fähigkeit zur Systemführerschaft entwickeln zu können."[217]

Auch in Deutschland spielte missionsorientierte Innovationspolitik in den letzten 50 Jahren eine gewisse Rolle (Förderprogramme für die Nukleartechnologie, die Luft- und Raumfahrttechnologie und die Computertechnologie), Deutschlands Stärken liegen jedoch eher in der **diffusionsorientierten Innovationspolitik**. Diese zielt auf die Stimulierung der Verbreitung neuer Techniken über möglichst viele Bereiche der Wirtschaft, um so die Vorteile neuen technologischen Wissens im Sinne gesellschaftlicher Ziele möglichst weitgehend auszuschöpfen. Es geht bei dieser Strategie also nicht - wie bei der missionsorientierten Innovationspolitik - um die Vergrößerung der gesellschaftlichen Wissensbasis, sondern um die möglichst breite und effiziente Nutzung des jeweils vorhandenen Wissensfundaments im Hinblick auf die Lösung wirtschaftlicher (zum Beispiel Verbesserung der Leistungs- und Wettbewerbsfähigkeit) und gesellschaftlicher Probleme (zum Beispiel Verkehrs-, Umweltprobleme). Eine besonders wichtige Zielgruppe diffusionsorientierter Innovationspolitik ist der Sektor der kleinen und mittleren Unternehmen, der nicht über eigene Forschungs- und Entwicklungsabteilungen verfügt und deshalb auf Unterstützung in Innovationsprozessen angewiesen ist. Die innovationspolitische Förderung dieses Sektors ist nicht zuletzt deshalb außerordentlich bedeutsam, da dieser Sektor rund zwei Drittel der gesamtwirtschaftlichen Arbeitsplätze bereitstellt und dieses Arbeitsplatzpotenzial nur bei anhaltenden Innovationsaktivitäten auf Dauer erhalten und erweitert werden kann.

---

217 Erber (1998), S. 16

6.2.2.7 Angebots- versus bedarfsorientierte Innovationspolitik

Angebotsorientierte Innovationspolitik stützt sich auf die „Science-push-These"[218] und fördert die Ausweitung des Angebots neuer Techniken, welche nach technikimmanenten Kriterien erfolgt. Über Zwecke und konkrete Anwendungsformen der neuen Techniken entscheidet später das Kalkül des Marktes.

Dieser Glaube an die optimale Steuerung des technischen Fortschritts durch die Marktkräfte wurde bereits in den frühen 1990er Jahren in Frage gestellt, ein „Perspektivwechsel" in der Innovationssteuerung wurde gefordert.[219] Das traditionelle angebotsseitige Steuerungsverständnis mag noch bei Verbesserungsinnovationen im Konsumbereich tragen, es stimmt allerdings schon nicht mehr bei technischen Neuerungen, deren Nutzung auf öffentliche Infrastrukturen angewiesen ist. Es wird noch fragwürdiger bei Kombinationstechnologien, bei denen erfolgreiche Innovationen vom optimalen Zusammenwirken unterschiedlicher Forschungsanstrengungen aus verschiedenen Technologiebereichen abhängig sind. Hier kann der Markt nicht mehr optimal koordinieren. Gänzlich unrealistisch wird dieses Konzept bei Infrastrukturinnovationen, zum Beispiel im Telekommunikations-, Verkehrs- und Energiebereich. Hier sind oft vorlaufende oder komplementäre institutionelle Innovationen einzuleiten, um die Nachfrage nach neuen technischen Problemlösungen im kollektiven Güter- und Dienstleistungsbereich zu organisieren und in Gang zu setzen. Solartechnologien zum Beispiel können nur bedarfsgerechte Fortschritte erfahren, wenn entsprechende nachfragestimulierende institutionelle Rahmenbedingungen geschaffen worden sind. Ebenso lässt sich die Entwicklung von Abfallvermeidungs- und Abfallrecyclingtechniken erst dann in voller Breite erwarten, wenn die institutionellen Strukturen einer vorsorgenden Abfallwirtschaft geschaffen worden sind. Ein anderes Beispiel: das institutionelle, konzeptionelle Gerüst des integrierten Verkehrssystems der Zukunft ist die unverzichtbare Voraussetzung dafür, die benötigten Infrastruktur- und Verkehrstechniken gezielt zu erarbeiten.

Angebotsorientierte Innovationspolitik, welche sich auf die Forcierung einzelner Technologielinien oder Technologiefelder konzentriert, unterliegt zahlreichen Risiken:

■ So ist die Identifizierung förderungswürdiger Technologien in hohem Maße von dem Urteil der wissenschaftlichen und wirtschaftlichen Eliten, die in der Regel als Gutachter fungieren, abhängig. Viele dieser Gutachter treten später auch als Subventionsempfänger auf und profitieren von ihren früheren Bewertungen. Falsche technologiepolitische Weichenstellungen sind deshalb leicht möglich.

---

218 Vgl. den ersten Abschnitt dieses Kapitels

219 Meyer-Krahmer (1994), S. 23ff., formuliert diese Forderung für die Informationstechnik, sie war jedoch bereits damals für alle Technologiefelder eine aktuelle Anforderung. Vgl. zum folgenden Welsch (1994), S. 254ff.

■ Darüber hinaus werden mit dieser Strategie der Technologieförderung in hohem Maße Forschungs- und Entwicklungskapazitäten und Investitionskapital „auf Verdacht" absorbiert, das heißt es bleibt lange Zeit ungewiss, ob sich diese Forschungsgelder auszahlen werden. Die Gefahr, an zukünftigen Bedarfen vorbei zu produzieren, ist deshalb groß.

■ Die erst in einem recht späten Stadium des Innovationsprozesses stattfindende Verkoppelung von forschungsleitenden Interessen mit anwendungsbezogenen Zielen ist mit hohen Fehlschlagsrisiken verbunden. Fehlschläge stellen sich oft erst dann heraus, wenn Produkte bereits auf den Markt gebracht oder in Form neuer Produktionsverfahren und Arbeitssysteme in Betrieben und Verwaltungen eingeführt werden sollen. Vielfach gibt es „Forschungsruinen", die über Jahre staatlich finanziert worden sind, aber anschließend kein Unternehmen vermarkten wollte, zum Beispiel den Großcomputer „Suprenum", die Magnetschnellbahn „Transrapid" oder den nukleartechnologischen „Schnellen Brüter". Bei solchen Projekten schien zunächst der Bedarf in der Zukunft keine Frage zu sein. Er lag offenbar auf der Hand. Oder die Faszination des technisch Möglichen ließ die Frage nach eventuellen Bedarfen und praktischem Nutzen erst gar nicht aufkommen.

Bedarfsorientierte Innovationspolitik will diesen Risiken begegnen, indem neue Technologien stärker unter dem Blickwinkel ihres potenziellen Beitrags zu wirtschaftlichen und gesellschaftlichen Problemlösungen gefördert werden. Innovationsförderung soll möglichst frühzeitig und eng mit potenziellen Anwendungen verkoppelt werden. Richtig ist der Einwand, wie sicher man heute die Anwendungen von morgen erkennen kann (Informationsproblem)?! Dieser Einwand trifft gewiss bei vielen Gütern und Dienstleistungen des privaten Investitions- und Konsumbedarfs zu. Relativ gute Chancen der Identifizierung zukünftiger Anwendungspotenziale gibt es allerdings dort,

■ wo sich entweder eine zunehmende Knappheit von unverzichtbaren Ressourcen für die weitere wirtschaftliche Entwicklung (zum Beispiel preiswerte, ökologisch verträgliche und ausreichend verfügbare Energieversorgung) abzeichnet, oder aber

■ wo sich das Aufkommen neuer Bedürfnisse mit wachsender gesellschaftlicher Bedeutung bereits heute erkennen lässt. Hierzu zählen zum Beispiel neue Ansprüche der Menschen an die Erwerbsarbeit, wachsende Bedürfnisse nach hoher Umweltqualität, das verstärkte Eintreten von Teilen der Bevölkerung für weniger riskante, sicherere und umweltfreundlichere Systeme der Energieversorgung etc.

Das sind Trends, die nicht nur bis zum Ende dieses Jahrhunderts anhalten, sondern die sich sogar noch verstärken werden. Wird solchen Trends nicht Rechnung getragen, stauen sie sich auf und werden zu Engpässen und Hindernissen für die weitere sozioökonomische Entwicklung. Innovationspolitik kann sich an diesen Trends orientieren. Der Staat kann seinen Bedarf nach innovativen Problemlösungen im Ökologie-, Verkehrs-, Energie- und Gesundheitsbereich ebenso wie im Bereich humaner Dienstleistungen jeweils bündeln und frühzeitig durch entsprechende Nachfrage gegenüber der

Wirtschaft artikulieren. Öffentliche innovationspolitische Institutionen können dar-über hinaus gesellschaftliche Diskurse über solche zukünftigen Engpässe der gesell-schaftlichen Entwicklung organisieren, um ein Problembewusstsein dafür zu wecken und die Suche nach innovativen technologischen wie organisatorischen Lösungen stimulieren.

6.2.2.8 Lead-market-orientierte Innovationspolitik

Als eine Variante bedarfsorientierter Innovationspolitik kann die speziell auf die Si-cherung und Entwicklung von Lead-Märkten[220] ausgerichtete innovationspolitische Strategie gelten. Dabei geht es nicht um eine allgemeine Orientierung der Innovatio-nen auf die Nachfrageseite, sondern es geht um die Sicherung und Entwicklung von Nachfragebereichen, denen Innovationen Rechnung tragen, die auch auf internationa-len Märkten eine bedeutende Rolle spielen.

Wesentliche Elemente und Ansatzpunkte einer Lead-market-orientierten Innovations-politik sind:[221]

- Förderung des Wettbewerbs zwischen Innovationsdesigns,

- Gewährleistung der Offenheit gegenüber der Diffusion neuer Technologien aus anderen Ländern,

- Ausrichtung der Technologieförderung an zukünftigen, internationalen Trends im Bereich der Technologieanwendung,

- Orientierung auf Lead-market-Vorteile vor allem von Anwendungen mit großem inländischen Marktpotenzial,

- Drängen auf weltweit offene Märkte, u.a. durch Einsatz für einheitliche Regulie-rungen und Standards.

6.2.2.9 Hardware- versus orgware-orientierte Innovationspolitik

Innovationspolitische Ansätze können auch danach unterschieden werden, an welcher Komponente der Technologie sie vorrangig ansetzen. Meyer-Stamer unterscheidet zwischen Elementen und Gegenständen von Technologie (s. Abb. 6-1).

Elemente von Technologie sind

a. die **technische Hardware**: Damit ist die „spezifische Konfiguration von Maschinen und Ausrüstungen zur Herstellung eines Gutes oder zur Erbringung einer Dienst-leistung" gemeint;

---

220 Vgl dazu ausführlich den ersten Abschnitt dieses Kapitels
221 Vgl. ZEW (2002), S. 116ff., insbesondere S. 118

b. das **Know-how** als Zusammenfassung alles wissenschaftlichen und technologischen Wissens sowie der formalen Qualifikationen und des angesammelten Erfahrungswissens;

c. die **Organisation**: Das sind die Methoden und Praktiken des Managements, mit deren Hilfe technische Hardware und Know-how kombiniert werden.

Abbildung 6-1:   *Die Komponenten von Technologie*

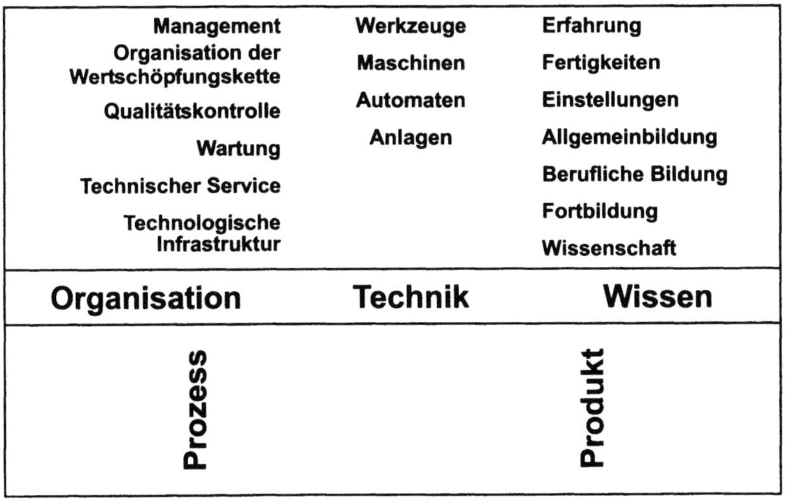

Organisation	Technik	Wissen
Management Organisation der Wertschöpfungskette Qualitätskontrolle Wartung Technischer Service Technologische Infrastruktur	Werkzeuge Maschinen Automaten Anlagen	Erfahrung Fertigkeiten Einstellungen Allgemeinbildung Berufliche Bildung Fortbildung Wissenschaft
Organisation	**Technik**	**Wissen**
Prozess		**Produkt**

Quelle: Meyer-Stamer (1996), S. 84

Gegenstände der Technologie sind jene Vorgänge und Dinge, in die Technologien integriert werden beziehungsweise zur deren Realisierung Komponenten der Technologie genutzt werden. Das sind einerseits der Herstellungs- beziehungsweise Produktionsprozess für ein bestimmtes Produkt, andererseits das Produkt als Ergebnis des Produktionsprozesses.

Hardware-orientierte Innovationspolitik setzt an der Technik beziehungsweise der technischen Hardware an. Sie fördert die Erforschung und Entwicklung von einzelnen Techniken wie neuen Maschinen oder Werkzeugen. Gefördert werden auch bestimmte, als „zukunftsträchtig" bewertete Techniklinien, z. B. die Mikroelektronik, die Biotechnologie oder die Nanotechnologie.

Kritiker dieses Ansatzes halten diese „technologiezentrierte" Innovationsförderung für zu kurz gegriffen und wenig erfolgreich. Ihr Hauptargument bezieht sich auf die Erkenntnis, dass für viele Innovationsprozesse der wichtigste Engpass weniger in der

Technologie, als vielmehr in den Elementen Organisation und Wissen zu suchen ist. Staudt/ Kottmann zum Beispiel argumentieren: „Aus der Evaluation von abgelaufenen Programmen der Forschungs- und Technologiepolitik wird deutlich, dass die in der Vergangenheit auf Technik konzentrierte Förderung nicht zu Innovationen führt, weil der Aufbau des für wirtschaftliche Erfolge und neue Arbeitsplätze erforderlichen Innovations-Know-hows mehr ist als technisch-naturwissenschaftliche Erkenntnisgewinnung. Aufgrund des einseitigen Pushes in neue Techniken werden Innovationen immer wieder in unangepassten Betriebs- und Personalstrukturen versucht. Da die Umsetzung der Techniken durch den Know-how-Bestand der innovierenden Unternehmen begrenzt wird, scheitern technische Neuerungen oder finden nur stark verzögert statt, wenn Kompetenzen im Bereich Personal zu spät aufgebaut werden."[222]

Als Alternative zur hardwareorientierten wird eine soft- beziehungsweise **orgwareorientierte Innovationspolitik** favorisiert. Diese Strategie konzentriert sich auf die Entwicklung der „weichen" Elemente der Technologie. Dabei geht es einerseits um die Förderung der Qualifikationen, der Fertigkeiten und Kompetenzen der Arbeitskräfte, auch um den Zuschnitt passender Zuständigkeiten und Verantwortungsbereiche in Entwicklung und Produktion und nicht zuletzt um die Ermöglichung kreativen, kooperativen und lernförderlichen Arbeitshandelns als günstiger Nährboden für die Entstehung von Innovationen. Andererseits müssen innerbetriebliche und betriebsübergreifende Organisationsstrukturen möglichst innovationsfördernd gestaltet werden. Innovationspolitik richtet dabei ihr Augenmerk vor allem auf die

- Organisation der Erforschung und Entwicklung von neuen Produkten: Hier geht es um Überwindung der sequentiellen Organisation von Forschung und Entwicklung, Fertigung, Absatz und Marketing durch parallele Entwicklung und Integration dieser Phasen, und zwar mit der Intention, Entwicklungszeiten zu verkürzen, die Fertigungseffizienz zu steigern und die Vermarktung zu fördern;

- Organisation der Produktion: Effiziente Gestaltung der Durchlaufzeiten, Fertigungsverfahren, und der Lagerhaltung;

- Organisation der Beziehungen zu Lieferanten: Etablierung effizienter Just-in-time-Konzepte, Verringerung der Fertigungstiefe und Konzentration der eigenen Aktivitäten auf die Kernkompetenzen, Neugestaltung der „Zuliefererpyramide", Integration der Zulieferer in FuE-Projekte oder Verlagerung der FuE zu den Lieferanten;

- Organisation der Beziehungen zu den Abnehmern und Kunden: Integration „innovativer" Kunden in FuE-Projekte, Gewährleistung einer systematische Kommunikation mit diesen Kunden.

Eine sorgfältige Analyse beider Ansätze zeigt, dass sie keineswegs als gegensätzliche Strategien betrachtet werden müssen, sondern dass sie sich gegenseitig ergänzen können und müssen: So richtig es ist, dass eine allein auf Technikentwicklung fokussierte

---

222 Staudt/ Kottmann (2001), S. 18f.

Förderstrategie nicht sehr erfolgreich sein kann, so falsch wäre es, diese durch eine pure orgware-orientierte Politik zu ersetzen. Letztere ist auch auf technische Innovationen beziehungsweise neue Techniken angewiesen und diese fallen nicht vom Himmel, sondern müssen von Innovatoren hervorgebracht werden. Deshalb liegt in der intelligenten Verknüpfung von technischen, organisatorischen und sozialen Innovationen ein „Königsweg" innovationspolitischer Strategie, das heißt eine neue Technik, deren Entwicklung bis zur Marktreife in bestimmten Fällen durchaus auch staatliche Maßnahmen zur Unterstützung erfordern kann, wird nicht isoliert in den Produktionsprozess eingeführt, sondern in Abstimmung mit vorausgehenden und/ oder flankierenden organisatorischen Innovationen (Neuorganisation von Produktionsabläufen, Schaffung einer komplementären technologischen Infrastruktur) und sozialen Innovationen (Qualifizierungsmaßnahmen, Dezentralisierung von Weisungsbefugnissen, Aufgabenerledigung und Verantwortung, Abbau von Hierarchie).

6.2.2.10 Partizipative Innovationspolitik

Dieser Ansatz bezieht sich auf das Verfahren und auf die Durchführung der Innovationspolitik. Wie wird Innovationspolitik betrieben, wer setzt die Ziele, wer entscheidet wie über die eingesetzten Steuerungsinstrumente? Das sind Fragen, die für einen partizipativen Ansatz der Innovationspolitik im Vordergrund stehen. Nicht nur die unmittelbaren „Produzenten" neuer Techniken, das heißt die Ingenieure und Technologieanbieter, sollen über die Richtung des technischen Fortschritts entscheiden, sondern auch die späteren Nutzer und Anwender sollen in diese Entscheidungen frühzeitig einbezogen werden. Zeitweilig praktiziert beziehungsweise ausgelotet wurde ein solcher partizipativer Ansatz im nordrhein-westfälischen Förderprogramm „Sozialverträgliche Technikgestaltung" (SoTech).[223]

Meyer-Stamer hat beobachtet, dass partizipative Technologiesteuerung beziehungsweise Technologieentwicklung in Entwicklungsländern bereits weit verbreitet ist: „Neue technische Verfahren, Organisationsmuster und technische Artefakte werden nicht von Ingenieuren entwickelt und dann den Nutzern nach dem Motto Friss oder stirb! vor die Füße geworfen, sondern es werden in moderierten Prozessen Probleme identifiziert und priorisiert, und im Anschluss daran werden alternative Lösungsmöglichkeiten entwickelt – die genauso in einfache organisatorische Änderungen wie in aufwendige Entwicklungsarbeiten, die wiederum in ständiger Rückkoppelung mit den künftigen Nutzern stattfinden, münden können."[224] Demgegenüber sei es in vielen Industrieländern bis heute üblich, innovationspolitisch nach dem „Bombenabwurfprinzip" zu verfahren, was bedeutet: „Technologieanwender sind die unschuldigen Opfer von Artefakten und Organisationsprinzipien, die ohne ihre Beteiligung oder auch nur vorherige Information entwickelt und dann auf sie geworfen werden. Günstigenfalls wird eine Partizipationsillusion erzeugt, indem vor flächendeckender Ein-

---

223 Vgl. dazu Abschnitt 5.6.2 dieses Buches
224 Meyer-Stamer (1996), S. 177

führung einer neuen Technik Feldversuche durchgeführt werden, bei denen die Nutzer auch befragt werden.“[225] In diesen Fällen sei jedoch die Technik bereits fertig entwickelt und dem potenziellen Anwender bliebe allenfalls noch die Durchsetzung marginaler Änderungen. Der spätere Anwender hat deshalb allenfalls noch die Alternative, die Technik zu kaufen oder aber abzulehnen. Beides ist jedoch mitnichten eine Form der Partizipation an der Technikentwicklung beziehungsweise am Innovationsprozess.

6.3 Handlungsspielräume und Grenzen der Innovationspolitik

Handlungs- und Wirkungsspielräume der Innovationspolitik sind begrenzt. Die Möglichkeiten und Grenzen der Einflussnahme auf das Innovationsgeschehen werden ganz wesentlich durch die am Beginn dieses Kapitels dargelegten Bedingungen geprägt. Wir wollen die Handlungsspielräume und ihre Begrenzungen anhand ausgewählter wichtiger Elemente des Bedingungsgefüges von Innovationen im folgenden skizzieren. Das sind dessen wachsende Komplexität, die strukturellen Merkmale unterschiedlicher Innovationsmuster, die Widerstände bei der Erschließung neuer technologischer Entwicklungskorridore („trajectories“), die Eigenheiten der Wissensökonomie und der fortgeschrittene Prozess der wirtschaftlichen Globalisierung.

6.3.1 Wachsende Komplexität als Steuerungsbegrenzung

Bereits die eingangs dieses Kapitels dargelegte Erörterung der wachsenden Komplexität des Bedingungsgefüges, aus dem Innovationen hervorgehen, hatte verdeutlicht, dass es für staatliche Innovationspolitik keine klaren und eindeutigen Eingriffspunkte in diesem Geschehen gibt.[226] Es wurde auch bereits deutlich, dass öffentliche Instanzen gar nicht über das Know-how verfügen, Innovationen detailliert steuern zu können, sondern dass dieses Wissen auf eine Vielzahl von zusammenwirkenden Akteuren verteilt ist. Diese Akteure verfügen auch über einen Großteil der Steuerungsressourcen, welche für die Richtung und die Breite von Innovationsprozessen jeweils maßgebliche Einflussgrößen darstellen. Deshalb hat der Staat nicht die Macht, als zentral bestimmende Institution der Innovationsentwicklung aufzutreten und dieser jeweils eine gewollte Richtung aufzuzwingen. Unsere erste Schlussfolgerung hinsichtlich der Möglichkeiten und Grenzen staatlicher Innovationspolitik lautet deshalb, dass öffentliche Instanzen allenfalls als wenige unter vielen an Innovationsprozessen beteiligten Ak-

---

225 Ebenda
226 Vgl. die Ausführungen zur These der „Policy-Netzwerke“

teuren über die Kooperation mit anderen versuchen können, die Richtung von Innovationsprozessen im Sinne gesellschaftlicher Zielsetzungen zu beeinflussen. Sie sind dabei auf deren Kooperationsbereitschaft und Kooperationsfähigkeit ebenso angewiesen wie auf die Voraussetzung, dass sich die beabsichtigten Steuerungsziele mit den Eigeninteressen der beteiligten Akteure – zumindest teilweise – decken, so dass diese ein Eigeninteresse an der Zielrealisierung haben.

6.3.2 Unterschiedliche Innovationsmuster

6.3.2.1 Steuerung von Verbesserungs- und Folgeinnovationen

In diesem Falle ist die Steuerung durch den Markt in der Regel äußerst wirksam. Innovationen erfolgen innerhalb eines abgesteckten technologischen Korridors, der für die Marktbeteiligten den Grad der Unsicherheit ihres Handelns reduziert.[227] Staatliche Innovationssteuerung hat deshalb ein Legitimationsproblem, will sie steuernd eingreifen. Interventionsbedarf ergibt sich im Falle erkennbaren „Marktversagens", das heißt wenn Marktsteuerung des technischen Fortschritts zu wachsenden Umweltbelastungen, gravierenden Regionalproblemen und/ oder Gefährdungen der Sicherheit von Beschäftigten oder Anwohnern führt. Ansonsten hat Innovationspolitik die Möglichkeit, den marktgesteuerten technischen Wandel durch allgemeine Maßnahmen wie den Ausbau der technologieorientierten Infrastruktur, die Ausbildung von Technikern und Ingenieuren, Weiterbildungsangebote für Innovationsträger, Bereitstellung zinsgünstigen Risikokapitals etc. zu unterstützen.

In diesem Rahmen sind die Handlungs- und Wirkungsspielräume staatlicher Innovationspolitik durchaus in erheblichem Umfang gegeben, da die beteiligten Akteure in der Regel eine gemeinsame Interpretation der Problemlage haben und ein Konsens hinsichtlich der Problemlösungswege gegeben ist. Grenzen für staatliche Innovationssteuerung sind zu erwarten, wenn es Konflikte und/ oder unüberbrückbare Interessenwidersprüche zwischen beteiligten Akteuren gibt. Grenzen tauchen auch dann auf, wenn aus anderen Gründen Akteure die Kooperation verweigern oder aber zur Kooperation nicht fähig sind, weil sie zum Beispiel von einer ausländischen Konzernzentrale gesteuert werden.

6.3.2.2 Innovationspolitik bei radikalen und Basisinnovationen

In diesen Fällen geht es um das Ausbrechen aus vertrauten Entwicklungslinien und um die Neudefinition und Genese von technologischen Korridoren. Dabei steht staatliche Innovationspolitik nicht nur vor erheblich höheren Barrieren, sondern auch vor viel größeren Anforderungen. Ihre Interventions- und Wirkungsspielräume sind noch

---

227 Die Argumentation in diesem Abschnitt stützt sich teilweise auf Meyer-Stamer (1996), S. 110ff.

einigermaßen groß, wenn die betroffenen Wirtschaftsbereiche bereits in einer tiefen Strukturkrise stecken. In einer solchen Situation wird deutlich, dass der gegebene technologische Korridor ausgereizt ist, dass seine ökonomischen Potenziale versiegt sind. Entsprechend schwach ist dann die Situation der den herkömmlichen Korridor tragenden Akteure und Interessen. Bei einer wachsenden Anzahl von Akteuren wächst die Einsicht, dass die Branche untergeht, wenn es nicht gelingt, einen neuen technologischen Korridor zu identifizieren und zu erschließen. Der Staat kann in dieser Situation als Moderator bei der Suche nach einem neuen Korridor gefragt sein.

Enger gezogen sind die Handlungsspielräume der Innovationspolitik, wenn der technologische Umbruch sich noch in einem Frühstadium bewegt. In dieser Phase dominierend die Interessen der den Technologiekorridor tragenden Akteure, welche auf Erhaltung des Korridors orientiert sind. Diese werden sich zumindest informell zusammenschließen. Sie werden versuchen, „newcomer", welche in den etablierten Markt und Korridor eindringen wollen, abzuwehren, um ihre schrumpfenden Gewinnmargen zu retten. Potenzielle Gewinner des Umschwenkens auf einen neuen Technologiekorridor sind in dieser Phase noch zu schwach, um ausreichend Einfluss ausüben zu können. Insgesamt lässt sich für diese Situation das Fazit ziehen, dass staatliche Innovationspolitik geringe Möglichkeiten des Handelns und wenig Erfolgsaussichten hat.

6.3.3 Neudefinition von „trajectories"

Wie ist es überhaupt möglich, neue technologische Entwicklungskorridore („trajectories") zu definieren und zu erschließen? Das setzt Suchprozesse voraus, da sich gänzlich neue Technologiefelder nicht von selbst anbieten, sondern gesucht und oft mühsam entwickelt werden müssen. Man kann zwischen zwei grundsätzlich alternativen Wegen, zu neuen technologischen Korridoren zu kommen, unterscheiden[228]: zum einen den marktgesteuerten Suchprozess, zum anderen den akteursgesteuerten Suchprozess.

6.3.3.1 Marktgesteuerter Suchprozess

Dieser Weg lässt staatliche Innovationspolitik außen vor und vertraut auf die Marktkräfte. Unternehmen begeben sich allein oder in Kooperation mit anderen Firmen auf den Weg, um Innovationsfelder zu identifizieren. Dabei kann es sich um völlig neue Produkte, neue Organisationskonzepte, neue Herstellungsmethoden bekannter Produkte, neue Marketingkonzepte o.Ä. handeln. Für ein Unternehmen ist die Identifikation und Definition eines neuen Technologiekorridors ein durchaus reizvolles Unterfangen, da im Falle des Erfolgs erhebliche Profitchancen winken.

---

228 Vgl. Meyer-Stamer (1996), S. 123ff.

Zwei Aspekte sind dabei auseinander zu halten:

- „Der erste Anreiz ergibt sich daraus, dass ein Unternehmen, das im neuen Korridor an der Spitze der Entwicklung liegt, Innovationsrenten erwarten kann." Aufgrund der temporären Monopolposition kann dieses Unternehmen Extraprofite über eine gewisse Zeit erwirtschaften.

- „Der zweite Anreiz ergibt sich aus der Definitionsmacht, innerhalb des Korridors in einem gewissen Rahmen Standards weiterzuentwickeln beziehungsweise zu verändern, um sich auf diese Weise Wettbewerbsvorteile gegenüber nachdrängenden Konkurrenten zu verschaffen."[229]

Der Weg des marktgesteuerten Suchprozesses nach neuen Innovationsfeldern hat Vorteile insofern, als die Suche breit gefächert verläuft und der Markt als „Entdeckungsprozess" seine Stärke ausspielen kann. Die beteiligten Unternehmen werden alle Kräfte mobilisieren, um sich die lockenden Extragewinne selbst aneignen zu können. Auch wenn der Suchprozess aufgrund der fehlenden Koordination der Beteiligten aufwendig sein mag, so bleiben eventuelle Verluste durch Fehlentwicklungen und Fehlinvestitionen dieses „trial-and-error-Prozesses" aus gesamtwirtschaftlicher Sicht eher bescheiden.

6.3.3.2 Akteursgesteuerter Suchprozess

Bei diesem Weg schließen sich wichtige Akteure des Innovationsgeschehens zu einem koordinierten Suchprozess zusammen. Meyer-Stamer verweist hier auf erfolgreiche Beispiele aus der japanische Industriepolitik wie die Mikroelektronik oder die Entwicklung von Galliumarsenid-Chips, die als zukunftsträchtige Technologiekorridore von einem aus bedeutenden Branchenunternehmen und kompetenten MITI-Repräsentanten zusammengesetzten Zirkel frühzeitig als gesamtwirtschaftlich bedeutsame Technologien definiert und mit erheblicher staatlicher Unterstützung, welche von Forschungssubventionen über die Bereitstellung billigen Kapitals bis hin zu handelspolitischen Schutzmaßnahmen reichten, durchgesetzt wurden. Hinzu kommt die Realisierung von hohen Lerneffekten, die durch diesen Weg eröffnet werden: „Sobald eine gemeinsame Suchrichtung gefunden, also ein Korridor abgesteckt ist, ergibt sich rasch eine kritische Masse an Investitionen in FuE und Produktionskapazitäten, so dass sich schnell kumulative Lerneffekte einstellen."[230]

Der wesentliche Vorteil des akteursgesteuerten Suchprozesses liegt in seinen geringeren gesamtwirtschaftlichen Suchkosten, da die Vielfalt der Suche eingeschränkt und die Parallelität von Suchprozessen in dieselbe Richtung vermieden wird. Andererseits ist nicht zu übersehen, dass für den Fall, dass der gemeinsame Suchprozess in eine

---

229 Ebenda, S. 123
230 Ebenda

falsche Richtung gelaufen ist – was oft erst ex-post festgestellt werden kann –, erhebliche gesamtwirtschaftliche Verluste durch diese Strategie verursacht werden.

Kritisch gegenüber dieser Strategie ist des weiteren einzuwenden, dass auch bei ihr – gerade in der japanischen Variante – der Markt eine gewisse Rolle spielt. So ist bei allen definierten technologischen Korridoren davon auszugehen, dass sich ihr Zukunftspotenzial bereits vor ihrer Selektion durch die Innovationspolitik auf den (Welt-)Märkten abzeichnete. Hinzukommt, dass das Beispiel Japan auf ganz besonderen Voraussetzungen basiert, nämlich der Situation der Nachholökonomie, die sich im Windschatten der weltweit führenden Technologiemächte bewegen konnte. Der Weg des akteursgesteuerten Suchprozesses nach neuen technologischen Korridoren ist wesentlich schwieriger und aufwendiger, seitdem das Land sich selbst eine Position als globale Technologiemacht an der Spitze des weltweiten technischen Fortschritts erarbeitet hat. Nunmehr ist es immer weniger möglich, aus den Entwicklungen und Erfahrungen führender Technologieländer zu lernen, auf die Imitationsstrategie muss zugunsten einer Innovationsstrategie verzichtet werden, was bedeutet: Bisherige Verfahren der Innovationssteuerung müssen auf den Prüfstand gestellt und zugunsten neuer Konzepte (massive Ausweitung der Grundlagenforschung, Umstellung der Bildung auf das Lernziel Kreativitätsförderung) teilweise aufgegeben werden.

6.3.4 Innovationspolitik für die Wissensgesellschaft

Innovationspolitik muss sich auf die sich durchsetzende Wissensgesellschaft einstellen. Aufgrund der veränderten ökonomischen Spielregeln müssen Ansatzpunkte und Handlungsspielräume überprüft und anders bewertet werden. Die Bedingungen und Prozesse der Schaffung und Umsetzung von Wissen treten in den Fokus von Innovationspolitik. Innovationen in der Wissensökonomie haben im Vergleich zur Industrieökonomie andere „Träger", stützen sich auf neue Formen der Zusammenarbeit und setzen andere institutionelle Strukturen und Prozessabläufe voraus. Wir wollen hier nur die wichtigsten Schlussfolgerungen für die erforderliche „Neujustierung" der Innovationspolitik unter den Bedingungen der Wissensökonomie darlegen.

Der entscheidende Engpass, auf den Innovationspolitik vorrangig orientieren muss, ist weniger der Bestand an Wissen als vielmehr die Fähigkeit, Wissen kreativ umzusetzen und zur Lösung von Problemen zu nutzen. Es ist dieser **Fundus an „implizitem Wissen"**[231], der den eigentlichen Engpassfaktor der Wissensökonomie ausmacht. Die Steigerung der Innovationsfähigkeit von Wirtschaft und Gesellschaft kann sich deshalb nicht auf die Förderung von Sachinvestitionen und neue Technologien beschränken, sie muss alle Elemente des Innovationssystems in den Blick nehmen, vor allem muss sie die Knappheit des „tacit knowledge" durch die Förderung von Humankapi-

---

231 Vgl. zur Erläuterung des „impliziten Wissens" bzw. des „tacit knowledge" Abschnitt 2.5.3 dieses Buches

tal überwinden helfen, weshalb die **Bildungs- und Ausbildungspolitik** in den Mittelpunkt der Innovationspolitik gerückt werden muss. Lernen und Lernfähigkeit werden zu zentralen Elementen der Innovationsfähigkeit eines Landes beziehungsweise seiner Bevölkerung. Die Wurzeln für die Innovationsfähigkeit einer Bevölkerung liegen bereits in kulturellen Faktoren und Eigenheiten: vor allem in den grundlegenden Einstellungen gegenüber Veränderungen, in der Fähigkeit des Erziehungssystems, Offenheit und Fähigkeit für Wandlungen beginnend mit der Vorschulphase zu vermitteln, in förderlichen Voraussetzungen für die Entstehung von geistiger Kreativität, in der Offenheit für die Entstehung und Entfaltung von „unternehmerischen" Einstellung und Fähigkeiten etc. Innovationspolitik unter diesen Bedingungen bedeutet vor allem die Initiierung und Unterstützung von Lernprozessen sowie die Unterstützung von Austauschprozessen, welche sich auf Wissen beziehen.

Für die Entstehung „großer" Innovationen gewinnt in der Wissensökonomie das „Netzwerkmodell" des technischen Fortschritts eine immer größere Erklärungskraft. Innovationen entstehen durch das systematische Zusammenwirken untereinander vernetzter Akteure. Innovationspolitik darf sich deshalb nicht allein auf die Förderung einzelner Komponenten der innovativen Netzwerke beschränken, sondern muss versuchen, der Zusammenwirken für die Schaffung von Innovationen zu verbessern. Mit anderen Worten: Nicht die Förderung vermeintlicher „winner" oder „champions", sondern die **Förderung innovativer Netzwerke** ist der geeignetere Ansatzpunkt von Innovationspolitik. Dabei gilt es, die Fähigkeit zur innovativen Kombination von Wissen aus unterschiedlichen Technologiebereichen unter besonderer Berücksichtigung der neuen IuK-Technologien zu verbessern, eine Fähigkeit, welche gerade in Deutschland bislang nur schwach ausgeprägt ist.

Nicht zuletzt ist der **Schutz des geistigen Eigentums** ein wichtiger Aspekt innovationspolitischer Steuerung: Durch die verkürzten Innovationszyklen und das höhere Innovationstempo gerät das herkömmliche Patentsystem unter Druck. Es muss neu justiert werden, vor allem um für die Wissensökonomie ein passendes Gleichgewicht zwischen seinen zwei wesentlichen Zielsetzungen zu finden: dem Ziel, starke Anreize für die Wissensproduktion durch Gewährleistung hoher Erträge für die Wissensproduzenten zusetzen einerseits, und dem Ziel, für eine schnelle Verbreitung neu geschaffenen technologischen Wissens zu sorgen, andererseits.

6.3.5 Steuerungsspielräume bei Globalisierung

Die Globalisierung bewirkt mindestens zweierlei, was für Innovationspolitik von Bedeutung ist und zur Überprüfung bisheriger Verfahren zwingt: Sie erhöht zum einen die Handlungsoptionen der Unternehmen im Hinblick auf die Wahl von Produktions- und Forschungsstandorten. Zum anderen vergrößert sie die Anzahl der Standorte auf dem Globus, welche attraktive Produktions- und Forschungsbedingungen offerieren.

Beides grenzt die Handlungs- und Wirkungsmöglichkeiten von Innovationspolitik im Allgemeinen, nationalstaatlicher Innovationspolitik im Besonderen ein.

Die Schrumpfung der Handlungsmöglichkeiten nationalstaatlicher Innovationspolitik geschieht vor allem aus zwei Gründen:

1. Wachsende Aufwendungen zur Erzielung technologischer Durchbrüche sowie größere Märkte, welche zur Amortisierung der höheren FuE-Kosten notwendig sind, wirken ebenso wie die wachsende Komplexität des technischen Fortschritts, der zu grenzübergreifender Kooperation der Unternehmen zwingt, in Richtung der Verlagerung innovationspolitischer Kompetenzen von der nationalen Ebene auf eine „höhere" Ebene, nämlich die der Europäischen Union.

2. Die zukunftsrelevanten Hochtechnologiebranchen sind keineswegs „footlose industries", das heißt Branchen, die keine feste regionale Operationsbasis brauchen, im Gegenteil: Die sie prägenden „global players" können die Globalisierungsprozesse nur dann auf Dauer erfolgreich gestalten, wenn sie von einem gesicherten Heimmarkt aus agieren. Das steht nicht im Widerspruch zu der Tatsache, dass Unternehmen ihre Forschungs- und Entwicklungsaktivitäten zunehmend über die nationalen Grenzen hinaus ausfächern. Die Internationalisierung der Unternehmensforschung und -entwicklung geschieht mit dem Ziel der Partizipation an externen, expansiven regionalen Innovationsnetzwerken oder zur Anpassung der Produktpalette an regionale spezifische Bedürfnisse oder auch zur Nutzung spezialisierter Humankapitalbestände. Diese Tendenzen bewirken eine zunehmende Bedeutung der regionalen Innovationspolitik, welche herausgefordert ist, durch die Gestaltung attraktiver innovativer Netzwerkbedingungen in der Region die Attraktivität für die Wahl als Forschungs- und Entwicklungsstandort inländischer und ausländischer Unternehmen zu verbessern.

Hieraus lassen sich mindestens zwei wesentliche **Schlussfolgerungen** für Innovationspolitik unter Globalisierungsbedingungen ableiten:

- Staatliche Innovationspolitik wird durch Globalisierung als solche keineswegs in Frage gestellt, allerdings wird die nationalstaatliche Ebene dieses Politikfeldes in ihrer bislang herausragenden Rolle geschmälert, während die europäische und die regionale Ebene einen Bedeutungszuwachs erfahren.

- Die herkömmlichen Konzepte staatlicher Innovationspolitik müssen auf den Prüfstand gestellt werden. Es ist zu erwarten, dass das Konzept der standortorientierte Innovationspolitik an Bedeutung gewinnen wird, während „Picking-the-winner-Strategien" an Erfolgsträchtigkeit einbüßen werden.

Literaturverzeichnis

ACCENTURE (Hrsg.), Potenzial ohne Spektakel - Die unentdeckte Seite des eCommerce. Deutschland, Schweiz und Österreich, Sulzbach/Ts., Zürich, Wien 2001

AGHION, P., HOWITT,P., Endogenous Economic Growth, Cambridge (Mass.) 1998

BLETSCHACHER,G., KLODT,H., Strategische Handels- und Industriepolitik. Theoretische Grundlagen, Branchenanallysen und wettbewerbspolitische Implikationen. Tübingen 1992

BROCKHOFF, K., Forschung und Entwicklung. Planung und Kontrolle, 5. erg. u. erw. Auflage, München/ Wien 1999

BULLINGER, H.-J., Dienstleistung der Zukunft. Märkte, Unternehmen und Infrastrukturen im Wandel, Wiesbaden 1995

BUNDESMINISTERIUM FÜR BILDUNG UND FORSCHUNG (Hrsg.), Berichtssystem Weiterbildung. Integrierter Gesamtbericht zur Weiterbildungssituation in Deutschland, div. Jahrgänge (letzter Bericht derzeit Nr. VIII, 2004)

BUNDESMINISTERIUM FÜR BILDUNG UND FORSCHUNG (Hrsg.), Bundesforschungsberichte (BuFo), div. Jahrgänge

BUNDESMINISTERIUM FÜR BILDUNG UND FORSCHUNG (Hrsg.), Faktenbericht Forschung, div. Jahrgänge

BUNDESMINISTERIUM FÜR FÜR BILDUNG UND FORSCHUNG (Hrsg.), Informationstechnologie und Beschäftigung, Düsseldorf/ Wien 1980

BUNDESMINISTERIUM FÜR FÜR BILDUNG UND FORSCHUNG (Hrsg.), Technischer Fortschritt. Auswirkungen auf Wirtschaft und Arbeitsmarkt, 2. Aufl., Düsseldorf/ Wien 1981

BUNDESMINISTERIUM FÜR FÜR BILDUNG UND FORSCHUNG (Hrsg.), Zur technologischen Leistungsfähigkeit Deutschlands, div. Jahrgänge

BUNDESMINISTERIUM FÜR FÜR BILDUNG UND FORSCHUNG (Hrsg.),Berufsbildungsbericht, div. Jahrgänge

BUNDESMINISTERIUM FÜR FÜR BILDUNG UND FORSCHUNG (Hrsg.), Forschung und Entwicklung in multinationalen Unternehmen, Studien zum deutschen Innovationssystem Nr.8-2004 (Bearbeitung: DIW), Berlin 2004a

BUNDESMINISTERIUM FÜR F FÜR BILDUNG UND FORSCHUNG (Hrsg.), Forschungs- und Entwicklungsaktivitäten der deutschen Wirtschaft, Studien zum deutschen Innovationssystem Nr.10-2004 (Bearbeitung: NIW/ Stifterverband für die Deutsche Wissenschaft), Berlin 2004b

DAVIS, S./ BOTKIN, J., Wissen gegen Geld. Die Zukunft der Unternehmung in der Wissensrevolution, Frankfurt/ New York 1995

DICKLER, R. A., Emil Lederer und die moderne Theorie des wirtschaftlichen Wachstums, Nachwort zur Neuausgabe von Lederer, E., Technischer Fortschritt und Arbeitslosigkeit. Eine Untersuchung der Hindernisse des ökonomischen Wachstums, Frankfurt am Main 1981

EICHHORST, W. U.A., Benchmarking Deutschland: Arbeitsmarkt und Beschäftigung. Bericht der Arbeitsgruppe Benchmarking und der Bertelsmann Stiftung , Berlin/ Heidelberg 2001

ERBER, G., Prinzipien moderner Technologiepolitik, DIW Discussionpaper No. 9, Berlin 1998

ERGÖS, H., Does Technology Policy Matter? CEPS Paper No.29, Brüssel 1986

EUCKEN, W., Die Grundlagen der Nationalökonomie (Originalausgabe 1939), 9. Aufl., Berlin 1989

EUCKEN, W., Grundsätze der Wirtschaftspolitik (Originalausgabe 1952), 6. Aufl., Tübingen 1990

EUROPÄISCHE-KOMMISSION, Grünbuch zur Innovation, Dez. 1995 (KOM(1995) 688)

EU-KOMMISSION. (Ed.), Future directions of innovation policy in Europe, Innovation papers No 31, Brüssel 2003a

EUROPEAN COMMISSION (Ed.), Innovation tomorrow. Innovation policy and the regulatory framework: Making innovation an integral part of the broader structural agenda, Brüssel 2003b

EUROPEAN COMMISSION/ EUROSTAT (Ed.), Statistics on Science and Technology in Europe 2003, Luxemburg 2004

FRENKEL, M., HEMMER, H.-R., Grundlagen der Wachstumstheorie, München 1999

FRICKE, W. (Hrsg.), Jahrbuch Arbeit und Technik 1994, Bonn 1994

FRIEDRICHS, G./SCHAFF, A., Auf Gedeih und Verderb. Mikroelektronik und Gesellschaft. Bericht an den Club of Rome, Wien u.a. 1982

GABLER'S WIRTSCHAFTSLEXIKON, 14. Aufl., Wiesbaden 1997

GRIMMER,K. U.A. (Hrsg.), Politische Techhniksteuerung – Stand der Forschung, Opladen 1992

HACK, L., Vor Vollendung der Tatsachen. Die Rolle von Wissenschaft und Technologie in der dritten Phase der industriellen Revolution. Frankfurt am Main 1988,

HÄRTEL, H.-H./ JUNGNICKEL,R. ET.AL., Grenzüberschreitende Produktion und Strukturwandel – Globalisierung der deutschen Wirtschaft, Baden-Baden 1996

HARTWICH, H.-H. (Hrsg.), Politik und die Macht der Technik, Opladen 1986

HAUFF, V., SCHARPF,F., Modernisierung der Volkswirtschaft. Technologiepolitik als Strukturpolitik, Frankfurt am Main/ Köln 1975

HOHN, H.-W. SCHIMANK, U., Konflikte und Gleichgewichte im Forschungssystem: Aktenkonstellationen und Entwicklungspfade in der staatlich finanzierten außeruniversitären Forschung Frankfurt/New York 1990

HUCKE, J., WOLLMANN, H. (Hrsg.), Dezentrale Technologiepolitik? Technikförderung durch Bundesländer und Kommunen, Basel u.a. 1989

HUCKE, J., WOLLMANN, H., Technologiepolitik in Bundesländern und Kommunen. Reichweite und Grenzen, in: diess. (1989)

JAHRESGUTACHTEN DES SACHVERSTÄNDIGENRATES ZUR BEGUTACHTUNG DER GESAMTWIRT-SCHAFTLICHEN ENTWICKLUNG (SVG), diverse Jahrgänge

KANTZENBACH, E., Die Funktionsfähigkeit des Wettbewerbs, 2.Aufl. Göttingen 1967

KEßLER, U., Unternehmensgröße, Innovation und Wertschöpfungswachstum. Eine empirische Untersuchung im Lichte der Schumpeterschen Innovationsdiskussion, Frankfurt am Main 1992

KOMMISSION FÜR WIRTSCHAFTLICHEN UND SOZIALEN WANDEL (KOMISOWA), Wirtschaftlicher und sozialer Wandel in der Bundesrepublik Deutschland, Gutachten der Kommission, Göttingen 1977

KONDRATIEFF, NIKOLAI D., Die langen Wellen der Konjunktur, in: Archiv für Sozialwissenschaft und Sozialpolitik, 56 (1926), 573-609

KRUGMAN, P., Competition: A dangerous obsession, in: Foreign Affairs 1994, 28-44

KRUMBEIN, J., ZIEGLER, A (Hg.), Perspektiven der Technologie- und Innovationsförderung in den Bundesländern, Marburg 2005

KUHLMANN, ST., Future Governance of Innovation Policy in Europe, in: EU-KOMMISSION (2003a)

LEDERER, E., Technischer Fortschritt und Arbeitslosigkeit. Eine Untersuchung der Hindernisse des ökonomischen Wachstums, Frankfurt am Main 1981

LITTMAN, K., Die Chancen staatlicher Innovationslenkung, Göttingen 1975

LUCAS, R.E., On the Mechanics of Economic Development, Journal of Monetary Economics (Vol. 22) 1988, 3-42

Lundvall, B.-A., Product innovation and user-producer interaction, industrial development, Research Series 31, Aalborg 1985

LUNDVALL, B.-A.,(Hrsg.), National Systems of Innovation. Towards a Theory of Innovation and Interactive Learning. London 1992

MANKIW, G., Grundzüge der Volkswirtschaftslehre, 2. Aufl., Stuttgart 2001

MARX, K., Das Kapital, Band 1, Frankfurt am Main 1968

MAX-PLANCK-INSTITUT FÜR BILDUNGSFORSCHUNG, AG BILDUNGSBERICHT, Das Bildungswesen in der Bundesrepublik Deutschland, Reinbek bei Hamburg 1994

MCMILLAN, CH.J., The Japanese Industrial System, 2. überarbeitete Auflage, Berlin/New York 1985

MELZIG-THIEL, B., Arbeit in der Informationsgesellschaft. Chancen und Risiken neuer Informations- und Kommunikationstechnologien für die Beschäftigung, Frankfurt am Main u.a. 2000

MENSCH, G., Das technologische Patt, Frankfurt am Main 1975

METZ, R., Expansion und Kontraktion. Das Wachstum der deutschen Wirtschaft im 20. Jahrhundert, in: Spree (2001), S.70-89

MEYER-KRAMER, F./ KUNTZE,U., Bestandsaufnahme der Forschungs- und Technologiepolitik, in: Grimmer(1992), S.1-24

MEYER-KRAHMER, F., Herausforderungen für die Informationstechnik – Zur Dringlichkeit eines Perspektivwechsels, in: Zoche (1994), S. 23-34

MEYER-STAMER, J., Industriepolitik für Innovationsstandort Deutschland. Jenseits des japanischen Erfolgsmodells. Friedrich-Ebert-Stftung, Bonn 1996

MONOPOLKOMMISSION, Wettbewerbspolitik im Schatten „nationaler Champions", Fünfzehntes Hauptgutachten der Monopolkommission 2002/2003, (Kurzfassung)

MÜLLER, H., Gefährdeter Innovationsstandard, in: Wirtschaft und Produktivität v. 3.3.1993

NEFIODOW, LEO A., Der fünfte Kondratieff. Strategien zum Strukturwandel in Wirtschaft und Gesellschaft, FAZ-Buch, Frankfurt am Main 1990

NEFIODOW, LEO A., Der sechste Kondratieff. Wege zur Produktivität und Vollbeschäftigung im Zeitalter der Information, Sankt Augustin 1996

NUSSBAUM, B., Das Ende unserer Zukunft. Revolutionäre Technologien drängen die europäische Wirtschaft ins Abseits, München 1984 (Englischsprachige Originalausgabe 1983)

OECD-REPORT, Die Zukunftschancen der Industrienationen, Frankfurt/ New York 1981

OECD (Hrsg.), Technology and the Economy. The Key Relationships. Paris 1992

OECD (Hrsg.), Manual on the Measurement of Human Resources devoted to S&T – Canberra Manual, Paris 1994

OECD (Hrsg.), Science, Technology and Industry Outlook, Paris 1996

OECD (Hrsg.), Education at a Glance, Paris 1997

OECD (Hrsg.), Science, Technology Scoreboard, Paris 2001

OECD (Hrsg.), Science, Technology and Industry Outlook, Paris 2002

OECD (Hrsg.), Die Quellen wirtschaftlichen Wachstums in den OECD-Ländern, Paris 2003

OECD (Hrsg.), The Proposed Standard Practice for Surveys of Research and Experimental Development, Paris diverse Jahrgänge („Frascati Manual", „Frascati-Handbuch")

OECD (Hrsg.), Bildung auf einen Blick. OECD-Indikatoren 2004, Paris 2004

PÄTZOLD, J., Stabilisierungspolitik, Bern/ Stuttgart 1985

RAMMER, CH., Innovationsverhalten der Unternehmen, Studien zum deutschen Innovationssystem Nr. 12-2003, Mannheim 2002a

RAMMER, CH, Unternehmensdynamik in forschungs- und wissensintensiven Wirtschaftszweigen, Studien zu deutschen Innovationssystem Nr. 13-2003, Mannheim 2002b

RAMMERT, W., Innovation im Netz. Neue Zeiten für Innovationen: heterogen verteilt und interaktiv vernetzt. In: Soziale Welt 1997, S. 387-416.

RIVERA-BATIZ, L.A., ROMER, P., Economic Integration and Endogenous Growth, Quarterly Journal of Economics (Vol. 106) 1991, S. 531-555

RIVERA-BATIZ, L.A., ROMER, P., International Trade with Endogenous Technical Change, European Economic Review (Vol. 35) 1991, S. 971-1001

ROMER, P.M., Endogenous Technological Change, Journal of Political Economy (Vol. 98) 1990, S. 71-102

SAITZEW, M. (Hrsg.), Die Arbeitslosigkeit der Gegenwart (Schriften des Vereins für Socialpolitik Bd. 185 I/II/III), München/ Leipzig 1932/33

SCHIENSTOCK, G., HÄMÄLÄINEN, T., Transformation of the Finnish innovation system: A network approach, Sitra Reports series 7, Helsinki 2001

SCHNEIDER, R., Vom Aufbruch zum Abbau von Innovationspotentialen: Zur Neuformierung des Forschungs- und Wissenschaftssystem der ehemaligen DDR, in WSI-Mitteilungen 11/91

SCHOLZ, L.: Gefahr einer technologischen Arbeitslosigkeit? In: ifo-Schnelldienst, Heft 17-18/ 1982

SCHRAPE, K., Kultur und Professionalisierung von Medienleistungen, in: BULLINGER (1995), S. 253-274

SCHÜLE, U., Die Scherentheorie. Irrtümer in der beschäftigungspolitischen Diskussion, Beiträge zur Wirtschafts- und Sozialpolitik 142, Köln 1986

SCHUMPETER, J.A., Theorie der wirtschaftlichen Entwicklung, 7. Auflage, Berlin 1987 (Originalausgabe 1911)

SCHUMPETER, J.A., Konjunkturzyklen, Band I (Originalausgabe 1939), Göttingen 1961

SCHUMPETER, J.A., Kapitalismus, Sozialismus und Demokratie, 4. Auflage (Originalausgabe 1950), Basel/ Stuttgart 1975

SPREE, R. (Hrsg.), Geschichte der deutschen Wirtschaft im 20. Jahrhundert, München 2001

STAUDT, E., KOTTMAN, M., Deutschland gehen die Innovatoren aus. Zukunftsbranchen ohne Zukunft? Frankfurt am Main 2001

THUROW, L., Kopf an Kopf. Wer siegt im Wirtschaftskrieg zwischen Europa, Japan und den USA? Düsseldorf, Wien, New York, Moskau 1992

UMWELTGUTACHTEN 2002 des Rates von Sachverständigen für Umweltfragen, Für eine neue Vorreiterrolle, BT-Drucksache 14/8792 vom 15.04.2002

VAHS, D., BURMESTER, R., Innovationsmanagment. Von der Produktidee zur erfolgreichen Vermarktung, 2. Auflage, Stuttgart 2002

V. WEIZSÄCKER, E.U./ LOVINS, A.B./ LOVINS, L.H., Faktor vier. Doppelter Wohlstand – halbierter Naturverbrauch. Der neue Bericht an den Club of Rome, München 1995

WALTER, H., Technischer Fortschritt I: in der Volkswirtschaft, HdWW, Bd. 7,Stuttgart , New York, Tübingen, Göttingen, Zürich 1988

WEBER, H., Technokorporatismus. Die Steuerung des technologischen Wandels durch Staat, Wirtschaftsverbände und Gewerkschaften, in: Hartwich, H.-H. (1986), S. 278-297

WELSCH, J., Gesamtwirtschaftliche Entwicklung, technischer Fortschritt und Beschäftigung als Problem der 80er Jahre, in: WSI-Mitteilungen 4/ 1982

WELSCH, J.: Die "Produktions-Produktivitäts-Schere" - Argumente und Fakten für die Bundesrepublik Deutschland, in: WSI-Mitteilungen 6/ 1983

WELSCH, J., Perspektiven der Innovationspolitik in der Wissensgesellschaft des 21. Jahrhunderts, in: Fricke (1994), S. 254-263

WELSCH, J., Innovations- und Technologiepolitik in Hessen, in: Krumbein/ Ziegler (2005)

WELSCH, J., Wachstums- und Beschäftigungsmotor IT-Branche - Fachkräftemangel, Green Card und Beschäftigungspotenziale. Reihe www.fes.de/internetoekonomie der Friedrich-Ebert-Stiftung, Bonn 2001"

ZEW (Hrsg.), Lead Markt Deutschland. Zur Position Deutschlands als führender Absatzmarkt für Innovationen, Mannheim 2002

ZOCHE, P. (Hrsg.), Herausforderungen für die Informationstechnik, Internationale Konferenz in Dresden 15.-17-Juni 1993. Heidelberg 1994

Stichwortverzeichnis

Mehr wissen – weiter kommen

Standardwerk zur VWL
in Neuauflage

Mikroökonomie – Volkswirtschaftliches Rechnungswesen – Einkommen und Beschäftigung – Konjunktur und Wachstum – Geld und Währung – Umweltökonomie und Umweltpolitik

Im Mittelpunkt dieses renommierten Lehrbuches steht das Verständnis grundlegender ökonomischer Zusammenhänge sowie des Wirtschaftsgeschehens in der Bundesrepublik Deutschland. Ein wichtiges Merkmal ist die Verbindung zwischen Allgemeiner Volkswirtschaftstheorie und Volkswirtschaftspolitik.

Für die dritte Auflage wurde das Lehrbuch in wesentlichen Teilen vollständig überarbeitet bzw. neu geschrieben. Beim Thema „Volkswirtschaftliches Rechnungswesen" haben die Autoren der 1999 vollzogenen Umstellung auf das neue Europäische System Volkswirtschaftlicher Gesamtrechnungen (ESVG 1995) Rechnung getragen. Der Beitrag „Konjunktur und Wachstum" wurde aktualisiert, und im Kapitel „Geld und Währung" wurde die Einführung des Euro und das neue geldpolitische Instrumentarium der Europäischen Zentralbank berücksichtigt. Der Artikel „Umweltökonomie und Umweltpolitik" ist ebenfalls völlig neu konzipiert.

Die Methode, den einzelnen Abschnitten klar formulierte Lernziele voranzustellen und durch Fragen und Aufgaben mit Lösungen eine laufende Lern- und Verständniskontrolle zu ermöglichen, wurde beibehalten.

Renate Neubäumer/
Brigitte Hewel (Hrsg.)
Volkswirtschaftslehre
Grundlagen der Volkswirtschaftstheorie und Volkswirtschaftspolitik
3., vollst. überarb. Aufl. 2001.
X, 694 S.
Br. EUR 38,00
ISBN 3-409-33474-2

Änderungen vorbehalten. Stand: Januar 2005.

Gabler Verlag · Abraham-Lincoln-Str. 46 · 65189 Wiesbaden · www.gabler.de

GABLER

Grundlagenwissen VWL

Kompakt und aktuell:
Die Grundlagen der VWL

Sie haben Fragen zur Mikro- und Makroökonomie oder zur Umwelt- und Ressourcenwirtschaft? Dann schlagen Sie einfach nach und profitieren Sie von unserem aktuellen Wissen zur Volkswirtschaft.

Einfach und verständlich erklärt Ihnen das Gabler Kompakt Lexikon Volkswirtschaft
– die wichtigsten Grundbegriffe der VWL,
– die Klassische und Keynesianische Lehre,
– den Monetarismus und die Neoklassisk,
– die Neue Politische Ökonomie,
– die Institutionenökonomie sowie
– alle wesentlichen Begriffe der Wirschaftspolitik.

Studenten der VWL, der BWL und alle, die sich für die Zusammenhänge der Volkswirtschaft interessieren, finden mit diesem Nachschlagewerk einen schnellen und sicheren Zugang zu den verschiedenen Teilgebieten dieser Wissenschaft.

Prof. Dr. Dirk Piekenbrock ist Professor für Volkswirtschaftslehre und Fachleiter Handel an der Berufsakademie Mannheim.

Gabler Kompakt-Lexikon Volkswirtschaft
3.500 Begriffe nachschlagen, verstehen, anwenden
2. Aufl. 2004. X, 490 S.
Br. EUR 24,90
ISBN 3-409-21803-3

Änderungen vorbehalten. Stand: Januar 2005.

Gabler Verlag · Abraham-Lincoln-Str. 46 · 65189 Wiesbaden · www.gabler.de

GABLER

MIX
Papier aus verantwortungsvollen Quellen
Paper from responsible sources
FSC® C105338

If you have any concerns about our products,
you can contact us on
ProductSafety@springernature.com

In case Publisher is established outside the EU,
the EU authorized representative is:
Springer Nature Customer Service Center GmbH
Europaplatz 3, 69115 Heidelberg, Germany

Printed by Libri Plureos GmbH
in Hamburg, Germany